Albert Blake

BOEREVERRAAIER

TEREGSTELLINGS TYDENS DIE ANGLO–BOEREOORLOG

Tafelberg

Kopiereg © Albert Blake (2010)

Eerste uitgawe in 2010 deur Tafelberg
'n druknaam van NB-Uitgewers,
Heerengracht 40, Kaapstad

Omslagontwerp: Michiel Botha
Omslagfoto's: Marc Degenaar
Boekontwerp: Nazli Jacobs
Redigering: Erika de Beer
Proeflees: Linda Pretorius
Geset in Bembo
Gedruk en gebind deur ABC Press, Kaapstad

Eerste uitgawe, eerste druk 2010
Sesde druk 2012

ISBN 978-0-624-04922-7

Inhoud

Voorwoord

Dié boek is in wese 'n geskiedenis van Afrikanerverraad wat gedurende die Anglo-Boereoorlog van 1899 tot 1902 plaasgevind het. Dit ondersoek die omstandighede wat daartoe gelei het dat broer teen broer te staan gekom het en een Afrikaner 'n ander se lewe moes neem, asook die nalatenskap daarvan. Dit is 'n morbiede geskiedenis dié, maar een wat noodwendig vertel moet word. Die Anglo-Boereoorlog is immers nie net 'n verhaal van Boerehelde nie.

Teregstelling was die mees ekstreme straf wat vir verraad opgelê kon word. Die doodstraf, al is dit in die buitengewone omstandighede van oorlog, bly altyd omstrede. Daarbenewens is sterk emosies by die verskynsel van verraad betrokke. Hierdie is by uitstek dus ook 'n emosionele stuk geskiedenis wat daarom nugter vertolk moet word.

Tydens die navorsing vir hierdie werk is uiteenlopende maar insiggewende kommentaar oor die onderwerp by Afrikaners teëgekom. Heel opvallend is die algehele onkunde daaroor by die meeste. Party reken die onderwerp is nie meer relevant nie. Enkeles meen die afvallige Afrikaners se optrede gedurende die oorlog moet herwaardeer word sodat dit nie meer vandag as verraad beskou behoort te word nie. Ander wou weet of dit regtig nodig is om vergete tragedies op te diep en daardeur ou wonde oop te krap. Die mening is uitgespreek dat die Afrikaner klaar op wankelrige en onsekere paaie verkeer en die ondersoek daarom onvanpas is.

Merkwaardiger as die gebrek aan 'n historiese bewussyn wat hierdie menings openbaar is dat die teregstellings van verraaiers 11 dekades gelede nog sterk emosies by sommiges kan uitlok.

In die geskiedskrywing behoort geen onderwerp vermy te word nie. Die verskynsel van verraad gedurende die Anglo-Boereoorlog het 'n groter impak op die ontwikkeling van die politieke psige van die Afrikaner gehad as waarvoor dikwels erkenning gegee word. Sonder om die betekenis daarvan te oorskat of my aan 'n simplistiese verklaring daarvan skuldig te maak, het ek tot die gevolgtrekking gekom dat dit 'n noemenswaardige invloed op die Afrikanerpolitiek gehad het.

Al is die Afrikaner sedert 1994 grotendeels op die politieke kantlyn, het die Suid-Afrikaanse politiek van die 20ste eeu grootliks om die Afrikaner gesentreer. Daarom maak dit sin vir enigiemand wat die land se geskiedenis wil verstaan om hom ook van dié deel van die Afrikaner se geskiedenis te vergewis.

Die detail van die gebeure het na verloop van tyd dalk vergete geraak, maar die nalatenskap van die verraad was diep in die Afrikaner se politieke psige ingeprent. Later is die emosies rondom die verskynsel van verraad sonder werklik diepgaande kennis van die gebeure oorgedra. Daar sal gepoog word om dié skynbare teenstrydigheid te verklaar: hoe sulke sterk emosies kon voortleef, al het die besonderhede van individuele voorvalle in die vergetelheid geraak.

Die doel van die werk is nie om Afrikaners tot een of ander punt te probeer oortuig nie, maar eerder om 'n tragiese faset van 'n grootliks vergete gister bloot te lê. Deur oor alle fasette van sy geskiedenis te besin, kan die Afrikaner, nes ander, die verlede beter verklaar en verstaan.

Die tyd is lank reeds ryp daarvoor om ou gevestigde mites van die tafel te vee. Die Anglo-Boereoorlog was nie net 'n heroïese stryd van die Afrikaner teen 'n genadelose en selfsugtige Britse imperialisme nie – soos wat dit dikwels in die verlede voorgestel is. Dit was ook 'n morele laagtepunt weens die voorkoms van verraad, wat nie sy gelyke elders in die Afrikaner se geskiedenis het nie.

Na 11 dekades is die vertolking van die vergete teregstellings gestroop van die vooroordele wat daartoe bygedra het dat dié laagtepunt vroeër verswyg is. Tradisionele Afrikanernasionalisme wat op 'n dominante en jaloerse wyse oor daardie tydperk van die Afrikaner se geskiedenis gewaak het, is tans aan die verkrummel. Die nabetragting van die Afrikaner se optredes is uiteindelik losgemaak van die kragtige invloede waaraan dit in die verlede blootgestel was. Dit laat groter ruimte om die tydperk meer objektief te beoordeel.

Min is oor die teregstellings van die Boereverraaiers gepubliseer. Die gebeure is destyds na die oorlog grootliks doelbewus doodgeswyg. 'n Gebrek aan bronne het die taak aansienlik bemoeilik om feite oor veral onbekende teregstellings te versamel. Dikwels is enkele leidrade opgevolg om maar net in doodloopstrate te eindig. Hierdie werk maak dus nie daarop aanspraak om 'n volledige weergawe van al die teregstellings van die Boereverraaiers gedurende die oorlog te wees nie.

Net een toonaangewende akademiese werk oor die verskynsel van verraad onder die Afrikaners gedurende die Anglo-Boereoorlog het tot op hede verskyn. Albert Grundlingh se *Die "Hendsoppers" en "Joiners": Die rasionaal en verskynsel van verraad*, wat in 1979 verskyn het en in 1999 herdruk is, het die rol en posisie van die Vrystaatse en Transvaalse burgers wat die republikeinse oorlogspoging vanaf 1900 versaak het, ondersoek. Dit het dus nie soseer die oogmerk gehad om spesifiek die teregstellings van die Boereverraaiers te ondersoek nie. Gevolglik verwys Grundlingh net kortliks, met die uitsondering van twee gevalle, na teregstellings in sy werk. Omdat die gebeure rondom die teregstellings die onderwerp van hierdie werk is, word 'n groot deel van Grundlingh se navorsingsveld, wat die breë aspekte van verraad gedurende die oorlog onder Afrikaners omsluit, nie hier herhaal nie. Waar daar 'n verskil is oor feitebevindinge en vertolking, veral oor die nalatenskap van die verraaierverskynsel, en waar oorvleueling noodsaaklik is, word daardie aspekte in hierdie werk weergegee.

Ongepubliseerde dokumente van die argiewe in Pretoria en Bloemfontein was kosbare bronne. In die Nasionale Argief in Pretoria is onder die Argief van die Kommandant-Generaal, Zuid-Afrikaansche Republiek 'n aantal waardevolle notules van hoogverraadsake gevind wat deur 'n krygshof in Wes-Transvaal behartig is. 'n Gedeelte van 'n notule van 'n hoogverraadverhoor deur 'n krygsraad in die Vrystaat wat tot die teregstelling van vier afvallige burgers gelei het, is in die Provinsiale Argief van die Vrystaat gevind. Voorts is heelwat eerstehandse inligting veral uit die kompensasieleers van die Protected Burgher Fund verkry. Dit bevat die inligting van afvallige burgers se verklarings met die oog op kompensasie-eise vir oorlogskade by die Britse owerheid. Om hul saak te versterk, het hulle hul betrokkenheid by die Britse oorlogspoging dikwels onbeskaamd weergegee. Dit geld ook sommige naasbestaandes van die tereggesteldes wat inligting oor dié mense verskaf het wanneer eise namens die oorledenes se boedels ingestel is.

Die sterfkennisse asook die ander inhoud van die boedellêers was on-ontbeerlik met die inwin van persoonlike inligting van die tereggesteldes. Genealogiese navorsing is noodwendig gebruik om die identiteit van onbekende tereggesteldes vas te stel. Belangrike inligting oor die teregstellings is uit primêre Britse bronne, waaronder veral amptelike ondersoeke en regsmenings, verkry.

Van republikeinse kant was die talle dagboeke en persoonlike herinneringe, waaronder veral die Renier-versameling in die Vrystaatse Argief, van waarde. In die 1950's het die joernalis Gideon Joubert in *Die Volksblad* 'n rubriek, "Stop van myne", onder die naam van Renier gehanteer, waarin oudstryders en Boerevroue van hul ervaringe tydens die oorlog vertel het. Oor die jare het Renier honderde sulke optekeninge versamel wat van onskatbare betekenis vir 'n studie van hierdie aard is. In die Nasionale Argief in Pretoria is wesenlike inligting uit burgers se dagboeke en oudstryders se herinneringe verkry. Daarby is 'n verskeidenheid koerante, publikasies en ander geskrifte gebruik.

Mondelinge onderhoude met van die nasate van die betrokkenes was 'n ervaring op sigself en het waardevolle inligting opgelewer, maar is nietemin met omsigtigheid benader. Wanneer die geloofwaardigheid daarvan enigsins verdag was en inligting nie geverifieer kon word nie, is dit eerder weggelaat.

In 'n soeke na die plekke waar die tragiese gebeure afgespeel het, is duisende kilometers oor die land afgelê. Dit het ontwikkel in 'n merkwaardige reis waarin verskeie tasbare herinneringe van 'n veelbewoë maar nou amper vergete tyd aangetref is. In etlike gevalle het die drama van die krygsverhore op onbekende en afgeleë plekke afgespeel. Dikwels kon ek dieselfde paadjie loop waarop die veroordeeldes na hul plek van fusillering geneem is, wat in die meeste gevalle ook hul laaste rusplek is. Vergete grafstene, soms met vreemde en ontstellende maar aandoenlike opskrifte, is gevind. Ongelukkig is die meeste van die besienswaardighede aan die verval en sommige reeds onherstelbaar beskadig. Dit sal jammer wees as daardie tasbaarhede verdwyn en nie vir die breë nageslag bewaar bly nie. Dit is onlosmaaklik deel van ons land se geskiedenis en behoort deel van almal se erfenis te wees.

'n Oorsig van die oorlog word nie gegee nie omdat talle werke daaroor al verskyn het. Die bespreking van die teregstellings is ook nie in 'n chronologiese volgorde nie.

Om verwarring uit te skakel, word deurgaans na die oorspronklike plek-name verwys soos dit bekend gestaan het tydens die tydperk waarin die gebeure afgespeel het. Alle aanhalings word ongeredigeer in die oorspron-klike vorm weergegee, wat ter wille van historiese konteks soms rasver-wysings insluit wat vandag as onaanvaarbaar beskou word. Die algemene benaming van die oorlog as die Anglo-Boereoorlog word aanvaar. Die be-grippe "Afrikaner" en "Boer" word in hierdie werk as sinonieme gebruik.

Die gebeure word noodwendig beoordeel in die lig van die heersende norme van die tydperk waarbinne dit afgespeel het. Die uitgangspunt is dat die Transvaalse en Vrystaatse burgers wat, om watter rede ook al, hul rug op die republikeinse stryd gekeer het deur dit aktief teen te staan, hulle aan verraad skuldig gemaak het. Daar sal aangetoon word retrospektiewe argu-mente wat aanvoer die afvalliges se optrede was geregverdig, is onhistories en spekulatief. Dat daar in hierdie werk van tyd tot tyd na die afvalliges as verraaiers, joiners, troueloses ensovoorts verwys word, moet in dié lig beskou word. Daarmee word geensins te kenne gegee dat die werk met 'n voor-opgestelde partydigheid aangebied word nie. Die doel is om al die omstrede fasette van die gebeure sover moontlik en sonder enige voorbehoud tot op die been te ontbloot, maar terselfdertyd die vertolking ewewigtig te hou.

I

Geheueverlies

Die teregstelling van Boereverraaiers in die oorlog is 'n tragedie sonder weerga in die Afrikaner se geskiedenis.

So ontvang 'n jong Afrikanervrou van Wakkerstroom in Oos-Transvaal byvoorbeeld einde Julie 1901 die skrikwekkende tyding dat haar man en haar vier broers deur hul voormalige kommando-kamerade weens verraad gefusilleer is. Hulle is almal saam in een graf begrawe. Haar vyfde broer, wat die doodstraf vrygespring het, is met lyfstraf afgeransel en moes doelbewus wegkyk om nie te sien hoe sy broers tereggestel word nie.

Vroeër dieselfde jaar tref 'n soortgelyke tragedie 'n ander jong Afrikaner-vrou van Hartbeesfontein in Wes-Transvaal toe haar man saam met haar pa en swaer as verraaiers voor 'n vuurpeloton sterf. Die jong burgers wat deel van die vuurpeloton was, was so senuweeagtig dat hulle een van die veroordeeldes gewond het, wat toe weer geskiet moes word. In Oktober dieselfde jaar moes 'n bittereinderpa sy twee verraaierseuns by Hoopstad in die Vrystaat gaan groet voordat hulle gefusilleer is – deur burgers van dieselfde kommando waaraan hy behoort het.

Kort tevore is twee verraaiers suid van Heidelberg tereggestel. Van die vuurpelotonlede en die tereggesteldes was bloedverwant. Een van die tereggesteldes het as onderwyser vir byna die helfte van die lede van die vuurpeloton skoolgehou.

En daar was nog verskeie ander soortgelyke tragedies. In die lig van die magdom publikasies wat die afgelope 11 dekades oor die oorlog verskyn het, is dit verstommend dat sulke ingrypende gebeure grootliks onbekende geskiedenis gebly het.

Hoekom het dit skynbaar uit die Afrikaner se historiese geheue ver-

dwyn, terwyl die meeste ander fasette van die oorlog redelik volledig op-
geteken is?

Daar is komplekse oorsake vir dié historiese geheueverlies. Op merk-
waardige wyse het die Afrikaner die teregstellings reeds kort na die beëin-
diging van die oorlog in 1902 bewustelik en onbewustelik uit sy geheue
begin werk, totdat die gebeure grootliks aan die vergetelheid prysgegee is.
Die Afrikaner wou om verstaanbare redes na sy folterende ervaringe in die
konsentrasiekampe en ander beproewinge nie aan nog onaangename trau-
mas van die oorlog herinner word nie. Daarvoor het die oorlog genoeg
smart meegebring en niks betreffende die fusillerings doen enige van die
betrokke partye eer aan nie.

Genoegsame getuienis is egter gevind dat die trauma van die gebeure
permanente letsels by die naasbestaandes van die tereggesteldes én by die
teregstellers gelaat het. Meer as vyf dekades na die teregstelling van 'n ver-
raaier is daar nog tekens van trauma by 'n bejaarde oudstryder wat as 'n jong
burger in 1901 lid van 'n vuurpeloton was. In 'n ander geval vertel die eens
jong bevelvoerder van 'n vuurpeloton nog ses dekades na die voorval vir
sy familielede die dag van die teregstelling was "die swaarste" van sy
lewe. Verskeie naasbestaandes kon nie die dood van die tereggesteldes ver-
werk nie.[1] Nie een van die betrokkenes het berading ontvang nie, soos dit
trouens ook die geval met die konsentrasiekamp-inwoners en ander slag-
offers van die oorlog was.

Gebrekkige optekening van die gebeure rondom die teregstellings kan
minstens deels daaraan toegeskryf word dat die gebeure vir die betrokke-
nes te pynlik was om gedurig in herinnering te roep. Dit was natuurlik veel
makliker om heldedade op die slagveld en elders te gedenk.

Afrikanergemeenskappe was ten tyde van die oorlog maar klein. Die
verraad wat tot die doodstraf aanleiding gegee het, is meestal in die om-
gewing gepleeg waaruit die verraaiers gekom het. Dikwels was die tereg-
gesteldes goeie vriende met of selfs familie van die burgers wat met hul
teregstelling belas was. Soms was dit selfs 'n geval van die spreekwoordelike
broer teen broer.

Dit is opvallend in die enkele gevalle waar herinneringe oor die tereg-
stellings wel gepubliseer word, daar nie sprake van bravade is nie. Ondanks
'n diepe weersin in verraad is daar gereeld ook medelye met die finale lot
van die tereggesteldes.[2]

Reeds gedurende die oorlog is daar tekens dat die gewone burger die teregstellings met omsigtigheid bejeën het. Een van die eerste vermeldings van 'n moontlike teregstelling van 'n verraaier kom in die oorlogdagboek van die Duitse vrywilliger Oskar Hintrager voor. Hintrager, wat aan Boere-kant geveg het, maak op 30 Julie 1900 dié inskrywing:"In die laer doen die gerug die rondte dat Erasmus wat weens hoogverraad veroordeel is, dood-geskiet is. Vir die Boere met hulle sagte, bedagsame aard bly dit in elk geval 'n geheim."[3]

Waarskynlik was dit nie in die aard van die gewone burgers om dié soort traumatiese gebeure op skrif te verwoord nie.

Waar die teregstellings wel in enkele gepubliseerde werke aandag kry, is dit opvallend dat die name van die tereggesteldes dikwels doelbewus ver-swyg word. Wanneer ds. J.D. (Vader) Kestell in 1932 in sy biografie oor Abraham Kriel[4] dié veldprediker aan die woord stel oor die laaste oom-blikke van die verraaier Lambert Colyn, word die tereggestelde nooit by die naam genoem nie.[5] Naas Raubenheimer, 'n latere parlementslid en sena-tor wat as 'n jong Kaapse rebel met die teregstelling van vier verraaiers in Wes-Transvaal teenwoordig was, het in 1939 'n aangrypende weergawe van die gebeure aan die historikus Scheepers Strydom gegee. Sy beskrywing word herhaaldelik gepubliseer – sonder die name van die tereggesteldes.[6] In 1944 gee die oudstryder Jack van den Heever in sy oorlogsherinneringe, *Op kommando onder kommandant Buys,* een van die volledigste gepubliseerde ooggetuiebeskrywings van 'n fusillering van verraaiers, maar verswyg die name van die tereggesteldes.[7]

Dit was gevolglik nie net weens die trauma dat die gebeure rondom die teregstellings nie volledig opgeteken of later ontleed is nie. Die verraad was ook 'n diepe verleentheid vir die meeste Afrikaners.

Reeds kort na die oorlog was daar 'n doelbewuste poging om die name van die lewende joiners stil te hou. Kapt. J.J. Naudé,[8] hoof van die republi-keinse magte se spioenasiediens in Transvaal, het destyds aangevoer hy het 'n volledige lys name van die National Scouts (joiners in Transvaal). Die latere premier van Suid-Afrika en eertydse bevelvoerder van die Transvaalse magte, kmdt.genl. Louis Botha,[9] het hom kort na die vredesluiting gevra om die lys vir hom te gee sodat hy dit vir genls. Christiaan de Wet[10] en Koos de la Rey[11] kon wys. Kort voor die drie generaals se vertrek na Europa in 1902 het Botha Naudé meegedeel hy het in oorleg met die ander twee besluit om die lys te vernietig, "want vir die nageslag van die National Scouts is dit beter dat die name nie bekend bly nie". [12]

In die dekades na die oorlog word die name van die tereggesteldes, en trouens alle verraaiers, in gepubliseerde werke deurlopend doelbewus weggelaat by die beskrywing van oorloggebeure. Die baasverkenner kapt. Henri Slegtkamp het in 1935 die volgende aan sy biograaf voorgeskryf: "Vertel hulle die naakte waarheid ... maar moenie die name van die mense wat gewankel het, in die boek neerskryf nie. Ons moenie opnuut die ou wonde laat bloei nie." Later in die boek sê hy hy verswyg die name van die verraaiers omdat hy "hulle kinders jammer kry, wat later onskuldig sal moet ly deur die misdade van die vaders." [13] In Op die Transvaalse front verswyg E.J. Weeber om 'n soortgelyke rede die naam van 'n vooraanstaande verraaierpa wat voor die oorlog 'n lid van die Transvaalse volksraad was: "Ek wil sy naam nie noem nie omdat sy seuns flukse vegsmense was en getrou by die kommando gebly het." Volgens Weeber het die pa se verraad " 'n liederlike naklank gehad, maar daaroor sal ek liewer swyg ter wille van die oorlewendes". [14]

In E. Neethling se Mag ons vergeet? word die ondervindinge van 'n aantal Boerevroue gedurende die oorlog weergegee. Volgens Neethling het feitlik elke vrou van die "valsheid en wreedheid" van verraaiers gepraat, maar nietemin nie hul name genoem nie. "Laat ons liewers probeer om die breuk te heel en geen Kaïnsmerk op een van ons broers te sit nie." [15]

Dekades na die oorlog was daar steeds dié sensitiwiteit rondom die bekendmaking van verraaiers se name. In Buurman se Oorlogswolke oor die republieke: die herinneringe van 'n Boere-offisier wat in 1944 verskyn, lui die voorwoord reeds: "In sommige gevalle is dit nie wenslik geag om die regte name van persone te laat verskyn nie." Selfs in J.F. van Wyk se oorlogsherinneringe, wat so laat as 1971 as Die Mauser knal verskyn, is dié opmerking voorin die boek: "Om verstaanbare redes is die name van sommige mense in hierdie werk verander." [16] Die veldprediker R.D. McDonald gee 'n aandoenlike beskrywing van hoe hy 'n oudstudentemaat van Stellenbosch op die slagveld as 'n sterwende joiner ontmoet het, sonder om sy naam te noem. [17]

Dit is opvallend dat skuilname in 'n hele aantal gepubliseerde herinneringe van oudstryders en inwoners van konsentrasiekampe gebruik word om na trouelose te verwys wat waarskynlik nog in daardie stadium gelewe het of dalk om hul familielede te beskerm. J.N. Brink gee in Oorlog en ballingskap 'n omvattende beskrywing van kmdt. S.G. Vilonel se verraad, maar verwys deurgaans na hom as "X".[18] Ook Sarah Raal verwys in *Met die Boere in die veld* na 'n afvallige as "X".[19] In haar herinneringe, *Uit die donker woud,* verwys G.E. Bezuidenhout na 'n "groot joiner" as "W",[20] terwyl McDonald van 'n spesifieke manteldraaier as "T" in sy *In die skaduwee van die dood* praat.[21]

Die verraaiers se name is in sommige gevalle as 'n gebaar van minagting gewoon verswyg. Okkie de Villiers het in sy oorlogsherinneringe, *Met Steyn en De Wet in het veld* (1903), sy afsku oor 'n Kaapse Afrikanerverraaier so verwoord: "Ik zal zijn naam niet noemen; niet, omdat ik hem sparen wil, maar omdat ik mijn boek te goed acht, om er den naam in te noemen van zoo 'n slechten Afrikaander."[22]

Die Boereleiers het ook nie in hul herinneringe oor die teregstelling van verraaiers uitgewei nie. Christiaan de Wet, wat 'n duidelike afsku in enige vorm van verraad gehad het, maak behalwe vir 'n enkele voetnoot in sy bekende *De strijd tusschen Boer en Brit* nie melding van enige teregstellings van verraaiers waarby hy betrokke was nie.[23] Net so swyg genls. De la Rey en Jan Smuts in hul herinneringe grootliks oor die onderwerp, behalwe vir terloopse verwysings sonder noemenswaardige detail. Nêrens word by-voorbeeld in gepubliseerde werke genoem dat een van die mees gedugte Vrystaatse generaals, Antonie Michael (Rooi Magiel) Prinsloo,[24] se swaer tereggestel is nie.[25] In dié opsig bly die generaals se versuim om die gebeure te vermeld 'n raaisel. Dalk lê 'n verklaring daarin dat die teregstelling van verraaiers beskou is as só 'n verleentheid, in wese 'n skandaal wat toege-smeer moes word, dat hulle hul herinneringe as't ware nie daarmee wou besmet nie.

Dit is aangehelp deur Afrikanernasionalisme wat na die oorlog al hoe kragtiger geword het en hard gewerk het om 'n trotse Afrikanerverlede te gedenk. Daar is immers niks te vier of om trots op te wees as van jou eie mense verraad pleeg nie. Mettertyd het Afrikanernasionalisme die Anglo-Boereoorlog vir homself as 'n heroïese stryd toegeëien en die oneervolle verlede weggevee. Meer as net die name van die verraaiers is verswyg. Daar was 'n besliste mening dat dit beter was om hul dade en invloed heeltemal van die nageslag te weerhou.

Met die oplewing van publikasies oor die oorlog gedurende die 1930's het feitlik net populêre gebeurtenisse en nie die skandes nie aandag ge-kry.[26] Tog vertel Hendrina Rabie-Van der Merwe van 'n joiner wat 'n

Afrikanerseuntjie buite die konsentrasiekamp op Bethulie doodgeskiet het, maar sê sy kan nie die verraaier se naam onthou nie. "Ek wens dat ek die ellendeling se naam onthou het om dit hier te kan noem."²⁷

'n Eeu na die oorlog meld die historikus Albert Grundlingh in die voorwoord tot die tweede uitgawe van sy werk *Die "Hendsoppers" en "Joiners"* dat die Nasionale Party-regering van die 1970's dit goed gedink het om 'n verbod te plaas op die bekendmaking van die name van burgers wat aan Britse kant geveg het. Die verbod sou eers in 2000 verstryk het. Grundlingh is derhalwe nie in die 1970's toegelaat om die materiaal vir sy navorsing in die Vrystaatse Argief te besigtig nie.²⁸ Met my besoek daar in 2009 het ek afgekom op aantekeninge op die omslag van die betrokke lêers wat destyds insae daarin beperk en later verbied het. 'n Aantekening van 1966 lui: "Hierdie lêers is onttrek en is nie vir die publiek toeganklik nie."²⁹

Byna 'n dekade later, in 1975, word die toegang tot die lêers met die volgende opdrag opgeskort: "Die Minister van Nasionale Opvoeding het beslis dat hierdie C.O. lêers (394/02 en 2796/02) nie voor die jaar 2000 aan navorsers beskikbaar gestel mag word nie. Die direkteur van Argiewe het gevra dat die lêers verseël word. Die Hoof van hierdie bewaarplek het op 17 Mei 1975 beslis dat hierdie lêers in sy brandkluis bewaar moet word."³⁰

Die minister se verbod maak nie regtig sin nie, want ander lyste met die joiners se besonderhede is in Pretoria gevind, sonder enige beperking daarop.³¹ Daar was ook nie beperkinge op die lys name van potensiële joiners in die krygsgevangenekampe op Bermuda en St. Helena wat hulle bereid verklaar het om na Suid-Afrika terug te kom en aan Britse kant te veg nie.³²

'n Mens kan maar net bespiegel oor wat senator J.P. van der Spuy, destyds minister van nasionale opvoeding, beweeg het om inligting 73 jaar na die einde van die oorlog so te beperk.

Daar was in meer onlangse tye 'n bewering in 'n *Beeld*-artikel dat 'n Fouché-familie van Rouxville tydens die oorlog na die destydse Basoetoland (nou Lesotho) gevlug het en hulle daar ryk geboer het. Beweringe is gemaak dat dit familie van die voormalige staatspresident Jim Fouché was en dat die beperking daarom ingestel is.³³ Dié gerug kon nie geverifieer word nie, want geen Fouché van Rouxville verskyn op die lys nie. Dit wys nietemin hoe aktueel en sensitief die onderwerp van verraad steeds na meer as sewe dekades vir sekere Afrikaners was.

Prof. Andries Raath van Brandfort het 'n ander, soortgelyke naamlys van joiners wat sedert die 1960's by die departement van onderwys bewaar is, waarskynlik ook met die doel òm toegang daartoe te beperk.[34]

Die historiese geheueverlies oor verraad is aangehelp deur die ontwikkeling van die partypolitiek na die oorlog. Met die eenstroombeleid van Botha en Smuts is versoening en samewerking nie net tussen die voorheen strydende taalgroepe nagestreef nie, maar ook tussen die bittereinders en die ontroues. Botha en Smuts wou klaarblyklik nie ou wonde oopkrap nie. Dit is insiggewend dat die verraaierkwessie ook nie 'n noemenswaardige of openlike rol in die Nasionale Party gespeel het nie. Dit is waarskynlik doelbewus vermy, ondanks die feit dat dié party die kampvegter van Afrikanernasionalisme was. Onderlinge verwyte tussen politici was die enigste gereelde herinnering aan die voorvalle van verraad. Tydens verkiesingsveldtogte is die verraaierkwessie by tye met besondere venyn opgeroep. Individuele kandidate wie se optrede gedurende die oorlog verdag was, is dikwels in politieke moddergooiery daaroor geteiken.

Algaande sou die geheues van dié wat nog gelewe het, ook geleidelik verdof. Met die afsterwe van die betrokkenes het van die inligting saam met hulle na die graf gegaan.

Dit is insiggewend dat geen Afrikaanse of Engelse historici tot op hede die saak uit die verraaiers se oogpunt gestel het nie.[35] In nie een van die vertolkings wat in die eeu na die oorlog verskyn het, is probeer om die verskynsel van verraad onder Afrikaners te regverdig nie. Die seun van genl. Hendrik Schoeman het wel in 1950 'n boek getitel *Genl. Hendrik Schoeman: was hy 'n verraaier?* gepubliseer waarin hy sy pa se afvallige optrede probeer verduidelik het, maar dié werk is nie 'n analitiese ontleding van die verskynsel van verraad nie. Die waarde daarvan lê eerder daarin dat dit uitwys watter pynlike nagevolge verraad vir die verraaier se nageslag meebring.[36]

Op die Afrikaanse akademiese gebied was daar veral voor die 1970's 'n groot traagheid om temas te ondersoek wat hoegenaamd indruis teen die gevestigde opvatting dat die Afrikaners as 'n hegte volk in 'n stryd teen Brittanje saamgestaan het. Die akademiese werke was meestal beperk tot gewilde onderwerpe van militêre aard, individuele Boereleiers, krygsgevangenes en die lyding en swaarkry van die vroue en kinders in die konsentrasiekampe. In die gloed van nasionalisme is die oorlog as 'n heldestryd beskou en enigiets wat dit weerspreek, geïgnoreer. Dit blyk dat 'n groot aantal

meestersgraad- en doktorale studente die kwessie van Afrikanerverraad voor
Grundlingh se werk as taboe beskou het. Selfs in 1960 nog meld F.G. Grobler
in sy meestersgraadverhandeling getiteld "Die Carolina-kommando in die
Tweede Vryheidsoorlog (1899-1902)" dat 'n joiner se naam liewer nie ge-
noem moet word nie.[37]

In die Britse geskiedskrywing het die verraaiervraagstuk ook weinig aan-
dag gekry. In 1985 het Emanoel Lee in *To the Bitter End* nog soos volg oor
die joiners opgemerk:"The story of these Boer volunteers is a sad, in some
cases disreputable one, which has received little attention in Britain ...
Amongst Afrikaners they are remembered to this day with such hatred that
it is almost impossible to get any information about them."[38] In 1979 het
Thomas Pakenham tot 'n soortgelyke gevolgtrekking in sy populêre *The
Boer War* gekom:"The fact that a fifth of the fighting Afrikaners at the end
of the war fought on the side of the British was a secret that has remained
hidden till today."[39]

Al bogenoemde faktore het daartoe meegewerk dat belangrike inligting
oor die teregstellings verlore geraak het en dat die gebeure onder die mat
gevee kon word. Genoeg inligting is egter beskikbaar om 'n sinvolle vertol-
king van die gebeure te gee.

Die skande van verraad en die onverwerkte trauma weens die teregstel-
lings het nietemin sekere gevolge vir die ontwikkeling van die politieke
psige van die Afrikaner ingehou. Die geskiedenis van die Afrikaner in die
20ste eeu kan nie ten volle verstaan word sonder om kennis te neem van die
sielkundige nalatenskap daarvan nie en daarom dié ondersoek na Afrikaner-
verraad tydens die Anglo-Boereoorlog.

2
Vroeë verraad

Die eerste Boereverraaier wat deur sy eie mense tereggestel word, sterf die middag van 31 Desember 1880 voor 'n vuurpeloton aan die oewer van die Mooirivier by Potchefstroom.[1] Hans van der Linden se verraad vind tydens die Eerste Anglo-Boereoorlog plaas.

Dié teregstelling het grootliks in die Afrikaner se volksgeskiedenis vergete geraak. Al was die voorval buitengewoon in die vroeë geskiedenis van die Boererepublieke, ontvang dit min of geen aandag in gepubliseerde werke oor die Eerste Anglo-Boereoorlog. Wat sou republikeinsgesindes van 'n jong Afrikanervolk daartoe gedryf het om een van sy eie mense te fusilleer?

Om dié vraag te beantwoord, moet 'n mens besef dat die ontwikkeling van die Afrikaner se nasionale bewussyn teen 1880 veel verder gevorder was as wat dikwels aanvaar word.[2] Sy afgesonderdheid, die geslagte lange oorloë teen swart stamme en die voortdurende teistering deur Brittanje sedert die Groot Trek het alles meegehelp om 'n nasionale volksbesef te ontwikkel. In dié omstandighede het 'n jong, dinamiese Afrikanerpatriotisme onder republikeinsgesindes gedy.

Die eensydige Britse optrede met die anneksasie van die Transvaalse Republiek in 1877 was dus uit die staanspoor onaanvaarbaar vir die Boere. Dit lei tot die uiters plofbare situasie teen einde 1880 toe met die volksvergadering by Paardekraal (by die huidige Krugersdorp) besluit word om tot wapengeweld teen die Britse oorheersers oor te gaan.[3]

Tydens die volksaamtrek het die Transvaalse burgers in die geheim voorbereidings vir die komende oorlog getref. Die Britse aanvoerders van die besettingsmag in Transvaal was uiteraard gretig om daardie belangrike inligting te bekom. Vir dié doel het 'n Britse spesiale kommissaris, maj. M. Clarke, en die polisiehoof, kmdt. P. Raaff, op Potchefstroom twee plaaslike inwoners gewerf om onder valse voorwendsels na die volksaamtrek te gaan om inligting in te win. Hulle was die Transvaler Johannes (Hans) van der Linden en Christiaan Woite, 'n Potchefstromer van Duitse afkoms. Die twee spioene het onafhanklik van mekaar opgetree.[4]

J. VAN DER LINDEN
✝ *31 Desember 1880, Potchefstroom*

Hans van der Linden het klassieke Bybelse verraad gepleeg. Hy het 'n beloning van 30 sjielings per dag van die Britse militêre owerheid op Potchefstroom ontvang om die volksvergadering by Paardekraal by te woon en inligting aan hulle deur te gee. Om hom beter van sy taak te kwyt, het Van der Linden hom boonop as korporaal by die Boeremag aangesluit en daardeur trou aan die nuwe Transvaalse regering gesweer. By die byeenkoms het die Boeremag se bevelvoerder, genl. Piet Joubert, uitdruklik die geleentheid aan diegene gebied wat die vryheidsaak nie goedgesind was nie om die terrein ongehinderd te verlaat. Nie een van die aanwesige burgers, insluitend Van der Linden en Woite, het daarop gereageer nie.

Die inligting wat die twee spioene daarna oor die Boere se geheime beplanning by Paardekraal inwin, dra hulle aan Britse offisiere op Potchefstroom oor. Dit het die Britte in staat gestel om hul troepe te laat verskans en vir die stryd voor te berei nog voordat enige krygsbedrywighede begin het. Daardie inligting is deur die Britse offisiere in 'n skriftelike verslag saam met die oorspronklike dokumente bewaar. Dié optrede het die noodlottige gevolge vir die verraaiers ingehou.[5]

Die Eerste Anglo-Boereoorlog (Eerste Vryheidsoorlog) breek op Geloftedag, 16 Desember 1880, uit met 'n skermutseling tussen die Boere en die Britse magte by Potchefstroom. Tydens 'n geveg twee dae later op die dorp neem die Boere vir Clarke en Raaff saam met 'n aantal Britse soldate en burgerlikes gevange. Onder hulle was ook Van der Linden en Woite. Verslae wat Van der Linden en Woite oor die Boere se voorbereiding vir die komende stryd opgestel het, word saam met ander inkriminerende dokumente aan Clarke gevind. Een van die dokumente het boonop aangedui Van der Linden het op 6 Desember 1880 die eed van getrouheid teenoor die Britse koningin afgelê.[6] Dit was net voordat hy na Paardekraal vertrek het, waar hy sy korporaalskap in die Boeremag aanvaar het. Met al die verdoemende feite wat geopenbaar word, was die twee verraaiers se lot beslis.

Die oggend van 31 Desember 1880 het 'n krygsraad Van der Linden na 'n kort verhoor op Potchefstroom aan hoogverraad skuldig bevind en ter dood veroordeel. Die krygsraad van 22 lede het hom eenparig skuldig bevind, maar daar was nie eenstemmigheid oor die vonnis nie. Sestien lede het ten gunste van die doodstraf gestem en ses daarteen.[7]

Die krygsraad het uit vooraanstaande lede van die omgewing bestaan, van wie party in die Tweede Anglo-Boereoorlog 'n prominente rol sou speel. Twee het die hoogste offer gebring: Een het in 'n geveg gesneuwel en 'n ander het beswyk aan wonde wat hy op die slagveld opgedoen het. Nie almal wat deel was van die krygsraad het met eer uit die latere stryd getree nie. Die voorsitter van die krygsraad, genl. Piet Cronjé, het hom die ewige gramskap van 'n groot deel van sy volksgenote op die hals gehaal met sy oorgawe op 27 Februarie 1900 by Paardeberg met byna 4 000 burgers.[8] 'n Ander lid, veldkornet J.D. Weilbach, het na die eerste fase van die Tweede Anglo-Boereoorlog as 'n kommandant blatant afvallig geword. In Junie 1900 het genl. Koos de la Rey hom weens verraad laat arresteer, "omdat hy allerlei ontmoedigende praatjies onder sy burgers versprei het" om nie met die stryd voort te gaan nie.[9] In 1880 was almal klaarblyklik nog sterk getrou aan die vryheidsgedagte.

Uit die dele van die oorkonde wat bewaar gebly het, kan 'n mens aflei Van der Linden het regsverteenwoordiging gehad. Daar is onder meer beswaar gemaak toe die staatsaanklaer nie prosedureel korrek opgetree het nie. 'n Regsargument wat waarskynlik te gesofistikeerd vir 'n gewone burger soos Van der Linden was, is geopper, naamlik dat die krygshof nie die jurisdiksie gehad het om oor die saak te besin nie omdat Van der Linden op 12 Desember 1880 aan die Britte verslag gedoen het. Eers die dag daarna, op 13 Desember, is die herstel van die Transvaalse onafhanklikheid en die gewapende stryd afgekondig. Dié argument is verwerp. Van der Linden se optrede is as strafbare hoogverraad beskou. Daar is gelas dat die vonnis nog dieselfde middag om 16:00 voltrek moes word. Die opdrag om die doodsvonnis te voltrek, is aan een van die krygshoflede, kmdt. H.R. Lemmer, opgedra.[10]

C.N.J. du Plessis, 'n Potchefstroomse burger en ooggetuie van die fusillering, se dagboekaantekeninge is in 1882 as *Geschiedenis van de emigranten-Boeren van den Vrijheidsoorlog* gepubliseer, met die later afvallige krygshoflid

Weilbach as mede-outeur. Du Plessis huiwer nie om sy afkeur uit te spreek wanneer daar gevoelloos teenoor die gedoemdes opgetree is nie. Tog was hy ook 'n vurige Afrikanerpatriot en sy weergawe is veral in dié opsig belangrik. Dit gee insig in hoe die Afrikaner die verskynsel van verraad twee dekades voor die Anglo-Boereoorlog van 1899-1902 beoordeel het.[11]

Van der Linden se vrou is sowat 'n halfuur voordat hy na die plek van die teregstelling geneem is, laat haal om hom te groet. Du Plessis beskryf die tragiese afskeidstoneel: "Om haar te zien aankomen, in het rouwkamertje te zien ingaan en hem om den hals te zien vallen en afscheid nemen, is voor mij te zwaar en niet mogelijk te beschrijven. Ik hoor haar nog tegen hem zeggen: - 'Ik heb jou gezegd moet nie . . .'."[12]

Daarna het die prediker eerw. D. van der Hoff die terdoodveroordeelde geestelik gaan bystaan. Intussen is ses gewere in die Potchefstroomse raadsaal gelaai, drie met dodelike ammunisie en drie met loskruit. Volgens Du Plessis is ses burgers op 'n onpartydige wyse uit die aanwesige burgers as lede van die vuurpeloton aangewys. Die gewere is aan hulle oorhandig sonder dat hulle geweet het watter daarvan met die dodelike koeëls gelaai was.[13]

Onder begeleiding van Lemmer en 'n wag van 25 burgers is Van der Linden na die oewer van die Mooirivier geneem, waar die graf reeds gegrawe was. Sowat 300 mense het saamgegaan om die teregstelling te aanskou. Of hulle uit blote morbiede nuuskierigheid saamgegaan het en of toeskouers doelbewus toegelaat is om as 'n afskrikmiddel vir ander verraaiers te dien, kon nie vasgestel word nie.

'n Sombere spektakel het hom afgespeel toe Van der Linden sowat 40 treë van die oop graf eerbiedig sy hoed afgehaal het. Die aanwesiges, wat hom klaarblyklik stip dopgehou het, het sy voorbeeld gevolg.[14]

Die stemming by die graf was droefgeestig. Van der Hoff het "een kort maar hartroerende gebed . . ." gelewer.[15] Terwyl die aanwesiges 'n gesangevers gesing het, is Van der Linden aan die kop-ent van die graf laat kniel. 'n Engelssprekende inwoner van Potchefstroom, George Austen, het op dieselfde dag nog in sy dagboek geskryf: "Certain religious formalities were gone through but it was thought by men of the world . . . who were there that it was only prolonging the agony."[16]

Die reeds makabere gebeure het 'n amper surrealistiese karakter aangeneem toe 'n doodskleed oor Van der Linden getrek is. "Een lang wit overkleed, met zwart afgezet, en nog al fraai opgemaakt, werd hem over 't hoofd getrokken met een breede strook afhangende tot de knieën," skryf Du Plessis.[17]

Die ses lede van die vuurpeloton het sowat drie treë van die veroordeelde stelling ingeneem. Lemmer het langs Van der Linden gaan staan en sy linker-hand op die veroordeelde se kop gesit. Daarna het Lemmer met die knop van sy rysweep beduie waar die lede van die vuurpeloton Van der Linden op sy liggaam moes skiet. Du Plessis het gemeen dit is ongevoelig: "Ik keur de handelwijs van den commandant af, en laat het verder aan zijn eigen oor-deel over."[18]

Drie koeëls het Van der Linden getref wat sy liggaam agteroor laat ruk het. Tog het hy steeds tekens van lewe getoon. 'n Aanwesige geneesheer, waar-skynlik die Hollander dr. Poortman, het aanbeveel dat hy nog 'n koeël moes kry.[19] Die kommandant het een van die jong burgers van die vuurpeloton, ene J. Grundling, beveel om Van der Linden nog 'n skoot te gee, wat hy gedoen het.

Later het van die nabye omstanders aan Du Plessis vertel Grundling het dié profetiese woorde geuiter: "Ja, nu moet ik u schiet; maar mijn tijd is nabij."[20] Inderdaad het Grundling net die volgende dag in 'n skermutseling met die Britse troepe by Potchefstroom gesneuwel.[21] Lemmer het as Boere-generaal in Desember 1900 in die Tweede Anglo-Boereoorlog omgekom.[22]

Na die teregstelling het die skare stil na die dorp teruggekeer. Du Plessis sluit sy beskrywing van die teregstelling so af: "Ieder betreurde het lot van een verrader van zijn eigen natie."[23]

C. WOITE
✝ *6 Januarie 1881, Potchefstroom*

Die 42-jarige Christiaan Woite het sy dienste as geneesheer aan die Boere-magte by Paardekraal aangebied. Weens die skaarste aan sulke dienste voor die Eerste Anglo-Boereoorlog het die burgers sy aanbod met groot waar-dering aanvaar. "Hij kwam als engel," is gesê.[24]

Woite se oogmerk was egter nie om die Boere se saak te bevorder nie. Hy het sy vertrouensposisie doelbewus misbruik deur inligting van die Trans-vaalse burgers se voorbereiding vir die naderende wapenstryd aan die Britte op Potchefstroom oor te dra. Sy oudste seun, die 19-jarige Wilhelm, het hom waarskynlik in sy verraad teenoor die Boere bygestaan.[25]

Woite was nie 'n gekwalifiseerde geneesheer nie, maar het sy mediese kennis deur ondervinding opgedoen. Met die uitbreek van die oorlog het hy 'n gevestigde reputasie as 'n medikus op Potchefstroom gehad.[26]

Al het Woite hom onder valse voorwendsels met die Afrikanersaak vereenselwig, kan hy nie streng gesproke as 'n volksverraaier beskou word nie, want hy was 'n Duitser van geboorte.[27] Dat hy hom wel doelbewus deur spioenasie aan verraad teenoor die Boere skuldig gemaak het, spreek vanself.

Nadat Woite met die geveg op 16 Desember 1880 by Potchefstroom gevange geneem is, is hy op die dorp aangehou. Soos met die geval van Van der Linden is daar ook by maj. Clarke verdoemende verslae van Woite oor die Boere se voorbereiding vir die komende stryd gevind.[28]

Op 6 Januarie 1881 het 'n krygsraad hom verhoor. Waarskynlik omdat hulle onafhanklik van mekaar op die Boere gespioeneer het, is Woite en Van der Linden se sake afsonderlik afgehandel. Volgens die dagboek van George Austen is Woite reeds teen 10:00 die oggend aan hoogverraad skuldig bevind en ter dood veroordeel. Daar is gelas dat die vonnis nog dieselfde middag voltrek moes word. Woite se seun Wilhelm, wat ook aangekla is, is onskuldig bevind en vrygelaat.[29]

Na vonnisoplegging is Woite in dieselfde kamertjie geplaas waar Van der Linden voor sy teregstelling aangehou is. Toe die nuus van die vonnis deur die dorp versprei, het lede van die klein Duitse gemeenskap vergeefs gepoog om die krygshof inderhaas met 'n petisie tot begenadiging van die doodstraf oor te haal.[30]

Woite se vrou Anna (gebore Blase) en hul nege minderjarige kinders is die geleentheid gebied om hom te gaan groet. Austen, wie se sentimente sterk pro-Brits was, skryf nog dieselfde dag in sy dagboek: "His wife and family were allowed access to him for a brief parting interview over the heart rending and agonizing nature of which a veil must be drawn – there are scenes in human life and suffering that though not beyond the deepest yearning sympathy are beyond it(s) adequate expression."[31]

In wat 'n besondere indruk op die aanwesiges moes gemaak het (dit word in verskeie berigte van destyds aangeteken), het Woite in sy laaste ure in Duits teen die muur van sy aanhoudingskamertjie uitgekerf: "Ek vertrou in Jesus. Ek het my in sy hande oorgegee. Ek is dankbaar om te sterf. Oor 'n kort rukkie sal julle my nie meer sien nie, ek gaan na die Vader – Christiaan O. Woite."[32]

Woite is omstreeks 14:00 met geboeide hande onder sterk gewapende begeleiding na die plek van sy fusillering geneem, volgens Du Plessis op dieselfde paadjie as Van der Linden vroeër.[33] Austen skryf die graf is in die vlei naby die rivier aan die onderkant van die Royal Hotel gegrawe.[34] Weer was daar 'n groot skare toeskouers, onder wie 'n hele aantal gewapende burgers. 'n Vriend en buurman van Woite, die Duitse prediker eerw. B. Köhler van die Berlynse Sendinggenootskap, het 'n kort en kragtige gebed by die graf gedoen. Woite self "bleef stil en kalm tot eindelijk het vonnis over hem voltrokken werd . . . "[35]

Hierdie keer is die vuurpeloton tot agt man vergroot, heel waarskynlik om 'n herhaling van die debakel rondom Van der Linden se teregstelling te verhoed. Na 'n teken gegee is, is die skote afgevuur. "Woite gave one convulsive bound upwards and fell with 3 bullets in the breast and one in the forehead."[36] Op sy sterfkennis word die oorsaak van sy dood so aangeteken: "Dood geschoten te Potchefstroom by vonnis van de Krijgsraad gedurende den oorlog."[37]

Köhler het Woite se oorskot uit die graf verwyder en in die tuin van die tereggestelde se huis op Potchefstroom herbegrawe. Austen skryf ietwat emosioneel daaroor in sy dagboek: "Kohler . . . had the body subsequently removed and buried in (the) deceased's own garden, where he had spent many of the long summer evenings surrounded by those who loved him, when peace ruled in the land and none dared to make afraid."[38]

Sy oorskot is later in die ou Potchefstroomse begraafplaas herbegrawe. 'n Grafsteen met die Engelse bewoording het sy laaste rusplek daar aangedui: "Sacred to the memory of Christian Woite born in Hornowd Prussia Germany November the 3rd 1838, died January the 6th 1881 aged 42 years & 2 months leaving a widow and 9 children to mourn their loss. He was cut down in the prime of life."[39]

Volgens Du Plessis is Woite en Van der Linden se verraad onder meer in 'n ernstige lig beskou omdat gevrees is dat die Britte met 'n mislukking van die opstand "al onze voormannen zouden laten vangen en ophangen". Die voorbereiding van die stryd teen 'n oorweldigende oormag moes sonder lekkasies plaasvind, skryf hy voorts. "Ja, op eene zamenkomst vol bekommerende vrees, een bijeenkomst van zulk een handje vol arme verdrukten, dáár mogten geen verraders komen en toch kwamen er twee."[40]

Na die oorlog het sommige pro-Britte groot gewag daarvan gemaak dat die Boere nie vir Woite en Van der Linden regsgeldiglik kon gefusilleer het nie omdat hulle in daardie stadium nog nie 'n wettige en erkende regering gehad het nie. Die hoofregter van die Kaapkolonie, sir Henry de Villiers, het die argument verwerp deur daarop te wys dat sowel Woite as Van der Linden deur behoorlik aangestelde krygshowe van 'n erkende Boeremag weens spioenasie verhoor is.[41] Verder is geredeneer die Boere is deur die vredesverdrag tot wettige oorlogvoerders verhef en dat die burgers wat vir die teregstelling verantwoordelik was, deur die algemene amnestie beskerm word. Van Britse amptelike kant is enige omstredenheid wat daarna nog oor die teregstellings kon geheers het, nie verder gevoer nie.[42]

Ander teregstellings het waarskynlik nog gedurende die Eerste Anglo-Boereoorlog plaasgevind. Daar is die minder bekende geval van 'n bruin man, ene Carolus, wat na 'n kort verhoor in Desember 1880 deur die Boere ter dood veroordeel en nog op dieselfde dag in 'n "vallei" buite Potchefstroom gefusilleer is.[43] Die tereggestelde het vroeër sy hulp aan die Boere aangebied met die doel om op hulle te spioeneer, waarna hy op hulle geskiet het.

Nog 'n burger, Schalk Willem Robinson, was gelukkig om met sy lewe daarvan af te kom toe hy op 31 Desember 1880 op Potchefstroom aan hoogverraad skuldig bevind is. Hy is daarvan beskuldig dat hy in opdrag van die Britse offisiere op die dorp gepoog het om 'n rapport na die Britse mag in Pretoria te smokkel. Hy is op pad na Pretoria betrap. Hy is gevonnis tot 'n boetestraf asook verbanning uit die land met 'n verdere voorwaarde dat as hy sou terugkeer, "hy vogeling zal zijn". Daarmee is hy voëlvry verklaar. Die Potchefstroomse krygsraad het gedurende die oorlog soortgelyke vonnisse aan etlike ander mense opgelê.[44]

Op 27 Februarie 1881 behaal die Boere hul roemryke oorwinning op Majuba en verseker só dat hul onafhanklikheid aan hulle teruggegee word. Dit gee ook aan 'n ontluikende Afrikanernasionalisme 'n groot hupstoot. Tog sou die Afrikaner reeds vroeg in sy geskiedenis geteister word deur verraaiers in sy midde.

'n Groot aantal Boere was die Britte tydens die Eerste Anglo-Boereoorlog goedgesind. Ds. N.J. van Warmelo was byvoorbeeld die enigste predikant wat die republikeinse saak openlik ondersteun het tydens die Britse anneksasie van die Transvaalse Republiek. Op die dag wat die oorlog uitgebreek het, het die Potchefstroomse NG predikant ds. J.P. Jooste as Britsgesinde onder verdagte omstandighede op sy perd die dorp uitgevlug. Na die oorlog is hy as 'n verraaierpredikant gebrandmerk.[45]

Ten spyte van steun vir die Britte, was daar teen 1881 nietemin 'n sterk gevoel onder 'n kerngroep republikeinse Afrikaners teen wat hulle as volksverraad beskou het. Daar was duidelike polarisasie tussen Republikeins- en Britsgesinde Afrikaners. 'n Sprekende en insiggewende voorbeeld is C.N.J. du Plessis se sterk veroordeling in sy boek in 1882 van Britsgesinde Afrikaners tydens die Eerste Anglo-Boereoorlog: "De Afrikaansche loyalen [teenoor die Britse ryk] zijn de verachtelijkste schepselen die ooit in de geschiedenis der wereld zijn opgetreden. Het doet mij leed genoodzaakt te zijn zooveel uit te weiden omtrent deze personen. Zij zijn ver beneden het dierenrijk, want zelfs roof- en verscheurende dieren blijven toch hunnen aard en bloedverwantschap getrouw. Ik kan geen ander oordeel over die personen vellen, dan dat zij krankzinnig, slecht van geweten en zonder gevoel zijn, en niets ander dan de --- verdienen."[46]

Hierdie vroeë beskouing van verraad is besonder betekenisvol by die ontleding van die republikeinse vryheidsideaal. Daar is 'n besliste weersin in die optrede van afvalliges, so erg dat met ekstreme stappe teen hulle opgetree is.

Die enkele fusillerings van verraaiers gedurende die Eerste Anglo-Boereoorlog was maar net 'n voorskou van wat twee dekades later in 'n veel droewiger tydperk op 'n groter skaal in Afrikanergeledere sou plaasvind.

Die weg daarvoor was egter voorberei.

3
Vier broers, een skandegraf

Die winter van 1901 was buitengewoon koud op die Hoëveld. Die Anglo-Boereoorlog het reeds die vorige jaar sy guerrillafase betree met bittereinder-burgers van Transvaal en die Vrystaat wat geweier het om die stryd gewonne te gee. Die sterftesyfer in die konsentrasiekampe was die hoogste ooit, plase in vele distrikte en baie dorpe byna heeltemal verwoes.[1] Net die merk-waardige wilskrag van 'n handjievol onversetlike Afrikaners het die stryd teen die Britse oormag aan die gang gehou.

Daar was egter ook 'n groot aantal Boere wat besluit het om die wapen neer te lê. Sommige het verder gegaan en besluit om die Britse magte aktief te steun deur self die wapen teen hul eie mense op te neem. So gebeur dit dat Lea Sofia Koch (gebore Brits) van Wakkerstroom in Oos-Transvaal aan die einde van Julie 1901 die hartverskeurende tyding ontvang dat haar man én vier van haar broers weens verraad deur van hul voorma-lige kommandolede gefusilleer is. Die tereggesteldes het voorheen almal aan dieselfde kommando van Wakkerstroom behoort as waarvan hul tereg-stellers lid was. Boonop was sommige van die vervolgers en die tereggestel-des familie van mekaar.[2]

H.J.S. KOCH, G.P. BRITS, P.M. BRITS, O.J. BRITS, C.J. BRITS
✝ 26 Julie 1901, Baltrasna, Amersfoort

Die aanloop tot die gebeure was dat al die mans van die Brits-familie van die plaas Schurvepoort in die distrik Wakkerstroom hul wapens in Septem-ber 1900 neergelê het.[3] Met die uitbreek van die oorlog was hulle 'n ver-moënde en vooruitstrewende familie. Die bejaarde ouers, Gert Pieter en

3: VIER BROERS, EEN SKANDEGRAF

Susanna Salomina, het verskeie plase en dorpseiendom in die distrikte Amersfoort, Lydenburg, Vryheid en Wakkerstroom besit. Sommige van hul 14 kinders het op van die plase geboer.[4] Klaarblyklik het die meeste van die kinders met hul gesinne die lyding in die konsentrasiekampe vryge-spring – met 'n rede.

Vyf van die broers is nogtans deur die Britte gevange gehou en na 'n militêre aanhoudingskamp by Ladysmith in Natal oorgeplaas. Die pa, wat nie deur Britse troepe weggevoer is nie, is daarna deur republikeinse bur-gers gevange geneem en van ontrouheid aangekla. Hy is vrygelaat nadat hy met £100 beboet is.[5] Hy sterf egter op 25 Mei 1901 in die ouderdom van 69 jaar aan natuurlike oorsake te Zandspruit in die distrik Wakker-stroom.[6] Daardeur is hy die noodlottige gebeure wat sou volg, gespaar gebly.

Die Britte het die vyf Brits-broers etlike maande lank in die militêre kamp op Ladysmith aangehou, waar hulle alles in hul vermoë gedoen het om vry-gelaat te word. Die afleiding kan gemaak word dat hulle toe al voorkeur-behandeling van die Britse militêre owerhede ontvang het, want hulle is nie as krygsgevangenes oorsee of elders gestuur nie. Die broers se ontrouheid aan die vryheidstryd word geïllustreer in 'n brief van 2 Februarie 1901, waar-in hulle die Britse bevelvoerder op Ladysmith vir sekere vergunnings vra en onomwonde hul onderdanigheid aan Britse beheer toon:

> We, the undersigned, desire respectfully to bring to your notice, that we have sur-rendered voluntarily to the British military authorities for protection, and that we are anxious to have also our families & stock placed fully under British protection. We wish you kindly to assist us in having this done, & would therefore respectfully suggest not only but request that you release one of us on parole, & allow him to return to Volks Rust for the purpose of bringing the families & stock of all of us across into the British lines. We are willing to comply with any reasonable condi-tions that you may deem requisite for such a release. We trust sincerely, Sir, that you will assist us in this matter, & grant our humble request and have the honor to be, Sir, your obedient servants.

Die brief is deur vyf broers onderteken: Gert Pieter (35), Pieter Mathys (32), Okkert Johannes (26), Cornelius Johannes (22) en die enigste van die vyf broers wat die dood sou vryspring, Marthinus.[7] Met hul versoek het die broers gepoog om nie net hul vrouens en kinders uit die konsentrasiekampe te hou nie, maar ook hul eiendom te beskerm. Met die voortsetting van die oorlog het hulle die gevaar geloop om al hul aardse besittings te verloor.

Nie net het die Britse troepe alles geplunder nie, maar die Boere kon hul vee en ander noodsaaklikhede opgekommandeer of eenvoudig daarop beslag gelê het as hulle nie in 'n posisie was om dit te beskerm nie. Dit het inderdaad herhaaldelik gebeur terwyl die broers in aanhouding was.

Die Britte sou hul versoek egter nie sonder meer toestaan nie. Goeie rede moes daarvoor bestaan – soos onbetwiste lojaliteit aan die Britte. Interessant genoeg, het die Britse bevelvoerder op Volksrust die broers se aansoek aanvanklik afgekeur omdat 'n sesde broer, Johannes Wilhelmus, reeds op parool vrygelaat is, maar nie teruggekeer het nie "and is now again on commando", lui 'n skrywe van 4 Februarie 1901.[8]

Na hul pa se dood was dit die Brits-broers se verantwoordelikheid om na die boerderybelange om te sien en dit teen oorlogsplundery te beskerm. Dit is waarskynlik dat die broers mekaar na hul wapenneerlegging beïnvloed het om nog nouer by die Britse oorlogspoging betrokke te raak. Na aanleiding van die beweringe wat later teen die oudste, Gert Pieter, in die hoogverraadsaak gemaak is, kan 'n redelike afleiding gemaak word dat hy 'n leidende rol in hul besluit gespeel het. Boonop het hy voorheen 'n tydelike offisiersrang van assistent-veldkornet in die Wakkerstroom-kommando beklee.

Nadat parool aan hulle toegestaan is, is die broers toegelaat om na die Wakkerstroom-distrik terug te keer. 'n Mens kan met redelike sekerheid aflei hulle het die Britse afdelings op Wakkerstroom en later op Volksrust gehelp en hulle dus aan een of ander vorm van verraad skuldig gemaak. Die vergunning van die Britte was veel meer as waarvoor hulle aanvanklik gevra het. Bevestiging is gevind dat minstens twee van die broers verder as die neutraliteitseed gegaan het deur die eed van getrouheid by die Britte af te lê.[9] Of die broers aktief as betaalde joiners by die Britse mag aangesluit het, kon nie vasgestel word nie. Die besonderhede in die aanklagte teen hulle in die latere hoogverraadverhoor dui egter daarop.

Oorlewering wil dit hê dat mense wat gesien het hoe die oudste broer 'n jong burger doodgeskiet het, hom by die Boere verkla het. Die burger het glo gepleit: "Oom Gert moet my nie skiet nie!"[10] Geen stawing van die voorval kon in ander bronne gevind word nie en dus kan die bewering nie bo twyfel aanvaar word nie.

Die vyf Brits-broers het hulle geskaar by die leier van die afvalliges in die omgewing, die 58-jarige Frederick Wilhelm Koch. Hy was 'n vooruitstrewende boer met verskeie plase in die distrikte Wakkerstroom, Ermelo en Piet Retief. Die plaaslike waardeerder en afslaer beskryf sy boedel na die oorlog as "one of the richest in the district".[11] Voorts het die Britse magistraat op Volksrust hom in 1901 as "a Burgher of considerable influence and standing in the neighbourhood" beskou.[12]

Frederick en sy vrou, Elizabeth Wilhelmina Hendrina, het drie seuns en vyf dogters gehad. Die welvarende Koch- en Brits-families was aangetroude familie van mekaar. Koch se oudste seun, Hendrik Johannes Stephanus, was met Lea Sofia Brits, die vyf broers se suster, getroud.[13] Dit het 'n ideale teelaarde vir groepsbeïnvloeding geskep. Albei families het besondere belang by hul boerdery gehad. Hulle het die vryheidstryd waarskynlik as 'n hulpelose en verlore saak beskou en geen sin daarin gesien om hul welvaart daarvoor prys te gee nie. Maar hulle het nog 'n stap verder gegaan – hulle was ook bereid om die wapen teen hul volksgenote op te neem.

Aanvanklik het die Kochs net soos die Brits-broers aan Boerekant geveg. Nadat Frederick sr. sy rug op die republikeinse oorlogspoging gedraai het, het hy en sy drie seuns hul wapens neergelê. Dat hy aktief vyandig teenoor die republikeinse saak geword het, word gestaaf deur 'n inkriminerende verklaring wat die Britse magistraat op Volksrust in Oktober 1901 oor hom gemaak het: "He did everything in his power to assist the British in bringing the war to a conclusion, and the Military Authorities had such confidence in him that they allowed him and his sons to retain their arms for their own protection."[14] In 'n verklaring wat een van die Koch-seuns, Lodewyk Christiaan, in 1903 maak, bevestig hy ook: "We were given rifles by the British in order to protect us."[15]

Die Kochs is toegelaat om met hul boerderybedrywighede voort te gaan. Die Brits-broers het ook wapens gehad, wat die Britse militêre owerhede waarskynlik na hul vrylating vir hulle gegee het. Dit was 'n taamlik drastiese stap van die militêre owerhede om in 'n oorlogsituasie wapens te verskaf aan voormalige vyande, veral wanneer hulle nie direkte beheer oor daardie persone kon uitoefen nie. Dit dui waarskynlik op die sterk vertrouensverhouding tussen die Britse magte en die twee Boerefamilies.

Die Koch- en Brits-mans, bygestaan deur 'n aantal ander hendsoppers, het hul basis op die plaas Rooipoort naby Volksrust gevestig. Destydse Britse militêre dokumente wek die indruk dat die groep as 'n soort semi-militêre eenheid gefunksioneer het. Hul bewapening was duidelik op hul volks-

genote gerig en daar word deurgaans na hulle as "Koch's laager of surren-
dered burghers" verwys.[16] Die nabygeleë Britse mag op Volksrust het oën-
skynlik beskerming aan die groep afvalliges gebied. Die aanduidings is dat
hulle groot hoeveelhede vee onder hul beheer op Rooipoort gehad het.
Die Britse mag het waarskynlik ook 'n gerieflike afsetgebied vir daardie
vee gebied.

Die presiese omvang en aard van die Koch- en Brits-mans se betrokken-
heid by die Britse militêre bedrywighede kon nie vasgestel word nie, maar
hul teregstelling het gevolg op 'n skermutseling met die Boere by Amers-
foort. Sowat 60 Britse soldate – bygestaan deur 'n aantal joiners – het op
22 Mei 1901 'n hinderlaag vir die Boere by Amersfoort gestel, waartydens
kmdt. Rooi Jozua Joubert en 'n burger, Hendrik Spaarwater, gewond is.
Joubert se arm moes geamputeer word en Spaarwater het later aan sy wonde
beswyk. 'n Groot groep burgers het Spaarwater se emosionele begrafnis op
26 Mei 1901 onder 'n dreigende aanval van 'n Britse kolonne bygewoon.[17]

Hoewel dit onduidelik is of die Brits- en Koch-mans beslis 'n rol in die
Amersfoort-hinderlaag gespeel het, het die joiners se verraad tydens dié
voorval bygedra tot die latere optrede teen die mans van dié twee families.[18]
Inligting uit die Pretoriase Argief het gehelp om 'n prentjie te skets van
wat tot die Koch- en Brits-mans se einde gelei het.[19]

Op Maandagaand 22 Julie 1901 was 12 afvallige Afrikanermans van Koch's
laager of surrendered burghers op die plaas Rooipoort naby Volksrust saam-
getrek. Saam met hul leier, Frederick Koch sr., was sy drie seuns, Frederick
Wilhelm jr., Lodewyk Christiaan en Hendrik Johannes Stephanus, die vyf
Brits-broers, en nog drie ander, Lodewyk (Louw) Christiaan Joubert, Gert
Pieter Oosthuizen en Gert Brink, teenwoordig. Al die Koch- en Brits-
vroue, -kinders en die Brits-weduweemoeder was die aand in die plaas-
huis bymekaar. Omdat dit 'n groot groep was, is sommige in 'n tentlaer
langs die opstal gehuisves. 'n Onbekende aantal swart werkers en hul fami-
lies was ook in die nabyheid.

Vroeër die middag het drie burgers 'n strooptog op die Koch-groep se vee
uitgevoer. Dit het in 'n skietgeveg ontaard waaraan nege van die afvalliges
deelgeneem het. Die drie burgers het met 'n aantal beeste weggekom, hoe-
wel die Koch-groep hul skape kon terugkry. Die jongste van die Brits-broers,
Cornelius, moes tydens die skermutseling na die opstal teruggeneem word

nadat hy van sy perd afgeval en seergekry het. Dit was reeds donker toe die ander afvalliges na hul vesting teruggekeer het.

Die skietgeveg vroeër die dag moes ernstige wrewel by die burgers ontlok het. Daar is besluit om nog dieselfde aand 'n vergeldingsmag van 25 burgers na die Koch-vesting op Rooipoort te stuur om met die verraaiers af te reken. Die Boere-aanvalsmag, bestaande uit burgers van die Wakkerstroom-kommando, die Edwards Verkennerscorps en twee lede van asst. kmdt.genl. Chris Botha[20] se staf, het onder leiding van kapt. M.W. Myburgh[21] en vdkt. Badenhorst[22] na Rooipoort opgeruk. Hulle het die plaas omstreeks 23:00 bereik. Die burgers het hul perde sowat 600 treë van die opstal gelaat en onopgemerk te voet na die opstal beweeg.

Toe die burgers omtrent 40 treë van die opstal was, het 'n hond begin blaf, waarna alarm gemaak is. Daarna het 'n buitewagpos van die afvalliges die Boere by 'n beeskraal gekonfronteer. Die burgers het met geweervuur geantwoord.

Die wagposlede het na die plaashuis teruggeval en die burgers het dit omsingel. 'n Hewige geveg het uitgebreek. Gert, die oudste Brits-broer, het eerste 'n vleiswond aan die arm opgedoen. Terwyl Frederick Koch sr. regop geloop en sy manne aangespoor het om hulself met mening te verdedig, het hy 'n skoot deur die kop gekry en dood neergeslaan. Daarna is sy seun Lodewyk gewond. 'n Swart man en meisie is ook raakgeskiet toe hulle waarskynlik in die kruisvuur beland het. Die meisie het later aan haar wonde beswyk.[23]

Bevestiging kon nie in die argivale bronne gevind word van beweringe dat Koch sr. op die voorstoep van die opstal 'n aggressiewe houding teenoor die burgers ingeneem het voordat die skietgeveg uitgebreek het nie. Daarvolgens het hy half agter sy vrou Elizabeth op die stoep geskuil, terwyl hy gedreig het om die burgers te skiet. Twee burgers het hom gelyktydig geskiet toe hy vir 'n oomblik agter haar uitbeweeg het. Volgens Koch se kleinseun Jan Fick was sy oupa so naby aan sy ouma dat sy bloed op haar gespat het. Oorlewering wil dit verder hê dat die verraaiers daarna die wit vlag gehys het, maar toe die burgers nader aan die huis beweeg, het die verraaiers weer op hulle begin skiet, gevolg deur 'n onafwendbare geveg.[24] Dié aspek word ook nie in die destydse verklarings genoem nie.

Die verraaiers moes geweet het hulle kon genadelose behandeling te wagte wees as die burgers hulle vang en het hulle hardnekkig verset. Die burgers het hulle herhaaldelik gewaarsku om oor te gee, maar hulle wou nie. Volgens die ongepubliseerde dagboek van Jan Leendert Moerdijk, 'n lid van die Boere se Edwards Verkennerscorps en pa van die bekende argitek Gerhard Moerdijk (Moerdyk), het die geveg sowat 'n uur en 'n half lank voortgewoed. Deur hulle so te verset, het die verraaiers hul uiteindelike lot waarskynlik vererger.

Die verraaiers was gedoem omdat die Britse mag op Volksrust hulle nie te hulp gesnel het nie. Die ligging van die opstal is van so 'n aard dat dit moeilik verdedigbaar is. Voor die huis is 'n laagte en aan die noorde- en oostekant is hoogtes, van waar die opstal maklik bestook kon word. Die burgers kon boonop onder dekking van die donkerte onophoudelik deur die vensters en voordeur skiet.

Intussen het van die burgers die huis aan die agterkant aan die brand begin steek. Nie net die afvallige mans nie, maar ook hul vroue en kinders het in lewensgevaar verkeer. Dié het histeries begin gil en huil. Intussen het die mans aan die voorkant van die huis in 'n stoepkamer saamgedrom waar die burgers hulle vasgekeer het. Die burgers het hul geweervuur gestaak en die verraaiers weer tot oorgawe geroep. Die verraaiers se situasie was uiters desperaat. Daar is toe uiteindelik besluit om oor te gee. 'n Ongewapende Frederick Koch jr. het na die deur beweeg en hul oorgawe aangebied, waarna die burgers die afvalliges se wapens afgeneem het.

Die verraaiers is nie sagkens gehanteer nie. Die twee gewondes, Gert Brits en Lodewyk Koch, asook die beseerde Cornelius Brits, is saam met die ander verraaiers weggeneem voordat enige Britse versterkings kon opdaag. Later het Marthinus Brits verklaar dat die burgers aggressief was en hulle onder meer toegesnou het dat Koch sr. sy dood verdien het en dat hulle spyt was die gewonde Gert Brits het nie dieselfde weg gegaan nie omdat hulle sy bloed lankal gesoek het. Moerdijk praat van 'n aandoenlike toneel waar die vroue en kinders buite gestaan en die gebeure aanskou het.[25] Koch sr. se dood was net die begin van die families se tragedie.

Nog dieselfde nag het die burgers met die nege gevange verraaiers (om 'n onbekende rede was Gert Brink nie onder hulle nie), gebuite perde, heelwat beeste en ander los goed na Alfred Robertson se plaas, Elandsberg, vertrek waar hulle die volgende oggend aangekom het.[26] Daarna is die gevangenes op 'n trolliewa met agt muile gelaai en na die laer op Goedehoop geneem. Teen vroegmiddag op Woensdag 24 Julie 1901 is hulle na die plaas

Baltrasna, oos van Amersfoort, geneem waar verskeie Boereleiers reeds vergader het.

Op Baltrasna het 'n krygshof op die verraaiers gewag. Die volgende dag is hulle op aanklag van hoogverraad verhoor. In die klagstaat is hulle daarvan beskuldig dat hulle hul eerstens aan die Britse magte oorgegee het en tweedens wapens teen die republikeinse magte opgeneem het. Volgens Moerdijk is daar ook beweer hulle het by die Britse magte aangesluit. Al die beskuldigdes het op die eerste aanklag skuldig gepleit, maar onskuldig op die tweede. Hul verweer was dat hulle bloot hul vee teen strooptogte verdedig het, ongeag wie dit uitgevoer het. Daar was heel waarskynlik 'n verdere aanklag teen Gert Brits – dat hy medeburgers probeer omhaal het om hulle aan die Britte oor te gee. Spesifieke getuienis in dié verband is tydens die verhoor aangebied.

Uit die aard van sy rang as assistent-kommandant-generaal het Chris Botha die bevoegdheid gehad om die doodsvonnis te bekragtig en het hy daarom nie deel uitgemaak van die krygshof nie. Die hof het uit sewe lede bestaan met kmdt. Izak J. Greylingh[27] as voorsittende beampte en Adriaan Badenhorst[28] as ondervoorsitter. Die ander lede was asst.vdkt. Piet Badenhorst[29] en Dirk Kemp (almal van Wakkerstroom) en Willem Buhrman van Ermelo. Landdros Bosman was die aanklaer en lt. Jordaan die klerk van die hof.[30]

Die verhoor het in die voorhuis van die plaasopstal op Baltrasna plaasgevind. Die vervolging het minstens sewe getuies geroep. Die beskikbare bronne is vaag oor die presiese aard van die getuienis teen die afvalliges. Benewens die getuienis oor die skietgeveg is Gert Brits daarvan beskuldig dat hy vroeër 'n leidende rol in die aanhitsing tot die oorgawe van burgers gespeel het. Dit het ook teen hom getel dat hy 'n voormalige assistent-veldkornet van die Wakkerstroom-kommando was. Later het sy broer Marthinus verklaar die getuies was "baie bitter" teenoor sy oudste broer.

Hy het ook beweer hulle is geen kans gegun om hulself te verdedig nie, maar te oordeel aan die weergawes van die ander beskuldigdes wat die gebeure oorleef het, was dit nie die geval nie. Die krygshof het wel geweier dat die saak op versoek van Gert Brits vir die roep van 'n verdedigingsgetuie uitgestel word. Volgens die hof kon dié getuie niks tot voordeel van die beskuldigdes getuig nie en 'n vermorsing van tyd wees. Hoewel die beskuldigdes nie regsverteenwoordiging gehad het nie, is daar aanduidings dat hulle die geleentheid gehad het om hul saak te stel. Moerdijk, wat teenwoordig was, beskryf die verhoor as deeglik (in die Engelse vertaling van sy dagboek word van "thorough" gepraat). Marthinus Brits het in sy latere verklaring aan die Britse militêre owerhede gesê die aanklaer het vir minstens twee van die beskuldigdes, Frederick Koch en Louw Joubert, om versagting gepleit. Dit is nie duidelik waarom hulle uitgesonder is nie.

Nadat al die getuienis dieselfde dag aangehoor is, het die hof na sowat tien minute se verdaging uitspraak gelewer. Al die beskuldigdes is aan hoogverraad skuldig bevind, met die uitsondering van Gert Oosthuizen wat staatsgetuie geword en daardeur vrywaring ontvang het. Hendrik Koch en vier van die Brits-broers het die doodstraf ontvang. Daar is gelas dat die vonnis die volgende oggend voltrek moes word. Die ander beskuldigdes (dus ook die gewonde Lodewyk Christiaan Koch) het 'n vonnis van 25 houe met 'n stiegriem ('n verstelbare leerband met 'n gespe waaraan 'n stiebeuel hang) ontvang, met die uitsondering van Marthinus Brits, wat 20 houe sou kry. 'n Omvattende soektog na 'n geskrewe hofrekord het niks opgelewer nie. Die drastiese verskil in die vonnisse kan daarom nie verduidelik word nie, ook nie watter regsbeginsels toegepas is nie.

Dit is onduidelik hoekom Marthinus Brits die doodstraf vrygespring het. Luidens sy latere verklaring aan die Britse owerhede het hy die Maandag voor die skietgeveg na Volksrust gegaan. Gevolglik was hy nie deel van die afvalliges se optrede teen die drie burgers wat die strooptog op die vee uitgevoer het nie. Hy vertel egter in detail hoe hy die aand aan die geveg teen die Boere-aanvalsmag deelgeneem het. Hy meld onder meer daar was 'n storing in die sluitstuk van sy geweer wat hy moes regmaak, waarna hy weer met mening op die burgers gevuur het. Frederick Koch jr. sê in sy latere verklaring hy het nie die aand op die Boere geskiet nie omdat een van die ander mans in die groep sy geweer gehad het.[31] Of dít die rede was waarom hy nie die doodstraf ontvang het nie, is egter onseker.

Die verskil in vonnisse wys nietemin die veroordeeldes is nie oor dieselfde kam geskeer nie. Die teenwoordigheid van 'n assistent-kommandant-generaal wat die vonnisse kon bekragtig en die betrokkenheid van 'n groot aantal Boereoffisiere wys daar kon op 'n hoë vlak oor die vonnisse en die uitvoering daarvan besin word.[32]

In wat 'n angstige wintersnag moes gewees het, is die veroordeeldes in 'n buitegeboutjie met 'n vuurherd onder streng bewaking aangehou.

Die Brits-broers se een suster, Susanna Salomina (Sannie) Groenewald, was teenwoordig. Haar man, Wessel Johannes Jacobus Groenewald, was die eienaar van die plaas Baltrasna. Groenewald was ook 'n lid van die Wakkerstroom-kommando en met die verhoor teenwoordig. Die onbenydenswaardige taak is aan Moerdijk opgedra om vir Sannie Groenewald van haar broers se doodstraf te vertel. "Ek het haar probeer troos so goed ek kon, maar hoe vertel jy iemand dat sy haar broers nooit weer op aarde sal sien nie?"[33]

In 'n verslag wat 'n Britse offisier, kapt. MacHardy, op 5 Augustus 1901 oor die teregstellings maak, sê hy een van die Koch-broers was getroud met die suster van die voorsitter van die krygshof, kmdt. Greyling, se vrou. "The remainder are so inter-married their subsequent life would be unbearable."[34] Hy gee egter nie meer besonderhede daaroor nie.

Benewens die familiebande het die veroordeeldes en hul voormalige kommandokamerade mekaar goed geken. Van die burgers het saam met hulle grootgeword. Die lede van die vuurpeloton moes uit die geledere van dieselfde kommando saamgestel word. Dit is te verstane dat sommige van die burgers nie gretig was om deel van die vuurpeloton te wees nie. Volgens oorlewering het twee swaers, Moolman en Storm, verlof gevra om na die buurplaas Balmoral te gaan om na hul boerderybelange te gaan omsien. Daardeur het hulle doelbewus die moontlikheid ontduik om as lede van die vuurpeloton aangewys te word.[35]

Moerdijk vertel die vyf terdoodveroordeeldes was die oggend van die teregstelling kalm. Kort na 08:00 het landdros Bosman en Dirk Kemp vir hulle kom sê die teregstellings sou om 11:00 plaasvind. Werkers het reeds vroeg die oggend 'n graf langs die bestaande Groenewald-familiebegraafplaas teen 'n heuwel voor die plaashuis gegrawe. Kort na 11:00 is Gert, Pieter en Cornelius Brits na die oop graf geneem. Nadat hulle geblinddoek en hul hoede weggeneem is, moes hulle by die graf twee tot drie treë uit mekaar staan. Die aanwesige burgers het 'n psalm gesing, en toe klap die skote van 'n vuurpeloton bestaande uit 12 burgers onder bevel van vdkt. Lourens Badenhorst.[36]

Die ander ses veroordeeldes het in daardie stadium buite die deur van die buitegeboutjie gestaan waar hulle aangehou is. Vandaar kon hulle die gebeure skaars 100 m verder sien afspeel. Marthinus Brits skryf later in sy verklaring: "Ekself kon nie daarna kyk nie."[37]

Vir die twee oorblywende terdoodveroordeeldes, Hendrik Koch en Okkert Brits, moes die aanskoue van die eerste teregstelling vreesaanjaend gewees het. Kort daarna was dit hul beurt. Volgens Marthinus Brits is die eerste drie tereggesteldes elk twee keer deur die hart geskiet, terwyl die laaste twee se liggame deur drie skote elk getref is. Dit dui daarop dat die helfte van die vuurpelotonlede se gewere waarskynlik met loskruit gelaai was sodat hulle nie moes weet wie die doodskoot gee nie.

Beweringe dat die tereggesteldes hul eie grafte moes grawe en dat hulle geweier het om geblinddoek te word, is na alle waarskynlikheid versinsel. Só ook dat een van die veroordeeldes nog bly lewe het nadat die vuurpeloton gevuur het en daarna weer deur die bevelvoerder geskiet moes word.[38]

Volgens die oorlewende afvalliges het genl. Chris Botha en Lourens Badenhorst hulle na die teregstelling besoek en gevra of hulle die skote gehoor het. Toe hulle bevestigend antwoord, het Botha volgens die Engelse vertaling van Marthinus Brits se verklaring vir hulle gesê: "Well, this will be a warning to you not to take up arms against the Boers again."[39]

Omstreeks 12:00 die volgende dag het die oorblywende vier gevangenes, met hul klere aan, hul lyfstraf ontvang. 'n Halfuur later is hulle met 'n trolliewa na Vaalpoort geneem waar hulle oornag het. Daarna is hulle te perd na Vlakpoort geneem, waar hulle op Sondag 28 Julie vrygelaat is om te voet na die Britse linies te loop. Vir die duur van die oorlog het hulle met hul families onder Britse beskerming in Volksrust gebly. Gert Oosthuizen, wat staatsgetuie geword het, is na Amersfoort gestuur.[40]

Verskillende bronne meld een van die voorwaardes vir die vrylating van die oorlewende verraaiers was dat hulle voëlvry verklaar is. Volgens 'n republikeinse *Oorlogsbericht* van 29 en 30 Julie 1901 het die vonnis bepaal dat as die veroordeeldes die Boere se linies weer sou binnekom, dit "eenigen burger zal vrystaan ze als vijand te beschouen en dood te schoten".[41] Gedurende die Eerste Anglo-Boereoorlog het krygshowe beskuldigdes ook voëlvry verklaar, maar ander voorbeelde daarvan kon nie gevind word in vonnisse wat gedurende die oorlog van 1899 tot 1902 opgelê is nie.

Die Boere-opperbevel het die nuus van die teregstellings versprei. Johanna Brandt haal op 17 Augustus 1901 'n amptelike berig oor die gebeure wat Boerespioene na Pretoria gesmokkel het, in haar dagboek aan:

Afloop onderzoek der gevangene 'handsuppers' door Veldcornet Badenhorst by Zandspruit. Op Donderdag laatsleden werden op de plaats van H. van Groeneveld naam onduidelyk geschreven ter dood veroordeeld G. Brits C. Brits P. Brits O. Brits vier zoons van G. B(rits). Hendrik Kock en Martiens Brits tot 20 gezel slagen en

vogelvry verklaard F. Kock, L. Joubert, L. Kock elk 25 geeselslagen en vogelvry ver-
klaard. Zekere D.G. Oosthuizen werd staatsgetuige gemaakt. In gevecht laatst leden
Maandag sneuvelde F. Kock, zijn zoon Lodewyk werd gewond. De vonnissen zijn
laastleden Vrydag voltrokken.⁴²

Hoewel die inligting sekere feitefoute bevat, toon dit nietemin dat die re-
publikeinse leiers erns daarmee gemaak het om die teregstellings van Boere-
verraaiers bekend te maak en die inligting daaroor te versprei.

Enkele dae na die teregstelling het Chris Botha die Britse bevelvoerder
op Wakkerstroom amptelik van die teregstellings in kennis gestel. Kontant-
geld, asook persoonlike items en vier briewe van die oorledenes aan hul
vrouens, is na die Britse linies gestuur met die versoek dat dit aan die oor-
ledenes se naasbestaandes oorhandig word. Van die Britse militêre kant is
gemeen die afvalliges is oorhaastig en onnodig tereggestel. "The whole thing
was a ruse on the part of Chris Botha."⁴³ Behalwe die jong Cornelius
Johannes Brits het al die ander tereggesteldes plase en weduwees met kin-
ders nagelaat.⁴⁴

Na die oorlog is beweer een van die verraaiers het vir Botha omkoop-
geld van £80 000 aangebied as dié sy lewe sou spaar. Hoewel die Koch- en
Brits-families welvarend was, toon die likwidasie- en distribusierekenings
van die gestorwenes se boedels selfs hulle het nie soveel geld gehad nie.
Dit is natuurlik nie onwaarskynlik dat so 'n aanbod in paniek gemaak kon
gewees het nie. As so 'n voorstel wel gemaak is, het Botha hom nie daaraan
gesteur nie.⁴⁵

Die twee families is in totale verdriet gedompel. Susanna Brits het haar vier
seuns en 'n skoonseun verloor. Haar dogter Lea Sofia Koch verloor haar
man, Hendrik, vier broers en haar skoonpa, Frederick. Elizabeth Koch ver-
loor haar man en seun.

Grafstene, of eerder smartstene, met boodskappe wat diepe verbittering
toon, is op die grafte aangebring. Die grafsteen wat Lea Koch vir Hendrik
laat oprig het, lui: "Ter gedachtenis van myn teder geliefde echenoot H.J.S.
Koch, geb. 7 Nov. 1868, en zyn dood geschoten door gen. C Botha en zyn
officieren, op de 26 July 1901."⁴⁶ Sy oorskot is uit die tereggesteldes se
gesamentlike graf op Baltrasna opgegrawe en in die familiekerkhof op die
plaas Driefontein naby Wakkerstroom herbegrawe.

Hendrik se pa, Frederick, is op 'n buurplaas, ook 'n deel van Driefontein

naby die huidige Daggakraal, begrawe. Sy vrou laat dié woorde op die praal-
grafsteen aanbring: "Ter gedachtenis van mijn geliefde echenoot F.W.C.
Koch, geb. 12 April 1842, en onschuldig dood geschoten te Roodepoort
op 22st Juli 1901 door L. Badenhorst en van zyne manschappen."[47]

Die obelisk van sandsteen wat op die Brits-broers se gesamentlike graf
op Baltrasna aangebring is, het deur die jare verweer en later in stukke ge-
breek toe 'n boom daarop geval het. Op elke kant daarvan word die naam
van 'n broer gedenk. Vaagweg kan die woorde "Doodgeschoten door de
Boeren" ook daarop onderskei word.[48]

Teen Desember 1901 kla die eens welgestelde Elizabeth Koch by die
Britse owerhede dat alles op hul plase vernietig is en dat sy en haar familie
hulle in 'n benarde finansiële posisie bevind.[49] Die familie was klaarblyklik
nie meer selfonderhoudend nie weens 'n gebrek aan kontantvloei. Met die
Brits-familie het dit nie beter gegaan nie. Die geboue en ander roerende
eiendom op die familieplaas Schurvepoort is vernietig of weggevoer. Weens
die voortslepende oorlog kon die tereggesteldes se boedels nie afgehandel
word nie. Daar is nog tot 1906 gesukkel om dit te finaliseer.

Die Britse magistraat op Volksrust het uit sy pad gegaan om die tereg-
gesteldes se naasbestaandes te help. Ook die Britse offisier kapt. W.R. Digby
wat met die verwerking van die weduwees se kompensasie-eise vir oorlog-
skade belas was, het besonder simpatiekgesind teenoor hulle gestaan. Hy
het die eis van Susanna Brits, die tereggestelde broers se ma, so gemotiveer:
"A most exceptional case & recommended for special treatment."[50] Sy het
daarna £1 200 van die Protected Burgher Fund ontvang.[51] Digby het die
eis van Pieter Mathys Koch se weduwee ook gunstig gemotiveer: "This
claimant's case is an exceptional one. Her husband was murdered by the
Boers in July 1901 for having surrendered."[52]

Van die ander weduwees het ook aansienlike bedrae van die Britse ower-
heid ontvang as vergoeding vir oorlogskade wat hulle gely het. Lea Koch
het byvoorbeeld £1 907 en Maria Brits £800 uit een fonds alleen ont-
vang.[53] Dit was heelwat meer as die gemiddelde bedrae wat die bitterein-
ders of terugkerende bona fide-krygsgevangenes na die oorlog ontvang het.
Daar kon nie vasgestel word wat die naasbestaandes uit die ander fondse
ontvang het nie. Die bevoordeling van verraaiers en hendsoppers van die
omgewing lei tot latere geslagte se verwyte dat veral verraaierfamilies finan-
sieel bevoordeel is deur die verkoop van hul siele in 'n ontroue saak. Nasate

van die Boerefamilies wat in die omgewing woon, het te kenne gegee die verraaierfamilies is tydens die oorlog en ook daarna nog deur hul verraad bevoordeel.[54]

Verbande ten gunste van Frederick Koch sr. was oor plase van burgers geregistreer vir skuld wat hulle voor die oorlog by hom aangegaan het. Dié burgers was ten tyde van sy dood nog op kommando. Vanselfsprekend kon daardie voortvegtendes weens die oorlogsomstandighede nie hul skuld betaal nie. Koch se weduwee en die Britse magistraat op Volksrust het gedurende die oorlog pogings aangewend om die verbande op te roep.[55] Dit sou die wrewel teen die verraaierfamilies sekerlik net vererger het. Daar kon egter nie vasgestel word of dit deurgevoer is nie.

Na die oorlog is dit asof die naasbestaandes van die tereggesteldes laer trek binne die twee families. Hulle het ook verder ondertrou. Kort na die oorlog tree die weduwee Lea Sophia Koch met Lodewyk Christiaan Koch, 'n neef van haar tereggestelde man, in die huwelik. Hy was 'n hendsopper wat gedurende die oorlog van Harrismith na Britse beskerming op Newcastle in Natal gevlug het, waar hy vir die duur van die oorlog gebly het.[56] Nog 'n suster van die tereggestelde Brits-broers, Francina Wesselina, het met die tereggestelde Koch se broer, wat die doodstraf vrygespring het en wie se name ook Lodewyk Christiaan is, getrou.[57]

Dit is veelseggend dat van hul nasate ontken dat die tereggesteldes verraad gepleeg het. Dié nasate beweer Badenhorst en sy manne was veediewe en rowers.[58]

In die geskiedskrywing het die Brits-en-Koch-tragedie feitlik ongemerk verby gegaan.[59]

Vandag is daar nog baie tasbare herinneringe aan dié voorval in die omgewing van Amersfoort en Volksrust te sien. Die plaashuis op Rooipoort waar die afvalliges vasgekeer en Koch sr. doodgeskiet is, is klaarblyklik nie ernstig in die oorlog beskadig nie. Daar is oor die jare heen aangebou en veranderinge aangebring. Tog kan die oorspronklike struktuur met sy besondere dik klipmure, breë plankvloere en pragtige kaggels nog waardeer word. Die klipmure is later plek-plek gepleister en verberg dalk nog koeëlmerke van daardie aand. Met die skrywe hiervan staan die huis leeg en is dit verwaarloos.[60] Die klipmure van die beeskraal naby die huis waar die afvalliges se buitepos was, is nog in 'n goeie toestand.

Die reis oor die heuwelagtige gedeeltes na die plaas Baltrasna laat 'n mens wonder wat deur die gedagtes van die gedoemdes moes gegaan het op hul tog na hul laaste rusplek. Die opstal op Baltrasna is in 'n indrukwekkende kloof tussen heuwels.[61] Ook daar kan die oorspronklike voorhuis, waar die verhoor plaasgevind het, met sy sterk klipmure van die latere aanbouings onderskei word. Slegs die fondasie van die buitegeboutjie waar die veroordeeldes na bewering hul laaste nag deurgebring het, is nog uitkenbaar.[62] Die gesamentlike graf word omring deur die stilte en koelte van 'n plantasie van uitheemse bome in 'n afgeleë wêreld.[63] Die gebreekte obelisk met die name van die tereggesteldes is verwyder en word elders bewaar. Die verrotte boom wat dit stukkend geval het, lê dwarsoor die sementfondasie van die graf. Daar is nog tekens dat die graf vroeër deur ystertralies omhein is.

Hendrik Koch se grafsteen op die plaas Driefontein by Latemansnek is verwaarloos, maar nog duidelik leesbaar.[64] Ook sy pa se graf op die naburige plaas lyk of dit jare laas enige aandag gekry het.[65] Die gebreekte grafsteen is intussen vir veilige bewaring verwyder. Die mense wat direkte belang by die gebeure gehad het, is lank reeds oorlede.

In 2007 het Gert van der Westhuizen, skrywer en kenner van historiese gedenkwaardighede in Mpumalanga uit die tydperk van die Anglo-Boereoorlog, die grafte van die tereggesteldes aan my gaan uitwys. Terwyl ons die graf van die vier Brits-broers op Baltrasna besigtig het, het twee onbekende inwoners van die plaashuis, 'n pa en seun, nader kom staan en luister na die vertellinge van die tragiese gebeure van byna 11 dekades vroeër. Hulle was grootliks onbewus daarvan.

Nadat hulle alles aangehoor het, het een gevra: "Was dit nou alles nodig gewees?" En bygevoeg: "Al die lyding was tog tevergeefs."

Niemand het geantwoord nie.

4
"Judasboeren" of miskende altruïste?

"Verraders! Monsters! Vloek der Aarde!
Verneerde schepsels der natuur!
Gods wrake die u tot heden spaarde,
verdelg u eens door Helsche Vuur!"

Republikeinsgesindes se veragting vir verraaiers blyk baie duidelik uit dié deel van 'n gedig wat gedurende die Anglo-Boereoorlog op anonieme kaartjies aan joiners gestuur is.[1]

Ontrouheid teenoor die republikeinse oorlogspoging het verskillende vorme aangeneem. 'n Groot groep burgers het met die verloop van die oorlog passief geraak deur nie verder daaraan deel te neem nie. Ander het hulle op verskillende maniere aktief aan verraad skuldig gemaak.

Afvalliges het byvoorbeeld informeel inligting aan die Britse magte verskaf sonder om by hulle aan te sluit. Meer formeel was die georganiseerde vredespogings van afvalliges wat probeer het om die vegtende burgers te oorreed om die stryd te staak. Ander het buite die gevegsterrein die Britse militêre administrasie in die konsentrasiekampe en op verskeie ander gebiede bygestaan, maar dit was op die meer opsigtelike militêre gebied, waar eertydse burgers aktief by die Britse magte aangesluit het, waar verraad die republikeinse oorlogspoging die grootste skade berokken het.

Reeds met die uitbreek van die oorlog was daar burgers wat kommandodiens ontduik het.[2] Die aanvanklike solidariteit wat met die suksesse gedurende die eerste fase van die oorlog onder die vegtende burgers geheers het, het teen die einde van die eerste kwartaal van 1900 aansienlik verflou. Namate die oorlogsgety teen die republikeinse magte gedraai het, veral na die oorgawe van genl. Piet Cronjé by Paardeberg op 27 Februarie 1900 en die daaropvolgende val van Bloemfontein en Pretoria, het 'n gees van moedeloosheid en défaitisme die burgers beetgepak waartydens duisende hul wapens neergelê het. Baie was gedemoraliseer en het gehoop daar sou 'n spoedige einde aan die oorlog gemaak word.

Die meeste van hulle het 'n neutraliteitseed by die Britte afgelê, waarin hulle onderneem het om nie weer die wapen op te neem nie. In die volksmond het hulle as die hendsoppers, afgelei van die Engelse "hands up", bekend gestaan. Eers het die Britse opperbevelvoerder lord Roberts[3] en later lord Kitchener[4] verskeie proklamasies uitgevaardig met 'n kombinasie van dreigemente en aanloklike voorwaardes vir diegene wat hul wapens neerlê. Na raming het tussen 12 000 en 14 000 burgers van Maart tot Julie 1900 alleen voor Roberts se proklamasies geswig deur hul wapens neer te lê.[5] Daar word verder geraam sowat 40% van dié wat aanvanklik gemobiliseer is, het hul wapens een of ander tyd neergelê, hoewel 'n aantal van hulle later weer by die Boeremagte aangesluit het.[6] Die uiteindelike getal hendsoppers bly nietemin aansienlik.

Die republikeinse regerings het nie die neutraliteitseed erken nie en baie van die wapenneerlêers het weer by die Boerekommando's aangesluit, veral nadat die Boeremagte nuwe suksesse in die veld behaal het. 'n Groot groep hendsoppers was egter oorlogsmoeg en het net nie die wilskrag gehad om voort te veg nie. Hulle het vir die res van die oorlog passief gebly. Van hulle het by hul gesinne in die konsentrasiekampe gebly. Sommige het vir die duur van die oorlog met hul families na Basoetoland, Betsjoeanaland (Botswana) en Rhodesië (Zimbabwe) uitgewyk. Ander het na Mosambiek gevlug waarna die Portugese owerhede hulle in Portugal geïnterneer het.[7]

Hoewel die bittereinders die hendsoppers geminag het, kon bevestigde gevalle nie gevind word van bona fide-hendsoppers wat gedurende die oorlog deur die republikeinse burgers tereggestel is nie. Al die tereggesteldes het die Britse oorlogspoging op die een of ander manier aktief bygestaan. Die republikeinse magte het hendsoppers wel gestraf. Dié strawwe was meestal lyfstraf, boetes, tronkstraf, beslaglegging op eiendom en in sommige gevalle is hul eiendom vernietig deur byvoorbeeld hul huise af te brand.

Uit die geledere van die hendsoppers was daar 'n groep Afrikaners wat bereid was om 'n stap verder te gaan deur in 'n militêre hoedanigheid by die Britse magte aan te sluit en teen hul volksgenote te veg. Hulle het as joiners bekend gestaan, afgelei van die Engelse begrip "join". Met die verloop van die oorlog het die aantal joiners toegeneem. Onder daardie groep word die grootste aantal teregstellings van verraaiers gevind.

In die volksmond het 'n verraaier dikwels as 'n "scout" of "national scout" bekend gestaan. Dit moet nie verwar word met lede van die korps

National Scouts wat aan die einde van oorlog net in Transvaal ontstaan het nie. Die benaming is dikwels as 'n algemene begrip vir alle joiners gebruik, veral na die oorlog.[8]

Daar is aanduidings dat afvallige burgers wat van hul kommando's gedros en die wapen neergelê het, so vroeg as Maart 1900 as gidse by die Britse kolonnes aangesluit het. Aanvanklik het hulle op 'n ad hoc-basis diens gedoen, na gelang van Britse militêre behoeftes. Mettertyd het van daardie gidse op 'n meer vaste grondslag as verkenners en in ander hoedanighede by die verskillende Britse kolonnes opgetree. Joiners het ook in verskeie ander hoedanighede in die Britse magte opgetree.[9]

Die Britse organisasie van joiners het verander en meer gestruktureerd geraak namate die oorlog voortgeduur het. Joiners is byvoorbeeld in plaaslike burgerkorpse ("town guards") aangewend om dorpe en vee teen Boereaanvalle te beskerm. Gewoonlik het die korpse die naam aangeneem van die dorp waar hulle diens gedoen het. Daardie joiners is meestal in die omgewing aangewend waaruit hulle gekom het. Sekere lede van plaaslike burgerkorpse het met hul lewens geboet weens hul aktiewe deelname teen die Boere. 'n Aantal joiners wat byvoorbeeld aan die Christiana District Mounted Rifles en Vallentin's Heidelberg Volunteers behoort het, is deur die republikeinse magte tereggestel.

Ander joiners het by vrybuiterskorpse aangesluit, waar hulle die geleentheid gehad het om in die buit, veral vee, te deel wat van die burgers afgeneem is. Sekere joiners wat aan daardie eenhede behoort het, waaronder Morley's Scouts en Steinacker's Horse in Transvaal en die Burgher Police in die Vrystaat, is deur die republikeinse magte gefusilleer.

Teen die einde van die oorlog was daar korpse wat uitsluitlik uit joiners bestaan het. In die Vrystaat is die Orange River Colony Volunteers onder die bevel van eertydse Boereoffisiere, onder wie die voormalige Boeregeneraal Piet de Wet (die broer van genl. Christiaan de Wet) en die voormalige Boerekommandant S.G. Vilonel, op die been gebring. In Transvaal is die National Scouts onder die bevel van die voormalige Boeregeneraal Andries P.J. Cronjé (die broer van genl. Piet Cronjé) gestig. Ook joiners wat aan daardie twee korpse behoort het, is deur die republikeinse magte tereggestel.

Die afsku waarmee die republikeinsgesindes die optrede van die verraaiers beskou het, lê ook daarin dat die verraad meestal vir beloning gepleeg is.

In die oë van die vegtende burgers het die joiners hul siele vir geld ver-
koop. Die belonings het gewissel na gelang van die fase waarin die oorlog
was en die hoedanigheid waarin die verraaiers opgetree het. Aanvanklik het
die gidse en verkenners basiese toerusting en ander beloning ontvang. Die
vrybuiterjoiners kon 'n persentasie van die buit hou en families van joiners
het sekere voordele soos beter rantsoene in die konsentrasiekampe ontvang.
Party is in afsonderlike kampe met beter omstandighede aangehou. In die
laaste fase van die oorlog is 'n vaste soldy aan lede van die "suiwer" joiner-
korpse betaal. Daardie lede het die eed van getrouheid teenoor die Britse
kroon geneem en is as volwaardige soldate van die Britse leër ingesweer.[10]

Luidens die Britse amptelike verslae was 5 464 voormalige burgers die
dag na die vredesluiting op 1 Junie 1902 in Britse militêre diens.[11] As 'n mens
in ag neem dat sowat 20 000 (volgens ander beramings 17 000) bitterein-
ders aan die einde van die oorlog hul wapens neergelê het, was 'n aansien-
like deel van alle vegtende burgers onder Britse wapen.[12]

Die ware aantal joiners sal hoogs waarskynlik altyd 'n raaisel bly. Britse
amptelike militêre statistieke was boonop dikwels uiters verdag en by tye
heeltemal ongeloofwaardig. Dit is onwaarskynlik dat al die voormalige bur-
gers wat in die verskillende hoedanighede in Britse diens was, daarmee in
ag geneem is. Daar was burgers wat die Britse oorlogspoging in nie-gevegs-
hoedanighede, soos diens in die spoorweë, ondersteun het. Dit was nie net
joiners of ander wat in Britse diens gestaan het wat blatante verraad gepleeg
het nie. Verraad het 'n verskeidenheid vorme aangeneem en die omvang
daarvan blyk uit die kompensasie-lêers in die argief in Pretoria, veral dié
van die Protected Burghers. Daarin beskryf die afvalliges onbeskaamd hul
bydrae tot die Britse oorlogspoging om vir kompensasie te kwalifiseer.
Boonop was daar soos reeds genoem onder die krygsgevangenes diegene
wat hulle bereid verklaar het om na Suid-Afrika terug te keer en die wapen
teen hul eertydse volksgenote op te neem. Dan was daar nog Kaapse Afri-
kaners wat in die Britse leër diens gedoen het en wat uiteraard nie by bo-
genoemde "amptelike" getalle ingesluit is nie, maar deur hul volksgenote in
die republieke gewoon as volksverraaiers beskou is.

Die ware getal Afrikaners wat hulle op alle gebiede aan een of ander vorm
van verraad skuldig gemaak het (die hendsoppers uitgesluit), is dus moont-
lik heelwat meer as wat amptelik deur die Britse militêre owerhede aange-
dui word.

Dit laat 'n mens met die vraag: Wat het die afvalliges daartoe gedryf om hul volksgenote te verraai?

Die besondere omstandighede van die Anglo-Boereoorlog het die kwesbaarheid van baie Afrikaners ontbloot. Soos in enige gemeenskap het die Boeresamelewing aan die einde van die 19de eeu bestaan uit mense met verskillende agtergronde en waardes. Die oorlog het republikeinse burgers voor verskillende keuses te staan gebring en sommige was eenvoudig meer vatbaar vir beïnvloeding as ander. Boonop was alle Afrikanermans fisiek nie geskik vir al die uitdagings van die slagveld en kommandolewe nie. Dit is 'n mite dat die deursnee-Boer 'n soort superkryger was. Daarbenewens het Afrikaners van die Kaapkolonie en Natal voor ander morele en juridiese keuses as hul republikeinse broers te staan gekom.

Aangesien 'n groot groep Afrikaners hul rug op die republikeinse stryd gedraai het, is dit dalk makliker om die verskynsel van verraad in groepsverband te probeer verklaar. Algemene beweegredes kan help om die verraad te verklaar en moontlik ook beter te verstaan.

Die ekonomiese faktor: Welgestelde grondbesitters het 'n besondere belang daarin gehad dat die oorlog beëindig moes word sodat hulle nie verdere risiko's sou loop wat hul eiendom en besittings betref nie. Sekere welgesteldes het hul persoonlike welvaart dan ook belangriker geag as die vryheidstryd. Baie het passief gebly, maar sommige het die Britse magte aktief bygestaan. Daar is voorbeelde van die rykste boere in sekere distrikte wat weens hul verraad voor 'n vuurpeloton geëindig het. Die ironie was dat hul afvallige optrede nie noodwendig verhoed het dat hul eiendom in die loop van die oorlog verwoes is nie.

Die meeste troueloses wat aktief by die Britse magte aangesluit het, het egter uit 'n laer ekonomiese stand gekom. Daar was reeds voor die oorlog 'n groep Afrikaners wat ekonomies swaar getrek het. 'n Groot groep het as bywoners op plase 'n armlastige bestaan gevoer, terwyl ander 'n onsekere heenkome op die dorpe en Transvaalse goudvelde gaan soek het. Hulle was in 'n swak ekonomiese en sosiale posisie en het maklik die prooi geword van aanloklike uitnodigings deur die Britse mag. Gedurende die oorlog het die Britte allerlei beloftes aan afvalliges gemaak, onder andere is plase na die beëindiging van die oorlog aan hulle belowe.

Joiners het teen die einde van die oorlog 'n vaste soldy ontvang en lede van die vrybuiterskorpse kon 'n deel van die buit hou na beslagleggings.

Op kommando sou hulle geen betaling ontvang nie. Daar was ook joiners wat kwalik kon oorleef terwyl hul families in die konsentrasiekampe krepeer het, en wat uit nood by die Britte aangesluit het.[13]

Gebrek aan vaderlandsliefde: Nie alle burgers het dieselfde graad van lojaliteit of vaderlandsliefde teenoor die twee Boererepublike openbaar nie. E.J. Weeber, wat as burger gedurende die guerrillafase van die oorlog meestal op die Transvaalse hoëveld kommandodiens gedoen het, het 'n onderskeid getref tussen die opgevoede en minder opgevoede burgers om dit te probeer verklaar:

> Ek hoop dit sal my nie ten kwade gedui word as ek beweer dat my lange oorlogs-ondervinding my geleer en bewys het dat die opgevoede Afrikaner oor die algemeen 'n beter vaderlander was as sy minder ontwikkelde medeburger nie. Sy beter geestelike bewapening het hom veilig oor moedverloor se vlakte gevoer, hy was beter bestand teen aanvalle van neerslagtigheid en moedeloosheid as sy minder bevoorregte medeburger. Hy was beter bekend met sy volksgeskiedenis sowel as met dié van sy vyand en kon gevolglik beter oordeel oor die bedrieglike praktyke van ons listige vyand om ons tot die oorgawe te beweeg. Sy eergevoel was meer ontwikkel en daarom kon hy beter koers hou. Die sogenaamde National Scouts was grotendeels mense op die laagste trap van ontwikkeling, onkundig, ongeletterd en totaal beginselloos – baie met kriminele aanleg en neigings en volslae eerloos.[14]

Daar was 'n groep gewetenlose joiners wat die oorlogsomstandighede op 'n opportunistiese wyse misbruik het en hulle aan blatante misdadigheid skuldig gemaak het. By hulle was daar geen pligsbesef nie en was die stryd nie 'n gewetensaak nie.

Die konsentrasiekampe, waar 'n groot aantal hendsoppers gehuisves is, was voorts die ideale teelaarde vir die werwing van joiners. Die hendsoppers se volksgenote het hulle reeds verstoot en dan was daar ook die verveling en ellende van die kamplewe. Dit het dit makliker gemaak om verder te gaan en die Britse oorlogspoging aktief by te staan.

Versugting om die oorlog te beëindig: Uit die groot aantal Afrikaners wat oorlogsmoeg geword het, was daar ook 'n groepie wat daarvan oortuig was dat dit in almal se belang was om aktief 'n einde daaraan te maak. Daardie oogmerk kon net bereik word deur die Britse oorlogspoging te ondersteun. Die joiner P.J. du Toit het sy redes om by 'n Britse kolonne aan te sluit, op 14 Junie 1901 in sy dagboek aangeteken:"Because I am convinced in my mind that nothing in the world can save us, then why should I wait to do my share towards bringing this horrible and miserable state of affairs to a speedy termination, for the sake of the country at large, for the sake of humanity, and lastly for the sake of the women and children in refugee camps, and the prisoners of war on Ceylon, St Helena and India? This I consider the duty of every true patriot."[15]

Du Toit is 'n voorbeeld van 'n groep afvalliges wat na vele geesteswroeginge die stryd opgegee het en by die Britte gaan aansluit het. 'n Jaar na die oorlog het 'n joiner hul besluit om by die Britte aan te sluit in *De Volksstem* probeer verduidelik: "Het doel van de (National Scouts), was niet wraak, maar alleen om de mensen afvallig te maken opdat er vrede mocht kommen tot voordeel en belang niet alleen voor de surrender mensen, maar ook voor degenen die tot 't laast stonden, want de mannen hadden het zwaar, maar de arme zwakke vrouwen en kinderen hadden het nog veel, ja, veel zwaarder."[16]

Dié joiner se mening dat die joiners om die "zwakke" vroue en kinders se onthalwe na die Britte oorgeloop het, staan natuurlik lynreg teenoor die republikeinsgesinde vroue se onversetlikheid teen oorgawe. Sonder dié vroue se wil sou die vegtende burgers nie die stryd kon voortsit nie.

Dit is te betwyfel of alle joiners se kommer oor die voortsetting van die stryd so altruïsties was soos wat sommige voorgegee het. Die "edel" motiewe van voormalige hoë Boereoffisiere om in landsbelang by die Britse magte aan te sluit, is verdag. Materiële oorwegings het na alle waarskynlikheid 'n belangrike of minstens 'n bydraende rol in hul verraad gespeel. Die aanduidings is dat Boereoffisiere soos Vilonel onder meer uit weerwraak en egoïsme by die Britte aangesluit het omdat hulle met hul senior offisiere stry gekry het en nie na wense bevorder is nie.

Afvalliges wat oortuig was dat oorgawe die enigste uitweg was, het nie aktief by die Britse magte aangesluit nie en meestal bloot passief gebly.

Gesag- en familiebeïnvloeding: Terwyl die oorlog algaande tekens van 'n burgeroorlog begin toon met familielede wat teen mekaar draai, het naasbestaandes mekaar ook begin beïnvloed om verraad te pleeg. Daarvan spreek die aantal broers en ander familielede wat saam tereggestel is. Daar is verskeie voorbeelde van jong joiners wat die doodstraf opgelê is, maar weens hul jeugdigheid en ouer- of gesagsbeïnvloeding later begenadig is. Daar is ook voor invloedryke gesagsfigure geswig wat burgers aangepor het om die stryd gewonne te gee.

Aansporing deur hul vroue om verraad te pleeg, het noodwendig 'n belangrike rol in die trouelose mans se optrede gespeel. Daar is ook voorbeelde waar die mans geglo het dit was in belang van hul gesinne se welstand om afvallig te raak.

Verdeelde lojaliteit: Oor die algemeen het Engelssprekende burgers van die republieke nie uiterste strawwe ontvang as hulle geweier het om teen die Britse magte te veg nie. Daar was burgers wat van sowel Britse as Afrikaanse voorouers afgestam het en moontlik as gevolg daarvan verdeelde lojaliteite gehad het. Kragtens republikeinse wetgewing was hulle wel as landsburgers opkommandeerbaar en kon hulle in geval van teenkanting teen die republikeinse oorlogspoging aan hoogverraad skuldig bevind word. Voorbeelde is gevind van Engelssprekendes wat aanvanklik aan Boerekant geveg het en soos hul Afrikaanse landgenote later by die Britse magte aangesluit het. Die doodstraf is aan enkele van daardie Engelssprekende burgers opgelê.

Republikeinsgesindes se diepe weersin in verraad moet gesien word in die lig daarvan dat die meerderheid voortvegtendes die oorlog as godsdienstig geregverdig beskou het. Vir baie republikeinsgesinde mans en vroue was die oorlog 'n heilige en regverdige saak wat tot die bittere einde gestry moes word. Christiaan de Wet het dit so verwoord: "Die oorlog is 'n geloofsaak. As ek dit nie in die geloof kon gedoen het nie, sou ek nooit die wapens opgeneem het nie ... Die hele oorlog was 'n mirakel, en sonder geloof sou dit kinderspeletjies gewees het om die oorlog te begin ... Ons hulp en redding moet alleen van Hom kom en dan sal ons ook nie trots wees nie. Ek kan nie in die toekoms sien nie, maar ek weet dit: dat die lig agter my is. Wat vóór my lê, weet ek nie. Daar is dit donker, maar ons moet voortgaan om op God te vertrou."[17]

Daar is deurgaans 'n godsdienstige ondertoon wanneer die verskynsel van verraad beoordeel word. Ds. R.D. McDonald het in latere jare dié mening oor die verraaiers gehuldig: " 'n Mens wonder of die National Scouts nie met diepe berou vervul is oor die lae rolle wat hulle as verraaiers gespeel het nie. Is hulle hande nie bevlek deur die bloed van medeburgers nie? Is hul gewete nie besoedel deur die bloed van mans, vroue en kinders wat in ons geregverdigde stryd om vryheid omgekom het nie? ... Hoe mense wat tot sulke skandelike dade oorgegaan het hul handelswyse voor die regbank van die gewete en van die Regverdige kon verdedig weet ons nie."[18]

Hendrina Rabie-Van der Merwe rig in haar boek dié waarskuwing aan verraaiers:"Julle nageslagte sal hul aangesig in skaamte bedek vir die dade van hul ouers en voorouers. Ek het julle verkla by die Regverdige Regter, wat gesê het:'My kom die wraak toe.'"[19]

Nog 'n Afrikanervrou het haar só oor joiners uitgelaat wat Britse troepe gehelp het om haar en ander aan te keer en na die konsentrasiekamp aan te jaag:"Julle dag sal kom! Dit sal kom soos 'n brandende oond! Sien julle my trane, en sien julle die trane van al dáárdie vroue daar, die Here sal dit nie ongestraf laat bly nie. Hy sal dit vergeld in die eerste plek aan julle wat hier vandag soos moordenaars agter die bloed van jul eie bloed jaag."[20]

Buurman het dié mening in die oorlogsvertellinge van 'n Boereoffisier uitgespreek:"Dis in alle opsigte ook maar beter om die ontaarde Afrikaners, wat deur God en volk versaak is en wat deur vriend en vyand verag word, met die doodstraf vir hul wandade te beloon."[21]

Daar was ook die mening dat die Afrikaners met die verraaierkwessie beproef is, maar dat God 'n doel daarmee gehad het. Daar is geglo dat hulle met die oorlog as't ware deur 'n siftingsproses moes gaan en daarna van die verraaiers gereinig sou wees.[22]

Omdat baie vegtende Afrikaners gemeen het die stryd teen die Britte was regverdig, was daar ook by hulle die gedagte dat die verraaiers teen God se saak opgetree het. Vir baie republikeinsgesindes was die troueloses wat van die vryheidstryd afgewyk het dus sondaars. Verraad teen die Afrikanervolk was vir hulle 'n Judassonde omdat die Bybel hulle geleer het verraad is verwerplik. Daarom verwys Johanna Brandt[23] na die verraaiers as "Judasboeren" na aanleiding van die Bybelse Judas Iskariot se verraad.[24]

Genl. Jan Smuts[25] het die vegtende Boere se dryfkrag as "godsdienstige patriotisme" beskryf:

> In short the Boer cause has become a Boer religion, adversity has converted their political creed into a religious faith; and thus hope and faith and strength have been wrung from weakness and despair itself. The Boers fight now in a spirit akin to that of the early Christian martyrs; they listen to reports of defeat or rapine, of the sufferings of their wives and children in the prison camps, with that calm resignation which springs from the assurance that such is God's will. Threats of banishment and confiscation only raise a smile on the faces of such men. Even the threat to shoot every Republican caught will only increase this passion of religious patriotism.[26]

'n Veldprediker, ds. A.P. Burger, het hom in latere jare as volg uitgespreek oor pres. M.T. Steyn se mening dat al die burgers wat hulle oorgegee het "verlore" was en dat dié wat in die stryd volhard, tot die uitverkorenes behoort: "Hierdie maatstaf was natuurlik verkeerd en ek het hom dit ook gesê, maar ek kan goed verstaan dat die stoere ou volksleier en staatshoof bitter teleurgesteld moes gewees het met ... so baie van die burgers (wat) ... hulle wapens lafhartig neergelê het."[27]

Buitestanders was soms skepties oor die geloofsoortuiging waarmee die oorlog aangepak is. Die Hollander Henri Oosterhagen wat as vrywilliger aan Boerekant geveg het, spreek die mening in sy oorlogdagboek uit dat die Afrikaners verkeerdelik die houding ingeneem het dat hulle 'n uitverkore volk was en die Opperwese aan hul kant was.[28] Navorsing in onlangse tye het ook getoon nie al die vegtende burgers was diep gelowig of het hulself as deel van 'n uitverkore volk gesien nie. Daar kan egter met redelike sekerheid aanvaar word dat die meerderheid vegtendes wel gelowig was en minstens 'n kerngroep geglo het hulle was uitverkore.[29]

Die republikeinsgesindes se stryd het benewens 'n godsdienstige karakter ook 'n sterk nasionalistiese aanslag gehad. Oor die verraaiers se gebrek aan volks- en vaderlandsliefde laat genl. Ben Bouwer hom gedurende 1902 in *De Volksstem* uit: "Zij schandvlekten met hun laagheid de eervolle naam van Afrikaner of Boer, (die eigenlijk slechts synoniem zijn). Zie, daar keeren wij ons in afgrijzen van, daarvan walgt het gemoed van ieder eerlijk mensch, van elken Afrikaner die voor de eer van zijnen naam waakte als voor iets heiligs."[30]

In die sterkste, amper vervloekende taal, het Eugène Marais, die latere digter en skrywer wat in daardie stadium die redakteur van *Land en Volk* was, teen die einde van 1902 teenoor die verraaiers uitgevaar: "Wie zal het een dapper volk kwalijk nemen dat hy der verrader haat gelijk ieder eerlyk mensch den duivel, de zonde, en alles wat vuil en afschuwelijk is, haat?"[31]

Die intense wrewel wat die gewone vegtende burger teenoor die verraaiers geopenbaar het, word in Roland Schikkerling se oorlogdagboek geïllustreer:

> Hierdie gemene verraaiers was eertyds ons wapenbroers; hulle het saam met ons uit dieselfde bak gesmul; met ons saam gesing, gebid, saam met ons gedeel in glorie en terugslae; en nou het hulle in ruil vir goud teen ons gedraai. Vanweë hulle valsheid

is hulle so gehaat onder ons dat die swartste wraak teen hulle gesweer is. Hulle sal geen genade by ons vind nie. Watter vyandskap sny so diep soos dié tussen bloed-familie? Wie is minder vergewensgesind? Was dit nie vir daardie eerlose gespuis, wat vir ewig gebrandmerk is nie, sou die vyand nooit ons vestings verdring het nie. Selfs 'n avonturier of huurling wat geen druppel meer meegevoel met die een kant het as die ander nie, het nogtans te veel esprit-de-corps om die wapen op te neem teen die kant saam met wie hy eers geveg het. En tog het hierdie veragtelike gespuis uit-getrek om hulle eie vleis en bloed te vermoor.[32]

Pres. Steyn se vrou, Tibbie, het haar bitterheid teenoor die verraaiers in 'n brief aan 'n Engelse huisvriend na die oorlog verwoord: "You can never realize ... what a dagger seemed to pierce our hearts every time we met Boers in Khaki and what pity and contempt one felt for them. That they will live to regret the day they became traitors to their own flesh and blood is as sure as the sun shines in the Heavens. I assure you it will add to my hap-piness if I may never see or meet a National Scout ..."[33]

Pres. Steyn self het nog gedurende die oorlog gesê: "Veragting vir die National Scouts sal voortduur tot by ons kinders se kinders, tot in verre geslagte ... Geen eerlike man sal sy hand na hulle uitsteek nie, en geen Afrikaner sal hulle ken nie ..."[34]

Nadat Christiaan de Wet in Junie 1900 die bekende oorwinning by Rooi-wal in die Vrystaat behaal het, moes hy uitvind een van sy veldkornette, Hans Smit, en 20 burgers van Rouxville het op 'n agterbakse wyse met die gevange Britse soldate gekonkel om oor te gee en vry begeleiding na hul distrik verkry. 'n Sielsbittere De Wet het dit later in sy boek *Die stryd tussen Boer en Brit* as afskuwelike optrede beskryf. "Dit was vir my makliker om teen die groot leërskare van Engeland te veg as teen sulke laaghede onder my volk. Om teen albei te stry, vereis 'n ysere wil, maar selfs vir 'n ysere wil verskaf sulke dinge bitter oomblikke – beproewinge wat, soos die Afri-kaanse spreekwoord lui, nie in 'n man se klere bly sit nie."[35]

Die verraaiers se gebrek aan lojaliteit was onversoenbaar met die lojale republikeine se sterk vaderlandsliefde wat op die onafhanklikheid van die republieke toegespits was en wat met 'n groeiende nasionalisme saam-gehang het. Verraaiers is sover as Swaziland in die noorde tot in die suide by Namakwaland tereggestel.

'n Groot deel van die verraaiers het hulle gedurende die oorlog aan skandalige optrede skuldig gemaak. Daardie wandade is te omvangryk om in hierdie werk te bespreek. Dikwels het Afrikaners afkomstig uit 'n swakker stand met twyfelagtige morele waardes die wandade gepleeg. Dikwels het die joiners as aanvoerders van gewapende swart kommando's die vroue en kinders op die plase genadeloos geterroriseer.[36]

In verskeie weergawes word getuig van joiners wat Britse kolonnes gelei het met die doel om die plase van die vegtende burgers uit te wys sodat dit afgebrand en die besittings deur die Britse soldate vernietig kon word, waarna die vroue en kinders na die konsentrasiekampe weggevoer is. Daar is voorts talle voorbeelde waar joiners hulle aan roof en diefstal skuldig gemaak het. Wanneer die vroue en hul families rondgetrek het om te keer dat hulle in die konsentrasiekampe beland, het die verraaiers 'n belangrike rol gespeel om hulle aan te keer. Uit die pen van vele vroue en kinders kom voorbeelde van onmenslike behandeling wat hulle op pad na die konsentrasiekampe aan die hand van joiners moes verduur.[37] In die konsentrasiekampe is van die afvalliges in gesagsposisies geplaas en die republikeinsgesinde families moes hul laakbare en hardvogtige optrede verduur. Dit is oor sulke mense wat genl. Ben Bouwer opgemerk het: "The innate character of such men is revealed by the fact that when they were put in authority over helpless women and children of their own people in the concentration camps, as frequently happened, they were more harsh, overbearing and brutal than the worst Englishman, Scot or anyone else."[38]

Party het as die Burgher Camp Police as besoldigde speurders en inligtingsbeamptes vir die militêre owerheid opgetree en hulle aan ongenaakbare en skandalige gedrag teenoor die kampbewoners skuldig gemaak, terwyl die omstandighede daar reeds haglik was. Die Afrikaners wat buite die gevegsterrein in besoldigde diens van die Britte gestaan het, is ook as verraaiers beskou, maar sover vasgestel kon word, is geeneen van die Burgher Camp Police se lede ooit tereggestel nie. Daarbenewens het die hendsopper- en joinerfamilies in baie gevalle beter rantsoene en behandeling as die ander inwoners in die konsentrasiekampe ontvang. Wat dit alles natuurlik erger vir die republikeinsgesindes gemaak het, is dat dit hul eie mense was wat hulle so skandalig behandel het.

Op die slagveld is daar talle voorbeelde waar joiners 'n besondere en suksesvolle bydrae tot die Britse oorlogspoging gemaak het. Teen die laaste fase van die guerrilla-oorlog kon Britse kolonnes op 'n uitgebreide skaal van verraaiers gebruik maak wat goed met die omgewing en terrein bekend was. Voorheen ongekende en snelle nagaanvalle het die Boere skade berokken. Só is verskeie lede van die Vrystaatse regering en pres. Steyn se lyfwag vroeg die oggend van 11 Julie 1901 gevange geneem. 'n Vrystaatse burger, J. Steenkamp, en tien ander verraaiers het as gidse vir die Britse kolonne opgetree tydens die verrassingsaanval waarin die president net-net kon ontsnap.[39]

Daar is 'n groot aantal herinneringe waarin oudstryders aanvoer hul gevangeneming asook die dood en verwonding van hul medeburgers was die direkte gevolg van hulp wat die joiners aan die vyand verleen het. Dit het vanselfsprekend 'n demoraliserende effek op die burgers gehad dat 'n groot groep van hul eertydse volksgenote aan Britse kant geveg het.

Op militêre gebied is die hulpverlening van die verraaiers aan die Britte as so ingrypend geag dat baie bittereinders inderdaad geglo het dit was die vernaamste rede hoekom hulle die oorlog verloor het. In sterk verwytende taal het Okkie de Villiers die verraaiers kort na die oorlog beskuldig: "Uit naam van mijn gestorven kameraden, uit naam van onze gemartelde vrouwen en kinderen roep ik het den bastaard-Afrikaanders toe, dat het bittere einde, van den oorlog voor 't grootste deel aan hen te wijten is."[40]

Die algemene veragting waarmee verraad beoordeel word, spreek uit die minagting waarmee ook sekere Britse soldate die joiners beskou het. 'n Oudstryder, P.S. Lombard, vertel in sy herinneringe: "'n Engelse offisier wat ek een keer gevang het, het self aan my gesê: 'Ons gebruik hulle slegs om ons vuil werk te doen. As die oorlog verby is, sal hulle vir ons niks werd wees nie. Dan sal ons weer moet staatmaak op betroubare Boere, wat hul volk getrou gebly het.'"[41]

In 'n onlangse studie vanuit die krygswetenskap het die joernalis en geskiedkundige Leopold Scholtz bevind die republikeinse magte het die oorlog weens ander, meer komplekse faktore verloor as weens die verraaiers se militêre bydrae tot die Britse oorlogspoging.[42] Hoewel Scholtz in baie opsigte oortuigende gevolgtrekkings in sy studie verskaf, kan die impak van die verraaierverskynsel in die uiteindelike verlies van republikeinse onafhanklikheid nie geïgnoreer word nie. Dit het wel 'n rol gespeel om die oorlog tot 'n einde te bring. 'n Mens kan maar net spekuleer oor wat sou gebeur het as alle Afrikaners tot die einde saamgestaan het.

Dit is nietemin insiggewend dat die Boereleiers aan die einde van die oorlog by die beraad by Vereeniging nie die verraaierfaktor noem in die ses redes hoekom hulle genoodsaak was om die vredesverdrag te onderteken nie. Dit mag wees dat die verslag met die nageslag in gedagte opgestel is en dat hulle dié sensitiewe kwessie nie daardeur amptelike erkenning wou gee nie.[43]

Verraad is waarskynlik so oud soos die mensdom self. Die mens se inherente feilbaarheid maak hom nou maar eenmaal kwesbaar vir ontroue gedrag wat buite die aanvaarde norme van 'n bepaalde gemeenskap is. Aangesien verraad negatiewe gevolge inhou vir diegene teen wie dit gepleeg word, keur die meeste mense dit ten sterkste af.

Verraad word aan die ergste graad van oneervolheid gelyk gestel, veral wanneer iemand optree teen dit wat algemeen as 'n regverdige saak beskou word. Dit word ook universeel as verfoeilik beskou wanneer iemand 'n vertrouensverhouding verbreek. Die enigste uitsondering is in gevalle waar mense die rug keer op 'n onregverdigbare saak.

Maar wat is volks- of landsverraad? Vanuit 'n suiwer juridiese oogpunt is dit gewoonlik makliker om te bepaal wanneer hoogverraad ingevolge 'n land se heersende reg gepleeg word. Die republikeinse regerings was ingevolge die internasionale reg heeltemal by magte om die verraaiers op grond van hoogverraad na 'n regmatige verhoor tot die doodstraf te vonnis. Selfs die Britse regering het die republikeinse regerings tot met die ondertekening van die vredesverdrag op 31 Mei 1902 as wettig erken. Op 'n enkele uitsondering na is al die tereggesteldes skuldig bevind aan hoogverraad, wat 'n misdryf teen die staat was.

Tydens die oorlog het die Britse militêre owerhede verskeie onsuksesvolle amptelike ondersoeke van stapel gestuur met die oog op die vervolging van sekere republikeinse krygshoflede en ander wat by die voltrekking van die doodstraf van verraaiers betrokke was. Daar was selfs enkele gevalle waar burgers tydens en na die oorlog in Britse militêre howe op aanklagte van moord moes teregstaan weens die teregstelling van verraaiers. Al daardie vervolgings het op niks uitgeloop nie. Daarbenewens is die jurisdiksie van die republikeinse krygshowe deurgaans deur 'n vyandige Britse militêre owerheid erken.

Dit beteken egter nie al die verraaiers wat tereggestel is, is altyd volgens die reëls van die krygsreg behandel nie. Daarvan getuig veral die summiere teregstellings wat later bespreek word.

In die lig van die republikeinse beskouing van destyds behoort 'n onderskeid getref te word tussen lands- en volksverraad. Joiner-Afrikaners wat burgers van die twee republieke was, het hulle aan sowel lands- as volksverraad skuldig gemaak. Engelssprekende burgers van die twee republieke wat verraad teen die republikeinse oorlogspoging gepleeg het, het hulle aan landsverraad skuldig gemaak. Afrikaners wat burgers van die twee Britse kolonies was en die Britse oorlogspoging aktief ondersteun het, het hul volksgenote in die oë van republikeinsgesindes verloën. Regtens het hulle weens hul Britse burgerskap nie 'n oortreding begaan deur in die Britse magte diens te doen nie. Wanneer daardie Afrikaners in republikeinse hande geval het, is hulle normaalweg as gewone krygsgevangenes behandel, ondanks die weersin wat hul Britse lojaliteit by hul volksgenote ontlok het. Terwyl die Kaapse rebelle hul lewens op die spel geplaas het deur die republikeinse oorlogspoging te ondersteun, was daar voor en gedurende die oorlog 'n sterk groep Afrikaners in Kaapland wat lojale Britse onderdane was. By hulle was daar nie 'n republikeinse tradisie nie. Dit was nie vreemd om voor die oorlog die portret van koningin Victoria in die voorhuise van Kaapse Afrikaners te sien hang nie.[44]

Benewens die juridiese definisie van verraad, behoort dié verskynsel ook vanuit 'n morele oogpunt ontleed te word. Dis egter nie altyd maklik om te bepaal wanneer 'n handeling of beskouing verraad vanuit 'n morele oogpunt daarstel nie, veral nie as iemand vanuit 'n spesifieke geloofs- of politieke oortuiging handel nie. In sulke situasies verskil mense se persepsies oor verraad. Daar kon egter geen voorbeelde gevind word van individue wat die republikeinse oorlogspoging suiwer op grond van 'n eiesoortige ideologiese of godsdienstige standpunt aktief teengestaan het nie. Dit is ook insiggewend dat die meerderheid joiners en hendsoppers eers na vore getree het nadat die oorlogsgety gedurende 1900 teen die Boeremagte gedraai het.

Dit kan voorts gebeur dat die betekenis van verraad oor tyd verander. Daar moet egter gewaak word teen onhistoriese vertolkings. Soos gereeld in hierdie werk benadruk word, moet handelinge en beskouinge wat moontlik gedurende die Anglo-Boereoorlog as verraad beskou is, beoordeel word in die historiese konteks waarin dit plaasgevind het.

Tydens die navorsing vir hierdie werk is die mening by enkele geleenthede teenoor my geopper dat die bittereinders die stryd onnodig voortgesit het nadat dit lank reeds verlore was. Om dié rede word geargumenteer dat die verraaiers se optrede tans in 'n meer positiewe lig beoordeel behoort te word. Die joernalis Max du Preez het op 7 Mei 2005 in *Die Burger* die standpunt ingeneem dat Christiaan de Wet se verraaierbroer, Piet, se optrede geregverdig was toe hy die vryheidstryd versaak het deur aktief by die Britse magte aan te sluit.

Die bittereinder se onversoenbare verhouding met sy broer, 'n voormalige Boeregeneraal, is een van dié tragiese dramas in die geskiedenis van Afrikanerfamilies. Vir 'n wêreldberoemde krygsman soos Christiaan de Wet met sy onwrikbare beginsels moes sy broer se vrywillige oorgawe aan die Britte en latere aktiewe deelname aan die Britse oorlogspoging teen sy volksgenote, as leier van die noordelike afdeling van die joinerkorps Orange River Colony Volunteers, besonder vernederend gewees het. Christiaan de Wet het gedurende die oorlog volgehou as hy sy broer in die hande kry, sou hy hom soos 'n hond doodskiet. Die broers het nooit vrede gemaak nie.[45]

In wese baseer Du Preez sy pogings om Piet de Wet se naam in ere te herstel op die argument dat die groot menseverlies in die konsentrasiekampe en die verwoestende gevolge van die oorlog vermy kon gewees het deur 'n vroeër, meer realistiese oorgawe deur die republikeinse magte. Du Preez meen Piet de Wet moet in dieselfde klas as liberale Afrikaners soos Bram Fischer en Beyers Naudé beskou word en behoort daarom in die geskiedenis "gerehabiliteer" te word.

Du Preez se artikel is gevolg deur 'n heftige polemiek in *Die Burger* se briewekolomme, waaraan verskeie bekende Afrikaanse historici deelgeneem het. Daardie historici was dit eens dat Du Preez se gevolgtrekkings onhistories is en nie aan die standaarde van wetenskaplike geskiedskrywing voldoen nie.[46] Anders as Fischer en Naudé het Piet de Wet nie namens stemloses gepraat nie. Die meerderheid historici is van mening dat die republikeinse verset teen Brittanje regverdig was. Trouens, die Anglo-Boereoorlog word allerweë as die eerste vryheids- en nasionale stryd van die 20ste eeu in Afrika beskou.

'n Belangrike punt wat Du Preez miskyk, is dat toe De Wet homself in 1900 oorgegee het, was dit onmoontlik dat hy of enigiemand sonder 'n bonatuurlike profetiese insig die katastrofiese gevolge van die Britse verskroeide aarde beleid kon voorsien het. Daar was al verraad voordat dié beleid en die konsentrasiekampe hul wrede beslag gekry het. Piet de Wet en ander offisiere se tydsberekening dui op 'n opportunistiese skuif ten gunste van die Britse oorlogspoging wat moontlik ook op persoonlike voordeel gerig was. Die Britse militêre owerhede het hulle finansieel vir hul dienste vergoed. Piet de Wet was 'n koppige en eiesinnige mens wat ongeag die gevolge 'n eie-ingeslane weg gevolg het. Hy is sterk ondersteun deur sy vrou, wat nie trou aan die vryheidstryd was nie.

In 'n verdere reaksie op Du Preez se artikel is die mening geopper dat as Piet de Wet – en dit geld ander joiners ook – werklik oortuig was van die noodsaak om die oorlog tot elke prys te beëindig, daar ander opsies was wat hulle kon uitoefen. Deur die wapen teen hul eertydse volksgenote op te neem, het hulle egter die oorlog voortgesit en hulself daarmee bereid verklaar om hul volksgenote leed aan te doen.

Dat Piet de Wet verraad gepleeg het, is nog nooit vantevore deur Afrikaanse of Engelse historici betwis nie. Daar is niks verkeerd met 'n herbetragting van die geskiedenis nie en nuwe geslagte se insigte is noodsaaklik, maar dan moet die historiese konteks nie gerieflikerwys vergeet word nie. Wat in die verlede verraad was, kan nie vanuit die hede skielik ongedaan gemaak word nie – dit bly verraad.

Wat wel uit die debat in Die Burger geneem kan word, is dat die verskynsel van verraad selfs meer as 'n eeu na die Anglo-Boereoorlog nog steeds soveel reaksie ontlok.

Die enigste ander bron wat die optrede van die joiners probeer regverdig, is in die menings van enkele direkte nasate van die afvalliges gevind. In 2010 het ek onderhoude gevoer met 'n kleindogter en agterkleinseun van Piet de Wet wat hul voorouer se optrede met argumente soortgelyk aan Du Preez s'n probeer regverdig het.[47] Dit herinner aan Johan Schoeman se poging om sy pa, genl. Hendrik Schoeman, in sy boek Genl. Hendrik Schoeman: was hy 'n verraaier? te verontskuldig. Die individuele opinies verteenwoordig egter nie 'n algemeen aanvaarde mening nie.

In die lig van bostaande word verraad in hierdie werk beskou as optrede deur persone wat, terwyl hulle veronderstel was om lojaal aan die republikeinse oorlogspoging te wees, dit op een of ander manier doelbewus probeer ondermyn het en gevolglik deur die bittereinders as verraaiers beskou is. Die verraad tydens die oorlog het 'n diepe verdeeldheid onder Afrikaners veroorsaak. Dit was nie vreemd dat familielede die wapen teenoor mekaar opgeneem het nie. Asof die brutaliteit van die oorlog nie genoeg was nie, het verraad so 'n impak op die stryd gehad dat dit amper elemente van 'n burgeroorlog begin toon het. Op die lange duur sou die verraaierverskynsel boonop bepaalde gevolge vir die ontwikkeling van die Afrikaners se politieke psige inhou.

5
G'n "Gentlemen's war"

"A brave race can forget the victims of the field of battle,
but never those of the scaffold. The making of
political martyrs is the last sanity of statemanship."
– *Arthur Conan Doyle*

Die Boereverraaiers was nie die enigstes wat voor vuurpelotonne gesterf het nie. Teen die einde van die oorlog was teregstellings 'n byna alledaagse verskynsel.

Honderde swart en bruin mense is byvoorbeeld summier of na 'n verhoor deur republikeinse burgers of Kaapse rebelle genadeloos tereggestel. Soortgelyke teregstellings deur die Britse magte het ook nie in die geskiedskrywing veel aandag gekry nie. Baie van die teregstellings, deur al die strydende partye, het met onmenslikhede gepaard gegaan. Dit maak 'n verdere bespotting van die aanspraak dat die Anglo-Boereoorlog 'n sogenaamde "gentlemen's war" was.[1]

Hoewel oorlog in sy aard wreed is, is teregstellings in 'n klas van hul eie wat gruwelikheid betref. In die abnormale omstandighede van die oorlog was die regspleging dikwels nie so ewewigtig soos in vredestyd nie. Dié uiterste straf is boonop nie altyd net toegepas om onregte te straf nie, maar ook om bepaalde militêre en politieke doelwitte te bereik. In dié opsig is die afskrikwaarde van teregstellings vooropgestel.

Daar was dikwels in die oorlog 'n dun skeidslyn tussen 'n wettige teregstelling en moord. Die strydende partye het mekaar deurlopend van gruwels op die slagveld beskuldig. Daar was wedersydse beskuldigings dat gevange soldate en gewondes op die slagveld summier tereggestel is sonder 'n verhoor. Die regsgeldigheid van summiere teregstellings was hoogs twyfelagtig. Gevolglik is die teregstellings, naas die konsentrasiekampbeleid en miskien die verskroeideaardebeleid, sekerlik die mees omstrede aspek van die oorlog.

Die langtermyngevolge van sekere teregstellings was ingrypend. Dit was die ideale teelaarde vir martelaars en helde. Die emosionele nalatenskap van die teregstellings van Kaapse rebelle en republikeinse burgers deur die Britse magte het byvoorbeeld die oorspronklike militêre oogmerke daarvan heeltemal oorskadu. Daarteenoor is die teregstellings van honderde swart en bruin mense en die Boereverraaiers grootliks vergete.

Teregstellings deur die Britse magte

Die Britte se twyfelagtige regspleging en die gevoellose wyse waarop hulle Kaapse rebelle en republikeinse burgers tereggestel het, het in baie gevalle blywende bitterheid onder Afrikaners veroorsaak. Die tereggesteldes is na hul dood deur hul volksgenote tot helde- en martelaarstatus verhef. Reeds in 1904 het G. Jordaan die nagedagtenis van Kaapse rebelle en ander Afrikaners wat in die Kaapkolonie tereggestel is in *Hoe zij stierven* verewig.[2] In die gedenkalbums van latere dekades is die tereggestelde republikeinsgesindes vereer as helde wat die hoogste offer vir hul volk gebring het.[3] Ook in die Afrikaanse letterkunde en veral in die digkuns is daardie slagoffers as martelaars besing.[4]

Meer as honderd bevestigde gevalle is gevind van Kaapse rebelle en republikeinse burgers wat met of sonder verhoor deur die Britse magte tereggestel is, terwyl daar aanduidings is dat die getal selfs hoër mag wees.[5]

Daar bestaan geen twyfel dat die Britse militêre oppergesag uiters gefrustreerd was met die oorlog wat nie met 'n beslissende oorwinning tot 'n einde gebring kon word nie. Saam met ander stappe was die teregstellings maar net een van die instrumente om die republikeinse magte tot oorgawe te dwing. Die Britse militêre howe het byna onbeperkte magte gehad om die doodstraf oor republikeinsgesindes vir sogenaamde oorlogsoortredings uit te spreek. Die Britse opperbevelhebber, Kitchener, moes dit net bekragtig.

Om dié oorlogbeleid uit te voer, het die Britse militêre howe hulle aan drakoniese regspleging skuldig gemaak. Aanvaarde regverdigheidsbeginsels is ondergeskik gestel aan militêre oorwegings. Afrikanerseuns van so jonk as 16 en 17 jaar is op 'n arbitrêre wyse skuldig bevind en op 'n skandelike wyse ten aanskoue van hul mense tereggestel. In baie gevalle is die tereggesteldes skuldig bevind aan sogenaamde oorlogsmisdade wat inderwaarheid standaard oorlogspraktyk was. Hulle is byvoorbeeld aangekla vir die aanval en ontsporing van treine, die buit van voorrade en perde (wat in die klagstate diefstal en roof genoem is), asook dat hulle Britse soldate vermoor het wat in werklikheid op die slagveld gesneuwel het, en dan vir die gebruik van dum-dum-patrone. In die lig van die Britse beleid van verskroeide aarde het die skuldigbevinding en latere teregstelling van Boere weens byvoorbeeld brandstigting, die Britse regspleging in 'n klugspel laat ontaard.[6]

Die Britse militêre howe was wel by magte om die Kaapse rebelle aan hoogverraad skuldig te bevind en die doodstraf op te lê omdat hulle Britse burgers was. Die toepassing van die doodstraf op die rebelle was nietemin om verskeie redes omstrede. Die militêre owerhede het op 'n partydige en geselekteerde wyse te werk gegaan. Veral gevange rebelle wat gesagsposisies in hul kommando's beklee het, is ter dood veroordeel. Deur die topstruktuur van die kommando's te teiken, is van die teregesteldes 'n voorbeeld gemaak. Van die bekendste gevalle was die fusillering van kommandante Hans Lötter en Gideon Scheepers, wat ironies genoeg nie Kaapse rebelle was nie. Veral die teregstelling van die befaamde 22-jarige Scheepers het hom tot held en legende verhef.[7]

Om die afskrikwaarde van die teregstellings te optimaliseer, is dit oor 'n wye gebied uitgevoer – op minstens 16 Karoo- en ander Kaapse dorpe. Die fusillering van die Kaapse rebelle het met 'n besondere genadeloosheid gepaard gegaan. Die vonnisopleggings en sekere teregstellings is in die openbaar uitgevoer. Die wreedheid daarvan is vererger deurdat plaaslike inwoners wat daarvan verdink is dat hulle die republikeinse saak goedgesind was, dit moes bywoon, anders is hulle gestraf. Selfs 'n pa moes die onmenslike foltering verduur om sy seun se teregstelling te beleef.

Die geestelike marteling van aanwesige republikeinsgesindes is vererger deur die feestelike skouspel waarmee die verrigtinge gepaard gegaan het. Dikwels is winkels toegemaak terwyl die veroordeeldes te midde van 'n skare toeskouers na die dorpsplein gebring is om die vonnis aan te hoor. Daar is 'n militêre parade gehou met 'n orkes wat gespeel het. Die militêre spektakel is met die teregstelling herhaal. Daar was gevalle waar die terdoodveroordeeldes aan verdere vernederings onderwerp is met 'n gekoggel vanuit die skare. Soms het die orkes met 'n triomfmars "More work for the undertaker" gespeel. Dié meeste veroordeeldes is deur 'n vuurpeloton gefusilleer, terwyl ander gehang is. By geleentheid het die Britte 'n windpomptoring gebruik toe 'n galg nie beskikbaar was nie.[8]

Die teregstellings en drakoniese bepalings daarrondom is amptelik deur die Britse owerhede gekondoneer. Dit het heftige kritiek in die buiteland en veral van die pro-Boere-beweging in Brittanje uitgelok.[9] In die Kaapkolonie het dit eens lojale Afrikaners vervreem en vooraanstaandes het openlik hul misnoeë daaroor te kenne gegee. Die skryfster Olive Schreiner het haar die gramskap van die Britse owerhede op die hals gehaal toe sy haar ontsteltenis uitgespreek het oor die ernstige afwyking van beskaafde beginsels wat veronderstel was om die ruggraat van die Britse regstelsel te wees.[10]

Die jingopers in Brittanje en in die twee kolonies was verheug oor die genadelose optrede teen veral die Kaapse rebelle. Dit is insiggewend dat sekere toonaangewende Britse koerante summiere teregstellings, nie net van Kaapse burgers nie, maar ook van republikeinse burgers begin propageer het. Op 17 Oktober 1900 het die *Daily Telegraph* daarop aangedring dat die Britse magte weldra moes begin om alle Boere wat voortveg sonder genade tereg te stel wanneer hulle gevang word. Op 16 Oktober 1900 het *The Standard* aanbeveel dat elke Boere-krygsgevangene tereggestel word. Dié koerant het die voorstel op 2 Januarie 1901 herhaal. Dié radikale standpunt is ook in ander Britse koerante herhaal.[11] Daar was oor 'n betreklike breë front gerugte dat 'n beleid van "take no prisoners" van Britse militêre kant gepropageer is. Op 6 Februarie 1901 het 'n berig in die *Cape Times* verskyn waarluidens die hoogste Britse militêre gesag opdrag sou gegee het dat Boere nie meer as krygsgevangenes geneem moes word nie. Nadat die redakteur, Albert Cartwright, geweier het om sy bron oor dié inligting te openbaar, is hy tot 'n jaar gevangenisstraf gevonnis.[12]

Hoewel die bestaan van so 'n amptelike beleid sterk te betwyfel is en sulke voorvalle in die praktyk in elk geval nie algemeen voorgekom het nie, het dit 'n klimaat geskep wat summiere teregstellings aangemoedig het. Die bekendste geval is sekerlik dié van die twee Australiese offisiere, Harry ("Breaker") Morant en Peter Handcock, wat daarvan beskuldig is dat hulle minstens 22 burgers en ander burgerlikes koelbloedig in Noord-Transvaal vermoor het. Hulle het aangevoer die Britse owerhede het die summiere teregstelling van Boere amptelik goedgekeur. Albei is egter deur 'n Britse krygshof skuldig bevind aan moord en in 1902 in Pretoria tereggestel.[13]

Teregstellings het ook in eie geledere binne die Britse leër in Suid-Afrika plaasgevind. Benewens die geval van Handcock en Morant is daar enkele ander gevalle waar Britse soldate weens drostery en ander oortredinge tydens die oorlog deur hul eie magte gefusilleer is.[14]

Die Britse militêre owerhede het die Boeremagte voorts daarvan beskuldig dat hulle swart en bruin mense wederregtelik tereggestel het. Minstens 15 republikeinsgesindes is in dié verband op aanklagte van moord of poging tot moord skuldig bevind en daarna deur Britse militêre owerhede tereggestel.[15] Wat die Britse militêre owerhede gerieflikerwys verswyg het, is dat hulle hulle self ook daaraan skuldig gemaak het. Die Britse magte het 'n onbekende aantal swart en bruin mense tereggestel wat van verraad verdink is of dat hulle vir die Boere gewerk het. Dié skynheilige houding van die Britse owerhede het 'n moderne Britse historikus laat opmerk: "It made a mockery of Britain's tough stance on Boers who mistreated or killed natives."[16] Tog het die Britse teregstellings van swart en bruin mense nie naastenby dieselfde omvang aangeneem as sulke teregstellings deur die republikeinse magte nie. Min navorsing is nog daaroor gedoen.

'n Donker wolk hang oor die Britse magte se hantering van die teregstellings van Afrikaners wat na verhore ter dood veroordeel is. In die Kaapkolonie het hul drastiese optrede in dié verband wel die gewenste uitwerking gehad deur 'n groter opstand deur Kaapse rebelle aan bande te lê, maar dit het pynlike letsels onder Afrikaners gelaat wat moeilik uitgewis is. Selfs na die einde van die oorlog is 'n burger, Salmon van As, op Heidelberg in Transvaal na 'n omstrede verhoor tereggestel. Hy was een van drie burgers wat nie onder die algemene amnestie van die vredesvoorwaardes geval het nie.[17]

Teregstellings deur republikeinse magte

Al het die Britse magte burgers tereggestel, het die republikeinse magte nie dieselfde met hul vyand se soldate gedoen nie. Die enigste uitsondering wat gevind kon word, was die teregstelling van 'n Britse offisier, lt. Boyle, wat met genl. De Wet se verowering van Dewetsdorp op 20 November 1900 gevange geneem is en later summier tereggestel is weens wandade wat hy teenoor vroue en kinders gepleeg het. Dit het aanleiding gegee tot een van die drie uitsonderings op die algemene amnestie wat na die oorlog aan republikeinse burgers toegestaan is vir dade wat tydens die oorlog gepleeg is. Niemand is egter skuldig bevind nie omdat die Boereoffisier wat Boyle laat teregstel het, in die oorlog gesneuwel het.[18]

Nadat genl. Koos de la Rey se burgers lord Methuen met die slag van Tweebosch teen die einde van die oorlog gevange geneem het, het baie van die burgers daarop aangedring dat hy gefusilleer word weens sy ongenaak-

bare optrede teenoor veral burgerlikes. De la Rey het die gewonde Meth-
uen egter vrygelaat en na Klerksdorp gestuur om mediese behandeling te
ontvang. Ontstigte burgers het daarop aangedring dat hy teruggebring word
en vir sy dade verantwoording doen. Hy is toe inderdaad na die Boere-
kommando teruggebring, maar De la Rey het ingegryp, die burgers tot
kalmte gemaan en Methuen onbelemmerd na Klerksdorp teruggestuur. De
la Rey se humanitêre daad het op die lange duur ongetwyfeld meer voor-
dele vir die Boeresaak ingehou.[19]

'n Moontlike verklaring vir hoekom die Boere gevange Britse soldate
wat moontlik aan wandade skuldig was nie ekstreem behandel het nie, lê
daarin dat die Britse mag in 'n magsposisie was teenoor die burgerlikes in
die konsentrasiekampe en gevange Kaapse rebelle. Die republikeine was op
dié terreine besonder kwesbaar vir vergelding. Nietemin het republikeinse
krygshowe die doodstraf aan enkele Britse onderdane opgelê, maar hulle
was burgerlikes en nie Britse soldate nie. Dié gevalle word later bespreek.

Honderde swart en bruin mense wat by die Britse magte aangesluit het
of die wapen teen die Boeremagte opgeneem het, is egter tydens die oor-
log deur republikeinse burgers gefusilleer.[20] Die omvang van daardie tereg-
stellings het sulke afmetings aangeneem dat dit teen die einde van die oorlog
'n byna alledaagse verskynsel was. Ds. R.D. McDonald het in sy herinne-
ringe opgemerk: "Teen die einde van die oorlog was daar min kans vir 'n
nie-blanke spioen om sy lewe te behou. Sonder onderskeid is die doods-
vonnis op sulke spioene toegepas."[21]

In die loop van die oorlog het misdadige gewapende swart en bruin
mense misdrywe soos moord, roof en verkragting teen geïsoleerde Boere-
kommando's en weerlose Boerefamilies gepleeg. Soms is die wandade onder
leierskap van Britse offisiere of Afrikanerverraaiers gepleeg. Die burgers het
lede van sulke bendes waarskynlik uit vergelding tereggestel. Daar is ook om
strategiese redes genadeloos teen gewapende swart en bruin mense opge-
tree. Namate die Britte radeloos geword het met die volgehoue verset van
die Boere het hulle al meer swart en bruin helpers gebruik. Onlangse na-
vorsing het getoon ondanks lord Kitchener se doelbewuste "amptelike"
onderspeling van hul deelname aan die oorlogspoging het tot 120 000
swart en bruin mense in die oorlog in een of ander hoedanigheid aan
Britse kant diens gedoen, 50 000 daarvan as gewapendes. Daardie getal
moet by die 448 725 Britse soldate getel word wat amptelik in die loop

van die oorlog teen die Boere geveg het.[22] As in ag geneem word dat die aantal bittereinders aan die einde van die oorlog op tussen 17 000 en 20 000 beraam word, het hulle teen 'n oorweldigende getalle-oormag te staan gekom.

Daar was so baie aanvalle deur swart mense dat dit in sekere streke van die republieke 'n wesenlike gevaar was en die republikeinse magte gedwing het om die stryd op twee fronte te voer. Daar was later in die oorlog veral baie sulke aanvalle in die geografiese hoefyster wat van Wes- oor Noordwes- en Noord-Transvaal en van daar na Oos-Transvaal en die suidoostelike hoek van Transvaal asook die Oos-Vrystaat strek.[23] Grepe uit oorlogdagboeke van burgers wek die indruk dat die stryd in dele van daardie gebiede hoofsaaklik teen gewapende swart mense eerder as teen die Britse magte gevoer is.[24] Dit het sommige republikeinse burgers genoop om die Britte daarvan te beskuldig dat hulle 'n rasse-oorlog ontketen het.[25] Die Britte is daarvan beskuldig dat hulle die swart en bruin mense met beloftes van gunste tot gewapende optrede teen die burgers aangespoor het. Die historikus Peter Warwick meen egter daar was ook 'n sterk rasse-ondertoon as motief om die Britte te ondersteun omdat die verhouding tussen die burgers en sommige swart inwoners van sekere streke reeds voor die oorlog sleg was.[26]

Van republikeinse kant is sterk optrede teen swart en bruin mense wat in 'n gewapende hoedanigheid by die Britte diens gedoen het, as geregverdig en noodsaaklik beskou. Die Boere-veldprediker, R.D. McDonald het hul sentimente so verwoord: "Oppervlakkig beskou mag hierdie handelswyse wreed en onregverdig voorkom, maar as daar onthou word dat die oorlog nie teen hulle verklaar is nie, en ook dat ons eenvoudig die teenstand van al die inboorlinge sou uitgelok het as ons hulle net soos die Engelse soldate behandel het, dan was dit nie so wreed en onregverdig nie. Ons was verplig om drasties op te tree om die inboorlinge te laat besef dat hulle nie erkende deelnemers aan die oorlog was nie en gevolglik nie aanspraak kon maak op die voorregte van die deelnemers nie."[27]

Bruin en swart inwoners was onderdane van die twee republieke en al het hulle geen stemreg gehad nie, kon hulle kragtens republikeinse wetgewing aan hoogverraad skuldig bevind word en die doodstraf kry. Die Boereleiers het dit inderdaad gedurende die oorlog as amptelike beleid onderskryf.[28] In Natal en die Kaapkolonie, waar swart en bruin mense Britse onderdane was, was dit uiteraard 'n ander situasie.

In die meerderheid gevalle, veral teen die einde van die oorlog, is swart en bruin gewapendes summier tereggestel. Geen juridiese regverdiging kon in die republikeinse reg gevind word vir sulke teregstellings nie en daar was ook geen morele regverdiging voor nie. Die burgers was by tye genadeloos met sulke summiere teregstellings en het in baie gevalle heeltemal oorboord gegaan. Daar is bewerings van swart en bruin aangehoudenes wat lootjies moes trek om te bepaal wie gefusilleer gaan word. Die gelukkiges is vrygelaat om die boodskap van hul kamerade se aaklige dood te gaan versprei. Daar is ook gevalle waar die terdoodveroordeeldes hul eie grafte moes grawe.[29]

In sommige van die gevalle het die republikeinse magte wel behoorlike verhore gehou. Party teregstellings van swart en bruin mense het met sombere godsdienstige seremonie gepaard gegaan, waar burgers diepgaande meegevoel met die lot van die veroordeeldes getoon het.[30] Vader Kestell het so 'n geval in sy herinneringe beskryf:

> Den volgenden dag viel mij een pijnlijke plichtsvervulling te beurt. Een kaffer was door den krijgsraad, wegens verkrachting van een blank meisje, ter dood veroordeeld en ik werd geroepen om hem voor den dood voor te bereiden. In al de vervulling van mijn ambtsplichten had ik nog nooit de zielszorg van een ter dood veroordeelde gehad en nu … het was maar een kaffer! maar mijn hart ging tot hem uit. Hoewel hij zijn vonnis verdiende, meer nog in mijne beschouwing, dan één die aan doodslag schuldig was geweest, zag ik hem nu in zijn uitersten nood slechts als mensch aan. Alle gevoel van veroordeeling verdween in mij: alleen medelijden bleef over – medelijden met zijn volslagene hulpeloosheid.[31]

Selfs al het die teregstellings met godsdienstige gebaar gepaard gegaan, het dit nie die afgryse daarvan verminder nie, soos uit dié vertelling van die veldprediker R.D. McDonald blyk:

> Terwyl die graf van die twee spioene gedelf word, was dit my taak om hulle voor te berei vir hulle naderende einde. Nadat ek met hulle gepraat het, het ek hulle aan die genade van hulle Skepper opgedra. Die swart spioen se versoek was dat die Boere hom tog nie met 'n geweer moes doodskiet nie, maar met 'n sabel moes onthoof. Hy was bevrees dat hy nie onmiddellik dood sou wees nie. Ek het hom verseker dat hy baie gou in 'n ander wêreld sou wees. Hy moes maar aan sy siel dink en hom skik om sy God te ontmoet. Wonderlik om te sê, wat die swart spioen gevrees het, het werklik gebeur. Ek het hulle grafwaarts vergesel. Daar is hulle na gewoonte

geblinddoek en met die aangesig na die graf gekeer en met voete daarin, het hulle
by die een ent van die graf hulle plek ingeneem. Met 'n stok het die dokter die
burgers wat die vonnis moes uitvoer, beduie waar hulle moes skiet om die harte te
tref. Ek het 'n paar treë van hulle gestaan en die aaklige skouspel gadegeslaan. Toe
die skote val, het hulle in die graf geval, dog tot ons verbasing het die swartman nog
geleef en die manne wat geskiet het, moes sy half ontsielde liggaam die genadeslag
toedien deur dit met nog 'n koeël te deurboor.³²

Afrikanerdenke waarin herinneringe van die oorlog lewendig gehou is, word
dikwels oorheers deur die nalatenskap van sentimentele vertellinge van oud-
stryders van hul getroue agterryers wat die burgers ten koste van hulself
bygestaan het. Dit is nie noodwendig die volle waarheid nie. Die histori-
kus prof. Fransjohan Pretorius meen: "Afrikanernasionaliste het dikwels in
die 20ste eeu die verhouding tussen Boer en agterryer verheerlik met die
gedagte dat daar reeds destyds 'n goeie verstandhouding tussen blank en
swart was. Hulle besef egter nie dat die verhouding gebaseer was op 'n
paternalisme en 'n meerderwaardigheid aan die kant van die Boer en in
meeste gevalle 'n berustende onderdanigheid by die agterryer."³³ Sekere
swart mense se gruwelike wandade teen die Boere en die genadelose ver-
gelding van die burgers, het niks goeds vir naoorlogse rasseverhoudinge in
Suid-Afrika ingehou nie.

Die oorlog het bomenslike eise aan die vegtende burgers gestel. Terwyl hulle
gedurig aan lewensgevaar, bloedvergieting en ander swaarkry blootgestel is,
moes hulle boonop met die wete saamleef dat hul vrouens, kinders en ander
geliefdes aan onmenslike behandeling in die konsentrasiekampe onderwerp
is. Die strydende burgers moes die oorlog boonop op twee fronte, teen die
Britte en vyandige swart mense, voer.

Dit alles moes 'n ingrypende impak op die burgers se emosionele wel-
stand gehad het. 'n Burger, D.S. van Warmelo, het in sy herinneringe wat
voor die einde van die oorlog gepubliseer is, opgemerk: "An inclination to
cruelty became one of the predominant traits in the character of the bur-
ghers."³⁴ Hoewel dié uitspraak uiteraard nie op al die burgers van toepas-
sing was nie, wys dit tog watter sielkundige uitwerking die oorlog op die
gewone burger kon gehad het en hoe dit individue se medemenslikheid
kon beïnvloed.

In dié omstandighede het daar as't ware 'n derde front ontstaan – die stryd teen hul eie mense wat verraad gepleeg het. Dié verraad het diep gesny en die vegtende burgers tot die uiterste beproef. In die lig van dié omstandighede lê die verduideliking waarom burgers tot so 'n ekstreme stap sou oorgaan om volksgenote wat dislojaal was aan die republikeinse stryd te fusilleer.

6

Bloedfamilie

P.B. BOUWER, A.J. VAN EMMENES
✝ *24 Augustus 1901, Hartbeesfontein/Rietfontein, distrik Heidelberg*

'n Verraaierbroer brand sy suster se huis af en laat haar en haar dogtertjie byna verkluim, 'n joiner spog oor hoe hy sy neef geskiet het, vriend ontdek vriend as dooie vyand, en van die vuurpelotonlede en die tereggesteldes is familie, terwyl een van die tereggesteldes vir amper die helfte van die vuurpelotonlede skool gehou het.

In die winter van 1901 het joiners in die omgewing van Heidelberg in Transvaal hulle aan verskeie gruweldade skuldig gemaak. Daar is talle voorbeelde van 'n joinerkommando wat saam met swart gewapendes nagtelike aanvalle op weerlose Boerefamilies uitgevoer het wat nog op hul plase gewoon het. Die een plaas na die ander is beroof en geplunder, waarna die aanvallers vroeg die volgende oggend na die veiligheid van hul basis op die dorp teruggekeer het. Boerefamilies van die omgewing wat die konsentrasiekampe probeer ontduik het, moes gedurig voor die Britse kolonnes uitvlug. Hulle is dikwels deur daardie joiners verraai.[1]

Die joiners van die omgewing het aan 'n Britse korps bekend as die Vallentin's Heidelberg Volunteers behoort. Die korps van sowat 200 man is deur die bevelvoerder van die Britse mag op Heidelberg, maj. John Vallentin, uit Engelse en Afrikaanse vrywilligers op die been gebring. Hulle was meestal voormalige burgers van die distrik wat hul wapens neergelê en daarna toenadering by die Britte gesoek het. Die burgers het na lede van daardie korps as die Witkoppe verwys na aanleiding van 'n kenmerkende wit band wat hulle om hul hoede gedra het.[2]

Op die plaas Witkleifontein het die joiners een nag 'n Afrikaner, P. du Preez, vermoor. Hy is koelbloedig in sy huis doodgeskiet, al was hy 'n afgeleefde ou man wat nie krygsdiens kon verrig nie. Jare later het Jack van den Heever, 'n burger van die Heidelberg-kommando, oor die joiners se optrede opgemerk: "So 'n hemeltergende daad kon nooit ongestraf bly nie, daarom was dit vir ons nie 'n wonder dat hulle kort ná die moord een môre vroeg hul rieme styfgeloop het nie."[3]

Op 24 Julie 1901 bevind Vallentin hom met 'n Britse kolonne, wat 'n groep Witkoppe ingesluit het, suid van Heidelberg. Sy doel was om met sy troepe 'n voortvlugtende vrouelaer op die plaas Beerlaagte, sowat 30 km suid van Heidelberg, aan te keer. Die Boerevroue het dié laers gevorm en voor die Britse kolonnes uitgevlug om gevangeneming en gevolglike opsluiting in die konsentrasiekampe vry te spring. Bejaarde mans en jong seuns wat nie kon veg nie, het by die vroue gebly.

Vallentin het egter nie geweet 'n afdeling Boere het tussen die Britse kolonne en die vrouelaer op die plaas Malanskraal inbeweeg nie. Anders as by die Britse kolonne het verkenners daardie afdeling van die Heidelberg-kommando deurentyd op die hoogte gehou van vyandelike bewegings. Die burgers het die vrouelaer opdrag gegee om nog verder suid in die rigting van die Vaalrivier uit te wyk. Met dagbreek val burgers onder leiding van veldkornette Org Meyer[4] en Hendrik Kamffer[5] die Britse kolonne op die plaas Braklaagte aan. Die verrassing van die Boereaanval is grootliks deur digte mis getemper, wat baie Britse soldate die geleentheid gegee het om te ontsnap.[6]

Onder Vallentin se troepe het die groep Witkoppe vreesbevange geraak, waarskynlik weens die noodlottige gevolge wat moontlike gevangeneming deur die republikeinse burgers vir hulle ingehou het. Dit het paniek onder die Britse soldate aangehelp met die gevolg dat hulle wild op die vlug geslaan het. Nadat 'n aantal gesneuwel het, gewond is of gevange geneem is, het die burgers hulle verby Malanskraal tot naby Heidelberg verjaag. Onder die Britse gesneuweldes was minstens twee Afrikaners, Frederick Nel en Philippus van Eeden.[7] Die joiners wat gevange geneem is, sou nie genade van die burgers ontvang nie.

Gedurende die geveg het een van die joiners op 'n wit perd probeer wegkom, maar hy is vasgekeer toe hy teen 'n heining vasgejaag het. Die joiner het C.J. Kamffer volgens dié se seun, vdkt. Hendrik Kamffer, gesmeek:

"Oom, skiet my tog nie dood nie." Kamffer sr. het geantwoord hy sal dit nie daar doen nie, maar hulle gaan wel later met hom afreken.[8] Dié joiner was Pieter Barendse Bouwer, 'n 29-jarige getroude onderwyser van Heidelberg.[9]

Nog 'n joiner, Adolf Jacobus van Emmenes (23), 'n ongetroude boer van die plaas Witpoort in die distrik Heidelberg, is ook gevange geneem.[10]

Vdkt. Kamffer en asst.vdkt. Andrew Brink[11] het 'n derde joiner, ene Scheepers, agtervolg. Brink het op Scheepers geskiet en hom ernstig gewond. Hy is saam met die burgers teruggeneem en onder bewaking geplaas. Daarna volg 'n summiere teregstelling. Dit is wat volgens Kamffer se ongepubliseerde herinneringe verder gebeur het:

> Daar verskyn nou skielik 'n perderuiter vanaf die boonste Rooikoppe in Beerlaagte. By ons gekom erken ons hom as Danie Maartens 'n burger van Komdt. Buys wat in die boonste Rooikoppe was. Hy was baie opgewonde en vra of ons die Nasionale Scouts vannag bygetrek het en of sy swaer Scheepers nie onder die seksie was nie. Danie vertel ons toe dat twee nagte vantevore Scheepers en sy klomp Danie se vrou, en terselfdertyd Scheepers se eie suster, uit haar huis verdryf het in die bittere Junie maand koue, kaalvoet en net in nagklere geklee en die huis afgebrand, haar en haar dogtertjie vir sowat duisend treë aangejaag te perd en daar laat staan in die veld waar Danie haar die volgende more in 'n benarde toestand gekry het. Sy en die kind was byna verkluim. Sy het Danie vertel dat dit haar eie broer was wat die daad gepleeg het. Brink vertel hom toe dat dit wel sy swaer was wat daar neergetrek lê waar die wagte wag hou. Meteens kon jy die gevoelens lees op die man se gesig. Geen woorde kan beskryf wat sy gevoelens was op daardie oomblik nie. 'n Eie voorstelling van so 'n geval kan dit self nie openbaar nie. Die ironie van gevoel van feitlik broer teen broer, en daarnaas van man teenoor vrou en kind. Met 'n woede onbekend en oorweldigend vlieg hy nou op sy perd en jaag na die wagte en Scheepers. Toe hy sowat vyf treë van Scheepers was spring hy van sy perd. Scheepers erken hom dadelik en smeek die wagte om hom te beskerm daar dit sy swaer was wat hom kom doodskiet. So swaar as wat hy gewond was kruip hy na Danie toe aan en toe Danie by hom kom begin hy smeek dat Danie tog genade moet hê. Danie antwoord net dat hy niks van hom wil hoor nie, 'Ek wil jou tussen jou twee oë skiet.' Hy lê ook aan en gee hom die koeël, klim op sy perd en ry weg.[12]

Geen bevestiging van die voorval kon in 'n ander bron gevind word nie.[13]

'n Ander joiner van Vallentin's Heidelberg Volunteers, Piet Jordaan, was gelukkig om met sy lewe daarvan af te kom. Tydens die burgers se aanval het hy suidwaarts in die rigting van die Vaalrivier gevlug en by die vrouelaer naby Grobbelaarsdrif beland. Daar het hy heftig ontken dat hy 'n joiner is. Toe die vroue hom egter met sambokke begin bykom, het hy ontvlug deur in die koue water van die Vaalrivier te gaan skuil.[14]

Nog 'n joiner wat ook 'n noue ontkoming gehad het, was Kamffer se neef, Sampie Kamffer. Hy was aanvanklik vdkt. Kamffer se adjudant, maar het een aand weggesluip en by die Britte gaan aansluit. In 'n daaropvolgende skermutseling is die veldkornet ernstig gewond. Die burgers het te hore gekom dat Sampie Kamffer spog dit was hy wat sy neef gewond het. Toe die burgers hom as een van die vlugtende Witkoppe herken, was hulle gretig om met hom af te reken. Sy perd is raakgeskiet, maar hy het ontvlug deur agterop die perd van een van die ander joiners te klim en weg te jaag.[15] Die tweespalt wat die oorlog in Afrikanerfamilies meegebring het, moes onversoenbare wrewel veroorsaak het wat vir baie dekades sou voortwoed.

Onder die Britse gesneuweldes was ou bekendes en vriende van die omgewing wat saam met die burgers grootgeword het. Louis Slabbert vind so die lyk van Eddie Morrison tussen die Britse gesneuweldes. In sy herinneringe skryf hy: "Dit was my beste vriend voor ons op kommando gegaan het. Ons het op dieselfde plaas gewoon. Dit was vir my 'n groot slag om hom daar as my vyand te sien."[16] Die oorlog het vele elemente van 'n burgeroorlog gehad, waarvan dié geval 'n sprekende voorbeeld was.

Die twee gevange joiners, Bouwer en Van Emmenes, is saam met die kommando geneem. Volgens Kamffer is hulle "goed karnuffel". Dit is onduidelik wat hy presies daarmee bedoel omdat hy nie in sy herinneringe daaroor uitwei nie. Hy sê wel sy pa het Bouwer herhaaldelik geteister deur na die son te wys en te sê: "Kyk goed, kêrel, môre mag jy dit nie weer sien nie."[17] Die twee joiners moes die erns van hul situasie besef het met die wete dat die doodstraf hulle in die oë staar.

'n Krygshof is onder leiding van kmdt. Fanie Buys,[18] bevelvoerder van die suidelike afdeling van die Heidelberg-kommando, saamgestel om die twee te verhoor. Die verhoor het volgens oorlewering in die perdestalle op die plaas Hartbeesfontein naby Barnardskop tussen Heidelberg en Villiers plaasgevind en oor 'n paar dae gestrek.[19] Volgens Van den Heever, wat teen die einde van die verhoor teenwoordig was, is die uitspraak met die volgende woorde afgesluit: "By die mens is vir julle nie die minste genade nie. Gaan soek by God genade vir jul onsterflike siele."[20]

Van den Heever gee 'n dramatiese beskrywing van die reaksie van die veroordeeldes by die aanhoor van die doodstraf sowel as die gewaarwordinge van die aanwesige burgers. Hoewel sy herinneringe meer as 40 jaar na die gebeure opgeteken is en die dramatiese aard daarvan waarskynlik deur die skrywer C.M. van den Heever en ander beïnvloed en versorg is, gee dit tog insae in wat in al die aanwesiges se gemoedere moes omgegaan het:

> Die twee ongelukkiges het so bleek geword as die dood self. Ek kon sien dat hulle beswaarlik orent kon bly toe hulle saam met die bewaarders die hof moes verlaat. 'n Mens kan so hard en so gevoelloos wees soos 'n klip, maar by die aanhoor en sien van so iets voel jy ontroerd. Jou hele siel gaan uit na die ongelukkiges en jy voel asof jy voor 'n vertoornde God staan, want hier word beslis oor lewe en dood. Benoud roep jy in jou hulpeloosheid uit: 'O, God, waarom? Hoekom?' Wreed maar ook beslis en regverdig klink die antwoord: ' 'n Breuk vir 'n breuk, en hy wat 'n mens doodslaan moet sekerlik doodgemaak word.' Tog vra jy vir die soveelste maal: 'Het ons ou volkie die vernedering verdien? Ons het tog nie groter en meer gesondig as ander volkere nie, en tog is ons smart, lyding en verdriet veel groter.' Daardie soort gedagtes het dan ook van baie jong burgers vroeë grysaards gemaak. Gelukkig kon daar nooit veel tyd aan daardie gedagtes bestee word nie, want ander pligte verg al gou weer jou aandag. En in daardie tyd was dit 'n seën.[21]

Daar is talle tergende vrae oor die verhoor wat onbeantwoord bly. Dit is opmerklik dat dit nie net Van den Heever is wat daarop sinspeel dat die veroordeeldes hulle aan moord skuldig gemaak het nie.[22] Daar kan met redelike sekerheid aanvaar word die aanklag teen hulle was hoogverraad. Wat die aard en inhoud daarvan was, kon nie vasgestel word nie omdat die hofrekord nie opgespoor kon word nie.

Sowat 'n halfuur nadat die krygshof verdaag het, ontvang Van den Heever en nog 'n burger, H. Bronkhorst, opdrag van Buys om nog dieselfde nag na die Transvaalse regering in Oos-Transvaal te vertrek om bekragtiging van die doodsvonnis te verkry. Om die Transvaalse regering te vind, was geen maklike taak nie, want hulle moes voortdurend rondswerf in 'n poging om die talle Britse kolonnes te ontduik wat hulle probeer vastrek het. Daar kan aanvaar word 'n geskrewe oorkonde of minstens 'n opsomming van die verhoorverrigtinge is saam met die twee burgers gestuur.

Uiteindelik het die twee die Transvaalse regering met staatsekretaris F.W. Reitz naby die Swazilandse grens aangetref. Daar is die vonnis bekragtig, luidens 'n Britse verslag van 1902 deur kmdt.genl. Louis Botha self.[23] Na vele omswerwinge en avonture, waarvan Van den Heever 'n interessante beskrywing in sy herinneringe gee, was die twee 15 dae na hul vertrek terug by die Heidelberg-kommando.[24]

Intussen is Bouwer en Van Emmenes in die tronk op Villiers aangehou, wat toe in republikeinse hande was. Die Engelssprekende Witkoppe wat met die geveg by Braklaagte gevange geneem is, is ook 'n tyd lank aangehou, maar mettertyd vrygelaat soos dit die gebruik met alle Britse krygs- gevangenes was. Onder hulle was sers.maj. Schroeder, wat by sy terugkeer aan die Britse owerhede verslag gedoen het oor Bouwer en Van Emmenes se lot. Dit het later aanleiding tot 'n Britse ondersoek na die teregstellings gegee.[25]

Oorlewering wil dit hê dat die twee veroordeeldes verskeie geleenthede gehad het om te ontsnap, maar geweier het om dit te doen. Jare later het J.A.C. (Koos) Kriek, wat tydens die twee se aanhouding 'n jong telegrafis op Villiers was, vertel hy het by geleentheid opdrag ontvang om die twee te bewaak. Tydens so 'n bewaking het die bewaarder, Frans Kruger, hom gevra om hulle die kans te bied om te ontsnap. Hy moes dit doen wanneer Kruger nie daar was nie. Kriek moes selfs vir hulle 'n ontsnappingsroete aandui. Die twee het die geleentheid van die hand gewys omdat hulle bang was hulle sou in 'n vooropgestelde hinderlaag doodgeskiet word. Ander oorleweringe dat die veroordeeldes geweier het om te ontsnap omdat hulle hulle berus het in wat hul lot ook al sou wees, klink ietwat vergesog.[26]

Bouwer se ouers, Petrus Frederick Bouwer en Jacoba Pieternella (ge- bore Jordaan), van die Kliprivier-omgewing in die distrik het nog ten tyde van hul seun se teregstelling geleef. Bouwer jr. en sy vrou, Nicolina Maria Magdalena (gebore Kruger) het 'n 17-maande oue dogtertjie gehad. Hul tweede kind, 'n seuntjie, is op 31 Julie 1901 gebore terwyl Bouwer in aan- houding was.[27]

Van Emmenes is op die plaas Witpoort naby Heidelberg gebore. Sy ouers, Roelf Jacobus en Wilhelmina Magdalena (gebore Jonker), het ook nog gelewe toe hy gefusilleer is.[28]

Met die uitbreek van die oorlog was al die Van Emmenes-broers en hul pa op kommando. Dolf van Emmenes is self deur kmdt. Buys vir opleiding in die staatsartillerie aanbeveel en hy het byna 'n jaar lank as Transvaalse artilleris diens gedoen. Daar word gemeld dat hy aanvanklik besonder trots op sy republikeinse uniform was.[29] Tog gee al die broers en hul pa hulle in die tweede helfte van 1900 vrywillig op die plaas Witpoort aan 'n Britse kolonne oor. Die dag nadat hulle hul wapens neergelê het, het almal die eed van neutraliteit geneem. Daarna het Dolf tot November 1900 op die plaas aangebly. Die vegtende burgers het dit egter vir hom te warm gemaak om daar te vertoef. As die hendsoppers geweier het om weer op kommando te gaan, het die burgers hulle dikwels geteister en gestraf. Gevolglik het Dolf van Emmenes na die veiligheid van die Britse mag op Greylingstad gevlug. Vandaar is hy na die Britse kamp op Heidelberg oorgeplaas, waarna hy by die Vallentin's Heidelberg Volunteers aangesluit het.[30]

Alles dui daarop dat die ander Van Emmenes-broers die Britte ook aktief bygestaan het. Kamffer praat selfs van 'n "Emmenes Seksie" by die Heidelberg Volunteers.[31] Bevestiging is gevind dat 'n 31-jarige broer, Roelf Jacobus van Emmenes, ook aan die Heidelberg Volunteers behoort het.[32] Hul pa het in 1903 verklaar die burgers het hom die keuse gegee om weer op kommando te gaan of agter die Britse linies te gaan bly. Hy het die laaste opsie uitgeoefen. Omdat die Van Emmenes-familie 'n sukkelbestaan gevoer het, was finansiële gewin waarskynlik 'n belangrike motief vir hul ontrouheid.[33] Hulle is nog 'n voorbeeld van 'n Afrikanerfamilie wat hulle as 'n eenheid by die Britte geskaar het en uiteindelik 'n joinerfamilie geword het.

Waarskynlik het finansiële bevoordeling ook 'n belangrike rol gespeel in Piet Bouwer se besluit om by die Britse mag aan te sluit. 'n Ontleding van albei joiners se boedels wys hulle het ten tyde van hul dood niks van waarde besit nie.[34]

Nadat die twee rapportryers met die bekragtiging van die doodsvonnis teruggekeer het, is die bewaarder van die gevangenis op Villiers in kennis gestel dat die veroordeeldes binne 24 uur tereggestel sou word. Die veldprediker Poelakker moes die tyding aan die ongelukkiges oordra. Hy was 'n Hollandse sendeling wat hom jare vantevore in Transvaal kom vestig het en 'n vurige patriot van sy aangenome land geword het. Nadat die tyding aan die veroordeeldes oorgedra is, het Poelakker pal by hulle gebly. Volgens Van den Heever moes hy daarin geslaag het om hul lyding ietwat te versag, want met die dag van die teregstelling was hulle betreklik kalm.[35]

Die gedoemdes is op 24 Augustus 1901 met 'n perdekar van Villiers na die plek van teregstelling op die plaas Rietfontein, noord van die Vaalrivier, geneem. Oor die gebeure daarna ontstaan die mite dat die twee veroordeeldes hul eie grafte moes grawe. Kamffer is bruusk daaroor: "Uiteindelik het ons hulle hulle eie grafte laat grawe, albei doodgeskiet en hulle toegegooi."[36] Louis Slabbert meld: "Nadat hulle hul eie grafte gegrawe het, is hulle deur ons kommando doodgeskiet."[37] Die twee oudstryders noem egter nie pertinent of hulle met die fusillering van die joiners by was nie.

'n Meer aanvaarbare weergawe is Van den Heever s'n wat vertel die grafte is reeds die vorige dag vir die veroordeeldes gegrawe. Hy gee ook 'n meer omvattende beskrywing van die gebeure. Die perdekar het 'n ent van die grafte stilgehou. Daar is die twee geblinddoek, juis sodat hulle nie die oop grafte moes sien nie. Naby die grafte is hulle van die perdekar gehelp en deur die bewaarders na die kopent van die grafte gelei, waar hul moes staan.

Die vuurpeloton het uit 12 man bestaan. Deur die trek van lootjies is ses vir elke veroordeelde aangewys. Volgens Van den Heever is net die helfte van die gewere met dodelike ammunisie gelaai, sodat daar vir elke veroordeelde drie gewere met ammunisie was. (Dit strook nie met die Britse ondersoek na die voorval nie, wat daarop dui dat vyf koeëls Van Emmenes se liggaam getref het.) Die offisiere het die gewere gelaai en dit sowat tien treë van die grafte op die grond neergesit. Die lede van die vuurpeloton moes dus nie weet wie die doodskote gaan gee nie. Na 'n teken het die burgers in gelid na die gewere gestap en dit na 'n tweede teken opgeneem. Van den Heever beskryf hoe die gebeure daarna met 'n sterk godsdienstige aanslag deurgevoer is: "Toe het mnr Poelakker 'n paar verse voorgelees uit die Bybel en in 'n kort toespraak gewys op die kortstondige lewe van die mens hier op aarde, asook op die ewige lewe hiernamaals, wat vir hulle wag en wat vir hulle oop is deur die soenverdienste van Christus. Daarna het hy 'n kort gebed gedoen en elkeen van die twee 'n vaste handdruk gegee, terwyl hy hulle die volgende opdrag gegee het: 'Gee my hartlike groete aan my dierbare ouers. Julle sal hulle daar vind. Sê aan hulle dat ek hulle eersdaags sal volg.' "

Nadat Poelakker eenkant toe gestaan het, is die vuurpeloton aangesê om aan te lê. Die leier van die peloton het volgens 'n voorafbepaalde teken met 'n klip op 'n graafblad gestamp, waarna die skote afgevuur is. Dit was omstreeks 09:30 die oggend.[38]

Daarna ontstaan die hardnekkige en grusame oorlewering dat een van die tereggesteldes nog in die graf bly leef het. Sy slagaar is daarna afgesny sodat hy hom moes doodbloei.[39]

Dit spreek vanself dat dié soort legendes met uiterste versigtigheid beoordeel moet word voordat enige waarheid daaraan geheg kan word. Gevolglik is die bewerings tydens die navorsing vir hierdie werk aanvanklik met skeptisisme bejeën. 'n Bevestiging van 'n soortgelyke weergawe is egter in die Britse ondersoek van 1902 oor die teregstelling gevind.

Die Britse getuienis is gebaseer op mededelings van asst.vdkt. Andries Jacobus Greyling van die Heidelberg-kommando wat op 3 Mei 1902 gevange geneem is en wat met die teregstelling teenwoordig was, asook op sekere ander hoorsêgetuienis. Uit die Britse ondersoek blyk dit dat Van Emmenes nie onmiddellik gesterf het nadat vyf koeëls sy liggaam deurboor het nie.[40] 'n Duitser, Otto Schnitter, wat die Boere as veldgeneesheer bygestaan het, moes bevestig dat die tereggesteldes dood is voordat die grafte toegegooi kon word. Klaarblyklik het hy Van Emmenes se slagaar oopgesny om vas te stel of hy dood is. Sy beweegrede was moontlik om na die bloedvloei te kyk om vas te stel of die man se hart nog pomp. Moderne medici het sy metode as uiters vreemd beskryf. Schnitter was nie 'n behoorlik gekwalifiseerde geneesheer nie.[41] Of Van Emmenes inderdaad nog gelewe het voordat die aar oopgesny is, kon nie vasgestel word nie. Schnitter se optrede is 'n waarskynlike verduideliking vir die ontstaan van die mite.

'n Sersant Fowlds van die 2nd National Scouts het dié hoorsêgetuienis op 11 Mei 1902 tydens die Britse ondersoek na die teregstelling gegee, wat die mite waarskynlik versterk het: "I have heard it stated that the opening of the artery was for the purpose of allowing Emmenes to bleed to death."[42] Van die Britse ondersoek het klaarblyklik niks gekom nie en geen bevinding van 'n moontlike vervolging van enige republikeinse burgers is gemaak nie.

Die teregstelling moes duidelik vir die aanwesige burgers traumaties gewees het. Volgens Van den Heever was die twee tereggesteldes nie net goed aan die burgers bekend nie, maar ook bloedfamilie van sekere lede van die vuurpeloton. Hy gee egter nie detail oor die presiese verwantskap nie. Dan meld hy ook Bouwer het in een of ander stadium vir sowat die helfte van die aanwesige jong burgers skoolgehou. "Dit is te begrype dat dit 'n plig was wat loodswaar op die arme jong burgers gedruk het, maar die beslissing onherroeplik."[43] Dié jong burgers moes blywende sielkundige letsels oorgehou het.

Dit is betekenisvol dat Van den Heever 'n omvattende weergawe van die gebeure gee, maar Bouwer en Van Emmenes doelbewus nooit by die naam noem nie. Uit die konteks blyk dit is ongetwyfeld hulle na wie hy verwys. Met die publikasie van sy herinneringe, *Op kommando onder kommandant Buys*, in 1941 het Van den Heever op die plaas Beerlaagte in die distrik Heidelberg (naby waar die joiners gevang is) gewoon.[44] Dalk is die verswyging van hul name na vier dekades 'n poging om die naasbestaandes van die oorledenes in die omgewing verleentheid of verdere pyn te spaar.

Na die teregstelling gaan dit droewig met Bouwer se weduwee. Slegs ses weke na haar man se dood sterf hul dogtertjie op 9 Oktober 1901 en vier maande later, op 31 Januarie 1902, die babaseuntjie. Die kompensasieraad betaal haar £80 vir oorlogskade, wat sy vir onmiddellike lewensbehoeftes moes aanwend. Dit is die enigste bate wat in haar man se boedel aangeteken word. Daarna verval sy in armoede. Teen 1905 woon sy by 'n Van den Heever-familie op die plaas Spaarwater in die distrik Heidelberg. Een van die Van den Heevers, Pieter Hendrik, lê 'n verklaring af dat hy met die teregstelling teenwoordig was en bevestig daarmee die dood van Piet Bouwer om dié se waardelose boedel by die meester van die hooggeregshof afgehandel te kry.[45]

Van Emmenes se ouers het na die oorlog ook 'n ellendige bestaan gevoer. Sy pa probeer twee kompensasie-eise invorder wat die seun voor sy teregstelling by die Britse owerheid ingestel het. Die Britse amptenaar wat met die prosessering daarvan gemoeid was, was simpatiek en het die volgende opmerking in die lêer gemaak: "Claimant was subsequently shot whilst serving for us. His people (are) in poor circumstances."[46] Die kompensasie-eise is gevolglik aan Van Emmenes se pa uitbetaal.

Vandag lê die grafte van Bouwer en Van Emmenes verlate tussen die gras op die plaas Rietfontein, suid van Heidelberg, nie ver van die besige N3-snelweg tussen Johannesburg en Durban nie. Daar is geen grafstene nie, net 'n hoop klippe oortrek met gras en struike. Die klipfondasie van die perdestalle se mure op die plaas Hartbeesfontein waar die twee joiners verhoor is, kan vandag nog gesien word. Die tronk op Villiers waar hulle aangehou is, is nog in 'n goeie toestand en agter die huidige polisiestasie op die dorp naby die Vaalrivier geleë.

Daar is 'n bisarre nadraai by die laaste rusplek van die twee joiners. In

1930 pleeg die 21-jarige Koot Bierman weens finansiële probleme self-moord op die plaas Hartbeesfontein. Omdat hy sy eie lewe geneem het, is hy nie 'n normale begrafnis gegun nie en is sy oorskot by die "ander twee moordenaars" begrawe.[47] 'n Verweerde grafsteen van sandsteen in 'n vorm van 'n doodskis dui sy laaste rusplek langs dié van die twee joiners aan.

Na drie dekades is die ontslape verraaiers steeds geminag.

7

Die Wolmaransstadse krygshof

Die fusillering van 'n aantal afvalliges by Wolmaransstad in Februarie 1901 moes die gemeenskap van Wes-Transvaal geruk het. Onder die tereggesteldes was 'n vooraanstaande laerkommandant en sy twee skoonseuns, asook ander bekendes van die omgewing.

Toe sy van die teregstellings hoor, verwoord Alie Badenhorst haar gemoedstoestand so in haar dagboek: "O wrede oorlog, watter smart bring jy! ... Was ons voormanne nie te haastig met die arme mense nie? ... Maar wat om te doen? Dit is oorlog en oorlog is wreed soos God dit in Sy raad beskik het."[1] Badenhorst was 'n beginselvaste Afrikanervrou met 'n sterk volksliefde en patriotisme. Haar ongekunstelde en eerlike menslikheid kom na vore wanneer sy die tereggesteldes se naasbestaandes, wat ook haar bure is, te hulp snel om hulle emosioneel te ondersteun. Vir haar bly hulle haar naaste, al is hulle verraaiers.[2] Haar vraag of die "voormanne" nie te haastig was nie, is nie wat betref al die Wolmaransstadse teregstellings so maklik om te beantwoord nie.

Gedurende die besetting van Wolmaransstad deur republikeinse magte begin 1901 is 'n krygshof bekend as die Militaire Hof voor de Westelijke Districten der Z.A.R. opgerig wat sporadies verskeie hoogverraadsake tot einde 1901 aangehoor het. Dit is die republikeinse hof wat tydens die oorlog die meeste doodsvonnisse vir verraad opgelê het.[3]

Die hof was in meer opsigte uniek omdat dit as 'n permanente hof, soos die guerrilla-oorlogvoering dit toegelaat het, met die gebruiklike vredestydse hofamptenare gefunksioneer het. In die meeste ander gevalle is krygshowe of -rade wat die doodstraf oor Boereverraaiers uitgespreek het en dit uitgevoer het, op 'n ad hoc-basis te velde saamgestel, gewoonlik eers nadat die verraaiers gevang is. Wolmaransstad, wat kwalik in daardie tyd 'n dorp genoem kon word, het as tydelike "hoofstad" van Wes-Transvaal gedien. Omdat dit nie aan 'n spoorlyn geleë was nie, het Britse troepe dit nie permanent beset nie. Dit het die republikeinse magte van Wes-Transvaal die geleentheid gebied om hul regspleging vanuit die dorp te beoefen.[4]

Die Wolmaransstadse krygshof moes egter onder uiters moeilike omstandighede funksioneer. Aanvalle van die Britse magte het altyd gedreig. 'n Britse kolonne van lord Methuen het Wolmaransstad in Februarie 1901 binnegeval, maar die dorp 'n paar dae later ontruim. Die Britse besetting het plaasgevind terwyl verskeie terdoodveroordeelde verraaiers die bekragtiging en voltrekking van hul vonnisse afgewag het. Voor die aanval het die republikeinse hofamptenare met al die gevangenes padgegee om te keer dat hulle gevange geneem en hul prisoniers bevry word. Na die Britse ontruiming van die dorp het die hofamptenare met hul prisoniers teruggekeer en hul werksaamhede voortgesit.[5]

Gevegte het gereeld in dié tyd in die omgewing van Wolmaransstad plaasgevind. Die latere joiner P.J. du Toit het op 21 Februarie 1901, toe van die terdoodveroordeelde gevangenes tydens 'n geveg uit die dorp verwyder is, in sy dagboek geskryf: "A remarkable incident was the passing by of the condemned prisoners, while the battle was at its fiercest."[6]

Vroeg die oggend van 6 Maart 1901 het 'n Britse afdeling weer 'n verrassingsaanval op Wolmaransstad uitgevoer, net om te vind die republikeinse hofpersoneel het weer betyds met hul gevangenes padgegee. Die Britse troepe het toe die tronk afgebrand voordat hulle die dorp ontruim het.[7]

Vanuit republikeinse geledere is na hierdie krygshof as die "Hoogste Hof voor beide Republieken" verwys. Genl. Jan Smuts het dit selfs as die beginpunt van 'n nuwe, verenigde Suid-Afrika beskryf. Dit het 'n besondere wye jurisdiksie gehad deurdat dit sake vanuit albei republieke aangehoor het. Smuts het voorts verklaar sake word daar "met reg en billikheid en spoed afhandelt".[8] Die vyand het egter 'n heel ander mening oor die werking daarvan gehad.

Die regbank het uit 'n driemanskap bestaan. Die voorsitter was kmdt. Christiaan Maurice Douthwaite van Potchefstroom. Voor die oorlog was hy onder andere 'n veldkornet en ook aan die belastinggaarder se kantoor op Potchefstroom verbonde. Tydens genl. Koos de la Rey se herstrukturering van die kommando's se bevelvoerders in 1900 het Douthwaite sy bevel-

voerderskap egter verloor. Hy is nietemin deur sy burgers as hul bevelvoer-
der herkies, wat moontlik van sy gewildheid spreek.[9] As krygsman het hy
nie uitgestaan nie. Tydens die slag van Paardeberg het genl. Christiaan de
Wet selfs gedreig om hom van sy pos te onthef nadat hy uitdruklike bevele
verontagsaam het deur sy burgers toe te laat om hul posisies te ontruim.[10]
Douthwaite is deur twee landdroste bygestaan.[11]

Kmdt. Jacobus Nicolaas Boshoff van Pretoria was die seun van die tes-
ourier-generaal van die Transvaalse republiek en kleinseun van die tweede
president van die Vrystaatse republiek.[12] Hy was na alle waarskynlikheid die
een van die driemanskap wat die huiwerigste was om die doodstraf op te lê.
'n Geskrewe minderheidsuitspraak van hom het bewaar gebly waaruit blyk
hy het nie geskroom om van sy kollegas te verskil nie. Volgens 'n destydse
Britse bron het hy persoonlik by De la Rey aangedoen om 'n doodsvonnis
opgehef te kry.[13]

Die derde lid op die bank was Willem Hendrik Neethling, 'n voormalige
plaaslike landdros van Klerksdorp. Omdat die meeste van die terdoodveroor-
deeldes uit die Klerksdorp-omgewing gekom het, het hy hulle reeds voor
die oorlog geken. Dit het later ernstige verwyte tot gevolg gehad dat hy
bekendes na hul dood gestuur het.[14]

Die staatsaanklaer, Coenraad Frederik Rothman, was voor die oorlog 'n
wetsagent op Klerksdorp. Hy was bekend vir sy menslike optrede en het
klaarblyklik op 'n ewewigtige wyse ook na die onverteenwoordigde beskul-
digdes se belange omgesien. In 'n Britse verslag is daar selfs so na hom ver-
wys: "In justice to ... (Rothman) it may be said that he was always kind to
prisoners and pleaded for mercy and leniency."[15] Die griffier was Philippus
Johannes Andreas Watermeyer, wat ook as balju opgetree het.[16]

Die hofamptenaar Frank Huyth Pearson sou 'n gehate man onder die
tereggesteldes se naasbestaandes en in jingoïstiese geledere word. Pearson
het in 'n verskeidenheid van ampte uiteenlopende verpligtinge gehad. Hy
het onderskeidelik as waarnemende landdros, tolk en staatsaanklaer, asook
as hoofsipier van die gevangenis opgetree. Omdat hy van Britse herkoms
was (sy pa was 'n Engelse predikant van Manchester), is hy vanuit anti-
republikeinse geledere as 'n soort oorloper beskou. Pearson het egter met
die uitbreek van die oorlog reeds 'n geruime tyd in Transvaal gewoon waar
hy burgerskap verkry het. Hy het hartstogtelik republikeinsgesind geword
en sy optrede wys hy het die Boeresaak met mening ondersteun.[17]

Die Wolmaransstadse krygshof was nie sonder ernstige gebreke nie. Die beskuldigdes is sonder regsverteenwoordiging verhoor. Belangrike en selfs noodsaaklike getuies was weens die oorlogsomstandighede dikwels nie beskikbaar nie en die sake is daarsonder afgehandel. Die veroordeeldes kon nie appèl teen hul skuldigbevinding aanteken nie, maar slegs vertoë ter versagting tot De la Rey rig.[18]

Die samestelling en werking van die hof was omstrede vir dié wat die republikeinse saak vyandiggesind was. Vanuit amptelike Britse kant is in 1905 nog daarna as 'n "sort of drum-head Court Martial" verwys.[19] Reeds voordat die hoogverraadverhore begin het, skryf Du Toit op 8 Januarie 1901 met venyn in sy dagboek: "Neethling, Boshoff and Douthwaite are going to Wolmaransstad to try some cases of political prisoners. A fine combination! Fancy such a spiteful old beast as Neethling trying worthy and respected burghers."[20] Anti-republikeinsgesindes het later verskeie pogings aangewend om sekere hofamptenare van die krygshof deur die Britse militêre owerhede vir oorlogsmisdade te laat vervolg, maar tevergeefs.[21]

Besonderhede van 89 sake wat die hof tussen Januarie en Maart 1901 afgehandel het, asook enkele ander sake van later dieselfde jaar wat met dade van ontrouheid verband hou, het in die Argief in Pretoria bewaar gebly. Die uitsprake toon 'n insiggewende balans tussen die verskillende uitsprake en vonnisse. Daar is heelparty uitsprake met onskuldigbevindings op die hoofaanklagte met algehele ontslag te vind. Waar daar skuldigbevindings was, is dit dikwels op 'n minder ernstige aanklag as die oorspronklike hoofaanklag met 'n gevolglike ligter vonnis. Daar is ook heelwat voorbeelde waar beskuldigdes op 'n aanklag van hoogverraad onskuldig bevind is, maar aan die mindere aanklag van gekwetste majesteit skuldig bevind is (waar die element van kwaadwillige bedoeling ontbreek het) met boetevonnisse van tussen £10 en £100. Slegs enkele gevalle van direkte gevangenisstraf met harde arbeid is gevind. In die meeste gevalle is boetes opgelê, terwyl daar soms op afvalliges se eiendom beslag gelê is, wat daarna op openbare veiling verkoop is. In sommige gevalle is die beskuldigdes oor die grens na Britse beskerming in die Kaapkolonie gestuur. Daardeur is verhoed dat die afvalliges verder kwaad in die omgewing kon doen en die Britse las verhoog om na hulle om te sien.

Die groot aantal sake wat afgehandel is, getuig van die hoë werksverrigting van die krygshof. Die datums van die notules toon dat wanneer die oorlogsomstandighede dit toegelaat het, die hof ses dae per week gesit het.[22]

In die sowat 30 hoogverraadsake wat van Januarie tot Maart 1901 voor die krygshof gedien het, het agt beskuldigdes die doodstraf ontvang. Vyf van dié vonnisse is voltrek. Die ander drie is aansienlik versag. Later daardie jaar het die hof weer die doodstraf opgelê, wat wel uitgevoer is.

De la Rey moes eers alle doodsvonnisse bekragtig voordat dit uitgevoer kon word. Dit blyk dat die opsommings van die hofrekords ook aan Smuts as staatsprokureur (dit was voordat hy met sy veldtog na die Kaapkolonie vertrek het) vir bekragtiging voorgelê is, waarskynlik weens sy regskennis. Die betrokke proklamasie bepaal nie uitdruklik dat die staatsprokureur 'n bekragtigingsbevoegdheid gehad het nie. In al die gevalle het die griffier die hofstukke ingevolge art. 3 van 'n proklamasie van die kommandant-generaal van 10 November 1899 aan De la Rey gestuur vir bekragtiging.[23]

Hy het die doodstraf inderdaad by geleentheid versag en gewysig. Die onafhanklikheid van die regbank is andersins streng gehandhaaf en waar Boereoffisiere probeer inmeng het, is dit nie geduld nie.

Die opsommings van die oorkondes van die hoogverraadsake van die Wolmaransstadse krygshof, wat in die Argief in Pretoria gevind kan word, is die volledigste van sy soort oor verhore waar Boereverraaiers gedurende die oorlog tereggestaan het. Ongelukkig het gedeeltes van die hofstukke verlore geraak, terwyl die dele wat bewaar gebly het, opsommings van getuienis is. Vrae wat in kruisverhoor gestel is, word nie weergegee nie. Ook het die uitsprake (met die enkele uitsondering van Boshoff se minderheids-uitspraak) en betoë nie bewaar gebly nie. 'n Volledige en suiwer juridiese ontleding van die hoogverraadsake is weens daardie leemtes nie moontlik nie.

Omdat die hof die doodstraf in oorlogstyd vir verraad opgelê het, was die werking daarvan noodwendig op sigself omstrede. Van die kritiek uit destydse Britse bronne op die krygshof is egter so ooglopend emosioneel partydig en oningelig dat geen waarde meestal daaraan geheg kan word nie.[24] 'n Redelike gevolgtrekking kan gemaak word dat daar ondanks die gebreke daadwerklik gepoog is om die tersaaklike beginsels van die Romeins-Hollandse reg sowel as die gevestigde prosedures en bewysregtelike reëls na te volg.[25] Weens die oorlogsomstandighede en veral faktore wat die guerrilla-oorlogvoering meegebring het, was daar vanselfsprekend tekortkominge met die regspleging.

J.P.D. THEUNISSEN

✝ 23 Februarie 1901, Wolmaransstad

Die 48-jarige Jacobus Petrus Daniel Theunissen was 'n vermoënde boer van die plaas Lapfontein, naby die nedersetting Hartbeesfontein in die Klerksdorpse distrik. Sy boedel wys hy was ook die eienaar van verskeie ander plase in die omgewing. Nie net was hy 'n boorling van die kontrei nie, maar reeds voor die oorlog 'n leiersfiguur. Hy was sedert 1883 veldkornet vir die Schoonspruit-wyk en vir 'n geruime tyd 'n bekende ouderling. Theunissen en sy vrou, Martha Margaretha Jacomina (gebore Schoeman) het ses kinders gehad.[26] Twee van hul dogters, Magdalena Jacoba Maria en Martha Margaretha Jacomina, se mans, onderskeidelik Heinrich Dietloff Ahrens en Robert Machlachlan, is saam met hul skoonpa gefusilleer. Hul vierde oudste kind, Christiaan Jacobus Theunissen, is ook tot die doodstraf gevonnis, maar De la Rey het hom later begenadig.[27]

Met die aanvang van die oorlog is Jacobus Theunissen as laerkommandant onder die bevel van genl. Andries Petrus Johannes Cronjé[28] aangestel, wat later een van die berugste joiners en 'n stigter van die National Scouts in Transvaal geword en 'n beduidende rol van verraad gedurende die oorlog gespeel het. Waar groot groepe burgers oorgegee het, soos met die geval van genl. Piet Cronjé by Paardeberg en genl. Marthinus Prinsloo by die Brandwaterkom in die Oos-Vrystaat, het die leiers se besluitneming uiteraard 'n ingrypende rol gespeel. Dit was ook die geval in Wes-Transvaal. Soos elders in die twee republieke was daar na die val van Pretoria 'n algehele moedeloosheid onder sekere Wes-Transvaalse burgers oor die voortsetting van die vryheidstryd. Aan daardie groep het Andries Cronjé en sy laerkommandant, Theunissen, behoort.[29]

Op 8 Junie 1900 is die burgers van Andries Cronjé se perdekommando na die hooflaer ontbied, wat by Platberg, noord van Klerksdorp, gestaan het. Aan die burgers is voorgehou dat die kwessie rondom wapenneerlegging bespreek gaan word. Die aanduidings is dat Cronjé en Theunissen toe al 'n ooreenkoms met kapt. Lambart van die Kimberley Mounted Corps aangegaan het waarvolgens burgers wat hul wapens neerlê, na hul plase kon terugkeer en sekere voordele geniet. Lambart het die Britse besetting vooruitgegaan en Klerksdorp met slegs twee Britse troepe aangedoen. 'n Britse besettingsmag het Klerksdorp eers daarna op 14 Junie 1900 ingeneem.

Theunissen het sekere burgers blykbaar reeds vroeër by Ribbokfontein vir wapenneerlegging begin bearbei.[30] Andries Cronjé self het op Klerksdorp agtergebly, met die gevolg dat sy offisiere die sake by die byeenkoms behartig het. Theunissen het daar 'n leidende rol gespeel om die burgers tot oorgawe te bring.[31]

Tydens die byeenkoms by Platberg het Theunissen op 'n wa geklim en die burgers toegespreek. Volgens getuienis wat in die daaropvolgende hoogverraadsaak teen hom gelewer is, het hy die burgers met verskeie argumente tot oorgawe probeer beweeg. "Burgers, wij zijn omsingeld door eene groote overmacht en er is voor ons totaal geen kans om door te komen," het hy volgens 'n getuie gesê. "Als wij willen vechten zal de vijand ons hier morgen met 72 kanonnen verpletteren, terwijl dan al ons goed geconfisceerd zal worden en onze vrouwen en kinderen aan de kaffers overgeleverd."[32]

Dit was 'n totale oordrywing, want 'n klein Britse mag het Klerksdorp eers teen 14 Junie 1900 beset. Volgens Alie Badenhorst het Cronjé en Theunissen hulle deur Lambart met dié beweringe laat bangpraat.[33] Dit is te betwyfel of hulle so naïef kon gewees het en nie ag geslaan het op wat hul verkenners, wat goed met die omgewing vertroud was, gerapporteer het nie. Theunissen het eerder doelbewus die gees van défaitisme misbruik. Dit het groot ontevredenheid onder die vasberadenes veroorsaak, met die gevolg dat Theunissen nie net van verraad nie, maar ook van lafhartigheid beskuldig is. "Was dit nie skandelik nie dat ons leiers ons die wapens laat neerlê vir drie Engelse nie!" het Badenhorst uitgevaar. "Hulle gee die dorp oor aan drie manne. Dit lyk tog nie na heldewerk nie."[34]

Deur op die swart bedreiging teenoor die weerlose vroue en kinders te sinspeel, het Theunissen 'n baie sensitiewe aspek aangeraak. Die gesinne kon nie deur burgers beskerm word wat ver van hul plase kommandodiens verrig en met die stryd volhard het nie. Juis aan die wesgrens het sekere swart stamme van die begin van die oorlog 'n gevaar vir die republikeinse burgerlikes ingehou.

Die jongste proklamasie van lord Roberts is aan die burgers voorgelees. Daarvolgens was Pretoria in Britse hande en die vryheidstryd vir alle praktiese redes verlore. Theunissen het die verleidelike aard van die proklamasie probeer voorhou om die burgers te oortuig om na hul plase terug te keer. "Leggen wij echter de wapenen neer en overal wordende wapenen nedergelegd (Pretoria is reeds in handen de Engelschen) dan zullen wij van de Engelschen protectie genieten en geen hoender zal gevat worden zonder betaling."[35] Dit was 'n ooglopende poging om die burgers tot wapenneerlegging te beweeg in omstandighede waartydens daardie burgers in 'n uiters kwesbare posisie was. Dat Theunissen juis in 'n gunstige posisie was om die weifelaars te oortuig, het 'n kerngedeelte van die latere aanklag teen hom uitgemaak.

Die staats- en verdedigingsgetuies was dit eens dat Theunissen iets tot die effek gesê het dat elkeen vir homself moes besluit of hy die wapen wou neerlê. Volgens die staatsgetuie Van der Weide was sy woorde: "Iedereen moet nu maar zelf weten wat hij doen wil. Die nog willen vechten zal ik echter steunen zooveel als in mijn vermogen is met slachtossen, wapens enz."[36] Volgens verdere getuienis het Theunissen sy onderneming om die voortvegtendes te help, daarna blatant verbreek. Hy het wapens en ammunisie doelbewus weerhou van die onversetlikes wat wou voortveg. Hy het 'n burger, Willem Meintjes, toegesnou: "Ik ben niet uit het dorp gekomen om paarden en Mausers om te ruilen maar wel om met het publiek te raadplegen om over te geven."[37] Hy het selfs dié wat bereid was om die wapen neer te lê, gedreig terwyl hy met sy hand op sy bors geslaan het: "Degene van u die een geweer durft te verbergen of te begraven nadat de wapens zijn neergelegd daarvan zal ik rapport doen aan den Engelschenman."[38]

Boonop het Theunissen doelbewus die regeringsperde en -osse (dus opgekommandeerde diere) asook waens weerhou van dié wat wou voortveg. Dit het beteken sekere burgers was gestrand en moes dus noodgedwonge saam met die ander oorgee. Veral die Griekwalanders, wat rebelle was en deur moontlike doodstraf in die oë gestaar is as hulle in Britse hande val, is daardeur in 'n ernstige verknorsing gelaat. Theunissen het die voortvegtendes twee uur gegee om die laer te verlaat. Die byeenkoms is laatmiddag gehou sodat dit vir hulle nog moeiliker gemaak is om in die donker pad te gee.[39]

Minstens 40 burgers het hulle tydens die byeenkoms openlik van wapenneerlegging gedistansieer. Een van hulle, die bywoner Frans Hendrik Ebersohn, het hom hewig ontstel en ook op die wa geklim en 'n emosionele en patriotiese toespraak gelewer.[40] Nadat hy klaar gepraat het, het Theunissen 'n neerhalende opmerking met verwysing na Ebersohn se bywonerstatus gemaak. Theunissen het ook die burgers gemaan om nie van Ebersohn notisie te neem nie. Die geskil tussen die twee is 'n paar dae later voortgesit, toe Ebersohn vir Theunissen as 'n lafaard uitgekryt het. Tydens die verhoor het Ebersohn ontken hy het 'n "persoonlijke kwestie" teen Theunissen gehad, maar bygevoeg: "Ik heb één denkbeeld: Beter één verrader naar de eewigheid dan 100 anderen door hem."[41]

Theunissen was reeds besig om die byeenkoms te verlaat toe hy sekere burgers vanuit sy perdekar gedreig het: "Ik laat mijne vrouw en kinderen niet ongelukkig maken door de menschen, die nog vechten willen."[42] Hy het natuurlik weens sy welvaart veel gehad om te verloor as die oorlog voortgesit sou word.

Volgens Badenhorst het "vertwyfeling en neerslagtigheid" onder die burgers ingetree. Sy beskryf die treurige situasie soos volg: "Nooit sal ek dié dag vergeet nie. Dit was 'n dag van trane. Ek het menige burger sien trane stort omdat hy sy wapen moes neerlê."[43]

Die individuele burgers is grootliks die keuse ontneem of hulle wou voortveg of nie. In die lig van hul besondere omstandighede is daardie besluit reeds namens 'n groot groep burgers deur hul afvallige leiers geneem. Dus was 'n aantal burgers wat bereid was om voort te veg, verplig om hul wapens neer te lê.

Die oorlog was egter nog ver van oor. Andries Cronjé en Theunissen het hulle met die veggees van die bittereinders misgis. Die vgtende burgers in die gebied het so verbete weerstand gebied dat Lambart na ses weke se besetting van Klerksdorp op 25 Julie 1900 met sy garnisoen aan die republikeinse magte moes oorgee.[44] In daardie stadium was Cronjé so ernstig siek op Klerksdorp dat die burgers hom met rus gelaat het. Nadat hy herstel het en die republikeinse mag teen November 1900 weer verplig was om Klerksdorp te ontruim, het hy met mening met sy dade van verraad voortgegaan.[45]

Nadat hulle die wapen neergelê het, neem Jacobus Theunissen en sy seun Christiaan die eed van neutraliteit en gaan sien na hul boerderybelange om. Wanneer Theunissen sr. deur die Boere gevange geneem is, kon nie vasgestel word nie. Volgens Martha Machlachlan het die burgers haar pa die keuse gebied om weer op kommando te gaan, maar hy het geweier.[46] Daarmee het hy spreekwoordelik sy eie doodsvonnis geteken. Daar kan aanvaar word dat hy sy seun sterk beïnvloed het om sy afvallige siensswyse te volg.

Teen einde 1900 is Theunissen saam met sy seun, twee skoonseuns en 'n groot groep beskuldigdes op Wolmaransstad aangehou in afwagting op hul verhore op aanklagte wat met verraad verband gehou het. Op 12 Januarie 1901, die eerste dag van die verhore, word twee beskuldigdes, onder wie een skoonseun, reeds tot die doodstraf gevonnis. Die skok van die vonnis moes Theunissen en die ander paniekerig oor hul eie lot gemaak het. Wetende dat Methuen se mag aan die opmarsjeer was, het Theunissen betrokke geraak by 'n poging om 'n bewaarder om te koop. Dié moes 'n boodskap na die Britse mag op Klerksdorp stuur om die gevangenes op Wolmaransstad te kom ontset. Die poging het skipbreuk gely toe dit as 'n lokval onthul is.[47]

Weens Theunissen se medepligtigheid aan die voorval is nog 'n aanklag van omkopery by die van hoogverraad teen hom gevoeg. Die hoofaanklag van hoogverraad het daarop neergekom dat hy as offisier wederregtelik burgers deur dreigemente oorreed het om oor te gee en dat hy waens en osse weerhou het van dié wat wou voortveg.[48] Dit is onverklaarbaar hoekom net die weerhouding van waens en osse genoem word. Met die verhoor is getuienis aangebied wat 'n veel wyer veld van beweerde dade van hoogverraad beskryf. In dié opsig is die klagstaat op die oog af gebrekkig.

Die saak is op 12 Januarie tot 18 Januarie 1901 uitgestel. Theunissen het onskuldig gepleit op die aanklag van hoogverraad, maar skuldig op die aanklag van omkopery. Uit die oorkonde blyk hy het minstens vyf verdedigingsgetuies geroep. Van hulle was medebeskuldigdes en hendsoppers wat probeer het om hom op te hemel en hom te verontskuldig. Na alle waarskynlikheid het hul getuienis sy saak meer kwaad as goed gedoen. Kortom het sy verweer daarop neergekom dat hy niks van die vegtende burgers weerhou het of enigeen probeer oortuig of gedwing het om oor te gee nie.[49]

Die verdedigingsgetuienis was lynreg in stryd met die staat s'n. Die krygshof moes noodwendig 'n beslissing oor die geloofwaardigheid van die onderskeie getuies gemaak het. Heelparty onwaarskynlikhede is te vind in die dele van die verdedigingsaak wat bewaar gebly het. Die voormalige waarnemende kommandant Pieter Arnoldus Cronjé (waarskynlik Andries Cronjé se seun) het getuig Theunissen het eintlik 'n diepe volksliefde teenoor die burgers geopenbaar en wou hulle teen verdere swaarkry beskerm. Dié mening is moeilik met die standpunte van die burgers te rym wat die oorlog as 'n vryheidstryd beskou het. Die krygshof het ook nie dié getuienis van Cronjé oor Theunissen aanvaar nie: "Ik herinner mij dat besch. gezegd heeft dat zij goed moeten nadenken wat te besluiten want ons nageslacht zal ons mitschien daarover vloeken daar het niet in onze geschiedenis bekend is dat er zoon wapenaflegging was voor Engelschen."[50]

Soos te verwagte het die hof Theunissen se weergawe verwerp. Hy is aan hoogverraad en omkopery skuldig bevind en ter dood veroordeel. Dit is onduidelik of afsonderlike vonnisse vir die twee aanklagte opgelê is.[51]

In 'n minderheidsuitspraak het kmdt. Jacobus Boshoff bevind dat daar "een groote twijfel bestaat, oor Theunissen se skuld".[52] In 'n kort verslag op 30 Januarie 1901 verduidelik hy sy redes.

Boshoff het sy misnoeë uitgespreek oor die gebrek aan die stawende getuienis oor wat Theunissen op die wa by Platberg aan die burgers sou gesê het. Tog was honderde burgers by dié byeenkoms teenwoordig. Van hulle het na die wapenneerlegging weer by die Boerekommando's aangesluit en behoort vir die lewering van daardie getuienis beskikbaar te gewees het. Die indruk word in hierdie en in sommige ander hoogverraadsake gewek dat die vervolging só oortuig van hul saak was dat die minimum getuies geroep is en dat die sake vinnig en sonder veel omhaal afgehandel is.

Boshoff was minder oortuigend in sy bevinding dat Theunissen nie vir sy dade verantwoordelik gehou kon word nie omdat hy die direkte bevele van sy bevelvoerder, Andries Cronjé, uitgevoer het. Dit kon geen geldige verweer op 'n aanklag van hoogverraad gedurende die oorlog gewees het nie, want Cronjé se bevele het op verraad neergekom en was gevolglik onwettig.

Boshoff se aanvaarding van die verdedigingsgetuienis dat Theunissen na sy oorgawe twee keer deur die Britte vervolg is omdat hy kanonne versteek het deur dit te begrawe, strook nie met die feite nie en klink na versinsels. Theunissen het saam met die Britte gewerk om die burgers se oorgawe te bewerkstellig. Volgens Martha Machlachlan het haar pa na sy oorgawe die eed van neutraliteit geneem en nie belang by die verdere voortsetting van die stryd gehad nie. Hy het inderwaarheid botweg geweier om op kommando te gaan.[53]

Boshoff het aanvaar die uitdeling van die regeringslagosse aan behoeftige families moes in Theunissen se guns getel het. Maar daardeur wou hy eerder burgerlikes help en nie die vegtendes nie.

Boshoff het ook sekere optredes van Theunissen voor en na die oorgawe, waaroor hy nie uitwei nie, in aanmerking geneem.

Boshoff moes die verdedigingsgetuies se weergawes noodwendig as ge-
loofwaardig aanvaar het.[54]

Theunissen het op 22 Januarie 1901 met 'n bewerige handtekening onder-
aan 'n vertoog geteken wat hy ter begenadiging van sy vonnis aan De la
Rey gerig het. Daarin smeek hy "met een diep teneergedruckt gemoed" om
genade oor die "verschrikkelijk vonnis" wat oor hom gevel is.[55] Hy het uit-
gewys dat die drie voorsittende beamptes nie eenstemmig oor die uitspraak
en vonnis was nie. 'n Verdere petisie om begenadiging met die handteke-
ninge van 'n hele aantal simpatiekgesinde Boerevroue en -mans is aan Smuts
gerig. Daarin is aangevoer dat Theunissen "verleid is door anderen en dat
hij meer dan iets anders gezondigd (het) uit vrees en door onkunde".[56]

De la Rey en Smuts het die doodsvonnis nogtans bekragtig.

Theunissen wek die indruk van 'n eiewyse patriarg. Hy was 'n sukses-
volle boer en wou as hoof van sy gesin nie sy mense laat swaarkry deur sy
vermoëndheid prys te gee nie. Dit is duidelik uit die bronne dat hy 'n
hegte gesinsverband met sy familie gehad het. Sy dood verpletter sy vrou
in so 'n mate dat sy nie daarvan herstel nie. Martha Machlachlan se verbit-
terde geskrifte na die oorlog toon sy kon haar pa se dood ook nie verwerk
nie. Byna sewe dekades na die teregstelling was dit nog sy tweede jongste
dogter se wens dat haar oorskot in haar tereggestelde pa se graf begrawe
word.[57]

R. MACHLACHLAN
✝ *23 Februarie 1901, Wolmaransstad*

Robert Machlachlan was 'n Skot van geboorte. Hy het die krygshof met
'n verbete verweer probeer oortuig dat hy nie 'n burger van die Z.A.R. was
nie, waarskynlik in die hoop om aan die aanklag van hoogverraad te ont-
kom.[58] Dit was 'n futiele poging wat nie met die heersende reg van die
Z.A.R. tred gehou het nie. Net soos sy skoonpa, maar op 'n heel ander stel
feite, het hy die doodstraf gekry.[59]

Machlachlan het in 1894 na Transvaal verhuis. Met die uitbreek van die
oorlog het hy as boekhouer by die algemene handelaars Wentzel en Lom-
bard op Hartbeesfontein gewerk. Sowat 'n jaar voordat die oorlog uitbreek,
trou hy met Martha Theunissen. Uit die huwelik is 'n dogtertjie gebore,

wat 'n paar maande na haar pa se teregstelling op 23 Augustus 1901 in die ouderdom van 14 maande oorlede is.[60]

Dit is te verstane dat Machlachlan weens die botsende belange van sy Britse herkoms en sy huwelik met 'n Afrikanervrou nie by die oorlog betrokke wou raak nie. Tydens sy verhoor het hy ondubbelsinnig verklaar: "Gedurende dezen oorlog en terwijl ik in het land geweest in den korten tijd, heb ik absoluut niets te doen gehad met een van de beide partijen, die in den oorlog betrokken zijn. Ik kan bepaald verklaren dat ik geheel en al neutraal ben gebleven."[61] Sy posisie was egter problematies, want hy is van republikeinse kant as 'n Transvaalse burger beskou.

Twee maande na die uitbreek van die oorlog, op 10 Desember 1899, vertrek Machlachlan op 'n oorsese reis. Dit is onseker of sy gesin en ander hom vergesel het.[62] Tydens die verhoor het Machlachlan 'n twyfelagtige verduideliking vir die reis gegee deur te beweer dit was om gesondheidsredes, "als een ziekelijk persoon en op verzoek van mijn geneeskundige raadgevers".[63] Van albei die strydende magte se aanvanklike oortuiging dat die oorlog binne enkele weke verby sou wees, het niks gekom nie. Namate die oorlog voortgewoed het, is die opkommandering van die burgers verskerp. Dit het Machlachlan, wat regtens opgekommandeer kon word, in 'n moeilike posisie geplaas. 'n Redelike afleiding kan gemaak word dat Machlachlan uitgewyk het om opkommandering te ontduik. Hy het 'n ruk lank in Egipte vertoef, waarna hy by sy familie in Skotland gaan kuier het.[64]

Teen middel 1900 lyk dit of die Britse magte heeltemal die oorhand oor die republikeinse magte gekry het en dat dit net 'n kwessie van tyd was voordat die twee Boererepublieke sou kapituleer. Na byna sewe maande in die buiteland keer Machlachlan terug. Teen 5 Julie 1900 is hy weer op Hartbeesfontein, waar hy op versoek van sy vorige werkgewers die bestuur van die onderneming oorneem.

Teen die verwagting in het die republikeinse magte met hul vryheidstryd volhard. Teen einde Julie 1900 draai die oorlogsgety in die omgewing van Hartbeesfontein en Klerksdorp in die Boere se guns en op 25 Julie 1900 word Klerksdorp deur genl. Pieter Johannes Liebenberg se burgers verower.[65] Liebenberg het op dieselfde dag opdragte gegee dat passiewe burgers en dié wat hul wapens neergelê het, weer opgekommandeer word. 'n Lid van die Transvaalse polisie (ZARPs), Rudolf Johannes Appelgrijn, het opdrag gekry om burgers van Hartbeesfontein vir kommandodiens te kommandeer. Hy het Machlachlan op 25 Julie persoonlik opdrag gegee om die volgende dag vir kommandodiens aan te meld.[66]

Machlachlan kon slegs opgekommandeer word as hy 'n burger van die Z.A.R. was of as daar een of ander wetlike magtiging daarvoor was. Die vervolging het getuienis aangebied dat hy as stemgeregtigde van die Z.A.R. voor die oorlog aan presidentsverkiesings deelgeneem het en gevolglik 'n burger van die republiek was. Machlachlan kon in elk geval kragtens die Transvaalse Grondwet en krygswet van hoogverraad aangekla word omdat hy permanent in die republiek gewoon het (die betrokke wetgewing gebruik die begrip "ingezetene"). Machlachlan het toegegee: "Ik verstand dat ik een burger was." Tog het hy aangevoer hy het sy burgerregte om redes wat hy nie noem nie of nie in die hofrekord vervat is nie, na die Jameson-inval van 1896 verbeur. Voorts was hy volgens sy eie weergawe een of ander trou aan die Z.A.R. verskuldig. Hy het erken hy het sulke dokumente onderteken.[67]

Na sy opkommandering moes Machlachlan onmiddellik planne gemaak het om dié verpligting vry te spring, want hy maak hom nog dieselfde dag uit die voete. Hy het waarskynlik enkele dae vantevore voorsorg getref deur vir homself en 'n vriend, ene J.G. Bell, 'n pas by 'n Britse stafoffisier, lt. White, te kry. Die pas het hulle toegelaat om vrylik deur die Britse linies te beweeg. Machlachlan het in die verhoor getuig hy was ten tyde van die opkommandering reeds twee dae in besit van die pas en het nie met voorbedagte rade daarvoor aansoek gedoen nie. "Ik zweer positief dat ik niet wist dat Generaal Liebenberg in bezit van Klerksdorp was toen ik de pas van White kreeg."[68] Sy argument het nie juis bewyswaarde gehad nie, want hy kon vir die pas aansoek gedoen het toe hy agtergekom het die Boere begin die oorhand kry. Die blote aansoek daarvoor kon vanuit 'n republikeinse oogpunt as inkriminerend beskou word, want daar is immers met die vyand gekonkel.

Machlachlan en Bell moes inderhaas op dieselfde dag vertrek het, want reeds teen 12:00 kom hulle by Machlachlan se swaer, Heinrich (hy is Henry genoem) Dietloff Ahrens, aan wat heel waarskynlik saam met sy broer Willem Frederick op dié se plaas Rietfontein in die distrik Lichtenburg op hulle gewag het. Met Machlachlan en Bell se aankoms was die Ahrens-broers gereed om te vertrek. Die broers het getuig Machlachlan en Bell het

onverwags daar aangekom terwyl hulle gereed gemaak het om na Wolma-
ransstad te vertrek met die twyfelagtige doel om een van hul werkers te
gaan soek. Daardie "toevalligheid" en 'n verdere bewering van Henry
Ahrens dat hulle glad nie oor die opkommanderingskwessie gesels het nie –
'n voor die hand liggende onderwerp wat toe baie aktueel was en hulle
almal direk geraak het – het net die onwaarskynlikhede in hul getuienis
beklemtoon.[69] Na alle waarskynlikheid wou die Ahrens-broers ook vlug
om opkommandering te ontduik.

Omdat Machlachlan se perdewaentjie, wat deur een perd getrek is, on-
geskik vir die lang reis was, het al vier dadelik in Henry Ahrens se spaider
met vier perde vertrek. Hulle moes met dolle vaart gejaag het, want hulle
het Wolmaransstad reeds teen die middel van die middag bereik.[70]

Daar het sowel Machlachlan as Henry Ahrens gesprekke met die Britse
bevelvoerder, lt. C.G. Huddleston, gevoer. 'n Hele konsternasie het na
daardie gesprekke gevolg, met Britse troepe wat hul inderhaas gereed ge-
maak het om die dorp te ontruim. Kortom het dit daarop neergekom dat
Machlachlan en Henry Ahrens die Britse bevelvoerder gewaarsku het die
Boere het Klerksdorp reeds ingeneem en dat Wolmaransstad op die punt
staan om aangeval te word. Daardie waarskuwing aan die Britse garnisoen
op Wolmaransstad het die kerngedeelte van die getuienis in die hoogver-
raadsaak teen Machlachlan uitgemaak.[71] Die verskaffing van inligting aan
die Britse magte oor die bewegings van Boerekommando's is vanselfspre-
kend van republikeinse kant in 'n baie ernstige lig beskou.

Die ironie was dat die Boere te besig was met die besetting van Klerks-
dorp en daar dus nie werklik sprake van 'n dreigende aanval op Wolmarans-
stad was nie.[72]

Die Britte het nietemin so vinnig uit Wolmaransstad padgegee dat hul
bevelvoerder, lt. Huddleston, sy dokumente in die kamer agtergelaat het
waar hy by die plaaslike sakeman Thomas Leask gewoon het.[73]

Machlachlan en sy makkers het in hul spaider ook soos die Britse troepe
suidwaarts gevlug. Die getuies was dit nie eens of die groep voor, saam of
na die Britse troepe gevlug het nie. Twee berede soldate het egter agter die
spaider gery, waarskynlik om hulle te beskerm.[74]

Met die verhoor is Machlachlan daarvan beskuldig dat hy by die Britse
mag aangesluit het. Ter verdediging het hy probeer aanvoer dat Huddle-
ston hulle verplig het om saam met die vlugtende Britte te vertrek, as 't

ware as gevangenes. Dit rym nie met die lakse behandeling en die daar-
opvolgende optrede van die Britte teenoor hulle nie.

Hoe dit ook al sy, hulle het tot diep in die nag gejaag totdat hulle Bloem-
hof bereik het, waar hulle 'n paar dae by die Britse mag vertoef het. Daar
het die jong Christiaan Jacobus Theunissen, wat opkommandering ook
ontvlug het, by hulle aangesluit. Na vier dae het die groep saam met 'n
Britse kolonne na Christiana vertrek, waar hulle sowat 'n maand lank oor-
gebly het. Alles dui daarop dat die familielede en hul vriende saamgespan
het om onder Britse beskerming te gaan.

Waarmee die groep hulle tydens hul verblyf op Christiana besig gehou
en of hulle by enige Britse militêre aktiwiteite betrokke was, kon nie vas-
gestel word nie. Hulle moes ten minste spesiale behandeling ontvang het,
want hulle is nie soos die meeste ander inwoners oor die grens gestuur nie,
maar in die Transvaal Hotel op die dorp gehuisves. Na 'n maand het 'n
valse berig van 'n groot Britse oorwinning die garnisoen op Christiana
bereik. Onder die indruk dat Klerksdorp in Britse hande was en dat dit vir
hulle veilig was om daarheen te vertrek, verkry Machlachlan 'n nuwe pas
van maj. Mackie, die plaaslike Britse bevelvoerder, om vrylik deur die Britse
linies na Klerksdorp te reis.

Op 28 Augustus 1900 vertrek hy, Bell, die twee Ahrens-broers, sy swaer
Theunissen en ene Plumb wat by die groep aangesluit het, na Klerksdorp.
Hulle het die hoofroete doelbewus vermy deur aan die Vrystaatse kant al
langs die Vaalrivier te beweeg. Dit het hulle niks gehelp nie, want 'n Boere-
patrollie het hulle nog dieselfde aand gevange geneem waar hulle naby
Bloemhof uitgespan het. Die White- en Mackie-passe is in Machlachlan
se besit gevind. In die verhoor het die staat groot bewyswaarde daaraan
geheg dat Machlachlan en die ander onder beskerming van die Britse mili-
têre owerhede opgetree het.[75]

Die groepie gevangenes is eers na Bloemhof en daarvandaan na kmdt.
Greyling geneem, waarna hulle na Wolmaransstad gestuur is. Daar het
landdros Pearson hulle ondervra. Sommige van hulle het bekentenisse aan
Pearson gemaak waarin hulle erken het hulle het opkommandering ont-
duik deur te vlug en beskerming by die Britse magte te gaan soek.[76]

'n Paar dae later is hulle na Klerksdorp oorgeplaas. Machlachlan was so-
wat 12 dae lank op Klerksdorp in aanhouding totdat hy op 17 September
1900 op borgtog van £200 vrygelaat is. "Van dien dag af tot 14 November

bleef ik rustig te Hartbeestfontein en op dien dag zonder dagvaarding of eenige kennisgeving werd mij gezegd dat ik naar Wolmaransstad moest gaan in gezelschap van anderen."[77] Min het hy geweet dat hy die ergste te wagte moes wees toe hy later die jaar weer saam met die ander in hegtenis geneem word. Dit is asof hulle nie die erns van die aanklagte teen hulle besef het nie. Machlachlan is as verhoorafwagtende sowat twee maande lank saam met sy aangetroude familie en vriende in die skool aangehou wat as 'n tydelike gevangenis op Wolmaransstad ingerig was.[78]

Op 12 Januarie 1901 is Machlachlan een van die eerstes wat deur die krygshof op 'n aanklag van hoogverraad verhoor word. Hy het onskuldig gepleit. In die klagstaat is beweer hy het opkommandering ontduik, by die Britte aangesluit en teen die Boeremagte opgetree.[79] Wat in die klagstaat bedoel word met die bewering dat hy saam met 'n Britse afdeling teen die republikeinse magte uitgetrek het, is onduidelik in die lig van die gebrek aan direkte getuienis wat tydens die verhoor oor daardie bewering aange-bied is.[80] Die volle omvang van Machlachlan en die ander se betrokkenheid by die Britse oorlogspoging kon nie uit die behoue dele vasgestel word nie.

Machlachlan het 'n oppervlakkige verduideliking gegee dat hy opkom-mandering nie probeer vermy het nie, maar by Veertienstrome voorraad vir sy werkgewer wou gaan aankoop. Hy het ten sterkste ontken dat hy die Britse bevelvoerder op Wolmaransstad oor 'n dreigende Boereaanval ge-waarsku het. Die ooglopende onwaarskynlikhede en geforseerde toevallig-hede in sy weergawe het te sterk teen hom getel en hy is aan hoogverraad skuldig bevind en ter dood veroordeel.[81]

Die indruk word gewek dat Machlachlan hoegenaamd nie die doodstraf te wagte was nie en dat hy en die ander verhoorafwagtendes heeltemal onkant betrap is. Hul wanopvatting kan moontlik daaraan toegeskryf word dat daar tot in daardie stadium dikwels wisselvallig, soms sagkens en selfs laks teen afvalliges opgetree is. Dit verklaar ook Theunissen sr. en Boyd se paniekerige pogings om nog dieselfde aand Britse militêre hulp te bekom nadat die doodstraf op die eerste dag van die verhore uitgespreek is.

In sy latere pleidooi vir versagting van die doodstraf is Machlachlan se geskokte emosies duidelik: "After being a prisoner for two months in com-plete ignorance of the crime with which I was to be charged and the wit-ness brought against me and I had no means of producing any rebutting evidence or of getting anyone to defend me, my proofs and friends being at a distance and never having been in a Court before in my life I was thrown into such a state of confusion that I was utterly unable to defend myself and consequently this awful sentence was passed upon me."[82]

Soos met al die ander hoogverraadsake het die volledige uitspraak nie in die hofnotule bewaar gebly nie. Al beskikbare motivering vir die vonnis wat gevind kon word, is 'n kort inskrywing:"Na de verdaging, deelt de Voorsitter mede, dat het Hof, na nouwkeurig de getuigenis nagegaan te hebben, den beschuldigde schuldig bevindt aan de misdaad hem ten laste gelegd en beschuldigde veroordeelt tot den Doodstraf, op die wijze ge-bruikelijk by militaire wetten."[83]

In sy vertoog ter versagting van die doodstraf het Machlachlan probeer aantoon hy was nie verantwoordelik vir die Britse troepe se skielike vertrek uit Wolmaransstad nie. "I am now in a position to prove by witnesses that the British Commissioner was in possession of the news that the Burghers had pre-occupied Klerksdorp as early as Eight o'clock in the morning and had arranged for his departure and had stopped the mail-cart early in the morning, whilst I did not arrive at Wolmaransstad until half past three in the afternoon."[84] Ondanks die vertoog en 'n petisie wat deur 'n hele aantal Afrikaners onderteken is, het De la Rey en Smuts die doodstraf bekragtig.[85]

Met sy teregstelling op 23 Februarie 1901 was Machlachlan 29 jaar oud.[86]

Wanneer Machlachlan se verraad vergelyk word met dié van ander ver-raaiers wat tydens die oorlog op aanklagte van hoogverraad tereggestaan het en wat met betreklik ligte vonnisse daarvan afgekom het, was hy en sekere van sy makkers se lot uiters ongelukkig. Die redelike afleiding kan gemaak word dat die Wolmaransstadse krygshof met die doodstraf 'n dui-delik afskrikkende boodskap aan afvalliges wou uitstuur.

H.D. AHRENS
✝ *23 Februarie 1901, Wolmaransstad*

W.F. AHRENS, C.J. THEUNISSEN
Vonnis nie voltrek nie

Die twee Ahrens-broers en Theunissen jr. is die oggend van 14 Januarie 1901 op aanklag van hoogverraad verhoor op bykans dieselfde stel feite as Machlachlan wat twee dae vantevore die doodstraf daarvoor ontvang het.

Die vreesaanjaende vonnis wat hulle in die gesig gestaar het, moes bygedra het tot die onbeholpe en twyfelagtige verwere waarmee hulle vorendag gekom het.[87]

Die drie het luidens die klagstaat by die Britse mag aangesluit en teen die Boeremagte opgetree.[88] Uit die bewaarde dele van die oorkonde kon direkte getuienis nie gevind word dat enige van die drie in 'n gewapende hoedanigheid teen die republikeinse magte opgetree het nie, dus kan die bewering in die klagstaat nie opgeklaar word nie.

Hulle is soos Machlachlan na hul gevangeneming en daaropvolgende aanhouding op Klerksdorp op borgtog vrygelaat, maar vir 'n aansienlike hoër bedrag van £500 elk.[89] Daarna laat hulle die geleentheid verbygaan om weer by die Boerekommando's aan te sluit. Soos met die ander verhoor-afwagtendes was hulle waarskynlik nie die ergste straf te wagte nie en het hulle ook nie die kans aangegryp om te vlug nie. Daar kon nie vasgestel word of hulle toe hoegenaamd met die Britse oorlogspoging gehelp het nie. Dit is wel duidelik dat wapenneerlegging en verraad in die tweede helfte van 1900 hoogty in die omgewing gevier het.

Nadat hulle weer gearresteer is en twee maande op Wolmaransstad aan-gehou is, het die verhore van 'n groot aantal afvalliges in Januarie 1901 begin met 'n uitdruklike waarskuwing van De la Rey: "Die tyd om ver-raad te pleeg en nie met jou lewe te boet nie, is verby."[90]

Die jong Christiaan Jacobus Theunissen het erken hy het die eed van neutraliteit saam met sy pa by die Britte afgelê. Enkele weke na daardie eeds-aflegging het asst.vdkt. Kirstein hom die aand van 25 Julie 1900 persoonlik opgekommandeer om binne 24 uur weer by sy aangewese kommando aan te meld. Hy het versuim om dit te doen. Twee dae later kom Kirstein hom en sy pa toevallig op Witpoort teë. Hulle het allerlei flou verskonings ge-maak deur kamma navraag te doen oor waarheen genl. Liebenberg en sy kommando is en so die indruk probeer wek dat Theunissen jr. van plan was om weer by die kommando aan te sluit. Soos te verwagte het hy nie op die opkommanderingsbevel gereageer nie.[91]

Met die republikeinse magte se oorname van die omgewing het die situ-asie vir Theunissen jr. onhoudbaar geword. Nog dieselfde dag het hy na die Britse mag op Bloemhof gevlug waar hy die volgende oggend aangekom het. Daar het hy sy twee swaers, Machlachlan en Henry Ahrens, asook die ander afvalliges aangetref. Tydens sy verhoor het hy die verskoning gegee dat Britse soldate hom naby Bloemhof gevange geneem het terwyl hy op pad was om sy oom oorkant die Vaalrivier te besoek. "Mijne bedoeling toen ik van huis ging om mij neutraal te houden was niet om onder die Engelschen in te gaan en van hem bescherming te vragen."[92] Hy kon nie 'n bevredigende verduideliking gee oor hoekom hy nie by sy kommando gaan aansluit het nie of uit die omgewing pad gegee het. 'n Redelike afleiding kan gemaak word dat hy afgespreek het om by sy twee swaers aan te sluit. Hy is of naïef of moedswillig onkundig wanneer hy tydens die verhoor ontwykend antwoord: "Ik weet niet wat een neutrale burger is."[93]

Met sy gevangeneming saam met sy twee swaers en die ander meelopers op 28 Augustus 1900 naby Bloemhof verskyn sy naam ook op die Britse pas wat by Machlachlan gevind word.[94] Boonop het Theunissen 'n bekentenis teenoor Pearson op Wolmaransstad gemaak waarin hy erken het hy was nie bereid om die wapens weer teen die Britte op te neem nie en dat hy vir beskerming na hulle gevlug het. Pearson het tydens die verhoor getuig Theunissen was met die aflê van sy bekentenis emosioneel oor dié aspek. "Theunissen was zeer aangedaan. Hy zeide dat hij zijn eed eenmaal genomen had en hij beschouwde het als een punt van eer om die eed niet te breken."[95] Uiteindelik het hy teenoor Pearson onderneem om van die eed afstand te doen deur weer die wapen teen die Britte op te neem.[96] Dit was 'n leë belofte. Hy was te veel onder sy pa se invloed om dit gestand te doen.

Die Ahrens-broers se verduideliking was dat hulle na Wolmaransstad vertrek het om 'n plaaswerker te gaan haal wat gedros en by die Britse mag aangesluit het. Dis onverstaanbaar of dit net hopeloos naïef van hulle was om te verwag die hof moes glo die Britse weermag sou in die oorlog 'n swart lid aan twee republikeinse burgers afstaan. Ook hul name verskyn op die Mackie-pas. Hulle het bekentenisse soortgelyk aan Theunissen jr. s'n voor Pearson afgelê.[97]

In geheel was hul saak deurtrek van onwaarskynlikhede. Tydens die opkommandering van burgers wat die wapens neergelê het, kom Machlachlan en Bell darem te toevallig betyds by die Ahrens-broers aan. Die Ahrense wil net tot by Wolmaransstad gaan, terwyl Machlachlan sonder vervoer 'n hele ent verder voorrade vir sy werkgewer wil gaan aankoop. Nadat Machlachlan en Ahrens met die Britse bevelvoerder op Wolmaransstad gepraat het, maak die Britse mag dadelik aanstaltes om pad te gee. Vanselfsprekend sou die Britse bevelvoerder op Christiana nie sonder meer 'n

pas aan verdagte Boeresimpatiseerders uitgereik het nie. Hul direkte betrok-
kenheid by die Britse oorlogspoging, wat die kerndeel van die aanklag van
hoogverraad teen hulle uitgemaak het, bly weens die onvolledigheid van
die bewaarde gedeeltes van die hofnotule in onsekerheid gehul.[98]

Al drie is aan hoogverraad skuldig bevind en ter dood veroordeel. Om
onbekende redes het De la Rey die doodstraf ten opsigte van Christiaan
Jacobus Theunissen en Wilhelm Frederick Ahrens as onvanpas beskou en
dit gevolglik nie bekragtig nie. Dalk was dit omdat hulle nie soos Ma-
chlachlan en Henry Ahrens direk betrokke was by die waarskuwing aan die
Britse bevelvoerder op Wolmaransstad oor 'n dreigende Boereaanval nie.
Nadat De la Rey sekere navrae oor Theunissen jr. aan die verhoorhof ge-
stel het, is sy vonnis heeltemal gewysig tot vrylating.[99] Waarskynlik is ook
sy jeugdigheid en beïnvloeding deur sy pa in ag geneem.

Jare later het die oudstryder Johannes Frederikus van Wyk, wat die oor-
log as 'n penkop meegemaak het, opgemerk: "Theunissen se seun is vry-
gespreek. Hy het belowe om op kommando te gaan, dog het nie sy woord
gestand gedoen nie, en het die eerste die beste geleentheid waargeneem
om na die Engelse te ontsnap en die berig van die veroordeling aan die
Engelse bekend gemaak."[100] Na die oorlog het Theunissen jr. sy geboorte-
land verlaat en hom in Brits-Oos-Afrika gaan vestig.[101]

De la Rey het Willem Frederik Ahrens se vonnis so gewysig: "Ik meen
dat vonnis van het Hof moet veranderd worden in (5) vyf jaren gevangenis
straf met harden arbeid." Smuts het De la Rey se bevinding sonder enige
kommentaar onderskraag.[102] Dit is onbekend hoeveel Ahrens van sy von-
nis uitgedien het. Na alle waarskynlikheid het Britse magte hom later saam
met ander gevangenes ontset, waarna hy na Natal uitgewyk het.

Vir Henry Ahrens was daar geen genade nie. De la Rey het sy doodstraf
so bekragtig: "Daar beschuldigde een burger en ambtenaar van het land was
meen ik dat het vonnis van het Hof bekrachtigd moet worden."[103] Smuts
het kortweg in sy kleiner handskrif onder De la Rey se handtekening
bevestig: "Doodsvonnis bekrachtig."[104]

Voor die oorlog het Henry Ahrens as 'n klerk in die belastinggaarder se
kantoor op Vereeniging gewerk. Tydens die verhoor het hy toegegee hy het
nooit uit die pos bedank nie.[105]

Met die uitbreek van die oorlog het hy toestemming van die komman-
dant in Vereeniging gekry om na sy mense by Hartbeesfontein te gaan om

daar by Andries Cronjé se kommando aan te sluit. Dit is te betwyfel of Henry Ahrens enige kommandodiens verrig het. Hy het dit na alle waarskynlikheid vanuit die staanspoor ontduik, want sy skoonsuster Martha Machlachlan het na die teregstellings verklaar hy was nooit op kommando nie.[106] 'n Plaaslike koerant het in 1903 berig hy het aan die begin van die oorlog saam met Machlachlan oorsee vertrek het, waarskynlik om kommandodiens te ontduik.[107] Tydens die verhoor het hy aangedui hy het in Junie 1900 saam met sy skoonpa die wapen neergelê.[108]

Met sy teregstelling was Henry Ahrens 37 jaar oud.[109] Daarna gaan sy gesin finansieel vinnig agteruit. Nadat sy weduwee oorlogkompensasie ontvang het, doen sy as't ware as 'n armlastige herhaaldelik by die Britse owerhede aansoek om finansiële hulp vir haar vyf kinders. Haar laaste aansoek word in 1905 afgewys: "The special consideration which the circumstances of the case received resulted in a net gain to the Ahrens family of at least a thousand pounds and neglect of the Ahrens family cannot with reason be alleged against the Government."[110]

Sy broer het na sy vrylating onder Britse beskerming na Natal uitgewyk. Daar sterf hy op 22 Oktober 1901. Sy oorskot is langs dié van die tereggesteldes in die Klerksdorpse begraafplaas herbegrawe.[111]

R. BOYD

✝ *23 Februarie 1901, Wolmaransstad*

"Killed at Wolmaransstad 23 Feb 1901, with his friends whom he tried to save." – *Bewoording op die grafsteen van die tereggestelde*

Die omstrede teregstelling van die 25-jarige Skot Ronald Boyd behoort enigeen te raak wat die gebeure onbevange wil beoordeel.[112]

Dit is miskien verstaanbaar dat Boyd onsimpatiek teenoor die Boere se oorlogspoging gestaan het. Hy was immers 'n Britse onderdaan en in Skotland gebore. Hy het skaars twee jaar voor die noodlottige gebeure na Suid-Afrika verhuis.[113]

Boyd se "verraad", wat hom na sy dood gestuur het, was nie soseer daarop gerig om die republikeinse ideaal doelbewus te ondermyn nie – hy wou veel eerder sy vriende, meestal Afrikaners, help. Daardie lojaliteit het Boyd uiteindelik sy lewe gekos.

Die aanloop tot die tragiese gebeure begin toe Boyd met die uitbreek van die oorlog by die Transvaalse staatsekretaris, F.W. Reitz, aansoek doen om op Hartbeesfontein aan te bly. So wou hy verhoed dat hy as 'n ongewenste landuit gestuur word. 'n Permit is aan hom toegestaan, met die uitdruklike voorwaarde dat hy hom tydens die oorlog neutraal gedra. 'n Verbreking daarvan sou hom regstegnies aan hoogverraad skuldig maak.[114] Dit het uiteindelik gebeur – wat Boyd die enigste bevestigde burgerlike Britse onderdaan maak wat tydens die oorlog op grond van hoogverraad deur die republikeinse magte tereggestel is.

Met die uitbreek van die oorlog het Boyd, net soos Machlachlan, as 'n boekhouer by die algemene handelaars Wentzel en Lombard op Hartbeesfontein gewerk. Hy het by die Machlachlans geloseer en 'n hegte vriendskap met hulle, asook met die Theunissen- en Ahrens-families, ontwikkel.[115]

Met die oorgawe van die Britse garnisoen op Klerksdorp in Julie 1900 het die Boere Boyd as 'n ongewenste persoon gearresteer. Wat die omstandighede was wat tot die arrestasie aanleiding gegee het, kon nie vasgestel word nie. In sy skriftelike verklaring aan die hof tydens die hoogverraadverhoor het hy volgehou hy het nooit sy eed van neutraliteit teenoor die Transvaalse republiek verbreek nie. Hy het uitdruklik verklaar dat hy met die Britse inname van Hartbeesfontein geen hulp aan die Britte verleen het nie. "I knew where there were goods and ammunition belonging to the South African Republic which the British wanted me to inform about offering me a good commission for so doing & they also wanted me to take up a gun, either of which I would not do, as having sworn to remain neutral I was determined to keep my oath."[116]

Boyd het ook aangevoer hy het uit vrye wil eiendom aan die republikeinse burgers oorhandig wanneer hulle dit opgekommandeer het, met die gevolg dat hy verliese van sowat £400 gely het en uiteindelik niks meer van noemenswaardige waarde besit het nie. "I have nothing left but my good name and that I hope I will not lose," het hy tydens die verhoor verklaar.[117]

Dit is te betwyfel of Boyd werklik so onberispelik en foutloos teenoor die republikeinse saak opgetree het. Veral teen middel 1900 moes die Boere se weerstand vir hom en ander hopeloos voorgekom het. Daar is aanduidings dat hy geweier het om sy persoonlike besittings aan die burgers te oorhandig nadat hulle dit kragtens krygswet opgekommandeer het. Machlachlan se weduwee het Boyd in dié opsig weerspreek toe sy na die teregstellings verklaar het: "The Boers firstly commandeerd from him a horse saddle and bridle and again another horse, which he refused to let them have so they took it."[118] Boyd se ontkennende getuienis moet in die lig van die ernstige aanklag teen hom beoordeel word. Hy het onder die omstandighede waarskynlik met sy bewerings, wat nie met die aanklag teen hom verband hou nie, simpatie by die lede van die krygshof probeer wek.

Na sy gevangeneming is Boyd op borgtog vrygelaat, waarna hy na Hartbeesfontein terugkeer en met sy werksaamhede by die onderneming voortgaan. Op 8 November 1900 maak hy 'n soort informele testament waarin hy 'n gedetailleerde beskrywing gee van wat met sy bates moes gebeur as iets onvoorsiens met hom gebeur. Dié dokument tussen sy ander boedelgeskrifte in die Argief in Pretoria begin so: "Owing to the unsettled state in the country I put forth the following particulars in case of any unforseen accident befalling me ..."[119]

Kort daarna, op 15 November 1900, is hy weer in hegtenis geneem, waarna hy saam met die ander in die skool op Wolmaransstad aangehou is. Hy sou op 'n gepaste tyd as 'n ongewenste persoon oor die grens na Britse gebied gestuur word.[120] Om 'n onbekende rede is daar met sy uitlewering gesloer, met noodlottige gevolge vir hom.

Die middag van Saterdag 12 Januarie 1901 ontvang Boyd die skrikwekkende nuus dat twee van sy vriende, Machlachlan en Savage, die doodstraf ontvang het. Daardie vonnis en die wete dat van sy vriende wat nog verhoorafwagtend was, dieselfde straf kon kry, het hom geweldig ontstel. "I was ... so upset about my friends being in such a predicament that I hardly knew what I was attempting."[121]

Omstreeks 21:00 daardie aand het Theunissen sr. op versoek van Boyd, wat nie Afrikaans kon praat nie, een van die bewaarders, Gert Petrus Coetsee, genader. Coetsee is gevra om 'n boodskap in die vorm van 'n brief na die Britse bevelvoerder op Klerksdorp te smokkel met 'n versoek om die gevangenes te kom ontset. Te oordeel aan die getuienis van die onderskeie beskuldigdes was Coetsee 'n twyfelagtige karakter wat hom vantevore bereidwillig verklaar het om hulp aan die gevangenes te verleen. Maar daardie keer het Coetsee geweier.[122]

Die hoofsipier, Pearson, het van die voorval te hore gekom en Coetsee na hom ontbied, wat vir hom alles vertel het. In daardie stadium was 'n Britse aanval op Wolmaransstad nie uitgesluit nie. Pearson het in sy getuienis in Boyd se verhoor beklemtoon hy het dit in staatsbelang geag om die aan-

geleentheid nie daar te laat nie. Om die brief in die hande te kry is 'n lok-
val dieselfde aand nog vir die prisoniers gestel. Om enige suspisie uit die
weg te ruim, het Pearson die tronk besoek en Coetsee ten aanskoue van
die gevangenes kamtig erg berispe omdat hulle daardie tyd van die aand
nog buite rondgedrentel het.[123]

Nadat Pearson weg is, is Coetsee terug na Theunissen sr. en het hy ver-
klaar hy was nou bereid om die brief na Klerksdorp te laat neem. Coetsee
het na Pearson se kamtige berisping gemaak of hy gebelg voel. Boyd het die
brief dadelik geskryf, waarna Theunissen dit met 'n £10-noot aan Coetsee
oorhandig het. Coetsee het later getuig Theunissen het die £10 vir hom
gegee met die versoek om dit aan die persoon te betaal wat die brief na
Klerksdorp sou neem. Coetsee is daarna met die bewysstukke in die teen-
woordigheid van ander bewaarders na Pearson en die staatsaanklaer ge-
neem.[124]

Boyd se bedoeling met die brief was klinkklaar. Dit is 'n versoek aan die
bevelvoerder van die Britse magte op Klerksdorp om die gevangenes, van
wie sekere tot die doodstraf gevonnis is, te kom bevry. Later het Boyd dié
doel betwis. Die brief, wat in die Argief in Pretoria bewaar gebly het, lui:

> I have the honor to bring to your notice that we 35 prisoners now under arrest &
> others on bail & close on 100 in all, (British subjects & neutral burgers) are now being
> tried under M Law most on the charge of High Treason to the Z.A.R.
>
> Today four cases were brought forward viz Savage, Machlachlan, Wentzel, & Fel-
> stead. The first two are both to be shot when confirmation comes from their Gen-
> eral & the latter two have had the option of taking up arms or being shot they have
> got to give their reply on Monday when the next are to be tried. I am told we are
> most likely all to share the same fate.
>
> Mr. Voss the O.C. & D.M. for Klerksdorp district who was a prisoner here a little
> ago can I have no doubt give you any information you may require.
>
> I have therefore on behalf of all here to request that if it be in your power you
> will help us out of this.
>
> Thanking you in anticipation. I have the honor to be your obedient servant,
> Ronald Boyd.[125]

Nadat die lokval onthul is, sou Boyd beswaarlik tot verhaal kon kom. Binne
enkele dae na die voorval is hy op 17 Januarie 1901 van hoogverraad aangekla.
Die verhoor is dieselfde dag afgehandel. In die klagstaat is beweer sy optrede
sou die veiligheid van die staat in gevaar gestel het as dit suksesvol was.[126]

Theunissen se aandeel in die poging om die Britse ontsetting te reël, is klaarblyklik in 'n minder ernstige lig as dié van Boyd beskou, want hy is van 'n statutêre misdryf van omkopery van 'n staatsamptenaar (art. 3 van Wet 10 van 1894) met 'n gepaardgaande verminderde strafbepaling aangekla.[127] Uiteindelik was dit van geen belang nie, omdat Theunissen op die aanklag van hoogverraad, wat op 'n heel ander stel feite gebaseer was, skuldig bevind en ter dood veroordeel is.

Die hoogverraadsaak teen Boyd is onverwyld afgehandel. Die staatsaanklaer het net Pearson en Coetsee as staatsgetuies geroep. Boyd het nie hul getuienis betwis nie en het verkies om nie na die getuiebank te gaan nie. Moontlik was hy te oorbluf. Hy het wel 'n verklaring aan die hof voorgelees. Dit is 'n soort pleidooi waarin hy sy optrede verduidelik en om genade pleit. Hy het veral klem daarop gelê dat hy in die versoeking geplaas is, wat tot sy optrede aanleiding gegee het. Die krygshof het bevind dat dit op 'n erkenning van die misdryf neerkom. Gevolglik is hy skuldig bevind en ter dood veroordeel.[128]

Enkele dae later het Boyd 'n roerende pleidooi aan die staatsaanklaer gerig:

I would humbly crave your assistance if not troubling you too much by using your influence with the Commandant General to obtain a mitigation of the severe sentence that was passed on me on the 17th inst ...

I entreat you to take into consideration the methods that were employed to entrap me into committing some crime against the State, and would remind you how the witness Coetzee came in the night to tempt to do that for which I am sentenced to death, and also ask you to think that if you yourself were placed in such a position and two of your friends were lying under sentence of death and being yourself a prisoner for absolutely no crime whatever and you were tempted to assist them how you or any man so situated would fall to the temptor and also take into consideration that Coetzee had always professed the greatest friendship towards myself and friends and had previous to the sitting of the Court even offered his services to myself and the other prisoners at the school for a consideration to assist us to obtain horses so that we might escape, but we refused his offer and how he then conspired with the Landdrost Pearson (as shown by their evidence) to trap some of us to our deaths and how unfortunately for me he succeeded in his base purpose.

Mr Rothman you have children of my age of your own, I am only twentyfive, and I ask you to think if one of them were so circumstanced how you would feel and I therefore implore you to think of my poor aged Father and Mother and try your utmost to save me from such an awful fate as has been brought upon me through the vile machinations of two fellow men.[129]

Boyd het die staatsaanklaer ook versoek om die verklaring wat hy in die hof
voorgelees het aan De la Rey voor te lê omdat dit blykbaar nie voor die
bekragtiging van die doodsvonnis saam met die ander hofstukke aan die
generaal gestuur is nie. Daarvolgens sou hy aan Theunissen sr. gesê het die
brief gaan net oor homself (Boyd). "I am sorry to say that I told mr T that
the letter was only about myself requesting the British to ask General Lie-
benberg to put me out of the country."[130] Dit is nie heeltemal duidelik
waarom hy die opmerking gemaak het nie. As hy dit gedoen het om Theu-
nissen sr., wat toe nog verhoorafwagtend was, van die hele debakel rondom
die smokkelbrief te verontskuldig, maak dit Boyd soveel te meer 'n merk-
waardige vriend. Dit verduidelik dalk hoekom Theunissen sr. op die min-
dere aanklag van statutêre omkopery aangekla is.

Boyd het ontken dat sy bedoeling met die brief aan die Britse bevelvoer-
der op Klerksdorp militêre ingryping was. "What I was in hopes of the
British doing if my letter had reached them was for them to write a letter
to one of the Boer Generals asking that all British Subjects might be put
out of the country and for them to remind the Transvaal Government that
if they were lenient to their prisoners that were charged with high treason
the British would be more likely to be lenient to the Boer & Griqualand
prisoners who are to be tried by them for a like offence." Hy regverdig sy
optrede so: "I as a Scotchman [sic] by birth and a British subject saw no
harm in trying to get the help of the British as they are my people. I took
the oath of neutrality at the beginning of the war and can produce wit-
nesses in prove that I kept my oath and this is my first offence."[131]

Boyd se argumente het nie die verbreking van sy eed van neutraliteit
teenoor die Transvaalse republiek verduidelik of regverdig nie. Die vertoë
aan De la Rey kon nie die bekragtiging en die uiteindelike voltrekking van
Boyd se vonnis verhoed nie.

Boyd is uiteindelik 'n tragiese figuur. Hy was nie soos van die ander
troueloses 'n verraaier van sy land of volk nie. Dit is moeilik om nie em-
patie te hê met die jong Boyd wat as't ware sy lewe vir sy vriende opge-
offer het nie. Hy was soos duisende ander 'n slagoffer van 'n genadelose
oorlog wat nie 'n onderskeid tussen regverdigheid en onregverdigheid ge-
maak het nie.

H.A. MATTHYSEN

✝ *23 Februarie 1901, Wolmaransstad*

Voordat Hendrik Matthysen gedurende die oorlog 'n verraaier geword het, was hy in vredestyd 'n lid van die Transvaalse polisie (ZARPs). Voor die oorlog was hy eers op Christiana en daarna op Bloemhof gestasioneer. Uit die aard van sy amp was hy aan die begin van die oorlog 'n bekende figuur onder die inwoners van Bloemhof. Juis daar in sy tuisdorp het hy republikeinsgesinde inwoners verraai deur aan die Britse besettingsmag te verklap waar hulle wapens versteek het.[132]

Met die uitbreek van die oorlog was Matthysen aan die Lichtenburgse kommando verbonde. Met die Britse inname van Bloemhof teen middel 1900 het hy van sy kommando gedros en op die dorp agtergebly. Daarna het hy by die Britse besettingsmag aangesluit, wat hom in een of ander hoedanigheid as polisiebeampte in die dorp gebruik het.[133] Hy het daardie werk namens die Britse besettingsmag boonop in sy republikeinse polisie-uniform verrig.[134] Daarbenewens het hy ook in die Vrystaat sekere dienste vir 'n Britse kolonne verrig, waarvan die volle omvang nie vasgestel kon word nie.[135]

Tydens die Britse besetting van Bloemhof het Matthysen inligting by 'n swart mens ingewin oor vuurwapens wat dié se werkgewers, 'n Muller-egpaar, versteek het. Op grond van dié inligting het Matthysen op ses gewere beslag gelê wat in 'n kraal agter die Mullers se dorpshuis versteek was. Matthysen het die wapens met 'n verslag aan die Britse bevelvoerder oorhandig. Die Mullers is daarna voor die Britse kaptein in die dorp gedaag. Die vrou, Maria Marthina Muller, het erken sy het die wapens versteek, maar eers nadat sy Matthysen toegesnou het: "Elke hond heeft zijn dag en mijn dag zal ook komen."[136]

Toe die Britse garnisoen Bloemhof ontruim, is die Muller-man as 'n krygsgevangene saamgeneem, waarskynlik weens sy moontlike aandeel in die versteking van die wapens. Sy vrou se beswaar dat hy "gebrekkelijk en een invalide is", het op dooie ore geval.[137] Daardie gebeure het in die hoogverraadsaak 'n kerngedeelte van die aanklag teen Matthysen uitgemaak.

Hy word die volkome manteldraaier nadat die Britse besettingsmag in Augustus 1900 uit Bloemhof padgee en hy weer by 'n Boerekommando aansluit wat die dorp beset het. Dalk het Matthysen se manteldraaiery te doen gehad met pogings om by sy vrou en ses kinders op Bloemhof te bly.[138]

Matthysen moes 'n besonder goeie indruk op sy nuwe bevelvoerder, waarnemende kmdt. D.C. de Beer, gemaak het. Reeds voor die aanvang van die hoogverraadsaak het De Beer 'n sertifikaat van troue diens ten gunste van Matthysen by die krygshof ingehandig, ondanks sy blatante verraad van vroeër.[139]

Matthysen se verlede haal hom in toe die burgers hom in hegtenis neem en hy in die Wolmaransstadse krygshof van hoogverraad aangekla word. Hy is nogtans op borgtog vrygelaat en toegelaat om op Bloemhof te bly. Of hy daardeur die geleentheid gehad het om te ontglip of nooit daaraan gedink het dat die uiterste vonnis aan hom opgelê gaan word nie, sal ons nooit weet nie. Op Dinsdag 15 Januarie 1901 is hy verhoor.[140]

Matthysen se twyfelagtige verweer dat hy toevallig twee swart mans met die vuurwapens in 'n straat op Bloemhof teëgekom en hulle toe na die Britse kaptein geneem het, was op sigself inkriminerend. Hy het immers daarmee erken hy was die Britse oorlogspoging behulpsaam.[141] Dat hy boonop voor die oorlog 'n republikeinse polisieman was, het vanselfsprekend sterk verswarend teen hom getel. Hy is gevolglik nog op dieselfde dag aan hoogverraad skuldig bevind en ter dood veroordeel. Daarna is hy saam met die ander terdoodveroordeeldes in die tronk op Wolmaransstad aangehou.[142]

Die volgende dag het De Beer van Bloemhof etlike telegramme aan die lede van die krygshof op Wolmaransstad gestuur waarin hy onder meer redes vir die doodstraf aanvra. "Aangezien Matthijzen een mijner burgers is wensch ik graag te weten op welke gronde Matthijzen tot dien dood veroordeeld is. Zoover deze zaak my bekend is kan ik er geen hoogverraad in zien."[143] De Beer het die onverklaarbare argument probeer opper dat Matthysen se diens as polisiebeampte onder die Britte nie teen hom gehou moes word nie, aangesien hy die gemeenskap steeds gedien het. Douthwaite het heftig gereageer dat die krygshof nie aan De Beer 'n verslag verskuldig was nie. De Beer is voorts gewaarsku om hom nie met die sake van die krygshof in te meng nie. De Beer se inmenging is ook na De la Rey verwys. Daarna het De Beer apologie vir sy optrede aangeteken.[144]

'n Petisie om begenadiging van die vonnis met De Beer en 'n aantal burgers se handtekeninge is aan De la Rey oorhandig. In Matthysen se vertoog om begenadiging het hy volgehou hy is onskuldig. Hy het emosioneel om sy "hulpelose" vrou en ses kinders se onthalwe gepleit dat sy lewe gespaar word. Hy het sy vertoog aan die staatsaanklaer, Rothman, gerig. Op 'n byna kinderlike wyse het hy vir Rothman verseker dié sou in die hiernamaals beloon word as hy by De la Rey aanbeveel dat die vonnis versag word.[145]

Matthysen se naïewe vertroue in die aanklaer se invloed by De la Rey het hom nie gehelp nie. De la Rey en Smuts het die vonnis bekragtig met die gevolg dat Matthysen op 23 Februarie 1901 saam met die ander by Wolmaransstad gefusilleer is.[146]

G.F. SAVAGE
Vonnis nie voltrek nie

George Fison Savage was 'n Vrystaatse burger wat na die oorname van Klerksdorp deur Lambart by die Britse besettingsmag aangesluit en aan operasies teen die republikeinse magte deelgeneem het. In die hoogverraadsaak teen hom het hy die verweer geopper dat die Britte hom gedwing het om gewapen saam met hulle uit te trek om 'n piekniek buite Klerksdorp te gaan bywoon. Sy verskoning was so verregaande dat die krygshof hom op 12 Januarie 1901 na 'n baie kort verhoor en 'n verdaging van skaars 15 minute aan hoogverraad skuldig bevind en ter dood veroordeel.[147]

Waarskynlik omdat die saak teen Savage verdoemend was, het die vervolging net twee getuies nodig geag. Dié twee, vdkt. Adriaan Paulus Fourie en sers. Frederik Barend Jacobus Opperman van die ZARPs op Klerksdorp, het albei getuig Savage het herhaaldelik gewapen saam met Britse kolonnes teen die republikeinse magte uitgetrek.[148]

Tydens een so 'n operasie kon 'n geskietery vanuit Klerksdorp gehoor word. Savage se naïewe verweer was dat dit eintlik maar net 'n piekniek was waartydens die Britse soldate op springbokke en klippe teiken geskiet het. Hy het beweer hy het uit die staanspoor neutraal in die oorlog gestaan, maar die Britse soldate het hom gedwing om gewapen saam met hulle te gaan. Oor die uittogte saam met die Britse troepe getuig hy: "Ek het uitdrukkelik geweier om te vechten."[149] Savage se valse verweer was waarskynlik niks anders nie as 'n desperate en vergesogte poging om hom van die ernstige aanklag teen hom te verontskuldig.

Ten tyde van die verhoor het Savage reeds sewe jaar in Transvaal gewoon nadat hy van die Vrystaat daarheen getrek het. Met die uitbreek van die oorlog het hy en sy gesin van Johannesburg na Klerksdorp verhuis.[150]

Savage was na sy vonnisoplegging minstens twee maande in aanhouding hangende die bekragtiging van sy doodstraf. Daar ervaar hy die trauma van die teregstellings van sekere van sy medegevangenes en die Britse aanvalle op Wolmaransstad. Luidens 'n berig in *The Natal Witness* van 21 Maart 1901 het sy vrou aangevoer sy geestestoestand het in daardie tyd ernstig verswak. "He had been out of his mind since his trial."[151]

Savage het die doodstraf uiteindelik vrygespring. Om onbekende redes is dit nie bekragtig nie. In Maart 1901 het 'n kolonne van Methuen hom en ander gevangenes in die Wolmaransstadse tronk ontset.[152]

Die Wolmaransstadse krygshof het in al die uitsprake waarin die doodstraf opgelê is, beveel dat die teregstellings ooreenkomstig militêre voorskrifte uitgevoer word, "op de wijze gebruiklijk by Militaire Wetten – Tijd en plaats door den Asst. kmdt.-genl. te worden bepaal".[153]

Die direkte opdrag was dus duidelik dat die teregstellings met militêre presisie uitgevoer moes word. Dit het beteken dat die veroordeeldes klinies en onverwyld sonder lyding deur 'n vuurpeloton gedood moes word.

Nadat die doodsvonnisse van Theunissen sr., Machlachlan, Henry Ahrens, Boyd en Matthysen bekragtig is, het genl. Liebenberg opdrag ontvang om op 23 Februarie 1901 toe te sien dat die teregstellings by Wolmaransstad uitgevoer word. Daar is aanduidings dat Liebenberg jong burgers van Griekwaland-Wes vir die taak aangewys het, moontlik omdat hulle nie die veroordeeldes geken het nie.[154] Daar is egter reeds baie van die burgers van Griekwaland-Wes geverg – hulle was immers Kaapse rebelle wat die doodstraf kon kry as hulle in Britse hande sou val.

In die Britse geskrifte is deurentyd aangevoer Pearson was in bevel van die vuurpeloton. Hy het dit uitdruklik na sy latere gevangeneming in sy verklaring aan die Britse ondersoekspan ontken. Volgens hom het George Bredenham die direkte bevel gevoer. Waarskynlik het Pearson as sipier van die gevangenes saam na die plek van die teregstelling gegaan en sekere rolle daar vervul, wat later tot die bewerings gelei het dat hy die bevelvoerder was. Die getuienis toon nietemin hy het wel 'n beduidende rol tydens die teregstellings gespeel en selfs vir Boyd die doodskoot gegee.[155]

Of Bredenham of Pearson enige militêre opleiding in die opstel en die hantering van 'n vuurpeloton gehad het, kon nie vasgestel word nie. Dit is te betwyfel in die lig van die fiasko wat met Boyd se teregstelling gepaard gegaan het. Tog was daar teen dié tyd reeds voorbeelde van die teregstelling van verraaiers in Wes-Transvaal en elders in die republieke.

Met sonsopkoms op 23 Februarie is 'n aantal van die ander gevangenes wat op Wolmaransstad aangehou is, opdrag gegee om vier grafte buite die dorp te grawe.[156] Dit is onduidelik of daar 'n spesifieke rede vir dié getal was en of dit net 'n blote oorsig was. Luidens 'n verklaring van een van die grafgrawers, Christian Jacobus Rabie, was hulle net klaar met hul taak toe Pearson met die vyf terdoodveroordeeldes onder begeleiding van berede burgers opdaag. Die grafgrawers is sowat 150 treë van die toneel weggeneem.[157]

Die vyf veroordeeldes is geblinddoek en deur Pearson voor die grafte laat staan.[158] Daarna is hulle een vir een geskiet. Rabie meld hy het vyf sarsies na mekaar en toe 'n enkele skoot gehoor. Daarna is hy en die ander gevangenes teruggeneem om die grafte toe te gooi. Daar het hy gehoor Boyd moes weer geskiet word omdat hy nog gelewe het.[159]

Toe die inligting oor die Boyd-geval aan Britse kant bekend word, was die reaksie heftig en emosioneel. Onder die opskrif "Boer barbarity" berig *The Natal Witness* op 21 Maart 1901: "They were from first to last most brutally treated. Their execution was pathetic. They were all taken out of gaol. At once they grasped each other's hands. They were placed standing in a row, and were shot down one by one. Poor young Boyd had three bullets in him, but was still alive, so they picked him up and put him in his grave. Life was yet in him, and then finished shooting him in his grave."[160]

In die destydse partydige *After Pretoria: The Guerilla War* verskyn dié beskrywing: "They were led forth from the gaol to their fresh dug graves, holding each other's hands and bidding one another die bravely, as England would avenge their deaths."[161] Na die oorlog in 1903 is die gebeure so in die *Klerksdorp Mining Record* beskryf: "They had to be blindfolded and shot down like murderers to fall into their graves, and those who did not die at once were again shot through the head down in the grave. Do they call this legal?"[162]

8
Nadraai

Martha Machlachlan het haar man en pa en van die ander se lyke her-
begrawe, maar haar wrok is waarskynlik eers saam met haar begrawe.

Enkele dae na die teregstellings het sy toestemming van die republikein-
se bevel verkry om die oorskot in kiste te herbegrawe. Petrus Johannes
Lombard, wat saamgegaan het om haar te help, het vertel hy het die lyke na
die opgrawing ondersoek. Jacobus Theunissen en Henry Ahrens het elkeen
'n skoot deur die slaap en twee deur die bors gehad. Robert Machlachlan
is tussen die oë en in die bors getref. Ronald Boyd het 'n skoot deur die
slaap en verskeie in sy liggaam gehad.[1]

Daaruit kan afgelei word die vuurpeloton het hopeloos te min lede ge-
had. Die meerderheid tereggesteldes is deur net drie koeëls getref. Dit het
'n risiko gelaat dat die veroordeeldes nie onmiddellik gedood sou word nie,
wat dan inderdaad met Boyd gebeur het. Waarskynlik was die helfte van
die gewere ook in daardie geval met loskruit gelaai sodat die lede van die
vuurpeloton nie moes weet wie die doodskote gee nie.

Dit is ook onverklaarbaar hoekom die tereggesteldes in sarsies afgemaai
is. 'n Vergrote vuurpeloton behoort die taak met een sarsie te kon uitvoer.
Die laaste veroordeeldes se afwagting op die doodskote moes onbeskryflik
vreesaanjaend gewees het. Waarskynlik was die jong lede van die vuurpelo-
ton teen die tyd dat hulle Boyd moes skiet, reeds so senuweeagtig dat hulle
bewerig geword het. Moontlik kon hulle as gevolg daarvan nie meer ak-
kuraat skiet nie.

Waarskynlik omdat Matthysen nie aan die weduwee Martha Machlachlan
verwant en dalk ook nie bekend was nie, is sy lyk nie opgrawe nie. Die
ander se oorskot is in die kiste geplaas en omstreeks 09:00 die oggend van

26 Februarie 1901 in dieselfde grafte herbegrawe. Theunissen en sy skoon-
seun Ahrens is saam in een graf herbegrawe.[2]

Martha Machlachlan was steeds nie tevrede met die teraardebestelling
van haar geliefdes nie. Na die oorlog het sy en die ander naasbestaandes
besondere moeite gedoen om die oorskot van vier tereggesteldes finaal in die
Klerksdorpse begraafplaas te laat herbegrawe. Op Saterdagoggend 30 Ok-
tober 1903 is haar pa en man se oorskot, asook dié van Boyd en Ahrens, op
Wolmaransstad opgegrawe en nog dieselfde dag na Klerksdorp vervoer.
Nadat die stoet teen 13:00 by die begraafplaas ingekom het, is die kiste in
oop grafte neergelê totdat 'n diens om 18:00 gehou is. Dit is opvallend dat
die tereggesteldes in die Presbiteriaanse (dus Engelse) deel van die kerkhof
ter aarde bestel is. Die herbegrafnisdiens is ook deur die Engelse prediker
G. T. Miller van die St. Peterskerk gelei.[3]

In die naoorlogse jare was daar 'n diepe verdeeldheid tussen die republi-
keinsgesindes en die joiners, so erg dat die Afrikaanse kerke geskeur het. Die
joiners en hul families is as uitgeworpenes behandel. As hulle nie hul skuld
oor hul verraad wou bely nie, is hulle nie toegelaat om die Nagmaal te ge-
bruik en hul kinders te laat doop nie. Die gevolg was dat joinerkerke in ver-
skeie distrikte in die Vrystaat en Transvaal ontstaan het.[4]

Die weduwees Machlachlan en Ahrens asook hul begenadigde broer
Christiaan was saam met ander familie en vriende by die herbegrafnisdiens.
Volgens die plaaslike koerant was die plegtigheid "very impressive and sol-
emn" en het 'n koor gewyde liedere gesing.[5]

Theunissen sr. se vrou was nie daar nie en is nie van die herbegrafnis
ingelig nie, "the daughters being afraid that the scene might be too much
for her already overwrought system".[6]

Oor Martha Machlaclan verskyn dié aanhaling op 21 Maart 1901, kort na
die teregstellings, in *The Natal Witness*: "As you may imagine, she is nearly
out of her mind, after losing her father, her brother, and her husband, all
in one day, and in such an awful manner, too."[7] (Die berig is foutief deur-
dat dit na haar "brother" in plaas van "brother-in-law" as 'n tereggestelde
verwys.)

Toe Alie Badenhorst van die teregstellings hoor het sy haar na die wedu-
wees gehaas om hulle te troos waar hulle op die tereggestelde Theunissen
se plaas bymekaar gekom het:

Die dag kan en sal ek nie vergeet nie! Daar lê die moeder in die bed; haar smart het haar vernietig. Ek huil saam met haar. Toe ek by haar kom, sê ek: 'Ag, Tante, wat 'n vreeslike ramp het jou getref! Moet jy so 'n bitter beker leeg drink?' So het ons saam gehuil; ek hou haar hand vas. Oral was 'n geween, want daar was die jong vrou wat haar man verloor het, en die kinders wie se vader nie meer daar was nie. Die een dogter was na Klerksdorp; die generaal het haar 'n permit gegee om vir hulle rouklere te gaan koop, en medisyne vir die moeder. Ons het die hele middag toe daar gebly en is die aand huis-toe.[8]

Etlike verklarings en skrywes van Martha Machlachlan het bewaar gebly waarin haar rou verdriet en ook 'n sterk drang na vergelding na vore kom. Daar is deurgaans kragtige ondertone van onbeperkte woede vir wat sy as 'n afgryslike onreg beskou wat die republikeinse burgers haar en haar familie aangedoen het.

Martha Machlachlan het gedurende die oorlog verskeie verklarings oor die teregstellings afgelê om te help met 'n formele Britse ondersoek wat tot die vervolging van die republikeinse betrokkenes van die krygshof kon lei.[9] Daarna het sy haar op 30 Mei 1901 tot sir Richard Solomon gewend, wat toe prokureur-generaal van die Britse militêre owerheid in Pretoria was. Sy het haar erge misnoeë te kenne gegee dat Coetsee, die lokvink wat gehelp het om Boyd en haar pa te betrap, nie vervolg is nie hoewel hy in Britse hande geval het.

> I hope you will excuse me for the liberty that I am taking in writing to you, but I feel so shocked at the liberty that Gert Coetzee (he is connected with the Wolmaransstad murders) is enjoying that I feel compelled to refer to some-one for some light on the subject. We certainly look upon him as one of the murderers and earnestly request his imprisonment until such times as he will be found unguilty [sic]. The reality of this terrible loss is only dawning upon us now, and becomes more unbearable daily. Our three families is ruined for the rest of our lives and that through the doings of cruel men. We certainly expect to see the guilty justly dealt with. He Coetzee certainly deserves to be persecuted. I hope you will excuse one for the liberty that I have taken but I feel as deeply wronged & desperate that I am not always responsible for my actions.[10]

Daar is heelwat aanduidings in die Britse ondersoek te vind dat Coetsee 'n man van twyfelagtige karakter was. Hy is onder meer beskryf as iemand wat uitsluitlik vir eie gewin opgetree het.[11] Die simpatiseerders van die tereggesteldes het hom daarvan beskuldig dat hy die helfte van die geld gekry het wat die veroordeeldes aan hom oorbetaal het.[12] Dit het tot bewerings gelei dat die krygshof korrup was omdat sekere amptenare hulself uit die opbrengste van die boetes verryk het.[13] Op 28 Januarie 1901, nog voordat die teregstellings uitgevoer is, het Coetsee in 'n skrywe aan die lede van die krygshof op die £10 aanspraak gemaak wat Theunissen sr. in die lokval aan hom oorhandig het:

"Zoals WEd. Achtb. bekend is heeft WEd. Achtb een bedrag van Tien pond in kas, welke bedrag door my aan het hof werd overhandigd als een bewysstuk in de zaak tegen Theunissen. Dat geld werd door het Hof ver-beurd verklaard, zonder aanwijzing van het doel waartoe het zou worden aangewend. Ik wend mij dus eerbiedig tot WEd met verzoek my het geld toe te kennen op grond dat door my de misdaad aan den dag is gebracht en voorts van algemene trouwe diensten."[14]

Sonder om moderne beginsels op die regspleging van dekades gelede toe te pas, sou mens steeds verwag dat Coetsee se aansoek minstens om morele redes summier afgekeur moes gewees het. Wat die uitslag was, kon nie vas-gestel word nie, maar Frank Pearson se opmerking onderaan Coetsee se aan-soek, "Ten sterkste ... aanbevolen", is opvallend.[15]

Dit was nie net Martha Machlachlan wat vergelding wou hê nie. Boyd se bejaarde pa het ook 'n verslag oor die teregstelling van die Britse militêre owerhede aangevra.[16]

Die jingoïstiese pers het gal gebraak.[17] In sekere Britse geledere is om wraak geroep. "(We) demand that full satisfaction be exacted for the bloody crimes when the perpetrators (bedoelende die lede en amptenare van die krygshof) are caught," was een eis.[18]

Teen die einde van die Victoriaanse tydperk, waarin Britse imperialisme hoogty gevier het, was daar ekstreme Britse groepe wat brute optrede teen alle vegtende republikeinse burgers geëis het.[19] Onder die groepe was daar 'n gees van emosionele vervolgingswaan wat daarop aangedring het dat die lede van die Wolmaransstadse krygshof van oorlogsmisdade en veral moord weens die teregstellings aangekla word wanneer hulle in Britse hande sou val.[20]

Waarskynlik het die feit dat Boyd 'n Britse onderdaan was, asook dat Machlachlan en Savage verkeerdelik as Britse onderdane beskou is, tot die vervolgingshisterie bygedra.[21] Die oorgrote meerderheid teregstellings van

Boereverraaiers het nie veel Britse aandag gekry nie. Dit word ook nie juis in destydse Britse bronne genoem nie. Dit is asof hulle nie belang daarby gehad het nie. Met die Wolmaransstadse teregstellings was dit anders.

'n Verkeerde parallel is onder meer met 'n ander saak voor dieselfde hof getrek. Die bestuurder van die Afrikander-myn naby Klerksdorp, G.C. Hooper, is ook van hoogverraad aangekla nadat hy 'n burger gehelp het wat hom as 'n ontsnapte Britse krygsgevangene voorgedoen het. Hooper is onskuldig bevind aan hoogverraad, maar skuldig aan gekwetste majesteit en tot 'n boete van £100 gevonnis. Hooper se optrede het natuurlik nie naastenby dieselfde potensiële gevaar vir die Boeremag ingehou as Boyd s'n nie.[22]

Pearson is vanuit sekere Britse geledere daarvan beskuldig dat hy "an insolent and vindictive anti-Britisher" was wat oneties opgetree het deur die onskuldige Boyd in 'n lokval te lei wat uiteindelik sy lewe gekos het.[23]

Pearson het inderdaad kort na die teregstellings in Britse hande geval. In sy oorlogsherinneringe sê Johannes van Wyk hy het gesien hoe Pearson in 'n perdekar van Rooikant op pad na Wolmaransstad voor aanstormende Britte gevlug en reg tussen 'n ander groep soldate ingejaag het.[24]

Aanvanklik is Pearson as gewone krygsgevangene na Kaapstad geneem om na 'n krygsgevangenekamp oorsee gestuur te word. Hy is egter op aandrang van Solomon onder streng begeleiding na Pretoria teruggebring en in die gevangenis daar aangehou. Volgens Solomon is dit gedoen "pending an investigation which I was anxious should be made into the case of the shooting of the persons (at Wolmaransstad)."[25] Tog het Solomon die ondersoek in ooreenstemming met objektiewe juridiese beginsels gedoen.

Vier moontlike aanklagte is in die loop van 1901 teen Pearson geformuleer. Solomon het 'n leidende aandeel in die ondervraging van 'n groot aantal getuies gehad.

Eerstens is hoogverraad teen Pearson ondersoek. Daarvolgens het getuies beweer hy was 'n Britse onderdaan wat sy volle gewig by die Boeresaak ingegooi het. Daardie bewering is weerlê nadat Pearson se naam op die lys van stemgeregtigde burgers van die Z.A.R. gevind is.

Tweedens is hy van die verbreking van die neutraliteitseed beskuldig. Die getuienis was daaroor so vaag dat Solomon nie tot 'n gevolgtrekking kon kom nie. Van republikeinse kant is dié eed natuurlik nie as regsgeldig beskou nie.

Die derde aanklag was wreedheid teenoor gevangenes. Volgens hoorsêen gefabriseerde getuienis het hy gewonde soldate op die slagveld vermoor en mishandel. Daar is ook beweer hy het nie vir die gevangenes op Wolmaransstad genoeg kos gegee nie. Weens die oorlog was daar 'n algemene skaarste aan voorrade, wat vanselfsprekend nie 'n aanklag teen Pearson geregverdig het nie. Van die getuienis wat deur onbetroubare verraaiers aangebied is, was van 'n ooglopende ongeloofwaardige gehalte.

Laastens is 'n aanklag van moord op die tereggesteldes teen Pearson ondersoek. Daar is beweer Pearson het in die verhoor valse getuienis oor hulle in die hof gelewer wat tot die doodstraf van sekeres gelei het. In die Britse ondersoek is teenstrydige en valse weergawes gegee oor wat Pearson in die hoogverraadsake sou getuig het.[26]

Solomon het ook bevind Pearson se optrede met die lokval wat vir Boyd gestel is, het nie 'n misdaad daargestel het nie.

Sy gevolgtrekking was: "Under these circumstances, the case from a legal point of view and after the most careful consideration, I cannot see how Pearson is to be tried for murder, as however vile his conduct may have been he merely succeeded in getting evidence of an attempt to communicate with the enemy ... I do not think it establishes the crime of murder, nor even an indictable offence."[27]

Die doodstraf was die vonnis van die regbank van die Wolmaransstadse krygshof, wat 'n bevoegde republikeinse hof was. Aan daardie uitsprake het Pearson geen aandeel gehad nie. Hy het slegs getuienis aangebied. Daarbenewens is die doodsvonnis volgens voorskrif deur genls. Koos de la Rey en Jan Smuts bekragtig. Gevolglik het Solomon bevind: "Pearson could not be tried criminally; and that he must be treated as a prisoner of war."[28]

Op grond van Solomon se suiwer juridiese beskouing is nie Pearson of enige ander lid van die krygshof verder vervolg nie. Pearson is nietemin nog 'n geruime tyd lank in Pretoria aangehou vir die verkryging van moontlike nuwe getuienis wat hom kon inkrimineer. Dit is nooit verkry nie en uiteindelik is hy na Durban geneem, waarvandaan hy op 31 Oktober 1901 as krygsgevangene na Indië gestuur is.[29]

Pearson self het sy optrede so in 'n verklaring verduidelik: "General Liebenberg wrote to me at that time requesting me to take all necessary precautions against escape and to be extremely careful that they (the prisoners) did not communicate with any one without my cognizance."[30]

In die oorlogsomstandighede was Pearson se optrede nie onvanpas nie.

Deur die lokval te stel, het hy bloot voorsorg getref en uiteindelik daarin geslaag om 'n poging van gevangenes te fnuik om met die vyand te kommunikeer, wat op militêre optrede en heel waarskynlik lewensverlies kon uitloop. Solomon het bevind dit was in wese sy plig om die aangeleentheid op te volg. Pearson het ook in sy verklaring aan die Britse ondersoekspan benadruk hy het boonop 'n ernstige tekort aan mannekrag gehad om die gevangenes te bewaak. "I protested several times against the wholesale deportation of prisoners to Wolmaransstad, on the ground of the insufficiency of the force at my disposal for the purpose of guarding them, but my protests were unavailing as from time to time fresh prisoners arrived."[31]

Die jingoïstiese pers was nie tevrede met die verloop van sake nie: "We should have expected the strongest possible remonstrate to have been forwarded to the Boer generals after this cruel and unnessary crime; but as a matter of fact nothing appears to have been said. Even Pearson was not promptly shot or strung up, and he seems to be comfortably in prison at this moment, notwithstanding the damning evidence against him ... and though he was notoriously a traitor, even apart from his share in these executions."[32]

Daar is selfs op 'n onlogiese en wraaksugtige wyse geargumenteer dat die krygshof se vonnisse ekstreme optrede teen die Kaapse rebelle regverdig het. "Such acts of severity on the part of the Boers towards civilian prisoners, one at least of whom owed no allegiance to the Transvaal, would have justified the sternest measures towards the Cape rebels had justification been required."[33]

Dit is te betwyfel of Martha Machlachlan van die volle betekenis van Solomon se ondersoek ingelig is, want kort na die oorlog, op 20 September 1902, het sy en haar broer Christiaan Theunissen hulle tot lord Milner gerig met 'n versoek dat vervolging teen die lede en amptenare van die krygshof ingestel word:

> In Feb 1901 the Boers after the most cruel treatment shot my Husband R. Machlachlan our Father Jacobus Theunissen & our brother-in-law H. Ahrens at Wolmaransstad for their loyality. We hoped after Peace was proclaimed that these murderers would be punished but as yet, nothing has been done to them. They have been allowed to return to their houses as free men whereas we are suffering the

losses of our dear ones, and desire justice of the murderers. We hope it will please your Excellency to enquire into the case. We have not only lost our dear ones but our houses and everything else has been taken and destroyed by the Boers, and British, and we have had to struggle for ourselves with little aid so far ... We sincerely hope that this important matter will be taken into consideration and that something will be done in aid of us ...[34]

Tensy uitdruklik in die vredesverdrag daarvoor voorsiening gemaak is, kon mense nie na die oorlog vir oorlogsmisdade vervolg word nie. Daar was nie in die vredesbepalings enige verwysing na die optrede van die lede van die Wolmaransstadse krygshof nie. In elk geval het die Solomon-verslag, wat reeds tydens die oorlog verskyn het, aangetoon geen regsgronde vir vervolging bestaan nie omdat die krygshof se optrede nie 'n oorlogsmisdaad daargestel het nie. Martha Machlachlan en die ander naasbestaandes van die tereggesteldes moes hulle noodgedwonge by die Britse amptelike besluit berus nadat hulle uiteindelik daarvan in kennis gestel is.[35]

Met die herbegrafnis van die tereggesteldes op Klerksdorp in 1903 is die wonde opnuut oopgekrap. In 'n berig in die *Klerksdorp Mining Record* oor die herbegrafnis het die redakteur, H.M. Guest, geskryf: "The executions were undoubtedly legal, but the fact that the judges, executioners, and condemned were all friends and of one race, made the circumstances peculiarly painful, and it is one of the lamentable results of the late struggle that it has aroused personal animosities and feuds which will survive a long time."[36]

Dat die redakteur die teregstellings as regsgeldig beskou het, moes Martha Machlachlan so ontstel het dat sy op 27 November 1903 soos volg aan Solomon, toe luitenant-goewerneur van Transvaal, skryf:

> I feel that it might ease my spirit of dissatisfaction if I had your view on a matter which seems so cruel and unjust to our family ... On Oct 30th we were successful (after a great deal of trouble) to inter the remains of our dear ones in the local cemetery. The Editor (mr Guest) of our only local paper published an account in which he said – 'The executions were undoubtedly legal.' This is indeed a very bitter remark to us. We have had to bow down in grief and disappointment to the will of the Ruling Powers of this Colony, when they told us that nothing could be done to the murderers, but when such remarks are made by the ordinary press it is unbearable ... Is it for ordinary Editors to make such remarks?[37]

Na aanleiding daarvan rig die luitenant-goewerneur se privaatsekretaris op 2 Desember 1903 'n versoek aan die Britse magistraat op Klerksdorp om Guest sover te kry om die gevoelens van die tereggesteldes se naasbestaandes in ag te neem.[38] Guest het geantwoord dat Martha Machlachlan reeds persoonlik haar griewe met hom kom bespreek het en dat hy onder die indruk was dat die aangeleentheid uitgesorteer was. Guest wou egter nie voor die inmenging by persvryheid swig nie en was gevolglik nie bereid om sy standpunt in die koerant te wysig nie.[39]

Guest se berig het ook 'n opskudding onder die plaaslike gemeenskap van Klerksdorp veroorsaak wat tot 'n heftige polemiek in die *Klerksdorp Mining Record* gelei het. 'n Anti-republikeinsgesinde, moontlik 'n joiner, roskam Guest in 'n brief in die koerant oor sy stelling dat die krygshof regsgeldig opgetree het. Dié anonieme briefskrywer het uitgewei oor die gevoelloosheid van die krygshof se lede en gesê die teregstellings is met wreedheid uitgevoer.[40] Guest het geantwoord die doodstraf is deur 'n behoorlik bevoegde hof uitgespreek, waarna 'n wettige hoër gesag dit boonop bekragtig het. Guest het voorts standpunt ingeneem dat die Britse militêre owerhede in elk geval, as gronde daarvoor bestaan het, vervolging sou instel het. Hy het toegegee dat die teregstellings "brutal" was.[41]

Geen mening van erkende republikeinsgesindes is in die koerant gevind nie. In die jare onmiddellik na die oorlog was daar weinig sprake van ewewigtige beskouinge. In die Engelse pers word enige wreedheid teenoor Afrikaners en ander burgerlike bevolkingsgroepe in die naoorlogse jare verswyg of bloot ontken.[42]

Daarna word Martha Machlachlan se stem in die dokumente van die Argief in Pretoria stil.

Na die oorlog het sekere Britse amptenare Pearson steeds met agterdog bejeën. In 'n vertroulike dokument van 1903 spreek die "resident magistrate" sy besorgdheid oor Pearson se teenwoordigheid op Christiana uit. Die Britse magistraat het beswaar gemaak teen die uitreiking van 'n permit wat Pearson in staat gestel het om na Christiana terug te keer. Daar het Pearson as 'n klerk by 'n prokureursfirma gewerk. Die Britse magistraat het sy kommer uitgespreek oor 'n moontlike vennootskap wat in die toekoms in die prokureursfirma tussen Pearson en genl. Van Zyl[43] tot stand kon kom.[44] Van die Britse owerheidsweë is die magistraat so geantwoord: "Unfortunately he comes under Article 2 of General Surrender, we were therefore compelled to issue his permit. Under the circumstances there is nothing to be done but to have his movements carefully watched . . . "[45]

Ook landdros Neethling is teen die einde van die oorlog gevange geneem en in die Fort in Johannesburg gestop. In Junie 1902 moes oudstaatsekretaris F.W. Reitz bemiddel om hom vrygelaat te kry.[46] Douthwaite het ook aan die einde van die oorlog in Britse hande geval en moes op aanklagte van moord teregstaan (sien hoofstuk 9). Met die Vrede van Vereeniging is daar 'n einde gemaak aan die moontlikheid van enige verdere vervolging van die lede van die Wolmaransstadse krygshof.[47]

Die geskiedenis kan maklik verkeerd geïnterpreteer word as daar 'n gebrek aan volledige inligting oor bepaalde gebeure is. Daar is 'n merkwaardige handtekening tussen dié van burgers op die petisie van 17 Januarie 1901 aan De la Rey om begenadiging van die doodstraf van Savage, Machlachlan, die Ahrens-broers, Theunissen jr. en Matthyssen. Dit is Frank Pearson se handtekening.[48]

Om afdoende te bepaal of Pearson se handtekening op die petisie eg is, het ek dit in 2008 aan forensiese ontleding laat onderwerp. Daar is onbetwisbaar bevind dat dit sy handtekening is.[49] Frank Pearson, die landdros wat die tereggesteldes se bekentenisse geneem het, wat as hoofsipier 'n verdoemende lokval vir sommige van hulle gestel het, wat in die krygshof teen die tereggesteldes getuig het en wat daarvan beskuldig is dat hy die laksman by die vuurpeloton was wat die veroordeeldes na hul ewigheid gestuur het, het klaarblyklik simpatie met hulle oor hul finale lot gehad. Na die verkryging van die forensiese verslag is 'n verklaring van Pearson in die Argief in Pretoria gevind waarin dit bevestig word. Pearson het dié verklaring na sy gevangeneming in die Britse ondersoek teen hom afgelê: "It is possibly also worthy of mention that I signed the petition for commutation which the friends of the condemned presented to me, and also that I drafted a petition for McLachlan. The petition for Theunissen I at first refused to sign, but being begged to do so by his son Christian I eventually consented."[50]

Uiteindelik het hy maar net sy onbenydenswaardige pligte in 'n wrede oorlog uitgevoer.

Die Wolmaransstadse teregstellings is vanuit anti-republikeinse oorde as drasties onvanpas, selfs as koelbloedige moord beskou. Daardie kritici het geswyg oor die partydige en arbitrêre aard van die verhore waaraan die Boererebelle in die Kaapkolonie onderwerp is. Ongeag vanuit watter oogpunt die gebeure beoordeel word, bly dit 'n tragedie. Die Boyd-teregstelling behoort by enige onbevange beskouing empatie te ontlok.

Omdat dit oorlog met opponerende partye was, sal enige vonnis moeilik reg volgens al die partye laat geskied het. Enige ewewigtige benadering van die gebeure moet die besondere oorlogsomstandighede waarin dit plaasgevind het, noodwendig in ag neem. In hierdie werk word die hedendaagse debat rondom die immoraliteit van die doodstraf nie bespreek nie omdat dit nie in die tyd waarin die Anglo-Boereoorlog plaasgevind het, so aktueel was soos wat dit in latere tye sou word nie.

Die verhore en teregstellings het in abnormale omstandighede van 'n verwoestende oorlog plaasgevind. Die Wolmaransstadse krygshof het onder dreigende en werklike aanvalle van die Britse magte gefunksioneer. Selfs lord Methuen het sy persoonlike spyt uitgespreek dat hy nie daarin kon slaag om die gevangenes uit Wolmaransstad te ontset en daardeur die teregstellings kon verhoed nie.[51]

'n Klein groepie republikeinse volhardendes het teen 'n oormag te staan gekom waarin hulle en hul geliefdes se lewens in 'n vryheidstryd opgeoffer is. Om hul eie onthalwe en die saak waarvoor hulle gestry het, kon daar logieserwys nie sagkens met verraaiers gehandel word nie. Gedurende die laaste helfte van 1900 het verraad onder die afvalliges in Wes-Transvaal so hoogty gevier dat De la Rey later in sy herinneringe verklaar het: "Daar was ongelukkig van ons eie mense wat, sodra die vyand in die land gekom het, ontrou geword en gedink het dat hulle sommer verraad kan speel sonder om daarvoor gestraf te word, maar die tyd daarvoor was verby om dit nog toe te laat omdat dit moontlik nog honderde lewens kon kos en mens handelend moes optree."[52]

Daar is inderdaad 'n magdom voorbeelde van betreklik ligte vonnisse wat voor die totstandkoming van die Wolmaransstadse krygshof in Januarie 1901 aan afvalliges in Wes-Transvaal opgelê is. Dié vonnisse het klaarblyklik geen afskrikkende waarde gehad nie. Die strawwe was meestal boetes of beslaglegging op die oortreders se private eiendom.[53] In die omgewing van Hartbeesfontein, waarvandaan die meeste van die tereggesteldes gekom het, het dade van verraad sulke afmetings aangeneem dat De la Rey opgemerk het: "De meeste inwoners van deze plaats handsoppers zijn, menschen die van geen vaste beginselen zijn." De la Rey het verder sy spyt uitgedruk dat dié mense "de naam van Afrikaner moet dragen".[54]

Benewens lewensverlies en ontsettende skade wat hulle moes verduur, is die voortvegtende burgers se families boonop wreed deur die Britte geviktimiseer. Nog voordat die konsentrasiekampstelsel in werking getree het, het die Britte gedurende die nag van 15 September 1900 sowat 500 vroue en kinders van die Klerksdorpse strydende burgers in stormagtige en gure weer tot in oop beestrokke gejaag en die volgende oggend uit die distrik weggevoer. Onder die vroue was die eggenotes van genl. Liebenberg en ander Boereleiers van die omgewing.[55] Dikwels het afvalliges die Britte in hul gruwels teen die burgerlike bevolking met dade van verraad bygestaan. Verraad het inderdaad direk tot republikeinse lewensverlies gelei. De la Rey se oorlogtydse beskouing van die teregstellings is in 'n Engelse vertaling van 'n onderskepte republikeinse dokument vervat: "Although I felt extremely sorry to sign the sentence, I am convinced that we should have been stricter long ago ... I must say this case is working a wonderful influence on the public."[56]

Tog het die gang van die gebeure ironiese en tragiese draaie gemaak waarin die Wolmaransstadse teregstellings moontlik nog op die laaste oomblik voordat dit uitgevoer is, uitgestel en dalk verhoed kon gewees het. Charles Rocher, 'n adjudant en assistentsekretaris van De la Rey, vertel in sy herinneringe:

> Het was voor my echter een treurig gezicht zekeren avond tegenwoordig te zyn toen twee vrouwen van Lapfontein aankwamen per kar om genade te vragen voor die veroordeelden. Welk een moeilijke positie bekleed een Generaal niet onder zulke omstandighede o.a. aan de eene kant kan hy niet anders dan de doodsvonnis te bekrachtigen – die menschen zoo erlyk den dood verdiend, aan de andere hand moet hy de tranen dien vrouwen zien en hunne smekingen en genade aanhoren. En ook gedurende een oorlog verliest men niet de menschelyke natuur. Geen wonder dus dat de Genl. naar de vrouwen luisterde en dadelyk rapport naar Wmsstad zond om het voltrekken van de vonnis uit te stellen. Doch de rapportryder kwam juist te laat aan, hoe ook al zyn uiterste deed om voor den tyd daar te komen. Doch plicht tegenover Land en Volk werd alleen hier gedaan, en ongetwyfeld heeft de uitvoering van deze vonnis anderen het leven gespaard.[57]

Die Wolmaransstadse krygshof het weens die oorlogsomstandighede tekortkominge in die toepassing en uitvoering van die reg gehad. Wanneer dit met vredestydse regspleging vergelyk word, was die tekortkominge in sekere opsigte van 'n ernstige aard, soos die gebrek aan toegang tot regsverteenwoordiging. Die reg is ook nie oral in die republieke konsekwent en in oorleg toegepas nie. 'n Gebrek aan konsekwentheid met die toepassing van strawwe en veral die doodstraf in albei die republieke was dwarsdeur die oorlog 'n probleem. In sommige gevalle het verraaiers wat deur die burgers gevang is, ongeskonde daarvan afgekom, al het hulle veel erger dade van verraad as byvoorbeeld Boyd, Machlachlan en Ahrens gepleeg. In Januarie en Februarie 1901 het die Wolmaransstadse krygshof met die toepassing van die doodstraf sterker klem op die afskrikkende waarde, eerder as op die individuele strafwaarde daarvan geplaas.

Met sy gebreke en al was die hof egter nie 'n vervolgsugtige soort lynchhof wat die doodstraf na willekeur toegepas het soos waarvan dit vanuit vyandige oorde beskuldig is nie. Daarvan getuig die vele onskuldigbevindinge en ligter vonnisse wat opgelê is.

Die gebeure bly egter 'n toonbeeld van die genadelose wreedheid van oorlog waaruit die mensdom nog nooit 'n finale les kon leer nie.

Terwyl die naasbestaandes van die tereggesteldes vir die res van hul lewens met die nagevolge van die tragiese gebeure moes saamleef, is die optekening van die gebeure versaak. Vandag getuig vyf grafte van vier van die tereggesteldes en die ander afvallige Ahrens-broer in die ou verwaarloosde begraafplaas van Klerksdorp van die tragedie.

Die grafte, wat in die volksmond as die vyf verraaiergrafte bekend gestaan het, sou dekades lank nog heftige emosies ontketen. Dis boonop skaars sowat 30 m en 40 m onderskeidelik van die monument en gedenkmuur geleë wat vir die konsentrasiekampslagoffers opgerig is en teenaan die paadjie wat daarheen lei.

Vandale het die vyf grafte beskadig en van die kopstukke is afgebreek. Die inskripsies daarop is nietemin nog duidelik leesbaar en bevat insiggewende inligting. Ronald Boyd se graf is die naaste aan die paadjie geleë en het dié inskripsie: "In loving memory of Ronald eldest son of John Neill Boyd, born in London, England, 9 July 1875, killed at Wolmaransstad, 23 Feb 1901, with his friends whom he tried to save. Affectionate son and brother. A true and loyal friend. His own words 'God's will be done'." Langs sy graf is dié van sy vriend Machlachlan met dié woorde: "In loving

memory of Robert Machlachlan aged 29 years. Beloved husband of Mar-
tha Machlachlan (born Theunissen) also of our only child Victoria Roberto,
aged 14 months." Dit mag wees dat die dogtertjie se oorskot ook in haar pa
se graf herbegrawe is. Dan volg die imposante granietgrafsteen van Jacobus
Theunissen wat deur sy vrou met Hollandse bewoording opgerig is.

'n Tweede grafsteen met Engelse bewoording is op sy graf aangebring:
"In loving memory of Catherine Susanna Field née Theunissen born
10.3.1882 died 22.6.1967." Sy was die tweede jongste dogter van die tereg-
gestelde Theunissen. Die afleiding kan gemaak word dat sy waarskynlik
ook daar begrawe is. Waarskynlik beteken dit dat sy byna sewe dekades
nadat haar pa tereggestel is, nog die begeerte uitgespreek het dat haar oor-
skot in sy graf ter ruste gelê word. Dan volg die twee Ahrens-broers se
grafte, wat hoewel hulle Afrikaners was, albei Engelse inskripsies het. Mat-
thyssen se graf by Wolmaransstad kon nie opgespoor word nie.

9

Vergete doodsvallei

J.A.B. DE BEER, P.C. DE BRUYN
✝ *27 Desember 1900, Lapfontein, Hartbeesfontein / Klerksdorp*

Gedurende die guerrillafase van die oorlog het 'n teregstelling in Wes-Transvaal plaasgevind wat 'n onuitwisbare indruk op die jong Kaapse rebel Naas Raubenheimer gemaak het. Jare later, in 1938, het hy sy ervaring beskryf:

> Die vreeslikste herinnering van die Tweede Vryheidsoorlog is die teregstelling van 'n paar republikeinse verraaiers waarvan ek toeskouer was. Die vier persone is deur 'n Boere-krygsraad ter dood veroordeel. 'n Aantal jong Kaapse rebelle is aangesê om teen 'n vasgestelde tyd op 'n bepaalde plek te wees, maar aan hulle is nie meegedeel dat hulle 'n vuurpeloton sou vorm nie. Hulle het egter lont geruik toe hul gewere omgeruil word vir Martini-Henri's. Die jongmanne van genl. De la Rey se kommando het dieselfde sielsangs deurgestaan as die veroordeeldes.
>
> Onder die vier wat die laaste oomblikke op aarde tegemoetgegaan het, was 'n ouderling met 'n baard wat laag op sy bors gehang het; die ander drie was familiebetrekkinge van hom. Toe die gevangenes gelei word na die plek van teregstelling, begin die veroordeeldes te sing: 'Als wij de doodsvallei betreën.' Dit het die vuurpeloton byna sinneloos gemaak van aandoening. En so erg het die voorval die senuwees van die jongmanne in die vuurpeloton aangetas dat hierdie geoefende skuts een van die veroordeeldes net skrams aan die hoof geraak het, dog die sipier maak met sy rewolwer onmiddellik 'n einde aan die lyding. Daardie aand toe die kommando soos gewoonlik biduur hou, was dit die jongmanne wat, teen die gewoonte in, voorgaan in die gebed. As die een se gemoed volskiet ná 'n paar woorde, hervat die ander.[1]

Raubenheimer meld nêrens die name van die tereggesteldes of die datum en plek van die fusillering nie. Sy weergawe toon sekere ooreenkomste met die teregstelling van Jacobus Theunissen en die vier ander. Die tereggestelde

Theunissen was ook 'n ouderling. Ook het Frank Pearson as sipier na bewering vir die gewonde Boyd die doodskoot gegee nadat die lede van die vuurpeloton daarmee misluk het. Raubenheimer sê ook die veroordeeldes was familie van mekaar. Daar is egter ook opvallende verskille. Theunissen is byvoorbeeld saam met vier ander tereggestel van wie net twee aangetroude familie van hom was. Die moontlikheid bestaan dat Raubenheimer se geheue hom in die steek gelaat het en dat hy aspekte van verskillende fusillerings met mekaar verwar het.

Sekere historici is van mening dat Raubenheimer se beskrywing na 'n heel ander teregstelling in Wes-Transvaal verwys. O.J.O. Ferreira het in sy annotasie van P.J. le Riche se *Memoirs of General Ben Bouwer* aanvaar dat dit dieselfde teregstelling is waarna die joiner P.J. du Toit in sy dagboek verwys, waartydens ene De Bruyn en De Beer gefusilleer is. Daarteenoor aanvaar Scheepers Strydom in sy werk *Ruitervuur* dat Raubenheimer se beskrywing dieselfde teregstelling is waarna genl. Bouwer in sy *Memoirs* verwys. Al drie die weergawes wyk egter ernstig van mekaar af.[2] Die moontlikheid is dus nie uitgesluit dat drie verskillende teregstellings ter sprake is nie. Dit wys hoe inligting oor die teregstellings van verraaiers verlore geraak het.

Die teregstelling van De Beer en De Bruyn kon bo alle twyfel vasgestel word, terwyl onsekerheid oor die ander gevalle bestaan. Volgens Du Toit se dagboek-inskrywing het die Boere op 26 Desember 1900 drie joiners onder ongewone omstandighede gevange geneem. Terwyl burgers van genl. C.C.J. Liebenberg se kommando in hul laer met aandete besig was, het 'n aantal joiners wat hul spoor gevolg het, onbewustelik reg in die kommando se brandwag vasgery. Drie Transvaalse burgers, Philippus Cornelius de Bruyn, Jan Andries Benjamin de Beer en H.C. Boshoff, almal van Ventersdorp, wat vroeër by die Britte aangesluit het, is gevange geneem. Nog 'n joiner, ene Cornelis Barnard, kon na Klerksdorp ontsnap.[3]

Die drie joiners is saam met die kommando na Buisfontein, noordwes van Klerksdorp, geneem, waar hulle die volgende dag van hoogverraad aangekla en deur 'n krygshof verhoor is. Die passe wat by hulle gevind is, het aangetoon hulle het aan die "intelligence department" van genl. Douglas[4] se kolonne behoort. De Bruyn en De Beer is skuldig bevind en ter dood veroordeel. Du Toit skryf Boshoff is vrygelaat, "being a junior".[5]

Die twee joiners is omstreeks 08:00 by Lapfontein naby Hartbeesfontein tereggestel en op dieselfde plek begrawe. Volgens Du Toit is hulle op 27 De sember 1900 tereggestel, wat beteken dat die krygshof die verhoor vroeg daardie oggend moes gehou het. "It was a very sad spectacle to see. De Beer showed great nerve. What appears to me strange is that men can be shot without trial or without their death sentence being confirmed by a higher authority. However, it is not in my power to dictate to the General and all I can do is to shut up my mug."[6]

Dit is nie duidelik wat Du Toit met teregstelling sonder verhoor bedoel nie. Onder dieselfde inskrywing meld hy dat die drie joiners wel verhoor is.[7] Weens die kort tydsverloop tussen die verhoor en teregstelling mag dit wees dat die doodsvonnis nie vir bekragtiging na genl. Koos de la Rey gestuur is nie. Du Toit maak geen geheim daarvan dat hy sterk teen die teregstellings gekant was nie. Vyf maande later sou ook hy teen sy mense draai deur na die Britte oor te loop en 'n joiner te word.[8] Andersins is die feitelike inhoud van sy dagboek nie verdag nie en sy weergawe kan met redelike sekerheid as betroubaar aanvaar word. Hy het sy dagboek byna daagliks bygehou. Verskeie ander bronne bevestig die teregstelling van De Beer en De Bruyn. Die *De Bruyn-geslagsregister* gee die spelling as De Bruyn, terwyl die ander bronne na De Bruin verwys.

Jan Andries Benjamin de Beer is op 21 November 1862 op Ventersdorp gebore. Hy was die derde van Marthinus Christoffel en Elizabeth Maria Margaretha (gebore Jacobs) se nege kinders. Hy en sy vrou Christina Johanna (gebore Wilson) het ses minderjarige kinders gehad. In 'n geslagsregister, *Die De Beer-familie: drie eeue in Suid-Afrika*, word verkeerdelik aangedui hy het in 'n skermutseling met die Boeremagte by Lapfontein gesneuwel.[9] Waarskynlik is die inligting deur geslagte so oorgedra om die verleentheid te verbloem dat hy as 'n joiner gefusilleer is.

Philippus Cornelius de Bruyn is in 1863 op Potchefstroom gebore en was met Catharina Jacomina Dolfina Venter getroud. Hul sesde kind is vyf maande na sy pa se teregstelling in Lichtenburg gebore. Die tereggestelde is na sy pa vernoem en sy ma was Maria Christina Magdalena (gebore Pretorius).[10]

Bouwer (toe nog 'n kommandant) gee 'n gedetailleerde weergawe in sy *Memoirs*, wat moontlik 'n ander teregstelling aandui as dié wat Raubenheimer en Du Toit beskryf. Bouwer se herinneringe is drie dekades na die oorlog opgeteken, maar hy het sy geheue met inligting vanuit 'n dagboek verfris wat hy gedurende die oorlog bygehou het. Dat sy beskrywing van die gebeure nie net op geheue berus nie, maak dit 'n betroubare bron.[11]

Volgens die chronologie van die gebeure wat Bouwer beskryf, was joiners (hy praat verkeerdelik van National Scouts[12]) in Desember 1900 besonder bedrywig in die omgewing van Hartbeesfontein.[13] Bouwer vertel hy en sy kommando was by Kafferskraal, noordwes van Klerksdorp, toe hy opdragte van genl. Jan Smuts gekry het om kragdadig teen verraaiers op te tree. Die opdrag het oorspronklik van De la Rey gekom, wat dit in daardie stadium noodsaaklik geag het om 'n voorbeeld van gevange verraaiers te maak, juis omdat verraad aan die orde van die dag was. Daarom het Bouwer vir vdkt. Alex Boshoff[14] met 'n aantal burgers gestuur om met die verraaiers te gaan afreken. "Alex was not enamoured of his job, because he foresaw a sad result whatever happened, and he had a predilection for happy endings. He rode away rather reluctantly with eighteen men behind him."[15]

Op die derde dag het Boshoff inligting ontvang dat 'n Britse patrollie wat deur vier joiners gelei is, in die omgewing was. Die aand is 'n hinderlaag gestel en die hele patrollie het in die Boere se hande geval. Die vier verraaiers is na Bouwer geneem, terwyl die Britse soldate soos gebruiklik vrygelaat is. Die joiners is aangehou totdat De la Rey opgedaag het om as voorsitter van die krygshof op te tree.[16] Dit was voor die tyd van die Wolmaransstadse krygshof.

Bouwer noem nie die name van die verraaiers nie. Hy sê wel drie van hulle was aan mekaar verwant – 'n pa, seun en skoonseun. Hul plaas was nie ver van waar hulle aangehou en verhoor is nie. Omdat hul vrouens nog op die plaas gewoon het, was Bouwer bang die vroue sou hom in die laer kom opsoek met smekinge om genade, waaraan hy nie kon voldoen nie. Die oggend van die verhoor het hy hulle inderdaad in die laer opgemerk en toe in sy tent gaan wegkruip. 'n Offisier het vir die vroue gesê Bouwer is elders en kan hulle dus nie te woord staan nie. Terwyl die vroue die laer verlaat het, bekla hulle hul lot by een van die burgers wat hulle geken het. Dié wou hulle graag help en het vir hulle gewys waar Bouwer se tent is.

"The next moment they were asking permission to enter and then ensued about the most painful hour I have ever endured. It was possible to tell them that the men for whom they were interceding had already been the direct cause of a score of deaths among us, apart from the social aspect of their crime; but I could not point out such things to a wife pleading for the life of her husband or a mother for that of a son ... At length the women departed from me, leaving me as dispirited as if I had risen from a sick-bed."[17]

Net soos Du Toit bevestig Bouwer dat die seun begenadig is omdat hy onder die invloed van ouer familielede was. Anders as Du Toit is Bouwer egter daarvan oortuig dat drie en nie twee joiners nie tereggestel is. "The other three were shot, not far from where they were born and had lived their lives. A painful feature was the presence with us of relatives of these men, people too, whose loyalty to our cause was devoted."[18]

W. ROBINSON
✝ 19 Oktober 1900, Frederikstad

Een van die eerste gevalle van 'n bevestigde fusillering van 'n Boereverraaier in Wes-Transvaal is dié van William (Willie) Robinson op 19 Oktober 1900 noord van Frederikstad.

Daar is 'n kriptiese inskrywing oor die geval in die dagboek van Du Toit, toe nog die persoonlike sekretaris van genl. C.C.J. Liebenberg. Hy skryf die Boere was in die voorafgaande dae gereeld slaags met Britse afdelings. Op 17 Oktober 1900 was die Liebenberg-kommando by Exter's Drift aan die Mooirivier en die volgende dag waarskynlik op die plaas Buffelsdoorn, net suid van die huidige Carletonville. Dieselfde dag het 'n afdeling van die Liebenberg-kommando op die plaas Turffontein, noord van Frederikstad, met 'n Britse patrollie van 17 man slaags geraak. Tydens die skermutseling het sewe Britse soldate gesneuwel, nog vier is gewond en vyf is gevange geneem. 'n Joiner, Willie Robinson, was een van die gevangenes.[19]

Robinson het as 'n betaalde gids (die Britte het die benaming "conductor" gebruik) by daardie Britse afdeling opgetree. Sy boedel toon dat die Britse leër na sy dood 'n uitstaande soldy ten gunste van hom by die meester van die hooggeregshof in Pretoria inbetaal het.[20]

'n Krygsraad bestaande uit lede van die Liebenberg-kommando het Robinson nog dieselfde dag verhoor. Na alle waarskynlikheid was Liebenberg die voorsitter en kmdt. Christiaan Douthwaite, wat later 'n leidende rol by die Wolmaransstadse krygshof sou speel, ook daarby betrokke.[21] Dit was 'n summiere, besonder kort verhoor. Volgens lt. John Drysdale Forbes, 'n gevange Britse offisier wat teenwoordig was, kon dit nie langer as drie minute geduur het nie, hoewel dít waarskynlik 'n oordrywing mag wees.[22]

Du Toit skryf op 19 Oktober in sy dagboek: "Robinson was duly tried by court-martial and confessed his guilt."[23]

Robinson is op 19 Oktober 1900 omstreeks 06:00 tereggestel, sowat drie myl vanwaar hy gevang is.[24] Dit is te betwyfel of De la Rey die doodsvonnis in die kort tyd tussen die vonnisoplegging en teregstelling kon bekragtig. Later in sy dagboek spreek Du Toit sy sterk afkeur uit oor die prosedures wat gevolg is voordat die Liebenberg-kommando doodsvonnisse voltrek het en sê dit is nie vir bekragtiging na hoër gesag verwys nie.[25]

In Maart 1902 het 'n Britse kolonne Douthwaite naby Schweizer-Reneke gevange geneem. Hul optrede daarna wek die indruk dat hulle vergelding gesoek het vir sy vroeëre betrokkenheid by die krygshowe waar die doodstraf aan afvalliges opgelê is. Die Britse hoofregsadviseur, sir Solomon, het teen daardie tyd reeds bevind vervolging kon nie ten opsigte van die teregstellings van die Wolmaransstadse krygshof ingestel word nie. Nogtans het die Britse militêre owerhede nog kort voor die beëindiging van die oorlog probeer om Douthwaite te vervolg op 'n aanklag van moord op Robinson en die Britse soldate wat in die hinderlaag gesneuwel het.[26]

Aanvanklik toon die Britse optrede teen Douthwaite elemente van vervolgsugtigheid. Die indruk is dat die Britse militêre owerheid inderhaas 'n saak teen hom wou saamslaan sonder om die gebeure behoorlik te ondersoek. Die gevolg was dat hy op 26 Mei 1902 op vier aanklagte van moord voor 'n Britse militêre hof op Krugersdorp verskyn. Hy het onskuldig gepleit op 'n gebrekkige klagstaat wat so lui: "Commandant C.M. Douthwaite of Potchefstroom is charged with murder, in that he near Frederickstad, Transvaal on the 18th October 1900, did shoot or cause to be shot, certain men of Marshall's Horse, namely Private D. Allen, Private W. Nell, Private F. Wesson and also conductor W. Robinson, who were at the time unarmed and defenceless."[27]

In 'n poging om getuienis teen Douthwaite in te win, is die saak tot die volgende Maandag, 2 Junie 1902, uitgestel.[28] Klaarblyklik het die hofamptenare nie besef dat vrede, met die gepaardgaande algemene amnestie, teen daardie tyd gesluit sou word nie.

In die dele van die Britse ondersoek wat bewaar gebly het, is drie ooggetuieverklarings van die gebeure rondom Robinson se teregstelling gevind. Al drie die verklarings weerspreek mekaar op wesenlike aspekte, in so 'n mate dat dit moeilik is om die waarheid daaruit te bepaal sonder om gedeeltes daarvan as blatant vals te beoordeel.

Luidens 'n verklaring van Douthwaite se swart agterryer, ene Spider, het die Boere agt berede Britse soldate saam met Robinson op die plaas Rietvlei, noord van Frederikstad, gevange geneem. 'n Wa met 18 osse en voorraad is ook gebuit. Daarna is vier van die soldate se stewels en klere afgeneem (die term "uitgeskud" is daarvoor gebruik) en vrygelaat, met die opdrag om na hul kamp terug te keer. Volgens Spider is die ander vier gevange soldate klaarblyklik sonder rede koelbloedig in die teenwoordigheid van Liebenberg, Douthwaite, kmdt. Francis en vdkt. Van Graan doodgeskiet. (Geen besonderhede of bevestiging oor die bestaan van die laaste twee offisiere kon opgespoor word nie.) Hy verklaar voorts Douthwaite het ten tyde van die gebeure na Robinson langs hom gedraai en hom toegesnou: "You see we have shot those soldiers. You will also be shot – tonight at 6 p.m. or tomorrow morning at 6 a.m." Robinson sou daarna gesmeek het om 'n brief aan sy ma te skryf, maar dit is geweier.

Nie net is hierdie weergawe van die agterryer vergesog nie, maar dit druis lynreg teen die verklarings in wat twee Britse soldate oor dieselfde voorval gemaak het. Spider het sy verklaring waarskynlik deur 'n tolk afgelê. Hy moes ongeletterd gewees het, want hy teken sy verklaring met 'n "X". Al dié aspekte maak sy weergawe uiters verdag, veral die bewering van die koelbloedige moord op die vier Britse soldate.

Nietemin gee die agterryer 'n meer realistiese weergawe van Robinson se teregstelling wat die volgende oggend plaasvind. Volgens hom is Robinson die oggend omstreeks 06:00 voor Douthwaite gebring. Douthwaite het burgers van Griekwaland-Wes opdrag gegee om Robinson te blinddoek en sy hande agter sy rug vas te maak. Spider en vyf handlangers het die graf gegrawe en na die teregstelling het hulle dit toegegooi.[29]

Volgens manskap William Frederick McTavish het die Boere op 18 Oktober 1900 'n afdeling van Marshall's Horse aan die Mooirivier, noord van Frederikstad, in 'n hinderlaag betrap. Nadat hy en 'n makker, Nell, aan die naderende burgers te kenne gegee het hulle gee oor, is daar steeds op hulle gevuur. Nell is doodgeskiet en McTavish gewond. Die burger wat McTavish gewond het, wou hom weer skiet, maar is deur 'n ander burger gekeer. Al die gebeure het op die slagveld plaasgevind, waarna die burgers die gewonde McTavish agtergelaat het. Hy noem geen teregstellings in sy verklaring nie.[30]

Forbes, die bevelvoerder van die afdeling van Marshall's Horse wat by die gebeure betrokke was, bevestig die Boere het hulle in 'n hinderlaag betrap. Die Boere het die Britse patrollie vanuit 'n noordelike en oostelike rigting aangeval en daarna oorrompel in wat hy as 'n "fair fight" beskryf. Hy en sy manskappe is van alles ontneem (hy gebruik die woord "robbed"), daarna "somewhat roughly handled" en drie myl verder na 'n kamp gestuur waar Liebenberg en Douthwaite was. Dié twee was dus nie by die geveg betrokke nie. Oor Robinson se lot verklaar hy kortliks: "Conductor Robinson who was of our party was tried, the trial lasting not above 3 minutes and he was sentenced to be shot at dawn the next day." Forbes sluit sy verklaring af met dié woorde wat Douthwaite van enige blaam aan moord op die Britse soldate onthef: "As regards ourselves we were subsequently released and I know of no evidence or foul play as regards the party I was actually with."[31]

Na die uitstel van die saak teen Douthwaite kom dit aan die lig dat manskap Wesson, wat in die klagstaat as een van die vermoordes beskryf word, springlewendig op Sutherland in die Kaapkolonie gestasioneer was. Daarna het die Britse militêre owerhede tot die slotsom gekom dat aanvaar moet word Liebenberg het Robinson se doodsvonnis onderskryf. In die lig van die gebrekkige saak teen Douthwaite het die bevelvoerder vir die distrik Johannesburg, genl.maj. M. Willson, opdrag gegee dat die aanklagte teen hom op 2 Junie 1902 teruggetrek word. In 'n telegram gedateer 31 Mei 1902 het Willson die militêre vervolgingsoffisier op Krugersdorp beveel: "You must withdraw the charge against him stating that evidence which you have since received proves that he was not on the spot during the action and that Robinson was tried by a Court Martial before being executed."[32] Op 2 Junie 1902 het die aanklaer gevra dat die aanklag teen Douthwaite teruggetrek word, "from want of evidence without prejudice to any further action".[33] Na die vredesluiting is Douthwaite 'n ruk lank aangehou waarna hy vrygelaat is.

Met die uitbreek van die oorlog het die ongetroude Willie Robinson in Fordsburg, Johannesburg, gewoon waar hy as posmeester diens gedoen het. Daar kan aanvaar word hy was 'n Transvaalse burger. Sy boedel toon hy het onroerende eiendom op Krugersdorp besit waar sy pa, Robert Robinson, gewoon het.[34] Sy pa sê in 'n verklaring voor die kompensasieraad in 1903: "My only son was shot by the Boers whilst in service of the British during the war."[35]

Al die aanduidings is dat die tereggestelde se familielede teen middel 1900 anti-republikeinsgesind geword het, waarna sommige hendsoppers en ander joiners geword het. Robinson sr. het na net 14 dae op kommando na sy werksaamhede, ook as 'n posmeester, op Krugersdorp teruggekeer. Moontlik is dit as 'n sleutelpos beskou. In Junie 1900 het hy hom egter aan 'n Britse afdeling oorgegee. Daaroor verklaar hy later: "I took the oath of neutrality which I strictly adhered to."[36] Die tereggestelde se swaer Hector Henry Denton, wat op Robinson sr. se plaas Olifantsfontein in die distrik Rustenburg geboer het, sluit in Februarie 1901 as 'n leiergids oor swart mense by die Royal Engineers aan. Hy het sy ontslag uit die Britse leër op 6 Junie 1902 ontvang.[37]

Al die hulp aan die Britse oorlogspoging keer nie dat Robinson sr. se plaas deur veral Britse troepe verwoes word nie. In sy kompensasie-eis het hy sy oorlogskade op sowat £2 000 beraam.[38] Dit is deurgaans opvallend dat verraaiers en hendsoppers nie die verwoestingswerk van die Britse troepe vrygespring het nie. Eweneens het die Boere nie ontsag vir die verraaiers se eiendom getoon nie.

Robinson jr. is op die plaas Turffontein, noord van Frederikstad, of daar naby gefusilleer en begrawe. Die likwidasie- en distribusierekenings van sy boedel toon 'n uitgawe vir herbegrafniskoste wat daarop dui dat sy oorskot later elders herbegrawe is.[39] Daar kon nie vasgestel word waar sy laaste rusplek is nie.

J.D.B. SWANEPOEL
✝ 20 Maart 1902, Hartbeesfontein, Klerksdorp

Die fusillering van Jan Swanepoel het klaarblyklik gou vergete geraak. Hy was 'n National Scout wat teen die einde van die oorlog, in Maart 1902, naby Hartbeesfontein in die distrik Klerksdorp deur die Boere gevange geneem en kort daarna verhoor en tereggestel is. Daar is amper niks oor die geval bekend nie, behalwe bevestiging daarvan in 'n skrywe aan maj. E.M.H. Legget, die Britse stafoffisier in beheer van die organisasie van die National Scouts.[40]

Dis nog 'n voorbeeld van waar weinig inligting te vind is oor die gevalle waar individuele verraaiers van 'n bywoner- of laer klassestand in geïsoleerde gevalle tereggestel is.

Die enigste ander inligting is uit die sterfkennis van Jan Daniel Benjamin Swanepoel verkry.[41] Hy is na alle waarskynlikheid die tereggestelde Swanepoel.[42] Hy is in Fauresmith in die Vrystaat gebore en was met sy teregstelling 27 jaar oud. Sy pa, Daniël Johannes Swanepoel van Potchefstroom, het ten tyde van die teregstelling nog gelewe, maar sy ma, Jacoba, was reeds oorlede. Jan Swanepoel en sy vrou, Johanna Elizabeth (gebore Knoetze) het twee kinders gehad, maar die jongste, 'n seuntjie, is voor sy pa se teregstelling dood.

Hoewel Swanepoel se beroep op die sterfkennis as boer aangedui word, was hy waarskynlik 'n bywoner. Sy weduwee verklaar in 1905 dat sy boedel waardeloos was, met "no assets of whatsoever nature".[43]

Die gebrek aan volledige optekening van die teregstellings van verraaiers in Wes-Transvaal het die mistiek rondom die gebeure vergroot. Vandag lê die tereggesteldes se oorskot saam met hul dade van verraad grootliks vergete in onbekende en ongemerkte grafte.

10
Die hoogste prys vir vrede

Dis op militêre gebied waar afvallige Afrikaners se steun vir die Britse oorlogspoging die grootste skade aangerig het, maar ander se strewe na vrede het die republikeinse saak ook ondermyn – en die skote van vuurpelotonne sou weer opklink.

Onder sekere nie-vegtende Afrikaners het 'n vredesbeweging in 1900 ontstaan met die doel om burgers op kommando te oorreed om hul wapens neer te lê. Die vegtende burgers moes daarvan oortuig word dat enige verdere weerstand sinneloos en dwaas was. Die burgers moes wys gemaak word dat hul presidente en generaals hulle mislei het. Hulle moes besef daar was geen sprake van buitelandse inmenging nie. In die hopelose oorlog was hulle reeds aan die verloorkant. Hul volgehoue verset het net tot onnodige menseverlies en verwoesting gelei wat die heropbou van die land ernstig sou kortwiek.[1]

Die optrede van daardie afvalliges het die weg voorberei vir die vorming van vredeskomitees wat vanselfsprekend amptelike Britse steun gehad het. Daarom het die opperbevelvoerder van die Britse magte in Suid-Afrika, lord Kitchener, in Desember 1900 toestemming gegee dat 'n sentrale burgervredeskomitee, bestaande uit Afrikaners, in Pretoria op die been gebring word. Daaruit het 'n aantal plaaslike burgervredeskomitees in Transvaal en die Vrystaat ontstaan. Die vredeskomitees moes hul boodskap mondelings en deur middel van vlugskrifte aan die vegtende burgers oordra. Ope briewe aan die burgers is ook in koerante gepubliseer. Daar is gepoog om vooraanstaande Afrikaners daarby te betrek. Só het genl. Piet de Wet en genl. Andries P.J. Cronjé lede geword. Teen einde Desember 1900 is nie minder nie as 30 Afrikaners na verskillende distrikte gestuur om die vredesboodskap uit te dra. Daardie lede van die burgervredeskomitees was gewillige Afrikaner-lojaliste wat bereid was om hul volksgenote van die kommando's af te rokkel.[2] Met die ondermyning van die vryheidstryd op dié wyse het die lede van die burgervredeskomitees hulle aan hoogverraad skuldig gemaak.

Op 20 Desember 1900 het Kitchener 'n proklamasie uitgevaardig wat bepaal het beskermingskampe ("government laagers") sou voortaan in elke distrik opgerig word: "It is hereby notified to all Burghers that if, after this date, they voluntarily surrender they will be allowed to live with their Families in Government Laagers until such time as the Guerilla Warfare now being carried on will admit of their returning safely to their homes. All stock and property brought in at the time of surrender of such Burghers will be respected, and paid for if requisitioned by Military Authorities."[3]

In daardie kampe kon burgers wat vrywillig oorgegee het, saam met hul gesinne en selfs hul arbeiders woon, terwyl dié na die vee en ander verpligtinge kon omsien. Sommige historici beskou hierdie datum as die amptelike aankondiging van die konsentrasiekampbeleid.[4]

Kitchener het sekere humanitêre oogmerke aan die lede van die vredeskomitees voorgehou, onder meer dat vroue en kinders in die kampe beskerm en versorg sou word. Vir lede van die vredeskomitees moes die kampe ("refugee camps") na 'n aanloklike proposisie gelyk het. Kitchener het die vredesgesante egter aan hul neuse rondgelei om sy ware oogmerke te verdoesel. Hy het geweet met wapens alleen kon hy nie die republikeinse magte verslaan nie. Sy motief met die kampe en die verwoestingsbeleid was by uitstek militêr van aard. Daarby is dit aan die vredesgesante duidelik gemaak hulle sou geen seggenskap in beleidsake hê nie. Omdat die uitreiking van Kitchener se proklamasie in dieselfde tyd as die stigting van die vredeskomitees plaasgevind het, word die skuld vir die ontstaan van die konsentrasiekampe verkeerdelik op sekere van die vredesgesante gepak.

Aan die begin van 1901 het die burgervredeskomitees daadwerklike pogings aangewend om die burgers op kommando te besoek en te oorreed om hul wapens neer te lê. Vlugskrifte en dokumente waarin die voordele van wapenneerlegging uiteengesit word, is onder kommandolede versprei. Daar is gepoog om 'n grootskaalse propagandaveldtog van stapel te stuur om daardie doel te bereik.[5]

Kitchener het die vredesbeweging onder die wapenneerlêers as 'n soort sielkundige oorlog gebruik, veral om die morele weerstand van die burgers in die veld te ondermyn. Selfs oudpres. M.W. Pretorius, die seun van Andries Pretorius en held van Bloedrivier, het sy reputasie op sy oudag onmeetbare skade aangedoen deur met Britse goedkeuring van Potchefstroom na genl. Louis Botha in Oos-Transvaal te reis om die vredesgedagte uit te dra, waarin die republieke hul onafhanklikheid sou verloor. Botha het egter nie op Pretorius se voorstelle ag geslaan nie en hy moes onverrigter sake en druipstert na Potchefstroom terugkeer. Pretorius het £50 van die Britse owerhede ontvang vir sy manteldraaiery.[6]

Die vredesgesante het hulle misreken met die onwrikbare houding van die vegtende burgers en hulle in 'n vasberadenheid vasgeloop wat vir sommige van die afvalliges noodlottige gevolge ingehou het. Een is sonder verhoor in aanhouding geskiet en 'n ander na 'n verhoor gefusilleer. Die voormalige generaal Piet de Wet van die Vrystaatse vredeskomitee het beweer die Vrystaatse magte het nog twee vredesgesante van die Harrismithse vredeskomitee, C. Snyman en H. van Wyk, ter dood veroordeel. Geen verdere inligting kon oor daardie gevalle gevind word nie en daar kan aanvaar word dat as die gegewens hoegenaamd korrek is, die doodsvonnisse nie voltrek is nie.[7]

Die dood van twee van die vredesgesante, Meyer de Kock en Johannes Jacobus Morgendaal, moes voornemende burgers met dieselfde oogmerke ongetwyfeld afgeskrik het.

M. DE KOCK

✝ *12 Februarie 1901, Windhoek, Dullstroom*

In die verlede is beweer Meyer de Kock was verantwoordelik vir die ontstaan van die konsentrasiekampe. Selfs twee Boeregeneraals het dié mening in hul oorlogsherinneringe gehuldig. Genl. Ben Viljoen het so vroeg as 1902 in sy *My Reminiscenes of the Anglo-Boer War* beweer: "He was the man who first suggested to the British authorities the scheme of placing the Boer women and children in Concentration Camps – a system which resulted in so much misery and suffering – and he maintained that this would be the most effective way of forcing the Boers to surrender, arguing that no burgher would continue to fight when once his family was in British hands."[8]

In 1936 het genl. Chris Muller dit in sy oorlogsherinneringe beaam en gesê die vredeskomitee waarin De Kock 'n leidende rol gespeel het, se voorstel was "om al die vrouens en kinders weg te voer en in kampe te sit."[9] Kitchener self het aangevoer burgers wat hulle oorgegee het, het die gedagte van die konsentrasiekampstelsel voorgestel.[10]

Soos deur verskeie resente historici uitgewys is, is dit om die volgende ooglopende redes sterk te betwyfel of De Kock hoegenaamd die vader van die konsentrasiekampstelsel was. Eerstens is die gedagte daarvan reeds 'n tyd voor die vorming van die vredeskomitees (dus voordat Kitchener die lede daarvan ontmoet het) in Britse geledere geopper, toe lord Roberts nog die opperbevelhebber in Suid-Afrika was.[11] Ten tweede is dit hoogs onwaarskynlik dat 'n Britse opperbevelhebber sy militêre beleid onmiddellik sou aanpas na aanleiding van die voorstelle van 'n individu of 'n groep wat vanuit vyandelike geledere oorgeloop het en wat eintlik krygsgevangenes was.[12]

Heel waarskynlik het De Kock die kampstelsel vir gesinne met Kitchener bespreek, wat dit toe goedgekeur het. Die gedagte dat elke vrywillige wapenneerlêer in sy distrik op 'n voordelige wyse aangehou word, moes vir De Kock aanloklik gewees het. Hy het juis geglo dit sou help om die burgers spoedig te laat oorgee. Kampe vir vroue en kinders soos dié wat later met katastrofiese gevolge tot stand gebring is, het vanselfsprekend nie ter sprake gekom op die vergaderings waarby De Kock betrokke was nie – ook nie in die vlugskrifte en dokumente wat hy opgestel het nie. Hy het dus verkeerdelik die skuld daarvoor gekry. Die vredesgesante was niks anders as pionne in Kitchener se hande nie. Deur die gedagte van 'n kampstelsel te ondersteun, het hulle wel onbewustelik tot die donkerste tydperk in die Afrikaner se geskiedenis bygedra. Dit is egter hoogs te betwyfel of De Kock en die ander die onmenslike en rampspoedige gevolge van die kampstelsel hoegenaamd kon voorsien het.[13] Uiteindelik was die uitvoering van die kampbeleid heel anders as wat Kitchener teen Desember 1900 aan die vredesgesante voorgehou het.

Om die een of ander rede is De Kock nie gedurende die oorlog na die front opgekommandeer nie. Die rede dat hy in 'n onontbeerlike diens in die handel gestaan het, is twyfelagtig. Weliswaar was hy teen die uitbreek van die oorlog reeds 50 jaar oud, maar daar was baie burgers ouer as hy aan die gevegsfront. Hoe dit ook al sy, tuis het hy die opdrag uitgevoer om as bevelvoerder oor die spoorlyn- en brugoppassers van die Belfast-omgewing in Oos-Transvaal op te tree. Nadat hy dié betreklik "sagte" taak 14 maande lank verrig het, gee hy hom op 10 Desember 1900 by Belfast aan Britse troepe oor. Sy Duitse skoonseun, Henry von Dresselt, het reeds in Augustus 1900 van sy kommando gedros en die wapen neergelê, maar is nogtans as krygsgevangene oorsee gestuur. Dit moes 'n ingrypende indruk op sy skoonpa gemaak het, wat tot elke prys wou verhoed dat hy uit die land en weg van sy gesin gestuur word.[14]

In 'n verklaring wat De Kock later tydens die hoogverraadverhoor maak, gee hy verskeie redes vir sy oorgawe. Sy vrou was fyn opgevoed en nie gewoond aan die harde soort lewe van die oorlog nie. As gesinshoof het hy dit as sy plig geag om sy gesin uit die situasie te gaan red. Hy wou ook keer dat die Britse troepe sy eiendom vernietig. Toe hy daar aankom, was soldate juis besig om dit te plunder. Voorts wou hy klagte oor huise wat onnodig afgebrand is, veral van twee weduwees van Schoonpoort, en die molestering van vroue by die Britse owerhede aanmeld.[15]

Na sy oorgawe het De Kock die Britte sover gekry om hom na Pretoria te stuur, waar hy op 14 Desember 1900 'n onderhoud met die hoof van die Britse militêre inligtingsdiens, kol. D. Henderson, gevoer het. De Kock moes 'n besondere gunstige indruk gemaak het, want die volgende dag het Kitchener self 'n onderhoud aan hom toegestaan. Volgens De Kock was dit 'n openhartige gesprek waartydens hy sy klagtes oor die optrede van die Britse soldate oorgedra het. Kitchener het selfs onderneem om die afbrand van die plaashuise onder sekere omstandighede te staak, terwyl verdere beloftes van selfregering na republikeinse oorgawe gemaak is.[16]

De Kock se verklaring is die enigste weergawe van die onderhoud wat gevind kon word. Hy meld nie of die gesprek ook oor die kampe gegaan het nie. Na alle waarskynlikheid het hulle daaroor gesels, want 'n paar dae later het Kitchener die opmerking gemaak dat wapenneerlêers voorstelle oor die kampe gemaak het.[17] De Kock het voorts gesê Kitchener het sekere dreigemente gemaak, sou die vegtende burgers met die stryd volhard, "but God help the Transvaal if my endeavours for peace have no effect and that I have to turn a new leaf". De Kock het aangevoer hy kon in Kitchener se gesig sien hy bedoel wat hy sê.[18] Kitchener se woorde het later in die oorlog profetiese betekenis gekry.

Volgens De Kock het hy kort daarna 'n volle dag met die ander vredesgesante in Pretoria beraadslaag. Hy het as voorsitter van die vergadering opgetree en 'n verslag opgestel met 'n aantal voorstelle om vrede te bewerkstellig. Dit het ingesluit dat burgers wat hulle vrywillig oorgee, na hul eie distrikte gestuur sou word (dus nie na krygsgevangekampe oorsee nie) en deur Britse garnisoene beskerm word. 'n Groep uitgesoekte mense moes na die Boerelinies gestuur word om die proklamasies en vlugskrifte onder die strydende burgers te versprei om hulle van die voordele van oorgawe te oortuig. Vooraanstaande inwoners van die belangrikste dorpe moes 'n komitee stig om inligtingstukke op te stel wat onder die vegtende burgers versprei moes word. Dit het alles daarop neergekom dat die burgers hul land se onafhanklikheid moes prysgee.[19]

De Kock het 'n leidende rol in die stigting van die sentrale vredeskomitee in Pretoria gespeel. Na agt dae van beraadslaging het hy egter gevra om na Belfast teruggestuur te word. Die versoek is toegestaan. Die beskikbare feite wek die indruk dat hy 'n toegewyde gesinsman was wat eerder by sy mense wou wees. Na sy terugkeer het hy 'n plaaslike vredeskomitee op Belfast help stig, waarvan hy die sekretaris geword het. Hy het sy werksaamhede daar ywerig voortgesit.[20]

Op 18 Januarie 1901 skryf De Kock aan die offisiere van die Lydenburgse kommando, onder wie sy voormalige veldkornet, M.P. Taute van die Steenkampberg-wyk, om hulle te nooi om die voordele van wapenneerlegging met die Belfast-vredeskomitee te bespreek.[21] Taute het nie die brief beantwoord nie, maar dit aan sy bevelvoerder, genl. Ben Viljoen, gerapporteer.[22] Twee dae later het De Kock wel in gesprek getree met sekere burgers van die kommando, onder wie Andreas Jacobus Bester, 'n latere getuie in die hoogverraadsaak.[23] Dit is onseker wat dit opgelewer het, maar enige gevolge is waarskynlik deur die dramatiese gebeure kort daarna oorskadu.

Op 22 Januarie 1901 het De Kock homself as vredesgesant beskikbaar gestel om persoonlik na die Boerelinies te gaan. Dis nie duidelik of hy heeltemal uit voeling was met die vasberadenheid van die vegtende burgers om met die stryd voort te gaan nie, maar sy optrede blyk nogtans naïef te gewees het. In 'n *Oorlogsbericht* van 23 Januarie 1901, wat genl. Louis Botha se militêre sekretaris van Ermelo aan genl. C.J. Spruyt gestuur het, word reeds genoem dat 'n spesiale krygshof 'n ander burger weens soortgelyke optrede tot die doodstraf gevonnis het.[24] Waarskynlik was De Kock onbewus daarvan, ook van die opdrag wat Botha op 13 Januarie 1901 aan sy burgers gegee het om enige lid van die vredeskomitees wat die komman-do's probeer besoek het, te arresteer.[25]

Nietemin vertrek De Kock man alleen met al die tersaaklike dokumen-tasie na die Boerelinies. Brandwagte van Viljoen se kommando neem hom nog dieselfde oggend gevange. Hy is na asst.vdkt. F.C. Grobler se kamp ge-neem en die volgende dag na Viljoen se laer oorgeplaas. Later het De Kock gekla een van die jong burgers, Hendrik Grobler, het 'n wit vlag by hom afgeneem en dit weggegooi. De Kock se aanspraak dat hy die Boerelinies met die wit vlag genader het, sou om ooglopende redes waardeloos in die verhoor wees. Al die dokumente wat as verdoemende bewysstukke teen hom gebruik kon word, is in sy besit gevind.[26] De Kock is daarna na Roos-senekal, 'n klein nedersetting op die Mapochsgronde in die distrik Lyden-burg, oorgeplaas, waar die regeringslaer in daardie stadium was. 'n Spesiale krygshof was ook tydelik daar gesetel om sake van 'n ernstiger aard te ver-hoor. De Kock is op 29 Januarie 1901 in dié hof op aanklag van hoogver-raad verhoor.

Luidens die klagstaat het De Kock hoogverraad gepleeg deur van sy kom-mando te dros en sy wapens aan die vyand te oorhandig. Hy het skuld op dié bewering erken, maar verduidelik hy moes sy familie gaan bystaan. Hy het onskuldig gepleit op die bewering dat hy onwettig en in samewerking met die vyand beplan het om die burgers te oorreed om hul wapens neer te lê. Voorts is beweer hy het vanuit vyandelike linies vertrek met doku-mente wat deur 'n sogenaamde burgervredeskomitee opgestel is, met die doel om die burgers te oorreed om hul wapens neer te lê. Hy het skuldig daaraan gepleit, maar in sy pleitverduideliking gesê hy het net vrede nage-streef en nie kwade bedoelinge gehad nie. Hy het ook skuld erken op die aantyging dat hy persoonlik probeer het om sekere burgers, naamlik Taute en A.T. Bester, te oortuig om hul wapens neer te lê. Tog was dit nie sy be-doeling om verraad te pleeg nie, was sy verduideliking.

Die voorsitter/president van die krygshof was landdros Gideon F. Jou-bert van Lydenburg. Die lede was J.P.L. Lombard en P. Erasmus en die griffier A.P. Brugman. Die assistent-staatsprokureur, L.J. Jacobs, was die aanklaer. Uit die Engelse vertaling van die hofnotule (die oorspronklike Hollandse stukke het later in Britse hande geval en die vertaalde weergawe is die enigste wat bewaar gebly het) blyk dit die regspleging is ooreenkomstig die norme van die heersende regstelsel van die Z.A.R. uitgevoer. Tog het De Kock, soos die meeste ander hoogverraadbeskuldigdes in die oorlog, nie regsverteenwoordiging gehad nie.[27]

Hy het benadruk hy het geweier om enige inligting oor die hoeveelheid wapens en ammunisie en mannekrag van die republikeinse magte aan die Britte te gee, al is hy herhaaldelik daaroor uitgevra. Dié aanspraak kon nie bevestig word nie. As dit waar was, bevestig dit minstens sy beginselvastheid en eerbaarheid in dié verband.

In 'n emosionele betoog het De Kock om genade gepleit.

> . . . If I have been guilty of breaking the law or contravening the same, I wish as an excuse to urge that what I have done was done by me for the sake of peace and with no evil intention but to alleviate the suffer of our dear wives and children and to get our exiled brother Burghers back to their homes and families, to prevent the further destruction of the country and houses, and to obtain an honourable peace for our country and people through our Officers and to bring them in touch with the British General to negotiate thereon, but with no evil intention or deceit, and should any person have gone to work in any other manner it has not been with the consent of myself or of the Central Peace Committee at Pretoria. I have acted in all honesty according to my idea and straightforwardness of spirit to conclude an honourable peace as I was convinced we should not get our independence back again by arms, and so prevent further bloodshed and to bring the war to an end as speedily as possible. If I have transgressed the laws of the country then my prayer is on the foregoing reasons to treat my case in the most favourable way and to pass the most merciful sentence which the law allows you, under these circumstances, and so I submit myself to the mercy of the Court.[28]

De Kock se optrede wek die indruk dat hy regtig in sy standpunt geglo het. Die staatsaanklaer, Jacobs, het in die opsomming van die staat se saak toegegee dat De Kock dalk goeie bedoelinge kon gehad het, maar benadruk sy optrede het die republikeinse krygsoperasies benadeel deur die vegtende burgers te probeer oortuig om die stryd gewonne te gee. Dit is gedoen met valse beloftes dat die burgers goeie behandeling deur die vyand kon verwag. Die bewyse dat De Kock hom aan hoogverraad skuldig gemaak het, was oorweldigend, ongeag die feit dat hy openhartig en deursigtig opgetree het.

Nadat die krygshof oor die saak besin het, is uitspraak die middag omstreeks 14:30 gelewer. De Kock is skuldig bevind aan hoogverraad en landdros Joubert het die doodstraf oor hom uitgespreek.[29]

'n Aantal burgers het 'n petisie ten gunste van De Kock se begenadiging geteken waarin aangevoer is hy was die slagoffer van sy eie misplaaste oortuiginge. In wese is dieselfde vergeefse argumente geopper as wat De Kock in sy pleidooi in die verhoor gebruik het.[30]

Die waarnemende staatspresident, Schalk Burger (pres. Paul Kruger was reeds landuit), en die uitvoerende raad het die doodsvonnis bekragtig. Viljoen is beveel om toe te sien dat die teregstelling uitgevoer word. Op sy beurt het Viljoen vir genl. Chris Muller opdrag gegee om die vonnis uit te voer. Dit is opvallend dat nie een van die generaals direk met die teregstelling gemoeid wou wees nie en doelbewus daardie verantwoordelikheid probeer vermy het.[31]

Twaalf dae na die vonnisoplegging is De Kock onder begeleiding van 'n sterk gewapende wag per wa na Viljoen se laer op die plaas Windhoek, noordwes van Dullstroom, geneem vir die voltrekking van die vonnis. Viljoen merk daaroor op: "Needless to say I was much grieved to receive this order, but as it had to be obeyed I thought the sooner it was done the better for all concerned."[32] Muller het later in sy herinneringe geskryf: "Dit was vir my 'n baie pynlike taak . . . ons staan toe almal onder krygswet en orders moet uitgevoer word."[33]

Toe Muller De Kock 12 Februarie 1901 meedeel dat hy dieselfde dag om 16:00 gefusilleer sou word, het De Kock wanhopig probeer wal gooi en gesê dit is te kort kennisgewing. Ds. J.M. Louw[34] is by hom gelaat om hom die laaste paar uur voor die teregstelling geestelik by te staan. In dié tyd het De Kock vir sy vrou 'n brief geskryf, wat na sy dood aan haar besorg is.[35]

Oor die samestelling van die vuurpeloton skryf Roland Schikkerling in sy oorlogdagboek:

> Later die aand roep veldkornet Meyburgh vir Slabberts, Charlie Theron en vir my eenkant om ons mee te deel dat Meyer de Kock se doodsvonnis bekragtig is en dat ons onderling 'n man moet afvaardig vir die vuurpeloton. Waar daar geen strenge militêre reëls bestaan nie, en sake meesal aan die vrye wil van die burgers oorgelaat word, is dit bra moeilik om een van jou manne met so 'n taak te belas. Charlie deel ons mee dat hy 'n kêrel in sy seksie het wat moontlik nie sal teenskop nie. Ons tref hierdie man aan waar hy besig is om kaart te speel in die lig van 'n vuurstomp en hy verklaar hom bereid om die opdrag uit te voer, aangesien hy besef dat dit sy plig is, voeg hy by. Ons is dankbaar om van die taak ontslae te wees.[36]

Op die dag van die teregstelling was Viljoen en Muller, waarskynlik tot hul verligting, betrokke in 'n verbete geveg met 'n Britse kolonne daar naby, dus kon hulle bywoning van die teregstelling vryspring. Vdkt. J.J. (Jack) Pienaar van die Johannesburgse Polisiekommando is inderhaas van die gevegsfront na die laer teruggestuur om die taak uit te voer. Daaroor het Muller opgemerk: "Dit was vir my 'n groot verligting dat ek nie nodig gehad het om self die vonnis te voltrek nie."[37]

Viljoen beweer die vuurpeloton het uit 12 man bestaan, terwyl Schikkerling van tien en Muller van agt man praat.[38] Volgens Muller het hy opdrag gegee dat vier gewere met dodelike ammunisie en vier met loskruit gelaai word sodat "niemand moet weet wie die gelaaide gewere afskiet nie".[39]

Schikkerling was nie by nie omdat hy aan die geveg met die Britse mag deelgeneem het, maar gee dié beskrywing op grond van wat later aan hom vertel is:

> Hy (De Kock) het verkies om die halfmyl vanaf die Polisielaer te stap, liewer as om in die kar te ry. Daar het hy by sy oop graf saam met ds. Louw gebid. Sy stem het nie gebewe en sy spiere ook nie geruk nie. Geblinddoek het hy op die rand van die oop graf gestaan soos iemand wat 'n skare wou toespreek. Tien man met gewere, party met loskruit gelaai, het voor hom stelling ingeneem. Toe hulle die gewere lig het hy sy arms opgetel en sy hande op sy heupe laat rus om die dood in te wag. Ons artillerieluitenant, aan wie alle sake toevertrou is wat militêre vertoon vereis, het die bevel gegee: "Vuur!" Agt gewere het soos een geknal, met die ander twee 'n breuk van 'n sekonde later. Meyer de Kock het half bolmakiesie geslaan en op sy gesig neergestort in sy graf. Sekondes later, nadat vasgestel is dat hy dood is, is sy liggaam, nog warm, toegegooi. Dis aaklig om te sien hoedat grond op hierdie manier regstreeks opgehoop word op 'n dooie man se gesig. Die grond sommer so op die liggaam is 'n beklemmende gedagte.[40]

'n Ander burger was lakonies oor die gebeure: "Ene Van der Walt van die plaaslike wag murmureer daaroor dat sulke goeie skoene, wat hy baie nodig het, begrawe moet word saam met 'n tereggestelde man."[41]

In sy dagboek maak ds. J.M. Louw 'n kort aantekening: "12-2-01 Den Heer M. de Kock bezocht... 5.40 re den Hr. M. de Kock gordijn gevallen."[42]

Volgens dr. Menning, die geneesheer van die Johannesburgse Polisiekommando wat tydens die teregstelling teenwoordig was, het die dood onmiddellik ingetree. Op die doodsertifikaat wat hy op 19 Februarie 1901 uitgereik het, verklaar hy drie koeëls het De Kock in die bors getref, waarvan een deur die hart was.[43]

Muller het in sy herinneringe opgemerk De Kock was " 'n waardige, vooruitstrewende en beminde man van goeie familie".[44] Die mening is deur minstens twee Afrikaanse historici beaam wat De Kock se lewe ondersoek het.[45] Een van hulle, J.L. Hattingh, het egter in sy navorsing oor De Kock bevind daar was meer as net 'n suggestie dat Kitchener hom sou "beloon" as hy burgers kon oorreed om hul wapens neerlê. De Kock kon dié aspek natuurlik nie tydens sy verhoor opper nie. Die enigste "beloning" wat gevind kon word, was nie materieel van aard nie. Klaarblyklik het Kitchener belowe dat De Kock se skoonseun, Von Dresselt, na Suid-Afrika teruggestuur sou word. 'n Mens kan seker redeneer daar was nie veel verkeerd met so 'n versoek nie, behalwe dat dit bevoordeling bo die ander krygsgevangenes sou meebring. De Kock se dogter het later groot gewag daarvan gemaak en daarop aangedring dat haar man op sterkte van daardie belofte aan haar pa na Suid-Afrika teruggebring word. Dit is gedoen, maar hy het Suid-Afrika waarskynlik eers na vredesluiting bereik, nadat hy langer as 18 maande in ballingskap was.[46]

Meyer de Kock wek nie die indruk van iemand wat uit eersug opgetree het nie. Waarskynlik was hy 'n komplekse persoon wat ongeag teenkanting aan sy eie oortuigings vasgehou het. Voor die oorlog was hy by tye 'n omstrede figuur. In 1893 was hy as kandidaat in 'n verkiesing vir die vrederegterskap van die nuwe dorp Belfast betrokke. Hy het die verkiesing verloor, onder meer omdat die kiesers eerder iemand wou verkies wat 'n groter vaderlandsliefde openbaar. In die lig van die latere gebeure is dit as "veelseggend en moontlik profeties" beskryf.[47] In 1895 het De Kock in 'n twis met die plaaslike vrederegter betrokke geraak. Dié het De Kock by die regering van onder meer kwaadwilligheid, jaloesie en moeilikheidmakery beskuldig.[48]

Nietemin blyk dit De Kock was 'n welsprekende, ambisieuse en selfs opportunistiese mens wat in sekere opsigte bo die gemiddelde burger in Oos-Transvaal uitgestaan het. Deur die aard van sy verskeie ampte van onder meer landkommissielid, posagent, vendusie-afslaer, grondwaardeerder en huweliksbevestiger moes hy 'n wye mensekennis opgedoen het. Hy was 'n bekende in sy omgewing waar hy genoeg aansien en gesag gehad het om leiding te kon gee. Hy kan as iemand beskou word wat die burgers kon beïnvloed.[49] Uit sy boedel wil dit voorkom asof hy 'n gemiddelde batebe-lang gehad het.[50]

De Kock, die vyfde kind van Servaas Nicolaas en Catharina Maria de Kock, is na sy eerste vrou, Anna Maria (gebore Pienaar), se dood weer ge-troud, met Aletta Elizabeth (gebore Vandeventer). Drie kinders is uit die eerste huwelik gebore en 'n dogtertjie uit die tweede.[51]

Alles dui daarop dat De Kock die belange van sy gesin ter harte geneem het. Na sy dood het sy weduwee aansoek gedoen om met hul dogtertjie by haar familie op Adelaide in die Kaapkolonie te gaan woon. Die versoek is op die koste van die Britse owerheid toegestaan. De Kock se oudste dog-ter het in die konsentrasiekamp op Belfast beland, waar sy na haar broertjie moes omsien.[52] Jare later is 'n grafsteen op sy verlate graf naby Dullstroom opgerig met die woorde: "Ter herinnering aan ons geliefde vader."

Die gebeure het 'n verdere wrange nadraai van Afrikaner-ontrouheid ingehou. Dit is meer as ironies dat landdros Joubert, wat die doodsvonnis uitgespreek het, hom net meer as drie maande na die teregstelling aan die Britte oorgegee het. Joubert word die volkome verraaier as hy met die hoed in die hand op 22 Mei 1901 aan Kitchener skryf: "May I have the honour to address your Lordship, to inform you that I have surrendered because I conscientiously consider that any further resistance is hopeless & in my opinion criminal. I have applied to the secretary to the administration to reenter the service & hope to be as true to the new Government as I have been to the old."[53]

Joubert draai nie net sy rug op die vryheidstryd deur na die vyand oor te loop nie, maar bied sy dienste onvoorwaardelik aan hulle. Hy wou sy eie posisie duidelik deur sy oorgawe beveilig. Vir die voortvegtendes moes sy optrede totaal onverskoonbaar en verraderlik gewees het.

Daarteenoor staan De Kock grootliks as 'n tragiese figuur. Al het hy hom aan hoogverraad skuldig gemaak, is die aanduidings daar dat hy dit uit die moed van sy oortuiging gedoen het. Hy was egter uiters naïef om dit man alleen sonder enige beskerming na die Boerelinies te waag. Tog getuig dit van 'n openlikheid en moontlik selfs 'n element van altruïsme, waarin daar nie 'n verskuilde agenda was nie. Dalk is sy optrede deels deur 'n pasifistiese uitkyk geïnspireer. De Kock staan verwyderd van die joiners omdat hy nie soos hulle fisiek wapens teen sy volksgenote opgeneem het nie. Die morele verwytbaarheid van De Kock se optrede is in dié opsig

aansienlik minder as dié van die joiners en ander verraaiers wat met agter-
bakse en gewetenlose motiewe vir eie gewin opgetree het.

Kitchener wou die hele aangeleentheid rondom De Kock se teregstel-
ling laat ondersoek en het kortweg en onsimpatiek teenoor Joubert met 'n
nota gereageer:"Full enquiry into De Kock's sentence and execution should
be made. Mr Joubert better be sent here. . ."[54] Daar kon nie vasgestel word
wat verder in die oorlog uiteindelik van Joubert geword het nie.

J.J. MORGENDAAL

✝ *19 Januarie 1901 (weens wonde opgedoen op 9 Januarie 1901), distrik Lindley*

A.B. WESSELS

Vonnis nie voltrek nie

Genl. Christiaan de Wet het 'n direkte opdrag gegee dat die vredesgesant
Johannes Jacobus Morgendaal summier doodgeskiet moes word. Morgen-
daal (30) het beswyk weens die skietwond wat hy opgedoen het. Hoewel
die dramatiese voorval in De Wet se teenwoordigheid plaasgevind het, ver-
wys hy nie in sy bekende werk, *De strijd tusschen Boer en Brit*, daarna nie.[55]
'n Mens kan net bespiegel oor hoekom 'n vreeslose en beginselvaste per-
soon soos De Wet dit nie doen nie. Moontlik was hy bloot minagtend oor
die voorval. Dit was bekend dat hy 'n onbeheerste haat teenoor verraaiers
gehad het.[56]

Morgendaal was voor die oorlog 'n vooraanstaande en bekende persoon-
likheid van die Kroonstad-omgewing. Hy was onder meer spesiale vrede-
regter vir die wyk Onder-Valsrivier en skriba van die NG Kerk. Toe die
Boeremagte Griekwaland-Wes aan die begin van die oorlog binneval, het
hulle die Kaapse magistraat in Barkly-Wes ontsetel en Morgendaal in sy
plek as die republikeinse landdros aangestel. Sy jurisdiksie het oor die hele
Griekwaland-Wes gestrek, waar hy as veldkornet en vrederegter kon op-
tree. Die vertroue wat die Vrystaatse regering in hom gestel het, getuig van
die wye magte wat aan hom toegeken is. Hy kon vrederegters en dergelike
amptenare aanstel, oortreders laat arresteer en straf. Daarbenewens het hy
wye administratiewe magte gehad. Met die republikeinse magte se ontrui-
ming van die gebied is hy terug na Kroonstad, waar hy nog 'n tyd lank in
diens van die Vrystaatse regering gestaan het.

Morgendaal moes teen middel 1900 uitermate moedeloos met die republikeinse oorlogspoging geword het, want hy gee hom nie net aan die Britte oor nie, maar lê die eed van getrouheid as Britse onderdaan af. Sy totale ommeswaai van lojaliteit kom ten volle tot uiting toe die Britte hom in Julie 1900 as vrederegter in hul administrasie op Kroonstad aanstel. Anders as wat soms aangeneem word, was Morgendaal nie juis 'n welgestelde man nie. Sy vrou, Sophia Ellen, se pa, Barend Johannes Swart Wessels, was besonder welgesteld. Met die uitbreek van die oorlog woon die Morgendaal-egpaar met hul twee dogtertjies en seuntjie op een van haar pa se plase, Grootvlei, in die distrik Kroonstad. Morgendaal het hom op die plaas aan 'n Britse afdeling oorgegee. Weens dreigende optrede deur die republikeinse burgers teen hom het hy na Kroonstad gevlug, waarna hy in Britse diens getree het.[57]

'n Ander Wessels, die 60-jarige Andries Bernardus, is tipies van die bejaarde republikeinse volksraadslede wat voor die uitbreek van die oorlog ten gunste van die oorlogsverklaring was, net om gedurende die stryd hul rug op die republikeinse saak te draai. In Julie 1900 het hy hom aan die Britte oorgegee.[58] Wessels was 'n welgestelde man met uitgebreide boerderybelange in die Kroonstad-omgewing.[59]

Sowel Morgendaal as Wessels was daarvan oortuig dat die voortsetting van die oorlog geen doel gedien het nie. Hulle het verder gegaan en deel van die Kroonstadse burgervredeskomitee geword. As vredesgesante vertrek hulle op 28 Desember 1900 vrywillig na Christiaan de Wet se laer om die vredesgedagte uit te dra. Soos in die geval van hul Transvaalse eweknieë spreek Morgendaal en Wessels se optrede van naïwiteit oor die vegtende burgers se vasberadenheid. Hulle het ook nie ver gevorder nie toe 'n Boere-patrollie onder leiding van kmdt. C.A. van Niekerk[60] hulle gevange neem. Op 6 Januarie 1901 het hulle voor 'n krygshof onder leiding van genl. Stoffel Froneman[61] verskyn. Die uitspraak is voorbehou en na 'n hoër hof verwys. Daarna was hulle verplig om 'n kommando van genls. De Wet en Froneman te vergesel.[62]

Morgendaal en Wessels is uitdruklik gewaarsku om nie sonder toestemming weg te beweeg van die wa wat hulle vervoer het nie, anders sou hulle geskiet word.[63] Die oggend van 9 Januarie 1901 was hulle op die plaas Nobelsfontein in die Kroonstad/Lindley-omgewing toe 'n swart man berig dat 'n Britse mag in aantog was. Later het dit geblyk die man het hom misgis en dat dit inderwaarheid die kommando van genl. Philip Botha[64] was.[65] Die vals alarm het nietemin 'n beroering onder die burgers veroor-saak wat inderhaas gereed gemaak het om pad te gee. Oor wat daarna gebeur het, het 'n groot aantal ooggetuieverslae en ander primêre bronne bewaar gebly.[66] Ondanks die uiteenlopende aard daarvan kan die volgende as die mees waarskynlike weergawe van die gebeure beskou word:

Morgendaal het hom ooglopend nie aan die beroering in die laer ge-steur nie en doelbewus van vertragingstaktiek gebruik gemaak. Hy het sy handdoek geneem en na 'n sloot met water sowat 30 treë van die wa geloop om te was. "Morgendaal stond zijn handen te wasschen en keek lachende naar het voor een toeschouwer ongetwijfeld vermakelijk tooneel."[67] Fro-neman, wat reeds op sy perd was, het Morgendaal herhaaldelik versoek om daarmee op te hou en die wa te gaan help inspan. Morgendaal het hom nie daaraan gesteur nie en Froneman uittartend geantwoord: "Ik ben geen Hottentot."[68]

Daarmee was Froneman se geduld op en het hy Morgendaal met sy sam-bok bygedam. In die proses kon Morgendaal die sambok uit Froneman se hande ruk. Terselfdertyd het De Wet, wat die gebeure op sy perd gade ge-slaan het, vir Froneman geskreeu: "Generaal, skiet hom op die plek dood!"[69]

Onmiddellik daarna het Froneman sy kortgeweer uit die geweersak ge-haal en Morgendaal geskiet. Die koeël het hom onder die linkerskouer getref waarna hy inmekaar gesak het, "hygend na asem, met bloed wat by sy mond en neus uitspuit".[70]

Dit is aan Okkie de Villiers, wat as mediese ordonnans by De Wet se kommando diens gedoen het, opgedra om na die dodelik gewonde Mor-gendaal om te sien. Kort na die oorlog skryf De Villiers in sy herinneringe: "Ik had medelijden met den armen man en behandelde hem zoo goed mogelijk, maar hij leed vreeselijke pijnen." De Wet het nie veel simpatie met Morgendaal se lot betoon nie en geweier dat hy na die hospitaal in Lindley geneem word. De Villiers skryf verder: "Zoo verbitterd was Ge-neraal de Wet op de landverraders, dat zelfs de wagen met den gewonde niet in zijne nabijheid mocht komen. Hij verhinderde mij evenwel niet, den gewonde zoo goed mogelijk te verplegen." Daarna het De Wet toe-gelaat dat De Villiers agterbly om Morgendaal op 'n naburige plaas te ver-pleeg totdat die Boeregeneesheer dr. Pontsma opgedaag het om verder na hom om te sien. "De arme man sprak veel over zijne vrouw en kinderen. Het was hard voor hem, zoo uit leven te scheiden."[71]

Intussen is Morgendaal se vrou laat haal en sy bereik hom waar hy op sy
sterfbed lê. Hy is tien dae na die skietvoorval op 19 Januarie 1901 oorlede.[72]

Op 10 Januarie 1901, die dag na die skietvoorval, het Andries Wessels op
'n aanklag van hoogverraad voor 'n krygshof verskyn waarvan De Wet die
voorsitter was. Met slegs een teenstem uit die 25 offisiere waaruit die hof
saamgestel is, is Wessels skuldig bevind en ter dood veroordeel.[73] Volgens
De Wet se seun Izak het Wessels 'n patetiese verweer geopper, naamlik dat
hy saam met Morgendaal rondgery het omdat hy kennis van die omgewing
gehad het en nie regtig geweet het wat die doel van hul reis was nie.[74]

Soos met ander gevalle waar Boereverraaiers ter dood veroordeel is, het
ook vriende van Wessels 'n petisie opgestel waarin hulle om genade ge-
pleit het. Die petisie is aan pres. Steyn voorgelê, wat besluit het om nie die
vonnis te bekragtig nie – klaarblyklik weens Wessels se ouderdom en omdat
hy in daardie stadium onskadelik was. Vir die daaropvolgende sewe maande
is hy by die Boeremagte aangehou voordat 'n Britse afdeling hom op 7 Au-
gustus 1901 bevry het.[75] Izak de Wet beweer Wessels is op bevel van genl.
De Wet na die Britse garnisoen op Kroonstad teruggestuur. Eers het die
penkoppe wat hom begelei het hom " 'n gedugte loesing" gegee.[76]

Die dood van die twee vredesgesante het 'n redelike opskudding in
Britse geledere veroorsaak, anders as wat normaalweg die geval met Boere-
verraaiers was.

In die De Kock-geval wou Kitchener 'n geregtelike ondersoek instel.
Nadat die Britse militêre regsadviseur bevind het daar was geen regsgronde
vir vervolging nie, het Kitchener verdere optrede laat vaar.[77] Oor die Mor-
gendaal-geval het hy heelwat navrae gedoen en uiteindelik tot die gevolg-
trekking gekom dat die voorval moontlike strafbare manslag daarstel en
die aangeleentheid toe ook daar gelaat.[78]

In Suid-Afrika het die jingoïstiese pers 'n eensydige weergawe van die
gebeure gegee. Daar kan byvoorbeeld nie waarde geheg word aan die ver-
draaide feite van 'n berig oor die Morgendaal-voorval wat in die anti-
republikeinse *The Bloemfontein Post* van 26 Februarie 1901 verskyn het nie.
In Brittanje was die beriggewing eweneens vol partydige woede. De Kock
se dood moes gewreek word: "This cold-blooded record of a terrible crime
will cause a shudder. But, if the British authorities allowed this man to go
forth to his doom, was it not their duty to avenge him, if, as was the case,

he was treacherously murdered? Was not the honour of an army and a nation involved?"[79]

Morgendaal se dood is as niks anders as moord beskou nie:

> His blood cries to the British nation from the ground. There was no possible excuse for his murder, much less for the added torture. To flog a man before killing him is an act of such barbarity that civilised beings shudder at the very thought of it. The Chinese and Red Indians torture their prisoners before execution, but we do not expect such things from a people who profess the religion of Christ, who read the Bible, and who pray to the Christian's God. The crime was something worse than murder; it was murder, coupled with treacherous violation of the white flag, and preliminary torture; it was murder of an envoy – of a person sacrosanct.[80]

Daarteenoor het die pro-Boere-beweging in Brittanje die dood van die vredesgesante geregverdig:

> They were renegades secretly trying to seduce the men from their allegiance, to persuade them to desert their leaders and their flag. Imagine some Irish regiment encamped; imagine the odds against them; conceive of some Irishman who hated England finding his way amongst the men by night, and seeking by every art which he could employ to get the men to desert! Conceive of him setting himself to corrupt the men. What mercy would be shown him by a British General if he was caught redhanded? Precisely the mercy which was shown these spies and traitors by the Boer General De Wet.[81]

Dié oordele vanuit die Engelssprekende wêreld gee 'n interessante insig in wat in die openbare psige van die Britse gemeenskap oor hul betrokkenheid in die oorlog in Suid-Afrika aangegaan het.

'n Ondersoek van Afrikaanse geskiedskrywing oor die twee voorvalle wys historici kon nie regverdiging vir De Kock en Morgendaal se optrede vind nie. Vyf dekades na die voorvalle het Izak de Wet steeds sy minagting teenoor hulle uitgespreek. Vir hom was hulle daar om die "Engelsman se vuil en smerige werk te doen" en is daar van hulle "gebruik gemaak om 'n gemene en verraderlike daad te pleeg".[82]

Die vredesbeweging was van meet af aan tot mislukking gedoem. Omdat die vredeskomitees van die standpunt uitgegaan het dat vrede net onder die Britse vlag voltrek kon word, was hul voorstelle vanuit die staanspoor onaanvaarbaar. Daar is selfs die mening dat die beweging die omgekeerde uitwerking gehad het deurdat dit die vegtendes tot groter volharding aangespoor het.[83] Deur slegs die stoflike belang van die beëindiging van die oorlog te beklemtoon het die vredesbeweging nie tot die harte van die voortvegtende burgers deurgedring nie. Met die mislukking van die vredesbeweging het Kitchener soortgelyke pogings voorlopig prysgegee. In die plek daarvan was sy aandag voortaan gevestig op die hulp wat die hendsoppers op militêre gebied aan die Britse oorlogspoging kon bied. Dit het uiteindelik tot die stigting van joinerkorpse soos die National Scouts in Transvaal en die Orange River Colony Volunteers in die Vrystaat gelei.

Die vredesbeweging het 'n ander belangrike teikenmark heeltemal gemis – die Afrikanervroue. Die rol van die vroue wat in volharding van die stryd geglo het, kan nie onderskat word nie. Hul invloed met die voortsetting van die stryd was enorm. Sonder hul wilskrag kon die burgers op kommando kwalik met die stryd voortgaan. As die vredesgesante veral begin 1901 die oorlogspoging wou ondermyn, sou hulle noodwendig ook die onversetlike Boerevroue moes teiken, wat hulle klaarblyklik nie gedoen het nie.

Vir die historikus J.L. Hattingh was die gebeure rondom die vredesgesante 'n keerpunt:

> As 'n mens hierdie gebeure in perspektief probeer sien, dan kan jy nie anders as om dit as 'n keerpunt in die verloop van die oorlog te beskou nie. Dat daar al van die begin van die oorlog af Boere was wat by tye gevoel het dis beter om hulle lot maar aan die Engelse kant in te werp, is in die geval van Meyer de Kock tot 'n punt gedryf. Daar is voortdurend van sulke Boere se kragte gebruik gemaak, op hulle samewerking gesteun en erger nog: hierdie verskynsel is doelbewus aangewakker en tot sy uiterste toe beproef. Nie net is hierdie verdeeldheid in Afrikanergeledere geaksentueer nie, maar eintlik dieper oopgekloof totdat dit gelei het tot verbitterde bittereinders, volharders, getroue burgers wat hulle self as die eintlike en ware Afrikaners beskou het en aan die anderkant die sogenaamde hensoppers, oorlopers, verraaiers en uitgestotenes.[84]

In historiese perspektief moet in gedagte gehou word dat teen die tyd toe die vredesbeweging ontstaan het, daar reeds 'n onbekende aantal joiners by die Britse leër doenig was en dat 'n aantal teregstellings van verraaiers reeds voor die beweging plaasgevind het.

II

"Net zoon Afrikander als jy"

H.J. DE BRUYN, N.J. KOTZEE, J.B KOTZEE, T.D. WASSERMAN
✝ *29 Oktober 1901, Hoopstad*

J.T. ADENDORF
Vonnis nie voltrek nie

"Dit was die swaarste dag van my lewe," het die bevelvoerder van die vuur-peloton wat dié vier joiners moes teregstel, ses dekades later nog gesê.[1]

'n Mens staan verslae voor die volle omvang van dié tragedie.[2] 'n Bitter-einderpa se twee verraaierseuns is gefusilleer deur burgers van dieselfde kommando waaraan hy behoort het. Dit moes 'n hartverskeurende toneel gewees het toe hy hulle voor die teregstelling gaan groet het. Wat dit verder vererger, is dat hul jong penkopboetie die trauma saam met sy pa deurge-maak het.[3]

'n Afrikanerma stuur haar 14-jarige seun met die opdrag om daardie teregstelling by te woon, sodat hy kan sien wat met troueloses gebeur wat hul volk verraai.[4] Die ma se optrede is vandag moeilik verstaanbaar. Of was die wrewel teen Afrikanerverraaiers uit die bittereindergeledere so intens dat haar optrede histories verklaarbaar is?

Die teregstelling van een van die vier verraaiers versinnebeeld die diepe verdeeldheid onder Afrikaners in dié tyd. Hy sterf voor die vuurpeloton 'n verraaierdood, terwyl sy broer etlike maande vantevore die hoogste offer vir sy volk gebring het toe hy in 'n geveg met die Britte gesneuwel het.[5]

Die tragedie het sy begin met vyf Afrikaners, almal van die Winburgse dis-trik, wat by die Burgher Police aangesluit het. Dit was 'n plaaslike korps van gewapende joiners wat in die Vrystaat deur die Britse militêre owerhede tot stand gebring is. Die Burgher Police is in verskillende afdelings verdeel, wat meestal in hul eie gebiede opgetree het, hoewel die lede soms gidse vir Britse kolonnes was. Daardie joiners het vyf sjielings per dag as soldy ontvang. By geleentheid het hulle ook die Boere se vee help buit, waarna 'n gedeelte van die opbrengs aan hulle uitbetaal is.[6] Dit het van hulle vrybuiters gemaak.

Dit was vroeg in September 1901 toe die vyf joiners van die Burgher Police naby Smaldeel (destyds 'n spoorweghalte in die Winburgse distrik en tans die dorp Theunissen) deur burgers van kmdt. J.S. Theron se kommando gevang word.[7] Die aand het hulle saam met 'n Britse kolonne uitgetrek met die doel om vee te buit. Die volgende dag onderskep die burgers hulle sowat twee myl buite Smaldeel. Die Britse soldate het op die vlug geslaan, maar die vyf joiners se perde was nie sterk genoeg om van die burgers weg te kom nie en hulle is van agter ingejaag en gevange geneem.[8] Die vyf joiners verteenwoordig 'n wye spektrum ouderdomsgroepe en sommige was aan mekaar verwant.

As 51-jarige was Theodorus Daniel Wasserman die oudste van die vyf gevange joiners. Die Wasserman-familie het hulle omstreeks 1885 permanent op die plaas Winterhoek in die Winburgse distrik gevestig.[9] Soos die geval met 'n groot groep burgers was, het Wasserman waarskynlik belang in die republikeinse oorlogspoging verloor nadat Britse troepe Bloemfontein en die ander dorpe in die Vrystaat beset het. Selfs die gevangeneming en onredelike verbanning van sy nie-vegtende 19-jarige seun (ook Theodorus Daniel) deur die Britte het hom nie van sy siening laat afwyk nie (dit was nie ongewoon van die Britte om hendsoppers in krygsgevangenskap weg te stuur nie).[10]

Twee van die joiner se ouer broers het aan die Boerekant geveg. Hercules Petrus Wasserman het as lid van die Reitz-afdeling van genl. Rooi Magiel Prinsloo se Bethlehem-kommando op 3 Augustus 1900 tydens 'n veldslag by Van Vuurenskloof in Wes-Transvaal gesneuwel.[11] Hendrik Jeremia Wasserman is op 30 Julie 1900 tydens genl. Marthinus Prinsloo se oorgawe by die Brandwaterkom naby Fouriesburg gevange geneem en na die Diyatalawa-kamp in Ceylon gestuur. Om een of ander rede ontvang hy voorkeurbehandeling van die Britse owerhede en word voor die einde van die oorlog na Suid-Afrika teruggestuur. Na net een dag in die konsentrasiekamp op Brandfort is hy op 16 Januarie 1902 ontslaan.

Die verdeeldheid in die Wasserman-familie is nie met hul nageslag bespreek nie, dus het die gebeure rondom die teregstelling van een van die broers in vergetelheid verval. Eers betreklik onlangs en na genealogiese navorsing deur 'n nasaat van die familie het sekere feite aan die lig gekom.[12]

Hendrik Jeremia (soms Jeremias gespel) de Bruyn was ten tyde van sy teregstelling nog nie 18 jaar oud nie. Genealogiese navorsing toon hy is op 9 Desember 1883 gebore. Hy was die seun van Hendrik de Bruyn en Barbara Aletta Wilhelmina de Bruyn van die plaas Taaibosspruit in die distrik Winburg.[13] Geen verdere inligting kon oor hom opgespoor word nie.

Volgens prof. G.J.F. de Bruyn van Stellenbosch, wat die *De Bruyn-geslagsregister* in 1986 opgestel het, het 'n broerskind die identiteit van die tereggestelde bevestig. Na soveel dekades "was dit duidelik nog 'n pynlike saak".[14]

'n Nasaat van die Wasserman-familie het aangedui dat Hendrik Jeremia de Bruyn familie van die joiner Wasserman was. Wasserman se ma was 'n nooi De Bruyn en haar pa was Hendrik Jeremia de Bruyn (soos een van die joiner se broers).[15]

Die broers Nicholaas (soms Nicolas gespel) Jacobus en Johannes Burger Jacobus Kotzee van die distrik Winburg was deel van 'n gesin van tien kinders. Hul pa, Nicolaas Jacobus Kotzee, was die eienaar van die plaas Kotzeevlei in die wyk Vetrivier waar sy broer met sy agt kinders ook gewoon het. Van daardie kinders was getroud, wat beteken die plaas het met die uitbreek van die oorlog verskeie gesinne gehuisves.[16]

Die mans van die Kotzee-familie verteenwoordig 'n merkwaardige kaleidoskoop van verraaiers/joiners wat daadwerklik by die Britte aangesluit het en teen hul eertydse volksgenote geveg het, asook hendsoppers wat beskerming in die konsentrasiekampe gaan soek het, waar hulle eintlik maar gaan wegkruip en passief gebly het, maar ook bittereinders wat hul wapens eers na die vredesluiting neergelê het.[17]

Die oorlog het sy volle woede op die groot Kotzee-familie uitgestort. Baie van die familielede het in die konsentrasiekampe omgekom, terwyl twee broers die hoogste tol vir hul verraad betaal het.[18] Die meeste van die oorlewende Kotzees was na die verwoesting van die oorlog boonop brandarm.[19]

Regs: Die verraaier Christiaan Woite is tydens die Eerste Anglo–Boereoorlog in Potchefstroom deur die Boeremagte gefusilleer.

Onder: 'n Verraaier se laaste oomblikke. Dié skets is waarskynlik 'n voorstelling van Meyer de Kock se teregstelling. Uit *My Reminiscences of the Anglo-Boer War* deur genl. Ben Viljoen.

Bo: Frederick Koch, leier van "Koch's laager of surrendered burghers", is by dié plaashuis op Rooipoort naby Volksrust dood-geskiet deur die Boeremagte. Nege ander verraaiers, onder wie Koch se seun, Hendrik, is daar gevange geneem van wie vyf later aan verraad skuldig bevind en gefusilleer is.

Regs: Die sterk bewoorde graf-steen vir Hendrik Koch op die plaas Driefontein buite Wakker-stroom. Hy en die vier Brits-broers is aanvanklik saam in een graf begrawe nadat hulle deur die Boeremagte tereggestel is.

Ter
Gedachtenis van mijn teere
geliefde Echtgenoot
H. J. S. KOCH,
GEB. 7 NOV. 1868,
EN ZYN DOOD GESCHOTEN DOOR
GEN. C. BOTHA EN ZYN OFFICIEREN,
OP DE 26 JULY 1901.

GEZANG 184, v. 5.
"WAAR, WAAR IS DAN U ROOF O GRAF
WAAR DAN U PRIKKEL ZONDEN."

"HIER LEGGEN WY DE WAPENS AF
NA ZOO VEEL STRYD EN WONDEN
EN IS DE DOOD SLAAP EENS VOLBRACT
O JESUS VOOR DEN HEMEL."

Bo: Frederick Koch se laaste rusplek op die plaas Driefontein. Op sy grafsteen, wat intussen verwyder is, staan die woorde "Onschuldig dood geschoten".

Onder: Die plaashuis op Baltrasna naby Amersfoort waar Hendrik Koch en die vier Brits-broers aangekla en skuldig bevind is aan hoogverraad. Hulle is 'n paar honderd meter daar-vandaan tereggestel.

E.R.

No. 50/48

WHEREAS, at the time of the outbreak of hostilities between the Government of Her late Majesty Queen Victoria and the Governments of the late South African Republic and the late Orange Free State, I, the undersigned, *Hendrik Johannes van der Westhuizen*

of* *Ohrigstaat Dist Lydenburg*

now residing at *Brugspruit*

was a burgher of the South African Republic, and

WHEREAS the said South African Republic has been annexed to, and become part of, the dominions of His Majesty KING EDWARD THE SEVENTH; and

WHEREAS, I am desirous of formally claiming and securing all and sundry the rights and privileges of a British subject, which, by reason of the fact of annexation as aforesaid, I am now justly entitled to do;

NOW, THEREFORE, I hereby formally declare that I acknowledge myself to be a subject of His Majesty KING EDWARD THE SEVENTH, and I do sincerely promise and swear that I will be faithful and bear true allegiance to His Most Gracious Majesty, KING EDWARD THE SEVENTH, His Heirs and Successors according to law.

Hendrik Johannes X van der Westhuizen
his mark

Sworn and declared before me at *Middelburg*

this *12* day of *November 1901*

[signature]
....
Special Commissioner.

Links: Die eed van getrouheid aan die Britse koning wat joiners moes aflê.

Bo: 'n Voorstelling van hendsoppers wat die wapen neerlê. Uit *After Pretoria: The Guerilla War.*

Onder: Lord Kitchener spreek in Belfast 'n groep Boere toe wat hul dienste aangebied het vir die Britse magte. Uit *After Pretoria: The Guerilla War.*

Bo: Benewens Boereverraaiers is honderde ander mense gedurende die oorlog tereggestel. Hierdie is 'n voorstelling van 'n swart spioen wat in Mafeking deur die Britse magte tereggestel word. Uit *Black and White Budget*.

Onder: 'n Amptenaar van die Britse militêre owerhede in Cradock spreek die doodsvonnis uit oor die sewentienjarige Kaapse rebel, Johannes Petrus Coetzee.

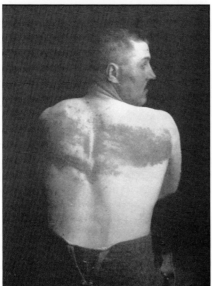

Bo: Joiner versus bittereinder: generaal Christiaan de Wet (regs) was een van die bittereinder-generaals, maar sy broer, Piet (links), het die vryheidstryd versaak deur by die Britse magte aan te sluit.

Links: Geen genade vir troueloses. Dié man, ene J. van der Merwe, is glo met 'n stiegriem bygedam nadat hy Republikeinsgesindes in die Kaap-kolonie probeer oortuig het om hulle oor te gee aan die Britse magte. Uit *After Pretoria: The Guerilla War.*

Na die oorlog is baie afvalliges verstoot deur hul gemeenskap. In die agterste ry word die gesig van 'n man wat ontrou was deur 'n getekende gordyn bedek. Die foto is van Johnnie Steytler en Emmie Fraser se bruilof in Augustus 1906 en hang in Onze Rust buite Bloemfontein waar die Vrystaatse president M. T. Steyn gewoon het. (Met vergunning: Colin Steyn)

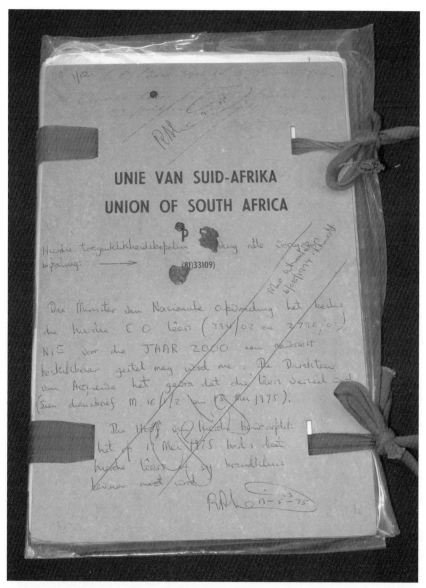

Daar is twee lêers in die Argief in Bloemfontein wat die name van verraaiers bevat. Op die omslag van die lêers is 'n instruksie van die minister van nasionale opvoeding gedateer 1975 wat navorsers toegang daartoe verbied tot die jaar 2000.

Onder: Robert Machlachlan se grafsteen. Sy dogter is waarskynlik ook in dié graf begrawe.

2563—10/8/01—15,000

[B. & D. 2.

E. **R.**

ORM OF INFORMATION OF A DEATH.

ARNING.—The penalties for false statements wilfully made are the same as those for perjury.
Anyone who loses a COMPLETED registration form is liable to a penalty not exceeding £2.

CEASED—

1. Christian Names and Surname — *William Robinson*
2. Sex — *male*
3. Usual Place of Residence
4. Age
5. Race — *European* — Birthplace (a)
6. Whether Single, Married, Divorced or Widowed
7. Occupation — *Conductor of Transport*
8. Date of Death — *19th October 1900*
9. Place of Death — *Fredrickstad*
10. Intended Place of Burial
11. Causes of Death — *Shot by boers*
11A. Duration of Last Illness
12. Medical Man's Name

ORMANT—

13. *Original* Signature [or Mark] — *J. M. Caddell Lieut Q-S Corps*
14. Qualification — *Officer Commanding 29 Company Q-S Corps*
15. Residence — *Klerksdorp Transvaal*

Signed in my presence on this .... day of .... 1..........

....Witness

space intended for reports signed before J.P.'s,
Medical Men, and Ministers of Religion.)

The following spaces are reserved for the use of Assistants for Urban Areas, and of the Registrar.
No one else should fill them up.

Registered..190 . Sub-district of.................................

adure).. Assistant Registrar (Urban Areas).

N REGISTERED ....190 . DISTRICT OF...............................

Bo: Die sterfkennis van Willie Robinson van Frederikstad wat as 'n betaalde gids vir die Britse magte gewerk het. Sy oorsaak van dood word aangegee as "shot by Boers".

Links bo: Die vyf "verraaiergrafte" in die ou begraafplaas op Klerksdorp. Van regs is die grafte van Ronald Boyd, Robert Machlachlan, Jacobus Theunissen en Henry Ahrens wat tereggestel is. Willem Ahrens, wie se doodstraf versag is, is in die vyfde graf begrawe. Hy het nie die oorlog oorleef nie.

Bo links: Die vredesgesant Meyer de Kock wat deur die Boeremagte aan hoogverraad skuldig bevind is en tereggestel is naby Dullstroom.

Bo regs: Landdros Gideon Joubert wat die doodstraf oor Meyer de Kock uitgespreek het, maar enkele maande later self sy dienste aan die Britte aangebied het.

Onder: 'n Afdeling National Scouts met hul leier A.P. Cronjé (voor regs op 'n perd). Hy was 'n Boeregeneraal voordat hy aangesluit het by die Britse magte.

Regs: Veldkornet Gert Wessels (regs) en sy broer, Tewie. Gert Wessels was in beheer van die vuurpeloton wat vier joiners naby Hoopstad tereggestel het. Tewie Wessels het gesneuwel tydens die slag van Windhoek by Vanrhynsdorp toe die verraaier Lambert Colyn gevange geneem is.

Onder: Die kruithuis by Hoopstad waar joiners aangehou is voordat hulle daar naby tereggestel is.

Bo: Veldkornet Evert van Niekerk by die masjiengeweer wat hy ontwerp en gemaak het. Hy het bevel gevoer tydens die summiere teregstelling van die joiner Hermanus Knipschild van die distrik Ficksburg en hy word ook verbind met die summiere teregstelling van George Mousley van die distrik Bethlehem.

Onder: Die ou tronk op Ficksburg waar die joiner George Mousley glo voor sy summiere teregstelling op 22 November 1900 aangehou is.

Links: George Mousley

Onder: Mousley se vrou, Susan, se verbittering blyk duidelik uit die woorde wat sy op sy grafsteen laat aanbring het.

ERECTED BY SUSAN MOUSLEY (NÉE BALLOT)
THE BELOVED WIFE OF
G.B.MOUSLEY,
OF "MADRID" DIST: BETHLEHEM,
WHO WAS SHOT IN COLD BLOOD NEAR FICKSBURG
NOV: 17TH 1900, AGED 37 YEARS.
"VENGEANCE IS MINE. I WILL REPAY SAITH THE LORD."
ROM.12.19.
A dear one from our sight is gone.
A voice we loved is stilled
A place is vacant in our home

Bo: Die verraaier Lambert Colyn het in die kombuiskaggel van dié ou opstal op die plaas Windhoek buite Vanrhynsdorp probeer wegkruip voordat rebelle hom daar gevind het.

Onder: Dié foto van die voormalige Boeregeneraal Hendrik Schoeman (heel links) is geneem terwyl hy saam met ander afvalliges in die Pietersburgse tronk aangehou is. Sy seun het sy pa in latere jare probeer verontskuldig deur onder andere daarop te wys dat hy met sy rug na sy medegevangenes staan.

Op grond van die beïnvloeding deur ouer gesag en sy jeugdigheid (hy was maar 18) is James Turner Adendorf se vonnis uiteindelik versag en sy lewe gespaar. Sy eie familielede het hom volgens alle aanduidings tot verraad aangespoor. Pres. Steyn het bevind veral sy pa het hom sterk beïnvloed. Sy oupa aan moederskant was David Arnot, die jare lange regsverteenwoordiger van die Griekwa-volk, wat bekend was vir sy vyandiggesindheid teenoor die Boere.[20]

Na hul gevangeneming is die vyf joiners na genl. C.C.J. Badenhorst[21] se kommando geneem en op die plaas Hartebeesfontein,[22] noordoos van Boshof, aangehou. 'n Sesde joiner, James Jay Eva (24), wat vroeër tydens 'n ander voorval by Christiana gevang is, is saam met hulle aangehou. Almal is op 14 September 1901 van hoogverraad aangekla en deur 'n krygshof verhoor. In sy oorlogsherinneringe, *Uit den Boeren-Oorlog*, noem Badenhorst dat sy kommando se krygsraad uit die volgende lede bestaan het: hyself as voorsitter, kmdt. J.J. Jacobs[23] as visevoorsitter en as lede kmdte A. Bester en P.R. Erasmus[24] en veldkornette P.G. du Plessis en W. Smit.[25]

Al het net 'n deel van die hofrekord bewaar gebly, is dit 'n insiggewende bron van die gebeure. Anders as ander bewaarde oorkondes van verraaierverhore gee dit ook die vrae in kruisverhoor weer. Dus werp dit 'n bietjie meer lig op hoe die saak gehanteer is. Die afleiding kan gemaak word dat die verhoor prosedureel en ordelik gehanteer is. Die beskuldigdes was egter onverteenwoordig, terwyl hulle aan die kruisverhoor van die verskillende lede van die krygshof onderwerp is.

Die joiners se verwere is ooglopend vals en onbeholpe. Uit die krygshoflede se kruisondervraging blyk hul paniek opmerklik te wees. Hul antwoorde is tipies van mense sonder uitkomkans wat deur die ergste lot in die oë gestaar word.

Een van die joiners maak 'n naïewe bewering dat hulle die eed van getrouheid geneem en daarna by die Britse mag aangesluit het met die uitsluitlike doel om by die eerste en beste geleentheid wat hom voordoen weer by die Boerekommando's aan te sluit. Dié getuienis word verrinneweer. Hulle kon nie bevredigend verduidelik hoekom hulle voor die aanstormende burgers weggejaag het nie. Die een verduideliking dat hulle probeer wegkom het omdat hulle bang was die burgers sou hulle skiet, rym nie met 'n ander weergawe dat hulle stilgehou het en hul agtervolgers ingewag het nadat hul Britse korporaal oor die bult verdwyn het nie. Voorts is toegegee hulle het nie die bedoeling om weer by 'n Boerekommando aan te sluit met mekaar bespreek nie – wat tog vanselfsprekend sou plaasgevind het as dit waar was.

Uiteindelik is die enigste rede waarom hulle gevang word die gehawende toestand van hul perde, wat boonop van die gejaag uitgeput is. Hulle is ook daarvan beskuldig dat hulle op die burgers geskiet het en dat minstens een van hulle sy vuurwapen op die burgers gerig het net voordat hulle gevang is. Die presiese betekenis van die beskuldiging dat hulle deur die Britte versoek is om teen 'n betaling van tussen £15 en £30 op die burgers te spioeneer, kon nie vasgestel word nie. Die hof het hul ongeloofwaardige versinsels verwerp.[26]

Die vyf joiners is in die konsentrasiekamp aangehou toe hulle vir die Burgher Police gewerf is. Volgens Badenhorst was vier van die vyf voorheen burgers wat aan die Boerekommando's verbonde was.[27] Hul verdere verweer dat hulle slegs in die hoedanigheid as veewagters vir die Britse leër opgetree het, is oortuigend weerlê. Die joiners het toegegee hulle het minstens vier keer saam met 'n Britse kolonne uitbeweeg met die doel om vee te buit. By een geleentheid is sowat 800 skape van die Boere aangekeer. Hulle het ook erken hulle het vergoeding daarvoor ontvang deurdat hulle met die verkoop van die vee in die opbrengste gedeel het, wat soveel as "de helft van de geld van buitvee" beloop het.[28]

Op 14 September 1901 is die deelsverhoorde saak tot 18 September uitgestel vir die getuienis van die burgers wat die joiners ingejaag en gevange geneem het. Badenhorst het genl. J.B.M. Hertzog[29] (voor die oorlog 'n Vrystaatse regter) op 15 September om regsadvies gevra. In die brief, wat deur 'n rapportryer deur die Britse linies na Hertzog geneem is, gee Badenhorst 'n relaas van die gebeure. Hy was duidelik besorg oor die erns van 'n doodsvonnis en wou die korrekte prosedure volg. Badenhorst het voorsien dat die joiners aan hoogverraad skuldig bevind gaan word, "mijn inziens verdienen zij allen de straf welke toegepast worden op Hoogverraad daar zij bepaald daaraan schuldig zijn. Ek zou dus graag willen en weten wat mij te doen staan met zulke personen."[30] Hertzog se antwoord kon nie opgespoor word nie.

Op 18 September 1901 word al vyf die lede van die Burgher Police asook James Eva aan hoogverraad skuldig bevind en ter dood veroordeel. Die

hofstukke is na pres. Steyn en die uitvoerende raad vir bekragtiging ge-
stuur. Hulle was aan die rondbeweeg in die Oos-Vrystaat om gevange-
neming deur die Britse kolonnes te ontduik.[31]

Intussen is die ses veroordeeldes van Hartebeesfontein na Bultfontein
geneem, waarna hulle na Hoopstad oorgeplaas is. Volgens oorlewering is
hulle in die ou kruithuis aangehou.[32]

Op 11 Oktober 1901 het Steyn en die uitvoerende raad op die plaas
Violet in die Bethlehemse distrik byeengekom en die doodstraf van Was-
serman, De Bruyn en die twee Kotzee-broers bekragtig, maar Adendorf
en Eva se vonnis is versag. In Adendorf se geval is sy jeug en sy pa se beïn-
vloeding in aanmerking geneem en sy vonnis so gewysig: "Dat James
Adendorf niet met den dood zal worden gestraft, maar dat hij in de gevan-
genis zal worden gehouden tot na den oorlog, met harden arbeid, zoals de
Asst. Hoofd Commdt. van tijd tot tijd zal bepalen, en dat hem 25 (Vijf en
Twintig) slagen met den stijgriem zal worden toegediend."[33] De Bruyn was
selfs jonger, maar dit het hom nie gehelp nie.

Die teregstelling het waarskynlik die oggend van 29 Oktober 1901 op
'n plaas wes van Hoopstad plaasgevind.[34] Ds. Hendrik Theron, wat as
14-jarige 'n ooggetuie daarvan was, gee meer as sewe dekades later dié
weergawe: "Die dag toe hulle tereggestel moes word, het my moeder my
gestuur om te sien hoe dit gebeur. Ek het nie lus gehad nie maar sy het
gesê ek moet gaan om te sien wat met verraaiers van hulle volk gebeur. Ek
het maar net gehoop as ek daar kom is alles verby. Maar toe ek die dorp
inry, was hulle met hulle op pad na die plek van teregstelling: Daar was
nogal heelwat mense van die wat nog in die dorp gebly het na die Engelse
weg is. Ek het toe ook huiwerig nadergeloop. Hulle moes geblinddoek op
'n ry staan."[35]

Daar is die onbeskryflik aandoenlike toneel van die Kotzee-broers wie
se pa en 14-jarige boetie Willem[36] hulle voor die teregstelling groet. Die pa
en seun was self deel van die Winburg-kommando. Waarskynlik het Wil-
lem as penkop saam met sy pa op kommando gegaan en so die konsentra-
siekamp vrygespring. Die ervaring van die teregstelling van sy twee ouer
broers moes blywende letsels gelaat het. Dit is onverstaanbaar waarom hy
daaraan blootgestel moes word.

Die tragedie word jare later deur 'n ooggetuie en burger van die kom-
mando, P.J. Marx, in sy herinneringe weergegee: "Die naarste van dit alles

hulle vader 1 Broer was by ons ou oom Niklaas Kotzee en Willem hulle het die gevangenes gaan groet met die teregstelling vir die vader was dit te vreeslik om te aanskou hoe sy 2 seuns doodgeskiet word sy vrou en al sy kinders is in die kamp oorlede sy plaas Kotzeevlei is ook als verbrand en verwoes hy moes na die vrede opnuut begin."[37]

Die veroordeeldes is met 'n wa na die plek van die teregstelling vervoer. Heelparty mense van die dorp was daar. Eva beweer geen diens is by die graf gehou nie, terwyl Theron weer meld ouderling Cuyler het die veroordeeldes reeds tydens hul aanhouding voorberei en voor die teregstelling 'n gebed gedoen.

Die vuurpeloton was onder beheer van vdkt. Gert Daniel Jacobus Wessels van die Boshof-kommando en het waarskynlik uit 12 burgers bestaan (volgens Theron was daar tien). Onder hulle was Hans van Rensburg, Akerman, Louwrens, Fraser en David Fourie.

"Net vyf gewere was gelaai, maar geeneen het geweet wie se geweer gelaai is nie," het Theron onthou.[38]

Al vier het inmekaargesak toe die skote klap. Dr. Lawson van Hoopstad (Theron verwys na hom as "een van daardie tyd se soort dokters") het gaan vasstel of hulle dood is. Volgens Theron is die lyke van die vier "toe sommer begrawe in die gate wat daar naby klaar was".[39] Eva het kort na die gebeure verklaar: "The four bodies were put into this one grave."[40]

Volgens oorlewering is die grafte wes van Hoopstad, skuins oorkant die ou kruithuis en die silo's (wat later opgerig is). Daar is geen grafsteen of ander identifikasie wat aandui wie daar begrawe is nie, net drie verspreide klipstapels, wat die indruk wek dat daar net drie grafte kan wees. Die twee Kotzee-broers is moontlik saam in een graf begrawe.[41]

Op dieselfde dag is begin om Adendorf se straf van 25 houe met 'n stiegriem toe te dien. Volgens Eva het Adendorf na die elfde hou flou geword. Toe hy weer bykom, is besluit om die res van die straf toe te dien eers nadat sy rug gesond geword het. Vir die uitdiening van sy vonnis van harde arbeid is hy onder die sorg van vdkt. Jan Roestof van Hoopstad geplaas. Daar kon nie vasgestel word wat verder in die oorlog van Adendorf geword het nie. Weens die oorlogsomstandighede en die vredesluiting kon hy uiteraard nie sy vonnis uitgedien het nie. Dit is ook onseker of die res van die lyfstraf aan hom toegedien is, hoewel Theron jare later opgemerk het: "Ons het soms saam gaan swem en die merke op sy rug gesien."[42]

Die trauma wat Theron as 'n 14-jarige ooggetuie van die fusillering ervaar het, het 'n leeftyd by hom gebly. Meer as sewe dekades later het hy gesê: "Dit het 'n onuitwisbare indruk op my gemaak. Vir 'n geruime tyd daarna was dit of ek nie na bloed kon kyk nie en het ek nie graag 'n dier keelaf gesny as daar moes geslag word nie."[43]

Die lyding van die Kotzee-broers se pa was lank nie verby nie. Die oorlog eis die lewens van ses van sy tien kinders. Behalwe sy twee seuns wat tereggestel is, kom vier van sy ander kinders, asook twee kleinkinders, in die konsentrasiekamp op Brandfort om. Uiteindelik sterf ook sy 50-jarige vrou, Maria Christina Francina (gebore Maree), op 20 Januarie 1902 daar aan maagkoors.[44]

Minder as drie weke voor haar dood teken sy nog self die sterfkennis van haar sesde kind wat deur die oorlog geëis word. Die 21-jarige Maria Margaretha Kotzee, wat ook aan maagkoors dood is, was getroud met haar neef Johannes Burger Jacobus Kotzee. Hy was as krygsgevangene in Indië, onbewus van die tragedie wat sy gesin in sy vaderland getref het. In 1903 maak hy 'n beëdigde verklaring oor die waarde van sy vrou se boedel aan die weesheer in Bloemfontein, waarin sy verlies en 'n deel van sy verslaentheid weerspieël word: "When I returned from India in December 1902 I found that my wife and children were all dead and all my property taken away."[45]

'n Jaar na die einde van die oorlog het die pa van die tereggestelde Kotzee-broers twee eise by die kompensasieraad ingedien vir verliese wat sy twee seuns weens oorlogsplundering op die plaas Kotzeesvlei gely het. Die raad was besonder toegeeflik in die ander gevalle waar eise deur die naasbestaandes van tereggestelde joiners ingedien is. Hendsoppers wat hulself onder sekere omstandighede oorgegee en onder Britse beskerming geplaas het, is ook so bevoordeel.

Tog word albei die eise van die tereggesteldes se pa afgewys omdat hy "an oath breaker" was en weer op kommando gegaan het. Die pa was boonop 'n bittereinder en het eers in Junie 1902, na die vredesluiting, die wapen neergelê. Dit het alles bygedra tot die besluit van die amptenare om die eise af te wys. Omdat nie een van die tereggestelde broers getroud was nie, wou die kompensasieraad verhoed dat enige voordeel die pa toekom. In een van die tereggesteldes se kompensasielêers staan: "Being unmarried his father will take any compensation granted & as he broke his oath no payment is recommended."[46]

Hierdie tragedie en eintlik die hele afgryse van oorlog word gereflekteer in die antwoord wat een van die ander oorlewende Kotzee-mans van die plaas Kotzeesvlei na die oorlog gee toe Britse amptenare hom om bewyse vir sy kompensasie-eis vra: "All the witnesses who could prove that this property was taken by the troops, are dead. . ."[47]

Volgens oorlewering het familielede die tereggestelde Kotzee-broers se graf of grafte in die 1940's besoek. 'n Mens wonder onwillekeurig wie hulle was, wat hul gewaarwordinge was en of die eens jong Willem Kotzee onder hulle was.[48]

H.B. MASSYN (MASSIJN), J. CROSS
✝ *18 Oktober 1901, Wolmaransstad*

J.J. EVA
Vonnis nie voltrek nie

Op 3 September 1901 voer 'n afdeling burgers van genl. Badenhorst se Boshof-kommando onder leiding van kmdt. P.R. Erasmus[49] 'n strooptog teenaan Christiana uit. Hul doel was om beeste onder Britse beheer te buit. Omdat dit meer geskik was, het die Vrystaters die operasie oorkant die Vaalrivier aan die Transvaalse kant uitgevoer. Dit was gewaagde optrede, want dit het binne sigafstand van die dorp met sy Britse garnisoen plaasgevind.[50]

Om die vee te beskerm het die Britse garnisoen wagposte in die weidingsgebied rondom Christiana opgestel, wat deur berede wagte van die Christiana District Mounted Rifles beman is. Dit was 'n plaaslike burgerkorps wat hoofsaaklik uit hendsoppers en Britsgesinde mense van die omgewing saamgestel is. Die korps was 'n soort "town and cattle guard" wat veronderstel was om die dorp en die vee teen aanvalle van die republikeinse magte te beskerm.[51] Die Afrikaners wat by die korps aangesluit het, was vanselfsprekend joiners.

Die gebruik was dat swart veewagters die vee soggens vanuit die kampe teenaan die dorp na die nabye weigebiede jaag. Die oggend van 3 September 1901 is die wagpos langs die Vaalrivier in die rigting van Warrenton deur vyf lede van die korps beman.[52]

Die 48-jarige Hendrik Bernardus Massyn was voor die oorlog 'n winkel-klerk op Christiana. Hy was oorspronklik van die Kaapkolonie en is in George gebore. Albei sy ouers, Christiaan Hendrik en Catrina Magrita (gebore Fisher), was reeds oorlede. Massyn en sy vrou, Catrina Fredrika (gebore Delport) het sewe seuns en twee dogters gehad wat almal ten tyde van hul pa se teregstelling nog minderjarig was. Dit is duidelik dat Massyn en sy gesin 'n sukkelbestaan gevoer het. Sy boedel toon geen bates nie, "except a military receipt for goods requisitioned".[53] Finansiële nood het hom waarskynlik gemotiveer om by die Britte aan te sluit.

Deur sy optrede pleeg Massyn blatante verraad. Hy was 'n stemgereg-tigde burger van die Z.A.R. wat met die uitbreek van die oorlog opge-kommandeer is. As republikeinse burger het hy aanvanklik onder vdkt. Bosman van Christiana krygsdiens gedoen. Tydens die hoogverraadver-hoor het hy getuig hy was siek aan koors op Christiana toe Britse troepe die dorp ingeneem het. Nadat hy gesond geword het, het hy die eed van getrouheid teenoor die Britse kroon afgelê en daarna by die Christiana District Mounted Rifles aangesluit, "want ik had geen verdienste". Sy soldy was sewe sjielings en ses pennies per dag, wat hy in die vorm van kos en klere ontvang het.[54]

Hoewel die 33-jarige John (bekend as "Bonny") Cross[55] in die Z.A.R. gebore is en sy lewe lank in Wes-Transvaal gewoon het, was hy nie stem-geregtig nie omdat hy van gemengde afkoms was. Dit het beteken dat hy nie verpligte krygsdiens vir die republiek moes verrig nie. Kragtens artikels 117-119 van die Grondwet van de Z.A.R. (Wet No. 2 van 1896) en art. 3 van die Wet voor den Krijgsdienst in de Zuid-Afrikaansche Republiek (Wet No. 20 van 1898, kortweg die Krijgswet genoem) was swart mense en bruin mense nie krygspligtig nie, maar het hulle wel sekere verpligtinge teenoor die staat gehad en versuim om dit na te kom sou beteken hulle kon aan hoogverraad skuldig bevind word. Cross het die grootste deel van sy lewe op Bloemhof gewoon.

In Augustus 1900 wyk Cross na Kimberley uit om onder Britse besker-ming te kom. Soos baie ander het hy geglo die oorlog sou binnekort iets van die verlede wees. Na twee maande het die Britte hom toegelaat om na Christiana te gaan, waar sy vrou en kinders was. Hy was toe 'n transport-ryer vir die Joodse winkelier op Christiana. Daardie riskante werk in 'n

oorlogsituasie kom tot 'n voorspelbare einde toe Vrystaatse burgers tussen
Veertienstrome en Biesieslaagte op sy wa en osse beslag lê. "Toen was mijn
middel tot onderhoud afgesneden."

In die hoogverraadverhoor het hy getuig hy was in daardie tyd finansieel
desperaat en genoodsaak om 'n inkomste te verdien. Gevolglik het hy die
eed van getrouheid afgelê en by die Christiana District Mounted Rifles teen
'n soldy van vyf sjielings per dag aangesluit, "daar ik zonder werk was".[56]

Die gedrag van die 24-jarige James Jay Eva is moeilik verklaarbaar. Na-
dat hy net agt maande voordat die oorlog uitbreek van die Kaapkolonie na
die Vrystaat verhuis, kommandeer die Boere hom op en doen hy byna vyf
maande lank in 'n Vrystaatse kommando diens. In sy verhoor sê hy hy het
uit Cronjé se laer padgegee en beweer ook hy het nooit aan gevegte teen
Britse soldate deelgeneem nie.[57]

Eva het die wapen in Julie 1900 op Christiana neergelê en na die Britte
oorgeloop deur by die Christiana District Mounted Rifles aan te sluit. In
sy verhoor het hy erken hy het teen die tyd toe hy gevange geneem is, reeds
14 maande diens by die Britse leër gedoen.[58] Dit is duister waarom hy aan-
vanklik by die republikeinse magte betrokke geraak het. In latere jare het
sy pa, ook James Jay Eva, 'n stoere pro-Brit en afstammeling van 'n 1820-
Britse setlaar, met trots opgemerk hy en sy vier seuns het in die Anglo-
Boereoorlog aan Britse kant geveg. "We have rallied round the British flag
at every call to arms ... and I feel sure that the Evas will always do so in the
future."[59]

Met so 'n sterk Britsgesinde pa is dit moeilik om te glo Eva se aanvank-
like betrokkenheid by die Boere het dalk met sy Afrikanerherkoms aan
moederskant te doen gehad. Sy ma was 'n nooi Gertruida Christina van
Rooyen. Hoe dit ook al sy, deur te dros nadat hy eers by die republikeinse
magte diens gedoen het en hulle later verder te verloën deur by die vyand
aan te sluit, het Eva ongetwyfeld verraad gepleeg.

Die ander twee lede van die Warrenton-wagpos was A. Eva, waarskynlik
'n ouer broer van James Eva en nog 'n joiner, P.G. Theron.[60]

Die oggend van 3 September 1901 maak Cross 'n verkeerde besluit wat
uiteindelik sy lewe kos. Hy ruil sy wagbeurt met ene Swartz uit om saam
met die ander troepe van die Warrenton-wagpos te kan gaan. 'n Hele aan-
tal dinge loop met die groep verkeerd.

James Eva was weens sy langer diens die senior lid van die wagpos en moes dienooreenkomstig die bevel gevoer het. Hy het egter te laat vir die oggendparade opgedaag en ontmoet die ander eers omstreeks 08:00, toe hulle reeds te perd die onderdorp van Christiana op pad na die wagpos bereik het. Die gevolg was dat daar onsekerheid geheers het oor wie die bevel gevoer het. Die swart "scout" wat vooruit moes gaan verken het, se perd was siek en hy is op die dak van 'n huis aan die buitewyke van die dorp as 'n uitkykwag gepos. Die gebied waar die vee moes wei, is gevolglik nie volgens 'n staande bevel verken nie en die troepe het direk na die wagpos gegaan. Hul nalatigheid het noodlottige gevolge vir sommige van hulle ingehou. Eva sr. en Theron het hul perde na die rivier geneem om water te drink. Dit sou die twee se redding wees. Al die wagposlede was heeltemal onbewus van die Boere-aanvalsmag wat hul elke beweging van oorkant die Vaalrivier aan die Vrystaatse kant dopgehou het.[61]

Kmdt. Erasmus het sy twee veldkornette, Gert Wessels[62] en Van Tonder, met 'n veertigtal ruiters gestuur om die vee oorkant die rivier aan te keer. Van die wagposlede het die burgers opgemerk, maar hulle vir 'n Britse afdeling van die Diamond Fields Scouts aangesien. Toe die wagposlede hul fout te laat agterkom, het hulle op die burgers gevuur, wat toe reeds deur die rivier was. Die burgers het die Britse wagte onmiddellik bestorm om te keer dat hulle verder alarm maak.

Nadat Wessels 'n skoot vanuit die saal gevuur het, gee James Eva en Cross onmiddellik oor. Massyn, wat in die bosse probeer wegkruip het, het daarna oorgegee nadat Van Tonder hom daar betrap het. Eva sr. en Theron kon die Boere ontglip deur rivierlangs na Christiana te jaag. Die drie gevangenes – Massyn, Cross en Eva – is saam met die gevange veewagters, wat beveel is om die gebuite vee aan te jaag, na die Vrystaat weggevoer.[63]

Omdat hulle Transvalers was, het die Vrystaters Massyn en Cross later terug oor die Vaalrivier na die Wes-Transvaalse magte gestuur, waar hulle op Wolmaransstad aangehou is hangende hul verhoor. Eva het by die Vrystaters gebly weens sy vroeëre verbintenis met hulle en is op die plaas Hartebeesfontein in die distrik Boshof saam met die gevange lede van die Burgher Police aangehou.[64]

Massyn en Cross is op Maandag 30 September 1901 omstreeks 10:00 deur die krygshof vir die Westelike Distrikte op Wolmaransstad op 'n aanklag van hoogverraad verhoor. Albei word in die klagstaat daarvan beskuldig dat hulle in Augustus en September 1901 in die distrik Bloemhof wapens teen die gesamentlike magte van die Z.A.R. en die O.V.S. opgeneem het. Tydens die verhoor is hulle van aandadigheid aan verskeie voorvalle beskuldig waarby verraad betrokke was. Daar is onder meer beweer albei het as gidse vir Britse kolonnes opgetree.[65]

Dit is moeilik om die omvang van die twee se betrokkenheid by die Britse oorlogspoging te bepaal. Die oorkonde, wat in die Argief bewaar gebly het, is nie 'n woordelikse weergawe van die verrigtinge nie, maar eerder 'n samevatting daarvan. Vrae wat tydens kruisverhoor gestel is, word ook nie weergegee nie, net die antwoorde daarop. Uit die beskikbare gegewens blyk dit die verhoor is nietemin ordelik ingevolge prosedurele reëls gehou. Nie een van die beskuldigdes het egter regsverteenwoordiging gehad nie.[66]

Die oorkonde meld nie wie die lede van die krygshof was nie. Twee van die voorsittende beamptes wat vroeër die jaar in die Wolmaransstadse krygshof opgetree het, was nie dié keer op die bank nie. Volgens 'n destydse Britse bron het die krygshof uit die volgende mense bestaan: Du Toit,[67] Neethling,[68] John de la Rey en vdkt. Hoffman.[69] Die staatsaanklaer was steeds Coenraad Frederick Rothman en die griffier Ph.J.D. Watermeyer.

Massyn en Cross het onskuldig gepleit op 'n aanklag van hoogverraad. Hulle kon egter geen aanvaarbare verweer vir hul optrede bied nie. Uiteindelik is hul verskonings net wanhopige en jammerlike pogings om hulself tevergeefs in 'n verlore saak te verontskuldig.[70] Hulle is immers op heterdaad betrap en die doodstraf het hulle in die oë gestaar.

Uit die getuienis van veldkornette Wessels en Van Tonder, wat spesiaal uit die Vrystaat ontbied is om te getuig, kan afgelei word die beskuldigdes het hul gewere, 'n Lee-Enfield en twee Lee-Metfords met bandoliere, weggegooi of probeer versteek toe die burgers op hulle afgestorm het. Die staatsgetuies het benadruk die vuurwapens kon net aan die beskuldigdes behoort het. Massyn het toegegee dat hy gewapen was, maar het kinderlike verduidelikings daarvoor gegee: "Ik droeg het geweer net voor tijdkorting niet om mede te vechten" en "wij namen de geweren zoo maar mede om vogels enz. te schieten".

Sowel Massyn as Cross het probeer voorgee die Britte het hulle nie in 'n gevegshoedanigheid aangestel nie; hulle het bloot as veewagters opgetree.

Cross het getuig hulle het nie opdrag van hul offisiere ontvang om op die Boere te skiet nie, maar net om skote af te vuur om vir die garnisoen alarm te maak. Dit is lynreg in stryd met die getuienis wat Eva later die jaar na sy vrylating voor 'n Britse raad van ondersoek oor die voorval gelewer het. Eva het getuig hy en Cross het op die aankomende Boere gevuur. Massyn het in die hoogverraadverhoor beweer hy sou glad nie op die Boere skiet nie. "Als de boeren kwamen sou ik wegjagen of 'hands up' zooals ik gedaan het."

Albei het ontken hulle het as gidse opgetree wanneer hulle saam met die Britse kolonnes uitgetrek het. Cross het hom probeer verontskuldig deur te getuig hy het per geleentheid saam met 'n Britse kolonne gegaan om sy pa en ma op Bloemhof te gaan haal. Andersins was hy "alleenlijk een 'orderly' van den dokter".

Volgens Van Tonder het Cross tydens die optrede van 'n Britse kolonne vir 'n Boerevrou (ook 'n Van Tonder) gesê: "Ik ben net zoon Afrikander als jy." Daarna het hy haar karperd gekonfiskeer en dit vir eie gebruik geneem. In kruisverhoor het Cross verduidelik sy perd het siek geword en 'n Britse offisier het die perd vir hom gegee sonder om te noem aan wie dit behoort het. Dan weerspreek hy homself en gee nog 'n rede hoekom hy saam met die kolonne gegaan het – net om "mischien bij de buitbeesten van mijne beeste kon vind die door de boeren geconfisceerd waren".

Massyn het beweer hy het net een keer saam met 'n Britse kolonne uitgetrek. Cross het ook die abortiewe argument probeer aanvoer dat hy die eed van getrouheid teenoor die Britse kroon geneem het en daaraan gebonde was. Sy betoog dat hy daardeur 'n Britse onderdaan geword het en as sodanig deur die republikeinse krygshof behandel moes word, is vanselfsprekend verwerp.

Massyn en Cross is nog op dieselfde dag van die verhoor skuldig bevind en ter dood veroordeel. Cross is as 'n "ingezetene" van die Z.A.R. beskou en was gevolglik weens sy betrokkenheid by die Britse leër ook aan hoogverraad aandadig, al was hy nie stemgeregtig nie.

'n Afskrif van die hofrekord is volgens wetlike voorskrif aan genl. Koos de la Rey gestuur om die bekragtiging van die doodsvonnis te oorweeg. Die veroordeeldes het na hul skuldigbevinding vertoë om begenadiging aan hom gerig. Daarin het hulle skuld beken. Dit is droewige smekinge waarin hulle om hul vrouens en kinders se onthalwe vra dat die "gevreesde vonnis in levenslange gevangenis straf of zulk andere relief" verander word. Die gebruiklike petisie is ook opgetrek en deur simpatiekgesinde burgers onderteken waarin De la Rey om genade gevra is, maar dit was tevergeefs.

Op 10 Oktober het De la Rey geantwoord dat hy die hofstukke noukeurig nagegaan het en geen rede kon vind hoekom die vonnis gewysig moes word nie.[71] Op 12 Oktober het hy die doodstraf bekragtig en aan kmdt. Potgieter[72] opdrag gegee om die vonnis op Vrydag 18 Oktober 1901 by Wolmaransstad te voltrek.[73] Daardie dag sterf hulle voor 'n vuurpeloton. Geen verdere inligting oor die teregstelling kon opgespoor word nie, ook nie die ligging van die grafte nie.[74]

Kort daarna het die Britse militêre owerhede by Boere-krygsgevangenes verneem dat Cross en Massyn tereggestel is. Die Britse bevelvoerder op Christiana het sy ontevredenheid oor die teregstelling van sy troepe teenoor die Britse bevelvoerder van die Wes-Transvaalse gebied uitgespreek: "As regards Massyn, he was undoubtedly a burgher of the Transvaal. Of course on joining the C.D.M.R. (Christiana District Mounted Rifles) his oath became one of allegiance to the king. As regards Krause (Cross), this is undoubtedly a case of murder. He is a well known man. Being a coloured he was never registered as a burgher, or called upon to fight. There could not possibly have been any misconception on this point, on the part of the Boer Commandant."[75]

Op 19 November 1901 reageer die Britse militêre owerhede so:

> Assuming that the reports of Boer Prisoners to the effect that Troopers Massyn and Krause were executed by sentence of a Boer Court it does not appear that the action of the Boers concerned was unjustifiable. Massyn was a Burgher of the Transvaal and took no [sic, dit moet lui "on"] arms against his own country.
>
> The fact that he swore allegiance to Great Birtain [sic] would not alter the case nor lessen his offence, nor do we consider British subjects who take up arms for the Boers to be less guilty if they take a similar Oath to the Transvaal Government.
>
> Krause's case is similar except that he does not appear to be a registered voter.
>
> It is stated that being coloured he was not called out to fight for the Boers: it is not therefore quite apparent why he was enlisted as a combatant on the British side.
>
> He was a resident of the Transvaal and a citizen owing Allegiance to the Transvaal Government (in the opinion of the Boers still in the field) and therefore guilty of High Treason in bearing arms against the Boers.[76]

Daaruit kan 'n mens aflei die Britse militêre owerhede het nie die regsgeldigheid van Massyn en Cross se fusillering deur die republikeinse magte betwis nie.

Uiteindelik betuig nie een van die strydende partye veel meegevóel met die twee verraaiers nie.

Die lot van James Eva was heel anders as dié van sy kamerade wat die hoogste tol betaal het.

Hy is op 14 September 1901 op die plaas Hartebeesfontein in die distrik Boshof deur dieselfde krygsraad verhoor voor wie die lede van die Burgher Police ook op dieselfde dag op 'n aanklag van hoogverraad verskyn het.

Net enkele geskrewe bladsye van die notule van Eva se verhoor het bewaar gebly. Daarin het hy erken hy was gewapen terwyl hy op kommando met die Boere was. Nadat verskeie vrae rondom die aangeleentheid aan hom gestel is, het hy ten sterkste ontken dat hy aan gevegte teen Britse troepe deelgeneem het.[77] Eva het sy latere betrokkenheid by die Britse leër klaarblyklik probeer regverdig.

Die getuienis teen Eva was egter verdoemend. Hy het uit die republikeinse magte gedros en by die vyand gaan aansluit. In enige weermag was sulke gedrag deur die eeue onverskoonbaar en die ergste straf kon daarvoor verwag word. Soos met die ander lede van die Burgher Police is hy op 18 September 1901 skuldig bevind en ter dood veroordeel. Sy vonnis is saam met dié van die ander na pres. Steyn vir bekragtiging gestuur.[78]

Luidens 'n verklaring wat Eva op 1 November daardie jaar na sy vrylating by die Britte maak, is hy sewe dae lank op die plaas Hartebeesfontein aangehou waar die verhoor plaasgevind het. Daarna is hy na Bultfontein oorgeplaas en drie dae later na Hoopstad geneem. Voorts het hy verklaar die burgers het hom tydens sy aanhouding oor die sterkte en bewapening van die garnisoen op Christiana ondervra. Volgens Eva het hy geweier om op die vrae te antwoord. Op 24 September is hy weer ondervra, maar daardie keer deur genl. Badenhorst self en weer het hy geweier om te antwoord. Hy is toe met 25 houe met 'n stiegriem onder die toesig van vdkt. Wessels gestraf. Eers nadat die straf toegedien is, is hy meegedeel dit was vir sy "cheek and impudence".[79] As dit waar is, was dié lyfstraf veragtelike optrede. Die ergste denkbare vonnis, die doodstraf, is toe reeds aan hom opgelê.

Die geloofwaardigheid van Eva se verklaring is egter verdag en moet uiters versigtig benader word. Eva kon daardie beweringe uit grootdoenerigheid gemaak het of om sekere aspekte te verbloem. Hy was juis in die pekel by die Britse militêre owerhede oor sy nalatige optrede wat tot sy en die ander se gevangeneming gelei het. Dit is verder ooglopend dat Eva nie aan die Britte laat blyk het die Boere het hom aanvanklik tot die doodstraf gevonnis nie. Asof hy glad nie daarby betrokke was nie, beskryf hy die doodstraf wat aan die lede van die Burgher Police opgelê is so: "It appears that sometime previously they were sentenced by Gen. Badenhorst ..."[80]

Eva se weergawe is vreemd in die lig daarvan dat sy verhoor en die verhore van die ander op dieselfde dae en plek voor dieselfde lede van die krygsraad plaasgevind het. Eva was trouens saam met die tereggesteldes tot en met hul fusillering. Die doodsvonnis moes vir hom 'n vreesaanjaende en traumatiese ervaring gewees het. Waarom hy die belangrike feit aan die Britse owerhede verswyg, laat vrae ontstaan. Eva se verklaring is in dié opsig moeilik verklaarbaar. Moontlik het hy met die verswyging van die belangrike gebeure probeer om sy aanvanklike betrokkenheid by die Boeremagte teenoor die Britse militêre owerhede te verbloem.

Eva was besonder gelukkig. Die Vrystaatse uitvoerende raad onder leiding van pres. Steyn het hom op 11 Oktober 1901 begenadig. Dié wysiging van Eva se vonnis is na Badenhorst gestuur: "De Uitvoerende Raad gelet hebbende dat James J. Eva, hoewel gedeserteerd hebbende van onze legermachten, slechts acht maanden vóór het uitbreken van den oorlog in den O.V.S. heeft gewoond, is van meening, dat hij niet als burger kan worden beschouwd, en besluit, dat hij als gewone krijgsgevangene zal worden behandeld en dus zal losgelaten en naar den vijand gezonden worden."[81]

Dit is moontlik dat die vonnis gewysig is weens 'n aanbeveling van 'n moontlike minderheidsuitspraak. Aan die einde van die behoue gedeelte is 'n sin wat moontlik 'n deel van so 'n uitspraak mag wees: "beschuldigd van Hoogverraad stelt kmdt. Pretorius voor de beschuldigde met de dood te straffen gesicondeerd door vk. Oosthuyzen na bekragtiging H. Edele Landdros Schuijt stelt voor beschuldigde 25 slagen met kats te geven en onder vijand in te jagen gesecondeerd door kmdt. Badenhorst."[82] Pres. Steyn se wysiging van die vonnis het egter nie melding van lyfstraf gemaak nie. Of die sin in die notule hoegenaamd verband hou met Eva se bewering dat hy lyfstraf ontvang het, kon nie vasgestel word nie.

Die burgers het nie sagkens met Eva te werk gegaan nie. Hy moes op 9 Oktober 1901 saam met die vier terdoodveroordeelde Burgher Police-lede op die wa na die plek ry waar die teregstelling plaasgevind het. Moontlik is dit as afskrikmiddel gedoen omdat Eva sekerlik die gebeure sou uitbasuin wanneer hy na die vyand teruggekeer het.

Nog dieselfde dag is Eva na Bultfontein geneem, waarna hy die volgende dag na vdkt. Wiese se kommando geneem is. Op 31 Oktober het Wiese hom na Boesmansberg, sowat 26 km van Brandfort, begelei. Daar is die perd waarop hy gery het, van hom weggeneem en is hy vrygelaat om na Brandfort te stap, wat hy dieselfde dag bereik het. Die volgende dag het hy die beëdigde verklaring voor J.G. Bridges, die Britse vroederegter vir die wyk van Hoopstad, afgelê.[83]

Eva het op 14 November 1901 na sy eenheid by Christiana teruggekeer. Op 21 November is 'n raad van ondersoek onder leiding van maj. Boulton gehou na die omstandighede wat daartoe gelei het dat Eva en die ander gevang is. Tydens die ondersoek het Eva enige nalatige aanspreeklikheid van sy kant wat tot sy en die ander twee se gevangeneming gelei het, probeer verbloem. Sy getuienis is egter nie aanvaar nie. Die raad van ondersoek het bevind hy moes weens sy senioriteit die bevel oor die groep gevoer het en dat hy gevolglik nalatig opgetree het deur die gebied nie te laat verken nie en versuim het om die wagpos te verdedig. Hy het met 'n betreklik ligte vonnis daarvan afgekom deurdat hy sy soldy tydens sy gevangenskap by die Boere verbeur het.[84]

Na die oorlog het Eva vir De Beers in Kimberley gaan werk. Van sy aftrede in 1937 tot sy afsterwe in Augustus 1947 op die ouderdom van 70 jaar het hy op Benoni gewoon. Hy is in Brakpan begrawe. Klaarblyklik het Eva nooit oor die gebeure gepraat nie, want sy nasate het nie daarvan geweet nie.[85]

12

"Wat het hy dan ook by die Engelse gesoek!"

Onder dekking van die koue en donkerte van die winternag van 12 Junie 1901 het burgers van genl. Chris Muller se kommando 'n waaghalsige aanval op 'n Britse kolonne op die plaas Wilmansrust tussen Bethal en Middelburg uitgevoer. Die Britse mag het uit Australiërs van die 5th Victoria Mounted Rifles (ook bekend as die Australian Bushmen) bestaan.

Die Australiese soldate was tydens die oorlog berug vir hul genadelose optrede teenoor die burgerlike bevolking.[1] Hulle was ook gedugte teenstanders op die slagveld. Burgers van die omgewing het voor die aanval na die Australiërs verwys as "manne wat blootvoets sal instap waar geen Engelsman selfs in sy slaap sal loop nie".[2] Die Australiërs kon ook op die dienste van Afrikanerverraaiers staatmaak.

Die verrassing van die Boere se heldhaftige aanval was bykans volkome. Sowat 150 burgers kon binne tien minute van snelvuur daarin slaag om die nagenoeg 460 Australiërs te oorrompel. Negentien Australiërs het gesneuwel, sowat 50 is gewond en meer as 300 is gevange geneem. Die Boere het alles in die Britse kamp geneem, wat twee meksim-masjiengewere met sowat 3 000 bomme, gewere, ammunisie, perde en allerlei voorrade ingesluit het. Aan Boerekant is vyf gedood en vier gewond. Die gevange Britse soldate is eers ontwapen en uitgeskud waarna hulle vrygelaat is. Daarna het die burgers die slagveld nog in die donker met hul buit begin verlaat.[3]

Twee joiners, Drotsky en Louw, is in die kamp betrap. Die burgers het hulle saamgeneem. In die harwar en donker, en moontlik ook weens die beheptheid met die bymekaarmaak van die buit, het Louw ontsnap. Weens dié ontsnapping skryf Roland Schikkerling in sy dagboek dat baie burgers ten gunste van die summiere teregstelling van verraaiers was.[4]

Nog 'n verraaier wat ten tyde van die aanval in die nabygeleë opstal van die plaas van 'n Du Toit-vrou was, het en in 'n waterpoel gaan skuil. Daaroor merk Schikkerling op: "Die ysige water het hom nie so erg gepla soos die gedagte aan die warm ontvangs, gevolg deur die kilheid van die dood, wat op hom sou gewag het as ons hom in die hande moes kry nie. Hy was seker sy lewe lank 'n arme sukkelaar en die koue van die dood het seker lankal in sy siel gewoon anders sou hy nie vir enige geld so 'n gemene en gevaarlike taak onderneem het nie."[5] Dié verraaier het ontvlug.

DROTSKY

✝ *26 Junie 1901, Bethal/Middelburg*

Oor hom is nie veel bekend nie. Selfs oor sy van is daar nie eenstemmigheid nie. Genl. Ben Viljoen verwys na hom as "Trotsky"[6], terwyl Schikkerling van "Drosky"[7] en Viljoen se broer Jan van "Drotsky"[8] praat in sy weergawe van die gebeure wat kort na die oorlog gepubliseer is. In die herinneringe van nog 'n oudstryder, Karl Schulz, word na "Droskie" verwys.[9]

In 'n lys wat in die Argief in Pretoria onder die opskrif "Roll of the National Scouts" gevind is (met die name van sommige voormalige republikeinse burgers wat in Oos-Transvaal in die Britse magte diens gedoen het), verskyn die naam van Johannes Marthinus Drodski van die plaas Zevenfontein in die distrik Carolina. Drodski het op 30 September 1900 by die Britse mag aangesluit en die eed van getrouheid op 16 Februarie 1901 afgelê.[10] Geen verdere inligting kon oor hom gevind word nie. Gevolglik kon daar nie vasgestel word of hy dieselfde persoon as die tereggestelde is en of daar andersins enige verwantskap tussen die twee persone bestaan het nie. Muller maak nie melding van die geval in sy gepubliseerde oorlogsherinneringe nie.[11] Schikkerling beskryf Drotsky as 'n 23-jarige Transvaalse burger wat nie net na die vyand oorgeloop het nie, maar ook die wapen teen sy eie mense opgeneem het.[12]

Kort na die aanval by Wilmansrust het die vernaamste Vrystaatse en Transvaalse leiers, onder wie pres. M.T. Steyn, genls. Christiaan de Wet, Louis Botha, Koos de la Rey, Ben Viljoen en J.B.M. Hertzog op 20 en 21 Junie 1901 op die plaas Waterval in die distrik Standerton byeengekom om oor die voortsetting van die oorlog te besin. Sover vasgestel kon word, is Drotsky daar of in die nabyheid gevange gehou. Volgens genl. Ben Bouwer, wat ook die leiersberaad bygewoon het, het die leiers die Drotsky-geval bespreek. "This event brought the issues it raised prominently to the attention of the congress and it was resolved that the most stringent measures be taken against all National Scouts." Volgens Bouwer het die leiers die verskynsel van verraad met groot bitterheid bespreek. Self het Bouwer in sy *Memoirs* oor die Drotsky-geval gesê: "What is to be said for the fellow who not only surrendered, but then took up arms against his own people? Apart from the treason, what use has humanity got for a man who having been favoured by destiny with the opportunity of giving his all for an ideal, not, in perhaps mistaken loneliness, but in brave company, throws that down and takes service against it because a long purse hires him?" [13]

Drotsky se verhoor het waarskynlik op 25 Junie 1901 op 'n plaas in die Belfast-Middelburg-omgewing plaasgevind. Oor die datum sowel as die plek is die bronne teenstrydig. Volgens Jan Viljoen het die kommando wat Drotsky gevange gehou het, op 24 Junie 'n Britse kolonne teëgekom wat in die rigting van Carolina beweeg het. [14] Bouwer beweer die verhoor en voltrekking van die vonnis het op die plaas Waterval in die distrik Standerton plaasgevind, waar die Boereleiers 'n paar dae vantevore vergader het. [15] Dit is onwaarskynlik dat die teregstelling daar kon plaasgevind het omdat die kommando waaruit die lede van die vuurpeloton saamgestel is selfs noord van Belfast moes gewees het. Nog die aand na die teregstelling het daardie kommando die Middelburg-spoorlyn tussen Brugspruit en Balmoral oorgesteek. [16]

'n Krygsraad van vyf lede het Drotsky verhoor. Die aanklag was na alle waarskynlikheid hoogverraad. Volgens Jan Viljoen se herinneringe wat in 1905 gepubliseer is, is in die klagstaat beweer hy het teen sy voormalige medeburgers geveg, as gids vir die vyand opgetree, die vyand gehelp om plaashuise te vernietig en die mishandeling van Boerevroue meegemaak.

Jan Viljoen meld verder die bewerings is tydens die verhoor "degelijk onderzocht", waarna Drotsky ter dood veroordeel is. Bekragtiging van die doodsvonnis is betreklik vinnig van genl. Louis Botha verkry, wat in die nabyheid moes gewees het. [17]

'n Vuurpeloton bestaande uit burgers van die Johannesburgse kommando onder bevel van 'n lt. Smit het Drotsky die oggend van 26 Junie tereggestel. Schikkerling, wat die gebeure aanskou het, gee 'n treffende beskrywing daarvan in sy dagboek:

Drosky word om tienuur geskiet. Ek is dankbaar dat ek gister afwesig was, anders sou ek twee man moes aanwys vir die vuurpeloton. 'n Onplesierige guns om van 'n vriend te vra. Ons beleef uiterstes. 'n Oomblik na die grootste gebrek is alles oorvloedig, dan is ons trots en uit ons vel uit. Ons vreugde ken geen perke nie. Die volgende oomblik word ons deur 'n skielike wending weer attent gemaak op die haglike toestand waarin ons verkeer. Ons verneem dat ons weereens omsingel is en dus gereed moet maak om vannag nog 'n keer deur die vyand se linies te breek. 'n Paar man word aangewys om solank Drosky se graf te grawe, ongeveer sestig treë van ons kar (die Australiese kar), terwyl die veroordeelde man kalm van onder 'n wa sit en toekyk terwyl hy 'n brief aan sy ma rig. Om so 'n brief te moet ontvang ... Ten einde die teregstelling nie by te woon nie, drentel ek langsaam weg om my perde te gaan haal waar hulle 'n anderhalf myl verder weiding gesoek het in 'n breë, vlak vallei. Toe ek terugkeer en sowat 500 treë van die kar af kom, sien ek 'n klein groepie om die graf en hoor hoedat hulle sing. Kort daarna weerklink geweerskote. Aangesien hulle min of meer in my rigting gemik was, het twee koeëls omtrent honderd treë van my af stof uit die aarde opgeskop en ek het gevoel of hulle die ongelukkige man se hart deurboor het. Toe ek daar aankom, was die graf reeds half opgevul en hulle vertel my dat die man die dood baie moedig tegemoet gegaan het. Hy het sy skuld beken en berou uitgespreek oor sy verraad. Hy was voorsinger toe hulle die gesang langs die graf aangehef het en toe die gewere gelig was, het hy sy hande in die lug gesteek en gesê: 'Wees my genadig, o Heiland, en vergewe my sondes!' Die skote is onreëlmatig afgetrek en toe sy kop vooroor sak, het sy knieë geknak terwyl sy liggaam agteroor gestort het teen die kant van die graf waarnaas hy gestaan het. Sy liggaam was nog warm toe dit toegegooi is.[18]

Nog dieselfde aand sneuwel twee lede van die vuurpeloton wat Drotsky tereggestel het.

Genl. Ben Viljoen, wat die bevel van die kommando by genl. Muller oorgeneem het, wou die Middelburg-spoorlyn tot elke prys nog dieselfde aand oorsteek na die noorde waar die toestand onder die republikeinse burgers kritiek was. Die blokhuise tussen Balmoral en die Brugspruit-stasie is aangeval. Die Britte het met doeltreffende gepantserde treine probeer keer dat die Boerekommando deurbreek. Die burgers se poging is verder bemoeilik deur grondwalle wat opgerig is en slote wat langs die spoorlyn gegrawe was.

Uiteindelik het die burgers daarin geslaag om die spoorlyn oor te steek, maar nie sonder hoë verliese nie. Jan Roux, een van die lede van die vuurpeloton, is deur 'n vyftienponderbom onthoof. "Sy lewelose liggaam het soos 'n lappop van sy perd af op die veld neergeslaan."[19] Japie Enslin, wat ook daardie oggend nog op Drotsky aangelê het, is by die blokhuise geskiet waar die burgers in doringdraadversperrings verstrengel geraak het.[20]

J.H.D. REINNERS, J.L.M. VAN DER WALT
☩ *2 Julie 1901, Palmietkuil, Bethal*

M. VAN DER WALT
Vonnis nie voltrek nie

Tydens die guerrillafase van die oorlog het die Britse magte al die stede en die belangrikste dorpe van die twee Boererepublieke beset. Onder daardie moeilike omstandighede het die opperbevel van die republikeinse magte steeds gepoog om skriftelike oorlognuus aan die bevolking deur te gee. 'n Georganiseerde spioenasiediens is selfs vir dié doel op die been gebring wat inligting met die Boeremagte in die veld uitgeruil het.[21]

Die oorlognuus is onder die bevel van die kommandant-generaal te velde uitgereik en het ook besonderhede vermeld van Boereverraaiers wat tereggestel is, moontlik as 'n afskrikmiddel vir ander afvalliges wat van voorneme was om hulle aan verraad skuldig te maak. Dit is opvallend dat die nuus oor die teregstellings dikwels in burgers se dagboeke voorkom, wat daarop dui dat die inligting wyd versprei is.[22] Ongelukkig het baie van die nuusstukke verlore geraak. 'n Aantal daarvan het nogtans in sy oorspronklike vorm bewaar gebly, terwyl dit wat tydens die oorlog deur die Britse magte onderskep is, in 'n vertaalde vorm bewaar gebly het.

In 'n republikeinse *Oorlogsbericht* van 6 Julie 1901 berig Botha se veldsekretaris, N.J. de Wet,[23] vanuit die distrik Middelburg: "Drie burgers by name Drotsky, Reynders en Van der Walt die de wapen hadden neergelegd en later tegen ons hadden opgenomen zyn terecht gesteld en ter dood veroordeeld, welk vonnis reeds uitgevoerd is."[24] In twee terloopse verwysings na die voorval word die indruk deur historici gewek dat dié drie persone by dieselfde geleentheid gevange geneem en gesamentlik tereggestel is.[25] Reynders (wat Reinners behoort te lees) en Van der Walt is tydens 'n ander geleentheid as Drotsky gevange geneem en tereggestel.

'n Nasaat het daarop gewys dat Johannes Hendrik David Reinners in dieselfde tyd in die omgewing deur die republikeinse magte gefusilleer is. Daar kan aanvaar word dat dit dieselfde persoon is na wie die *Oorlogsbericht* verwys.

Reinners en sy vrou Maria Magdalena (gebore Schuch) het ten tyde van sy teregstelling twee klein dogtertjies gehad. Volgens 'n nasaat het Reinners met die uitbreek van die oorlog 'n suksesvolle taxi-onderneming met perdekarretjies in Pretoria bedryf.[26]

Johannes Lodewicus Michiel van der Walt is op 16 Februarie 1853 in Middelburg in die Kaapkolonie gebore, die vierde van Hendrik Stephanus en Hester (ook gebore Van der Walt) se sewe seuns. Johannes van der Walt en sy vrou, Catharina Elizabeth (gebore Coetzee) het vyf seuns en vier dogters gehad. Sy beroep word as spekulant en boer en sy sterfdatum as 2 Julie 1901 in die Van der Walt-familieregister aangedui.[27]

Van der Walt en Reinners was na alle waarskynlikheid lede van 'n berugte Britse korps wat as Morley's Scouts bekend gestaan het en wat in die omgewing van Pretoria bedrywig was. Dié informele vrybuiterskorps is na sy bevelvoerder, kapt. R. W. Morley, vernoem. Die Britse militêre owerhede het die lede toegelaat om 'n gedeelte van die buit, hoofsaaklik vee wat aan die burgers behoort het, vir hul eie gewin aan te wend. Dit het ooglopend die geleentheid vir ernstige wandade geskep, wat die korps erg omstrede gemaak het. Die korps het boonop 'n reputasie gehad dat dit uit opportuniste met twyfelagtige karakters bestaan en 'n warboel nasionaliteite verteenwoordig het. Die meerderheid lede was egter Afrikanerverraaiers wat vir materiële gewin daar was.[28] Dit is te verstane dat wanneer die joiners van Morley's Scouts deur die Boere gevange geneem is, hulle geen simpatie kon verwag nie.

In die tweede helfte van Junie 1901 het 'n groepie burgers van die Heidelberg-kommando 'n hinderlaag vir 'n Britse afdeling buite Bapsfontein aan die Oos-Rand gestel. Pogings om die Britte uit hul vesting te lok, het egter misluk. 'n Klein Britse patrollie van tien man het nietemin een oggend uit hul kamp beweeg. Weens digte mis het hulle nie besef dat hulle naby aan die burgers beweeg nie. Die burgers het hulle agtervolg. 'n Geveg het uitgebreek waartydens die Britse patrollie hulle heftig verset het. 'n Burger en Britse soldaat is gewond, waarna agt van die patrollielede in die Boere se hande geval het. Vyf van hulle was joiners.

Op 22 Junie 1901 is die agt gevangenes na die hooflaer van die Heidelberg-kommando geneem. Die aanvanklike doel was om die joiners vir verhoor aan die groot "krijgsgericht" van die regeringslaer, wat in daardie stadium in die nabye omgewing was, uit te lewer om verhoor te word. Die

uitlewering is egter deur die voortdurende agtervolging van die regerings-
laer deur Britse kolonnes verydel, met die gevolg dat 'n spesiale krygshof
van die Heidelberg-kommando die joiners op 29 Junie 1901 verhoor het.
Vir daardie doel is Izak Bester as waarnemende landdros en voorsitter van
die hof, met kmdt. Erasmus en Andries Brink as lede, ingesweer. Die waar-
nemende staatsprokureur, L.J. Jacobs, het spesiaal by die Heidelberg-kom-
mando se krygshof aangesluit om as aanklaer op te tree. Klaarblyklik is die
aanklag van hoogverraad teen een van die joiners, W. Robberts, weens 'n
gebrek aan getuienis laat vaar, terwyl 'n tweede, Jan van Heerden, ernstig
siek aan masels was en daarom nie saam met die ander drie verhoor kon
word nie.[29]

Die drie joiners, J.H.D. Reinners, J.L.M. van der Walt en dié se een seun,
waarskynlik die 18-jarige Martin,[30] is na 'n verhoor op 'n aanklag van hoog-
verraad ter dood veroordeel. Voor die vonnisoplegging het die drie beskul-
digdes hul skuld beken en om genade gepleit. Dieselfde dag skryf die
19-jarige burger Henning Viljoen in sy dagboek: "Vreezelijk was de uit-
werking van dezen vonnis op de arme zielen."[31] Viljoen was die seun van
genl. Piet Viljoen[32] van die Heidelberg-kommando. Sy eerlike, sensitiewe
en byna daaglikse dagboekaantekeninge verskaf insig oor die intense trau-
ma wat die gewone burgers wat met die teregstellings van verraaiers en
swart en bruin mense belas was, moes deurgemaak het.[33]

Die spesiale krygshof het in dieselfde tydperk verskeie swart mense aan
spioenasie skuldig bevind en ter dood veroordeel. Op 1 Julie het genl. C.J.
Spruyt[34] met die bekragtiging van die doodsvonnis van Reinners en Van
der Walt sr. en 'n swart man, ene Dawid, van die regeringslaer by die kom-
mando aangekom. Van der Walt jr. se doodsvonnis is tot vyf jaar gevange-
nisstraf met harde arbeid en lyfstraf van 15 houe versag. "Dit gratie ver-
leend was ons aangenaam, daar wij allen overtuigd waren dat hy slechts
deed wat zijn hem voorging," skryf Henning Viljoen in sy dagboek. Die
doodmaak van hul eie mense het die burgers bepaald diep geraak.

Opdrag is aan Job Jooste gegee om die grafte te laat grawe en die vuur-
peloton saam te stel vir die teregstelling op Dinsdag 2 Julie om 15:00. Die
aanvanklike agt lede van die vuurpeloton was te min, daarom is Viljoen en
drie van sy makkers beveel om deel daarvan te word.

Die grafgrawery het al die oggend begin, toe die kommando inderhaas
voor 'n oprukkende Britse kolonne moes padgee. Die kommando vlug

sowat vier uur lank voordat hulle skuilplek in 'n holte op die plaas Palmiet-kuil in die distrik Bethal vind. Daar word die grafte opnuut gegrawe. Ter-wyl daar heelwat omstanders was, is die twee joiners en Dawid geblinddoek en na die plek van die teregstelling geneem. Die veldprediker ds. J.M. Louw het voor die oop grafte 'n diens vir die veroordeeldes gehou waarin hy "sprak met hun over hunne zielen en deed een ernstige gebed".

Toe die prediker terugtree vir die vuurpelotonlede om hul plekke in te neem, het Reinners uitgevaar: "Ik daag de onrechtvaardige rechter Izaak Bester die dit vonnis over mij uitgesproken heeft om voor God's troon met mij te verschijnen ik gaat onrechtvaardig mijner graf in." Dié uitbars-ting het Viljoen en die ander duidelik getref: "Een onbesckrijflijken wee-moed bracht dit alles onder ons teweeg, maar de treurige plicht wordt voort gezet."

Die gewere van die 12 vuurpelotonlede is agter hulle neergesit waarna die helfte met dodelike ammunisie gelaai is. Ses lede moes op elkeen van die veroordeeldes aanlê. Die twee joiners is eerste tereggestel. Viljoen beskryf in sy dagboek stapsgewys sy onbenydenswaardige gewaarwordinge en meld dat hy op Van der Walt moes aanlê. Met die afvuur van die skote is Van der Walt onmiddellik gedood, onder meer met 'n skoot deur die hart. Reinners se liggaam, wat skote deur die keel en bors gehad het, het tot die afgryse van Viljoen nog laaste rukbewegings gemaak. Daarna moes, soos Viljoen dit stel, die "akelige schouwspel" herhaal word toe Dawid tereggestel is. Nadat 'n geneesheer die drie tereggesteldes as dood gesertifiseer het, is die grafte toegegooi.[35]

Of die jong Van der Walt teenwoordig was en wat later van hom geword het, kon nie vasgestel word nie. Die Van der Walt-familieregister dui ver-keerdelik aan dat Van der Walt sr. "op die slagveld tussen Bethal en Heidel-berg gesneuwel het".[36] Moontlik is die verkeerde inligting om sensitiwi-teitsredes aan die nageslag oorgedra.

Viljoen word die volgende dag nog verder beproef toe hy aanskou hoe 'n vuurpeloton (waarvan hy darem nie lid was nie) na drie swart mense skiet wat hy van kleins af geken het. Die geneesheer het na 'n vlugtige ondersoek bevind al drie is dood, toe een uitroep: "Nee baas! Schiet my tog verder dood, want ik gaat al te zwaar dood." Die bevelvoerder van die vuurpeloton het toe met sy rewolwer 'n skoot op hom gevuur, "maar hij leeft nog! Een, tweede, derde en vierde schoot door het hart, toen gaf hy

uiteindelijk den geest." Daarna het Viljoen gehelp om die lyke in die graf
neer te lê. "Meer kon ik niet doen meer aan de vroegen speelmakkers
mijner jeugd."

'n Ontstelde en hartseer Viljoen skryf daardie aand in sy dagboek: "De
twee treurigste dagen in mijner leven zijn voorbij en mischien ook die van
menig ander."[37]

Op 6 Maart 1902 sneuwel hy self by Boesmanskop toe die boonste ge-
deelte van sy skedel deur 'n bomkartets verbrysel word.[38]

J.S. VAN HEERDEN
Vonnis nie voltrek nie

In September 1901 berig die bevelvoerder van Morley's Scouts in 'n ver-
slag aan die Britse militêre owerhede in Pretoria dat agt van sy lede 'n ruk
vantevore deur republikeinse burgers gevange geneem is. "Four of them
were then tried for their lives." Volgens hom is drie joiners, onder wie die
17-jarige Jan Stephanus van Heerden, ter dood veroordeel. Die ander twee
is na alle waarskynlikheid Van der Walt sr. en Reinners, hoewel Morley
hulle nie by name noem nie. Hy maak ook nie melding van die jonger
M. van der Walt wie se doodsvonnis versag is nie.

Van Heerden is moontlik weens sy siekte later verhoor en ter dood ver-
oordeel. Op grond van sy jeugdigheid het Botha sy vonnis nie bekragtig
nie, maar dit tot ses jaar gevangenisstraf versag. Volgens Morley is die ander
twee joiners se vonnisse in Van Heerden se teenwoordigheid voltrek. "The
other two were shot before his eyes."

Van Heerden kon na twee maande in gevangenskap, terwyl hy waarskyn-
lik saam met die Boerekommando's moes rondswerf, ontsnap. Saam met sy
broer het hy hom weer by Morley's Scouts aangesluit. Volgens Morley het
die Boerebevelhebbers daarna bevele uitgereik dat as enige van die broers
weer gevang word, hulle summier tereggestel moes word.[39]

In sy oorlogdagboek maak die tereggestelde Van der Walt se broer vdkt.
Hendrik Stephanus van der Walt (van die wyk Vetrivier, Winburg-kom-
mando) die kort maar aangrypende inskrywing: "Ik kreeg de treurige
tijding dat een broeder van mij door de kreigsraad veroordeelt is en de
vonnes al voltrokken was met eenigen anderen omdat zij same met den
vijand tegen ons vegten en in de vegterrein gevangen is genomen."[40]

Die outeur van die dagboek word beskryf as 'n bittereinder en getroue Boereoffisier wat besondere moed aan die dag gelê het.⁴¹ Daarteenoor staan sy broer wat om onbekende redes sy rug op sy mense gedraai het. Dit is nog 'n sprekende voorbeeld van verdeeldheid in Afrikanerfamilies tydens die oorlog.

Volgens nasate van die tereggestelde Reinners het sy weduwee na die oorlog met 'n sterk republikeinsgesinde man getrou wat reperkussies vir die grootmaak van die twee Reinners-dogtertjies ingehou het. Die stiefpa het hulle as die kinders van 'n verraaier gebrandmerk.⁴² Dit is 'n voorbeeld van onskuldiges wat die nagevolge van verraad nog jare lank moes verduur. Maar dit is 'n verhaal op sy eie.

M.G. JOUBERT
✝ *27 Julie 1901, Bremersdorp, Swaziland*

Teen middel 1901 het 'n afdeling van die Britse magte toenemend vanuit die neutrale grondgebied van Swaziland teen die republikeinse magte in die verre Oos-Transvaal begin optree. Hoewel die Boere oor die algemeen goeie verhoudinge met die Swazi-bevolking kon handhaaf, het die Britte daarin begin slaag om van die Swazi's teen die burgers op te sweep. Dit het ernstige gevare vir nie net die burgers nie, maar ook die weerlose en vlugtende Boerefamilies van Oos-Transvaal ingehou. Wat die situasie nog verder vererger het, is dat die Britse afdeling wat Swaziland as hul basis gebruik het, die berugte Steinacker's Horse was.⁴³

Steinacker's Horse was 'n vrybuiterskorps wat hulle aan plundering, diefstal en ander wandade skuldig gemaak het. Hul bevelvoerder, die Duitse huursoldaat Ludwig Steinacker, se hoofopdrag was om die grens na Mosambiek te versper. Hoewel hulle amptelik onder die bevel van genl. T.E. Stephenson se mag in Barberton geval het, was hul optrede 'n verleentheid vir die Britse leër. "Members of the unit spent at least as much time enriching themselves by looting Swazi homesteads, ransacking abandoned white property and gun-running to Mozambique as they did resisting the Boers." Hoewel die Swazi-hoofraad Steinacker's Horse nie as 'n wettige Britse eenheid beskou het nie, het lord Kitchener geweier om die korps te onttrek of te laat ontbind.⁴⁴

Van republikeinse kant is daardie vrybuiters nie as soldate nie, maar as misdadigers beskou. Kmdt.genl. Louis Botha en sy generaals verwys deurgaans in hul onderlinge korrespondensie na die lede van Steinacker's Horse as "rowers".[45]

'n Hele aantal Boereverraaiers het deel van Steinacker's Horse uitgemaak. Weens die swak reputasie van die korps het die verraaiers se verbintenis daarmee die burgers soveel te meer met afsku vervul. Dit is verder ironies dat baie van daardie verraaiers voor hul oorgawe aan die Britse magte aan die Ermelo-kommando verbonde was – wat juis sekeres van hulle se ondergang sou veroorsaak.[46]

Dit is dus te verstane dat die Boere Steinacker's Horse 'n gedugte les wou leer. Die geleentheid het hom voorgedoen toe die Swazi-koninginmoeder, Labotsibeni, die republikeinse magte versoek het om in te tree nadat lede van Steinacker's Horse die Swazi-prins Mancibane Dlamini in hegtenis geneem het omdat hy die Boeresaak glo goedgesind was.[47] Gevolglik het Botha vir genl.Tobias Smuts[48] opdrag gegee om met die Ermelo-kommando 'n strafekspedisie in Swaziland teen Steinacker's Horse uit te voer, wat in daardie stadium op Bremersdorp (sedert 1960 bekend as Manzini) saamgetrek was.[49]

Op 21 Julie 1901 steek die Ermelo-kommando die grens met Swaziland oor met die doel om Bremersdorp met 'n omweg ongesiens te bereik. Britsgesinde Swazi's het Steinacker's Horse egter teen die aankomende gevaar gewaarsku. Voordat die kommando die dorp kon bereik, is die Britse voetsoldate en hul waens inderhaas in die rigting van Komatipoort gestuur. Slegs 'n aantal Britse ruiters het op die dorp agtergebly.Toe die burgers die dorp teen dagbreek van 24 Julie 1901 omsingel, vind hulle dat die meerderheid Britse troepe op die vlug geslaan het. Volgens destydse Britse geskrifte het goedgesinde Swazi's die Boere tydens die aanval bygestaan.[50]

Die grootste gedeelte van die kommando het die voortvlugtende Britse ruitery asook die waens met die voetgangers agternagesit, terwyl genl. Tobias Smuts op die dorp agtergebly het. In die daaropvolgende geveg is tussen 18 en 20 Britte gedood, nog 18 gewond en 'n verdere 41 gevange geneem. Benewens die voorrade op die dorp het die burgers tien waens, waarvan die helfte met voorraad gevul was, twee meksim-masjiengewere, ammunisie, gewere, 400 beeste, 50 perde en ander goedere gebuit. Die Boere se verliese was gering – net twee burgers is gewond.[51]

Op die dorp het Smuts 'n omstrede besluit geneem om nie die groot hoeveelhede noodsaaklikhede soos sout (wat in daardie tyd haas onver-krygbaar was), suiker en klerasie te behou nie. Tesame met die dorp is dit tot op die grond verbrand. Met sy kragdadige optrede wou Smuts verhoed dat die dorp weer as 'n gemaklike basis vir Britse strooptogte oor die grens gebruik word. Daaroor het 'n medeburger, P.C. Joubert, in sy herinneringe sy afkeur uitgespreek: "Wat Smuts egter geskeel het, weet niemand nie; maar hy het skielik besluit om alles in die dorp aan die brand te steek. Dit was om oor te huil. Afgesien van die skande dat 'n Boer hom hier skuldig ge-maak het aan die skandalige afbrandmisdaad van die Engelsman, was die burgers die nuttige dinge kwyt."[52]

In Smuts se verslag oor die geveg aan Botha maak hy melding van vier verraaiers wat saam met die Britse krygsgevangenes in die burgers se hande geval het, naamlik M.G. Joubert, G. Viljoen, J. en W. Tosen. Hulle was almal voormalige burgers van die Ermelo-kommando. Volgens inligting wat die burgers ingewin het, het 'n verdere 16 verraaiers ontsnap.

Joubert is na 'n verhoor deur 'n krygsraad skuldig bevind en ter dood veroordeel. Die vonnis is nog dieselfde aand, op 27 Julie 1901, voltrek. Vol-gens 'n Engelse vertaling van 'n onderskepte republikeinse dokument het Smuts kortliks so daaroor aan Botha gerapporteer: "I had him shot in front of the burghers according to military fashion."[53] Dit is opvallend dat Smuts die doodsvonnis nie vir bekragtiging na die kommandant-generaal en/of die Transvaalse regering verwys het nie. Of hy magtiging gehad het om die doodsvonnis te voltrek, kon nie vasgestel word nie.

Die ongetroude Marthinus Godfried Joubert was met sy dood 23 jaar oud. Sy pa, Pieter Gabriel Joubert van Ermelo, was ten tyde van die tereg-stelling in 'n krygsgevangenekamp oorsee, terwyl sy ma (gebore Van Wyk) reeds oorlede was. Die twee Tosens was waarskynlik swaers van Joubert. Volgens Joubert se boedel was Willem Frederik Tosen en Jan George Tosen onderskeidelik met Helena Jacoba Joubert en Susanna Elizabeth Joubert, twee ouer susters van die tereggestelde, getroud.[54]

Daar is weinig oor die verhoor en teregstelling opgeteken. In sy herin-neringe, *My tweede vryheidstryd*, wat meer as 40 jaar na die voorval die lig sien en deels op hoorsêgetuienis gebaseer is, lig P.C. Joubert die sluier iet-wat oor die gebeure:

"Klein Joubert ... was die seun van 'n dapper vader wat vroeg in die oorlog reeds gevange geneem en later na Ceylon verban is. Die seun het in die geselskap en onder die invloed van Tosen verkeer. Toe hulle gevang is, was Tosen toevallig ongewapen, terwyl Joubert 'n geweer by hom gehad het. Die ongelukkige jong man is deur 'n krygsraad ter dood veroordeel en dieselfde aand nog gefusilleer. Tosen, wat ouer was as Joubert en beslis net so skuldig was as hy het twaalf houe met twee stroppe gekry."

Hoewel die tweede Tosen se betrokkenheid nie in die boek verduidelik word nie, het die twee swaers moontlik weens hul hoër ouderdom en noue familieverwantskap 'n gesagsinvloed oor die jong Joubert uitgeoefen.

Dan maak P.C. Joubert 'n mededeling wat deur die hart sny: "Dit is later aan my vertel dat toe Joubert se vader in sy ballingskap van die tragiese uiteinde van sy seun gehoor het, hy kalm gesê het: 'Wat het hy dan ook by die Engelse gesoek!' "[55]

Die verslag wat genl. Tobias Smuts aan genl. Louis Botha oor die voorval gestuur het, is slegs twee dae na die teregstelling opgestel en kan gevolglik as 'n betroubare bron beskou word. Daarin meld hy dat twee Tosens gestraf is. J. Tosen het 10 houe en 'n £25-boete gekry, terwyl W. Tosen en G. Viljoen elk met £15 beboet is en onderskeidelik 25 en 15 houe moes kry. Dié strawwe wys die verraaiers is nie almal oor dieselfde kam geskeer nie. Al die strawwe is op dieselfde dag as die voltrekking van Joubert se doodstraf uitgevoer. 'n Vyfde verdagte "burger" wat ook gevange geneem is, word nie verhoor nie, maar na die landdros op Ermelo gestuur wat die aangeleentheid moes ondersoek. Dié "burger" het volgehou hy is 'n regmatige Britse soldaat, 'n bewering wat genl. Opperman glo kon bevestig. Wat van die geval geword het is onbekend. Smuts meld ook dat vyf of ses gewapende swart mense doodgeskiet is. Dit is nie duidelik of hy bedoel dat hulle tydens die geveg gesneuwel het of tereggestel is nie. Britse bronne lewer ook nie opheldering nie aangesien die verliese van swart en bruin mense in hul diens nie onder amptelike Britse ongevalle gemeld word nie. Omdat Smuts onseker was oor die status van die ander gevange lede van Steinacker's Horse is hulle nie vrygelaat soos die gewoonte was nie, maar ook na Ermelo gestuur met die versoek dat Botha oor hul lot moes besin.[56] Hulle is waarskynlik daar vrygelaat.

Na die Swaziland-ekspedisie ontstaan daar by die Britse militêre owerhede gerugte dat Botha vir Smuts weens die teregstelling van Joubert afgedank het. Dié kort verslag is na die Britse militêre hoofkwartier in

Pretoria gestuur:"White agent returned to Volksrust reports Gen. T. Smuts has been dismissed for ordering one Joubert whom he captured with Steinacker's Horse at Bremersdorp, to be shot."[57] Daarmee het die verraaier wat as 'n informant by die Britte diens gedoen het, foutiewe inligting verskaf. Botha het Smuts weens die verwoesting van Bremersdorp van sy generaalskap onthef. Volgens Smuts het die meerderheid burgers hom tot die algehele vernietiging van Bremersdorp aangehits sodat die vyand dit nie weer as 'n basis kon gebruik nie.[58]

In die geskiedskrywing oorheers die afbranding van Bremersdorp en die opheffing van Smuts se generaalskap die optekening van die gebeure in Swaziland, met die gevolg dat Joubert se teregstelling grootliks vergete geraak het. Smuts self het getrou aan sy volk se vryheidstryd gebly en tot aan die einde van die oorlog as gewone burger geveg.[59]

13
Nog doodskote in die Vrystaat

F.W.H. DE LANGE
✝ *20 Desember 1901, tussen Reitz en Tweeling*

Op 20 Desember 1901 word vdkt. Marthinus Jacobus Lourens van die Bethlehem-kommando met die reëlings belas vir die fusillering van die joiner Frederik (Freek) Wilhelm Hermanus de Lange. Die veldkornet en die joiner was aangetroude familie.[1] Albei se lewens sou in minder as 'n week deur die oorlog beëindig word – een as verraaier voor 'n vuurpeloton en die ander as held op die slagveld.

Nie veel is oor die verraad van die 36-jarige De Lange en sy aktiwiteite by die Britse magte bekend nie. Wat hom alles in 1901 gemotiveer het om sy mense te verraai en by die vyand aan te sluit, sal uiteraard nie meer na verloop van 11 dekades en weens 'n leemte in die beskikbare bronne vasgestel kan word nie. Hy is waarskynlik 'n sprekende voorbeeld van die groep Afrikaners van die arm bywonersklas wat uit finansiële nood aktief by die Britte aangesluit het. Sy boedel toon hy en sy vrou het ten tyde van sy dood niks van waarde besit nie.[2] Met die uitbreek van die oorlog het hy en sy groot gesin as bywoners of huurders op sy jonger broer Jan George se plaas Berlin gewoon. Dit is sowat 12 km oos van Villiers en 5 km suid van die Vaalrivier, destyds deel van die distrik Vrede.[3]

Oorleweringe wil dit hê dat die burgers Freek de Lange verskeie kere gewaarsku het om nie die Britte te help nie. Daar is beweer hy het die Boere by Moordpoortjie op 11 Oktober 1900 verraai en 'n Britse afdeling met 'n aanval op burgers van genl. Christiaan de Wet se kommando naby Cornelia gehelp.[4] Daar kon nie vasgestel word of dit waar is nie.

In 'n amptelike dokument van die Britse leër met die name van sommige

Vrystaatse burgers wat in die oorlog aan Britse kant geveg het, word aangedui Freek de Lange het op 7 Oktober 1901 as vaste gids by die Britse leër aangesluit.[5] Dit mag wees dat De Lange voorheen dienste aan die Britse mag verskaf het. Hy kon dit gedoen het sonder dat hy deur enige amptelike diensvoorwaardes gebind is of 'n vasgestelde soldy ontvang het. Die Britte het Boereverraaiers dikwels op 'n losse voet na gelang van behoefte in diens geneem. Ook na gelang van omstandighede is hulle met geld of selfs met 'n persentasie van die vee vergoed wat hulle buitgemaak het. Hulle het ook nie 'n kenmerkende Britse uniform ontvang nie. Hulle was dus nie soos die latere National Scouts of die Orange River Colony Volunteers en ander joinerkorpse in vaste Britse diens nie. Die burgers het hul verraad vanselfsprekend net soos dié van die National Scouts en ander joinerkorpse verafsku. Wanneer hulle nie diens gedoen het nie, was daardie joiners onder Britse beskerming en is hulle soms in afsonderlike kampe gehuisves waar hulle beter behandeling as en bevoordeling bo die families van die strydendes en bona fide-krygsgevangenes in die konsentrasiekampe ontvang het.

Omdat De Lange nie in dié laat stadium van die oorlog in gevangenskap was nie, was hy waarskynlik 'n wapenneerlêer onder Britse beskerming toe hy as gids aangestel is. Sowel die National Scouts in Transvaal en die ORC Volunteers in die Vrystaat het eers teen die einde van die oorlog ontstaan. Gevolglik kon De Lange nie lid van die ORC Volunteers gewees het nie.[6]

Hy was nog net vyf dae permanent in die Britse magte se diens toe die burgers hom op 12 Oktober 1901 gevange neem.[7] Oorlewering wil hê dat hy saam met twee swart meelopers gevang en na die plaas Blijdschap net wes van Reitz aan die Klipspruit geneem is. Volgens genl. De Wet se herinneringe in *De strijd tusschen Boer en Brit* het 'n krygshof mense van begin November 1901 op verskeie aanklagte op dié plaas verhoor. Onder hulle was ook De Lange wat weens hoogverraad ter dood veroordeel is. Dit is die enigste geval van 'n Boereverraaier wat die doodsvonnis opgelê is waarna De Wet in sy boek verwys.[8]

Volgens oorlewering is die twee swart mans wat saam met De Lange gevange geneem is, ook ter dood veroordeel en kort daarna op die plaas Blijdschap tereggestel en begrawe.[9] De Lange is nog veel langer aangehou, waarskynlik in afwagting van pres. Steyn se bekragtiging van die doodsvonnis. Dit is onseker waar hy aangehou is en waarom so lank met die bekragtiging van die vonnis getalm is. Waarskynlik het die Boerekommando's hom saamgeneem wanneer hulle rondgetrek het. Tydens die guerrillafase van die oorlog met die Boere se taktiek van slaan en vlug was dit meestal moeilik om op een plek te vertoef. Daar kon nie vasgestel word wanneer De Lange se doodsvonnis uiteindelik bekragtig is nie.

Teen Desember 1901 lê Vader Kestell 'n besoek by De Lange af, terwyl hy naby Reitz onder bewaking van landdros Serfontein is en die voltrek-king van die vonnis afwag. 'n Medelydende Kestell vind De Lange in treu-rige omstandighede: "Ach! In welke omstandigheden heb ik al menschen aangetroffen! ... Van hem zeg ik slechts dit: Wat er ook veel ontzettend neerdrukkends was in wat ik daar ondervond, was de ongelukkige toch niet verstoken van den troost van den godsdienst. Hij bracht zijn tijd biddend en den bijbel lezend door."[10]

De Lange se sielkundige foltering is vererger toe hy op 18 of 19 Desember 1901 na Reitz geneem is vir die voltrekking van die doodsvonnis. Sy graf was reeds gegrawe. "Ongelukkig vond het voltrekking van zijn vonnis op den bepaalden dag niet plaats, " skryf Kestell. "Alles was voor het akelig bedrijf gereed. Maar de schietpartij daagde niet op."[11] Genl. Wessel Wessels,[12] aan wie dit opgedra is om die vuurpeloton te reël, was vasgevang met die slag van Tafelkop. Gevolglik is die teregstelling vir 'n verdere twee dae uitgestel.[13]

Vdkt. M.J. Lourens van die Bethlehem-kommando kry toe opdrag om die vuurpeloton saam te stel. Dit moes vir hom 'n uiters onaangename opdrag gewees het. Sy vrou se halfbroer, Gerhardus Albertus van Niekerk, was met Hester Aletta de Lange, 'n jonger suster van Freek de Lange, ge-troud. Lourens moes darem nie self die teregstelling waarneem nie.[14]

Volgens sy sterfkennis is De Lange op 20 Desember 1901 in die distrik Reitz gefusilleer. Kestell meld egter dat hy op 21 Desember "op zijne knieën in het gebed verkeerende" tereggestel is.[15] Kestell se bondige weergawe is uit die aard van sy persoon betroubaar en is kort na die oorlog in 1903 opgeteken. Tog noem Kestell nie pertinent of hy by die fusillering teen-woordig was nie. Andersins is weinig oor die teregstelling bekend. De Lange se sterfkennis is vaag oor die presiese plek van sy dood en lui net: "Shot in the district of Reitz ORC."[16]

Jare later het Lang Hans van Rensburg, wat gesê het hy moes die bevel aan die lede van die vuurpeloton gee om te vuur, genoem dit het iewers teen 'n koppie tussen Reitz en Tweeling plaasgevind. Volgens hom het De Lange voor die teregstelling vreeslik gesoebat dat sy lewe gespaar word.

De Lange is aan 'n stoel vasgebind en met die afvuur van die gewere het die stoel met sy liggaam agteroor in die graf geval. Van Rensburg het dié weergawe in 1957 aan Coenie Wilkinson oorgedra wat toe by die Van Rensburg-familie in Reitz geloseer het. Van Rensburg was reeds baie oud en het gedurig oor die teregstelling gemurmureer. Volgens Wilkinson het dit Van Rensburg op sy oudag so erg gepla dat dit 'n blywende indruk gemaak het op hom en ander wat met die bejaarde man in aanraking gekom het.[17] Waarskynlik het die nagevolge van die trauma na amper ses dekades so tot uiting gekom.

Albei De Lange se bejaarde ouers, Jan George en Susara Johanna Josina (gebore Rall), leef nog ten tyde van hul seun se teregstelling. Hy was hul oudste kind en is in 1865 op Fauresmith gebore. Freek de Lange was met Francis Louisa Oosthuizen getroud en ten tyde van sy dood was die jongste van hul ses klein kindertjies net vyf maande oud.[18]

Na die oorlog word die Lourens- en De Lange-families nog nouer aan mekaar verbind. Die stram verhoudinge wat die teregstelling tussen die families meegebring het, kon nie verhoed dat vdkt. Lourens se seun, Petrus Gerhardus, met Hester Aletta van Niekerk, susterskind van Freek de Lange, trou nie.[19]

Op Kersdag 1901, net vyf dae na De Lange se fusillering, behaal De Wet sy roemryke oorwinning oor 'n Britse mag by Tweefontein (ook Groenkop genoem), oos van Bethlehem. Vdkt. Lourens sterf aan wonde wat hy tydens die slag opdoen.[20]

J.F. ALLISON, J.S. ALLISON, S.G. MEYER
✝ *9 Mei 1902, tussen Winburg en Senekal*

Net drie weke voor die einde van die oorlog is drie joiners, die twee Allison-broers en Sybrand Meyer, tussen Winburg en Senekal tereggestel.

Op 18 April 1902 raak 'n afdeling van die ORC Volunteers onder die bevel van die berugte verraaier en voormalige Boerekommandant S.G. Vilonel[21] slaags met republikeinse burgers onder leiding van kmdt. Vermaak[22] by Spitskop naby die teenswoordige Marquard. Twee joiners sneuwel, terwyl vyf of volgens sekere bronne ses ander in die Boere se hande val. Die oorblywende lede van die ORC Volunteers het na hul basis in Winburg teruggevlug.[23]

Onder die gevange joiners was twee broers, Johannes Francis en John Sutton Allison van Thaba Nchu, asook Sybrand Gerhardus Meyer van Winburg.[24] Oor die getal asook die identiteit van die ander joiners wat gevange geneem is, bestaan teenstrydighede. G.J.S. van den Heever, wat sy ongepubliseerde herinneringe in 1944 opgeteken het, meld vyf joiners is gevang van wie drie tereggestel is, naamlik die twee Allison-broers en ene Meiring. Volgens dié oudstryder was die ander twee 'n Tromp van Trompsburg en Steyn, "een jong seun van 18 jaar".[25] 'n Ander oudstryder, Tewie Wessels, het in sy ongepubliseerde herinneringe van 1949 gesê die Boere het ses joiners gevange geneem, van wie die twee Allison-broers en 'n Meyer tereggestel is. Die ander drie was Jan Tromp en twee minderjariges, Coetzee en Van Niekerk.[26] Albei oudstryders is dit eens dat Tromp ontsnap het. Volgens Van den Heever is die doodstraf ook aan Tromp opgelê, maar het hy 'n paar dae voor die voltrekking daarvan ontsnap.[27] Volgens Wessels is die twee minderjariges weens hul jeugdigheid vrygelaat.[28] Eweneens meld Van den Heever (wat van een minderjarige praat) dat die jong Steyn se doodsvonnis weens sy jong ouderdom nie bekragtig is nie.[29] Daaruit kan die afleiding gemaak word dat die vonnisse vir bekragtiging na hoër gesag gestuur is.

Daar is min bekend oor wat na die joiners se gevangeneming plaasgevind het. Van den Heever, wat aan die skermutseling deelgeneem het waartydens die joiners gevange geneem is en 'n ooggetuie van die gebeure daarna was, skryf: "Hier wil ik aanhaal dat ik selfs tegenwoordig was toe hulle op Karrafontein voor die Krijgsraad was en die dood vonnis deur Genl. C.C. Froneman oor hulle uitgespreek is, dit was een treurige toneel om te sien hoe hulle gesmeek het vir genade."[30]

Op die sterfkennisse van die Allison-broers word aangedui die burgers het die drie joiners op 17 Mei 1902 naby Winburg gefusilleer.[31] Luidens 'n verklaring wat die weduwee van Johannes Francis Allison in 1903 maak, het die teregstelling op 9 Mei 1902 by Netklip tussen Winburg en Ficksburg op bevel van Froneman en Vermaak plaasgevind. Die Allison-broers en dus ook Meyer was volgens haar voor hul fusillering 20 dae lank in aanhouding. Dit klop met die tydperk tussen gevangeneming en die sterfdatum wat sy aandui.[32] Meyer se sterfkennis bevestig die fusillering het op 9 Mei 1902 te Kafferskraal in die omgewing van Senekal plaasgevind.[33] Dit moet dus die korrekte datum wees. Van den Heever meld ook dat die

drie se vonnisse op die plaas Kafferskraal tussen Senekal en Winburg vol-
trek is.[34]

Die teregstelling van die drie joiners is voorafgegaan deur verskeie gru-
weldade teen plaaslike republikeinse burgers waarby verraaiers betrokke was.
Een nag het joiners en swart gewapendes in Britse diens 'n groep burgers
by Doornberg tussen Winburg en Ventersburg aan die Sandrivier (waar die
Allemanskraaldam vandag is) oorval. Van den Heever noem verrraaiers het
inligting verskaf wat tot die aanval gelei het. Daardie aand het die Boere ver-
suim om behoorlike brandwagte uit te plaas. Daarby was 'n aantal burgers
met verlof weg, waarskynlik om te gaan kyk wat op hul verwoeste plase
aangaan. Die oorblywende burgers is onverhoeds betrap. Altesame 21 bur-
gers is gevang en drie gedood. Dié drie is volgens Van den Heever vermoor.

> ik sê vermoor want ik kan dit bevestig na ons die 3 lijke gaan haal het, hulle name is
> Potgieter wat sij heele kop oopgeslaan was dat sij harsings op die grond gelê het.
> Ampie Botha dit was een van mij en mij broer se grootste maats wat ons in die oor-
> log had … Wel hy is dood geslaan sij twee arms was fijn geslaan dit is natuurlijk soos
> hy gekeer het, toe is hij verder met een Martinie koel bij sij linkeroog ingeskiet en
> sij agterkop weggeblaas, want jy kon sien dat hulle die geweer teen hom vas gedruk
> het soos die kruit hom gebrand het, & dan het hij nog een skoot deur sij maag ge-
> had. Ampie van Schalkwijk die twee Ampies was neefs en ook kamp maats het een
> skoot deur sy kop gehad voor sij oore, ik en mij broer het die bloed afgewas soos
> die merke van sij vingers was, soos hij die bloed gele en afvee het en dan het hij vijf
> skoote op sij hart en een ronde kring gehad, dit duidelik gewijs dat die geweers
> teen hom vas gedruk was, want ons het nog die pluise uitgehaal, So is die drie jong
> Afrikaners vermoor, deur mede Afrikaners & kaffers en Engelse.[35]

Nog sulke gruweldade waaraan verraaiers aandadig was, het in die om-
gewing voorgekom. Veral kapt. Olaf Bergh, 'n voormalige Kolonialer wat
hom voor die oorlog as 'n Vrystaatse burger in die distrik Winburg gevestig
het, het besonder berug geword vir sy wandade teenoor mede-Afrikaners
nadat hy by die Britse magte aangesluit het. Tot groot ontsteltenis van sy
volksgenote het Bergh die bloedbevlekte baadjies van twee Winburgse
burgers wat deur mense onder sy bevel doodgemaak is, in sy kantoor ten
toon gestel. Onskuldige vroue en kinders het dit ook ontgeld. Gevolglik
het die burgers genadeloos opgetree as hulle die skuldiges gevang het. Na
die oorlog het Bergh op Ventersburg gaan woon waar die gemeenskap hom
as 'n uitgeworpene behandel het.[36]

Die Allison-broers en Meyer was deel van die ORC Volunteers-groep wat onder leiding van Vilonel in die omgewing bedrywig was.[37]

Voor die oorlog was Vilonel 'n welvarende prokureur op Senekal. Rondom die Britse besetting van Bloemfontein het hy die republikeinse ideaal begin versaak. Nadat genl. De Wet hom oor sy houding berispe het, het hy algaande verbitterd en selfs wraaksugtig geword. Hy het 'n besonder hoë dunk van homself gehad. Nadat hy ook nie in rang na sy wense gevorder het nie, het hy met die vyand begin konkel en homself uiteindelik aan die Britse magte oorgegee. Daarna het hy die burgers probeer oorreed om dieselfde te doen. Die Boere het Vilonel in 'n lokval gelei en gevang waarna hy op 'n aanklag van hoogverraad skuldig bevind is. Hy het 'n besonder ligte vonnis van vyf jaar gevangenisstraf met harde arbeid ontvang. Die republikeinse leiers het daarna 'n fout begaan deur hom by genl. Marthinus Prinsloo te laat aanhou.[38]

Daar word geredelik aanvaar dat Vilonel Prinsloo beïnvloed het om nie met die stryd te volhard nie. Vilonel sou veral 'n belangrike rol speel in Prinsloo se oorgawe met meer as 3 000 burgers in die Brandwaterkom naby die teenswoordige Clarens in Julie 1900. Vilonel se aandeel het daartoe bygedra dat Prinsloo van volksverraad beskuldig is. Na die oorlog het Prinsloo as eensame verstoteling van sy krygsgevangenskap teruggekeer. Hy is nooit vergewe vir wat die bittereinders as 'n skandelike oorgawe beskou het nie. Nie net het hy hom van sy volk vervreem nie, maar sy bittereinderbroer, genl. Rooi Magiel Prinsloo, het gedreig om hom soos 'n hond dood te skiet as hy hom sou teëkom.[39] Dit herinner sterk aan genl. Christiaan de Wet se dreigement om sy verraaierbroer, genl. Piet de Wet, te skiet as hy hom in die hande sou kry. Na Prinsloo se oorgawe het Vilonel sy samewerking met die Britse oorlogspoging aktief voortgesit.

Tydens die skermutseling waartydens die Allison-broers, Meyer en die ander joiners gevang is, vertel Van den Heever, sou Vilonel ook vasgetrek gewees het, was dit nie dat hy op 'n resiesperd gesit het nie "en van ons burgers het hom nie geken, anders kon hij dalk nog geskiet gewees het, maar hulle wou hom liewers vang".[40] Daardeur het een van die berugste joiners van die oorlog weggekom.

Die twee Allison-broers het hul rug reeds vroeg in die oorlog op die republikeinse saak gedraai. Nadat hulle vyf maande lank by hul kommando diens gedoen het, dros hulle en keer na hul plaas Mooivlakte in die distrik

Thaba Nchu terug. Op 20 April 1900 besoek 'n Britse patrollie die Allisons se plaas en albei broers lê hul wapens neer. Luidens sy weduwee se verklarings aan die Britte na die oorlog het Johannes Francis Allison nog dieselfde dag by die Britte aangesluit en die daaropvolgende 25 maande was hy onder Britse wapen. Dit maak hom een van die eerste joiners wat by die Britse magte aangesluit het. Eers is hy as gids en daarna as verkenner onder andere by Hamilton's Column aangewend, waarna hy by die Burgher Police en uiteindelik by die ORC Volunteers diens doen. Oor sy motiewe was sy weduwee vaag: "I am not sure why he surrendered I think his sympathies were British."[41]

Die weduwee van die ander broer, John Sutton, was meer beslis as haar skoonsuster wanneer sy die rede vir haar man se oorgawe as "on account of British sympathies" gee.[42] Dit verklaar nie die broers se aanvanklike deelname aan die stryd aan Boerekant nie. Moontlik was hulle onder die duisende burgers wat rondom die verowering van Bloemfontein in Maart 1900 moedeloos met die vryheidstryd geword het.

John Sutton Allison het op 7 Mei 1900, nadat sy broer reeds by 'n Britse kolonne was, as 'n gids by die voormalige vyand aangesluit. Na twee maande keer hy na die plaas terug. In Januarie 1901 sluit hy by Col. Hickman's Intelligence Staff aan, waar hy tot November aanbly. Daarna het hy lid van Vilonel se afdeling joiners geword.[43]

Albei die broers is na dieselfde Bybelse apostel vernoem, een in Afrikaans (Johannes) en die ander in Engels (John). Hul pa, Joseph, was Engelssprekend en hul ma, Annie Maria (gebore Potma), Afrikaanssprekend. Die Allisons se vrouens was Afrikaners. Albei die broers was Vrystaatse burgers wat 20 jaar tevore van die Kaapkolonie na die republiek verhuis het. Die 43-jarige Johannes Francis Allison was met Christina Maria Wilhelmina Carlse getroud. Ten tye van sy dood het hulle twee oorlewende seuns van onderskeidelik ses en elf jaar en 'n dogtertjie van drie jaar gehad. Die 39-jarige John Sutton Allison was met Maria Catharina Nel getroud. Ook hulle het klein kindertjies gehad. Benewens vir hul plaas was elke broer die eienaar van 'n dorpshuis op Dewetsdorp.[44]

Die Allison-broers se vrouens en kinders word op 27 Maart 1901 na die Springfonteinse konsentrasiekamp geneem waar hulle waarskynlik beter behandeling as die ander Boerefamilies ontvang het weens hul mans se betrokkenheid by die Britse oorlogspoging.[45] Tog sterf Annie Marie, die vier maande oue baba van John en Maria Allison, op 5 September 1901 daar.[46] Op 23 November 1901 word Johannes en Christina Allison se sewejarige seun, Francis Johannes, ook 'n kampslagoffer.[47]

Die oorlog het die families ook finansieel geruïneer. Die Britte vernietig die boerdery en plunder hul roerende eiendom op hul plaas, Mooivlakte, ondanks skriftelike opdragte van 'n Britse offisier dat dit nie mag gebeur nie. Die Britte verwoes ook albei die Allisons se dorpshuise.

Teen 24 Junie 1902 kla Christina Allison by die Britse owerhede sy is "penniless" en het dringend finansiële hulp nodig.[48] Teen die einde van die oorlog besit die oorlewende gesinslede geen roerende bates van noemenswaardige waarde meer nie. Na die oorlog word die plaas Mooivlakte op 24 Januarie 1903 op openbare veiling verkoop en daarna die erwe op Dewetsdorp.[49]

Sybrand Gerhardus Meyer was ten tyde van sy teregstelling 41 jaar oud. Hy is in die Kaapkolonie gebore en was die seun van Lucas Johannes en Engela Euganda Meyer (gebore Van Niekerk). Hy was nie welvarend nie. Die totale bruto waarde van sy boedel, wat eers in 1906 afgehandel is, beloop sowat £161. By daardie waarde was 'n dorpshuis op Winburg, waar die Meyer-gesin gewoon het, ter waarde van £150 ingesluit. Byna sewe maande na die teregstelling skenk Meyer se weduwee, Margrietha, die lewe aan hul sewende kind.[50]

G.H. GROBLER
✝ *27 September 1900, Elandskop, distrik Heilbron*

In die vroeë fase van die guerrillastryd het 'n gewapende swart kommando die republikeinse magte in die Oos-Vrystaat, veral in die Bethlehem-distrik, skade berokken en die burgerlike bevolking geterroriseer. Hulle het na aanleiding van hul leier se naam as die Klaasbende bekend gestaan.

Volgens die herinneringe van verskeie oudstryders was hul werklike bevelvoerder die Afrikanerverraaier Gert Grobler van die plaas Honingkop noordwes van Bethlehem.[51] Die Klaasbende het op Grobler se plaas geskuil van waar hulle gefunksioneer het. Om 'n onbekende rede was Grobler nie op kommando nie. Terwyl die meeste ander burgers op kommando of in krygsgevangenskap was, was hul gesinne weerloos op die plase. Dit was 'n ideale kwesbare toestand vir misdadige bendes om uit te buit. Dit het meegebring dat die burgers die stryd op twee fronte – teen die Britse magte en swart bendes – moes stry. Die Klaasbende het veral in die nag toegeslaan en verskeie wandade gepleeg. Nog voordat die Britse troepe Bethlehem ingeneem het, het hulle in Junie 1900 'n burger, Jacobus (Koos) P. Mostert, vermoor. Mostert se vrou het hom laat kom nadat die Klaasbende vee op sy plaas gesteel het. In opdrag van die republikeinse landdros in Bethlehem is Mostert en 'n berede polisieman, Jan Petrus Fourie, na Grobler se plaas gestuur om ondersoek na die diefstal in te stel. Daar het die Klaasbende hulle oorval. Mostert is weens veelvuldige assegaaisteke dood en Fourie is ernstig gewond en vir dood agtergelaat. Fourie het wonderbaarlik van sy wonde herstel en kon sy weergawe dekades later op 86-jarige ouderdom op skrif stel.[52] Daarna het die Klaasbende nog twee burgers van die Bethlehem-kommando, Frik Heymans en Daniel Benjamen McCarthy, vermoor.[53]

Die Vrystaatse magte het probeer om die Klaasbende te straf. Nadat kmdt. Sarel Haasbroek[54] met twee pogings misluk het om die bende uit hul rotsagtige vesting noordwes van Bethlehem te verdryf, het kmdt. (later genl.) Rooi Magiel Prinsloo in September 1900 met lede van die Bethlehem-kommando gereed gemaak om die bende aan te val.[55] Prinsloo en sy manne het waarskynlik deur die nag van die Heilbron-omgewing getrek met die doel om die bendelede vroeg die volgende oggend in hul vesting te verras. Die bende het hewige teenstand gebied, maar daardie keer was hulle behoorlik vasgekeer. Nadat 12 lede van die bende doodgeskiet is, het die res oorgegee. Hul leier, Klaas, het in 'n grot bly wegkruip waar die jong Johannes van Wyk, susterskind van die vermoorde Mostert, hom op 'n onverskrokke wyse uitgehaal het.[56]

Altesaam 43 swart mense is gevange geneem van wie 25 minderjariges was.[57] 'n Krygsraad het die 18 volwassenes summier ter dood veroordeel en die vonnis is nog dieselfde dag voltrek. Hulle is geblinddoek en "op 'n streep gesit en doodgeskiet".[58] Die jonges is elkeen 25 houe met 'n stiegriem toegedien en huis toe teruggestuur.[59]

Volgens sekere herinneringe is Grobler die oggend voor die aanval op die Klaasbende gevange geneem, waarskynlik by sy plaashuis.[60] Die oudstryders is dit eens dat sy arm aan die wiel van 'n trolliewa vasgeboei is.[61] Na sy gevangeneming is hy gedwing om die skuilplek van die bende uit te wys.[62] Daarna moes hy die teregstelling van die lede van die Klaasbende

aanskou voordat hy saam met die kommando na De Wet se laer by Elands-
kop naby Heilbron teruggeneem is. Daar het hy voor 'n krygsraad ver-
skyn.[63] 'n Ander ongepubliseerde herinnering van 'n burger wek die in-
druk dat 'n patrollie van Haasbroek Grobler in hegtenis geneem het 'n
tydjie voordat die Klaasbende aangeval is, waarna hy verhoor en tereg-
gestel is.[64]

Duidelik kon 'n verraaierbevelvoerder van 'n swart kommando wat ern-
stige gruweldade gepleeg het, nie genade van sy volksgenote tydens die
oorlog verwag nie. Die aanduidings is dat 'n behoorlike krygshof gehou is
en dat Frikkie Cronjé hom tydens sy verhoor ondervra het. Dit verwys na
alle waarskynlikheid na kmdt. F.R. Cronjé, wat hom voor die oorlog as
advokaat bekwaam het.[65] Daar word ook genoem dat genls. J.B.M. Hertzog
en Rooi Magiel Prinsloo teenwoordig was.[66] Volgens sommige oudstryders
is Grobler skuldig bevind aan medepligtigheid en aanhitsing tot moord.[67]

Wat Grobler se presiese aandeel aan die bende se optrede was, kon nie
vasgestel word nie. Hoe dit ook al sy, hy is op 26 September 1900 ter dood
veroordeel en die dag daarna tereggestel.[68] Volgens 'n oudstryder is hy op
die plaas van Jan Boryn langs die pad na Petrus Steyn gefusilleer.[69] Sy sterf-
kennis meld kortweg: "Shot by the boers said to be near Elandskop distr.
Heilbron."[70]

Gert Hendrik Grobler was toe 49 jaar oud. Hy was die seun van Marthi-
nus Jacobus en Elizabeth Magdalena Grobler (gebore Rautenbach). Vol-
gens sy sterfkennis is hy te Hartzenberg in die distrik Riversdale in die
Kaapkolonie gebore. Hy en sy vrou, Hendrina Frederika (gebore Prinsloo),
het twee seuns en 'n dogter gehad, wat almal meerderjarig was toe hul pa
dood is.[71]

Nog 'n voorbeeld van die ironie van die verraaierverskynsel is dat Grob-
ler en genl. Rooi Magiel Prinsloo se vrouens susters was en dat Prinsloo se
negende kind Gert Grobler Prinsloo gedoop is.[72]

Tog meld 'n oudstryder dat Prinsloo met mag en mening by De Wet
daarop aangedring het om die Klaasbende te gaan aandurf en verklaar dat
hy nie "gaan rus voordat die kaffers gevang en doodgeskiet is nie".[73]

Dis moontlik weens die sensitiwiteit van die verwantskap dat die gen-
eraals meestal oor die teregstellings geswyg het. Prinsloo se biograaf (ook
'n Grobler en waarskynlik verwant), verwys nie na Gert Grobler se tereg-
stelling in *Met die Vrystaters onder die wapen: generaal Prinsloo en die Bethlehem-*

kommando van 1937 nie, hoewel hy die aanval op die Klaasbende breed-voerig bespreek.[74]

Enkele dae na die teregstelling van die Klaasbendelede, op 12 September 1900, het die Britse bevelvoerder van die oostelike Vrystaat, lt.genl. (sir) Leslie Rundle,[75] aan Prinsloo geskryf:"It has come to my knowledge that unarmed natives are being shot by Burghers of your Commando without trial, and against the customs of War; as this is against both the laws of the British Government and those of the Orange Free State, I must call upon you to restrain your Burghers from committing such acts, and to inform you that in every case where such acts are commited I shall burn the farms, confiscate the property of those concerned, and bring them to justice as soon as possible."[76]

Rundle meld in die skrywe niks van Grobler se teregstelling nie. Prinsloo het volgens sy biograaf geantwoord dit was teen die gebruik om swart mense te bewapen om strooptogte teen burgerlikes te onderneem, veral weens die kwesbare posisie waarin die vroue en kinders was. Die indruk uit Prinsloo se antwoord is voorts dat die Britte oor die algemeen daarvan beskuldig is dat hulle swart mense bewapen het. Prinsloo het Rundle daarvan verseker dat hy in soortgelyke gevalle steeds swart gewapendes wat in sy burgers se hande beland, sou laat fusilleer.

Na die oorlog het Grobler se familielede 'n grafsteen op sy graf aangebring wat volgens 'n oudstryder later "deur gebelgde Boere stukkend geslaan is".[77]

14
Summier geskiet

Verraaiers is in die guerrillafase van die oorlog soms summier tereggestel.

Dít ten spyte daarvan dat sulke optrede amptelik – met 'n moontlike uitsondering – in beginsel afgekeur is. Die geregtelike prosedures om verraaiers te verhoor is selfs in moeilike oorlogsomstandighede gevolg. 'n Summiere teregstelling het dus plaasgevind wanneer 'n afvallige onder beheer van die burgers gekom het en dan sonder 'n verhoor kragtens die krygswet of ander tersaaklike wetgewing gefusilleer is, of as aanvaarbare militêre norme nie in die voltrekking daarvan gegeld het nie.

As een of ander wetlike voorskrif of die gemenereg nie vir regverdiging (soos selfverdediging of die ontstaan van 'n gevaarsituasie) van 'n summiere teregstelling voorsiening gemaak het nie, kon dit ingevolge die republikeinse reg op moord neergekom het.

Op die slagveld kon verraaiers nie genade van die strydende burgers verwag nie. In sy herinneringe vertel 'n oudstryder, C.J. Potgieter, hy het spesiaal 'n dum-dum-koeël vir 'n verraaier gereed gehou ingeval hy een sou teëkom. So 'n geleentheid het hom tydens die slag van Spieshoek voorgedoen: "Terwyl die geveg aan die gang was sien ek 'n persoon aan die oorkant na my staan en skiet. Hy het nie ('n) kakie-uniform aangehad nie en ek het hom herken as 'n Boereverraaier. Ek het 'n dum-dum-koeël gevat wat ek juis vir die geleentheid gebêre het, in die loop gedruk en mooi korrel gevat op sy middelrif. Toe ek by hom kom het al sy ingewande buite gelê. Ek het nog sy naam aan die binnekant van sy hoed gelees; dit was 'n Boerenaam."[1] Potgieter het opgetree met die wete dat indien die Britte hom sou vang, hulle hom die doodstraf vir die gebruik van dum-dum-koeëls kon oplê.[2]

Hoewel die joiners se bydrae tot die Britse oorlogspoging teen die einde van die oorlog uitgebreid geraak het, het hulle nie op groot skaal in gevegte met die republikeinse burgers betrokke geraak nie. Dit was waarskynlik omdat hulle genadelose behandeling kon verwag as hulle gevange geneem sou word. Daar is talle voorbeelde van troueloses wat liggaamlike leed aangedoen is, soos om met die stiegriem geslaan te word. Emanoel Lee maak in sy *To the Bitter End* melding van 'n Britse verslag van 'n lt. H. Shipley wat in die *War Office Papers* gevind is waarin beweer word republikeinse burgers het 12 National Scouts gekastreer.[3] Stawing vir hierdie gerug kon nie gevind word nie.

Dit is te betwyfel of die joiners deurgaans goeie gevegsmateriaal uitgemaak het. Hulle was dikwels van 'n bywoner- of laer stand met twyfelagtige morele waardes. (Daar was natuurlik ook bywoners onder die bittereinders.)

Die joiners het gewapende konfrontasie so ver moontlik vermy tensy hulle ooglopend die oorhand gehad het of in 'n hoek gedryf is.

Die Boerekryger Roland Schikkerling vertel in sy dagboek van so 'n geveg tot die dood toe verraaiers in Maart 1902 in Oos-Transvaal vasgekeer is. Die burgers het snuf in die neus gekry van 'n aantal verraaiers wat deur die Britse linies geglip het om by hul vrouens en vriendinne te gaan kuier. 'n Klompie Boere het hulle gaan voorlê.

> Hulle het die spoor gevat en teen sonop het hulle vier verraaiers in 'n verlate opstal vasgekeer. Hulle het die dodelike erns van die geveg goed besef en nie eens aangebied om oor te gee nie. Die Boere het hul koeëls op die deure en vensters gekonsentreer en agter die skuiling van 'n tuinmuur nader geglip. Die arme drommels het elke geroep beantwoord met fluitende lood. Hulle het skynbaar nie so sekuur kon aanlê soos manne met oortuiging nie, maar hulle was vervul met 'n wanhopige vasberadenheid en 'n kalme moed wat hom van jou meester maak as jy besef daar is geen hoop en geen uitkomkans nie. Selfs toe die manne wat die huis omsingel het, tot teenaan die mure deurgedring het, was daar nog geen teken van oorgawe nie. Onder die vasgekeerdes in die huis was 'n pa met twee seuns en hulle het aangehou skiet selfs nadat die strooidak aan die brand gesteek is en die hele woning vol borrelende rook was. Toe die dak instort, het die arme gespuis, verstik en verskroei, by die vensters uitgeduik net om deur genadelose lood deurboor te word. Hulle liggame is net daar gelaat om besorg te word deur hulle weduwees en bloedverwante en sodanige vriende wat nie erg gesteld is op die stigma wat kleef aan so 'n taak nie.[4]

Schikkerling noem nie die name van die verraaiers nie.

Wanneer die joiners wel deur die burgers na gevegte gevange geneem is, kon hulle die doodstraf verwag. Daar is baie onbevestigde en soms ongegronde gerugte van summiere teregstellings van joiners wat selfs tot na die oorlog voortgeduur het. Die bevelvoerder van die Amerikaanse Ierse Brigade, kol. J.Y.F. Blake, wat as vrywilliger aan Boerekant geveg het, het in 1903 beweer:"After the general surrender any one of those National Scouts who dared to go back to his own farm would promptly meet his just doom. The English would bury him and ask no questions. Within the first two months after the surrender, twenty-two of them were buried, and I learn that occasionally one or two are buried now. They have to live under the protection of the British troops to avoid being killed."[5]

Geen stawende bewyse kon vir dié bewering gevind word nie en dit is waarskynlik vergesog. Het sulke naoorlogse teregstellings wel plaasgevind, was dit niks anders as moord nie. Voorvalle van dié aard sou sekerlik nie stil gehou kon word nie en met publisiteit gepaard gegaan het. Nietemin het V.E. Solomon in 1974 in 'n artikel in die Krygshistoriese Tydskrif nog aanvaar 22 verraaiers is na die beëindiging van die oorlog summier deur bittereinders tereggestel.[6]

In 1903 het berigte ook in die Rand Daily Mail en Land en Volk verskyn waarin beweer is bittereinders het vier joinerbroers in die distrik Volksrust vermoor.[7] Dié bewerings was ook ongegrond.

Oorlogsgerugte het die manier om soms op loop te gaan. Dikwels is dit moeilik om tussen die waarheid en versinsels oor beweerde teregstellings van verraaiers gedurende die oorlog te onderskei. Bewerings van 'n oudstryder dat genl. Koos de la Rey self 'n joiner summier tereggestel het, kon nie elders bevestig word nie. Jos Venter, wat as 'n penkop in De la Rey se kommando diens gedoen het, vertel in sy gepubliseerde herinneringe 'n gevange joiner het na die geveg by Silkaatsnek in die Magaliesberge gespog dat hy 'n veldkornet van De la Rey se kommando doodgeskiet het. Na bewering het De la Rey die joiner alleen saam met hom die veld in geneem en sonder hom teruggekeer, bedoelende dat hy hom persoonlik tereggestel het.[8] Die juistheid van die bewering is uit die aard van De la Rey se karakter uiters verdag.

Van die jingoïstiese kant is bewerings van summiere teregstellings gemaak, waarskynlik met propagandistiese oogmerke om die Boere in 'n slegte lig te stel. Na die oorlog skryf E.F. Knight oor so 'n geval: "Here is an example of what the 'hands-uppers' had to endure. The Boers on one occasion came to the unprotected Sand Spruit refugee camp, deliberately murdered a refugee and his son, and opened fire on the camp, which was crowded with women and children. It was crime of that kind which drove many of the surrendered to take up arms on our side during the guerilla war ..."[9]

Die Britse militêre owerhede het tydens die oorlog etlike kere beweer Britsgesinde burgers is summier tereggestel. Kapt. R.J. Ross, die distrikskommissaris van Boshof, het byvoorbeeld in Oktober 1900 aan die Britse militêre hoofkwartier in Bloemfontein verslag gedoen: "The Boers have shot several men who have attempted to get away with information."[10]

Onbevestigde gevalle van summiere teregstellings in Transvaal is ook in Britse militêre verslae gevind, soos byvoorbeeld dié een:

Die nag van 23 November 1900 het 'n aantal Oos-Transvaalse burgers vir J.H. Ferguson, 'n winkelier van die Balmoral-steenkoolmyn in die Middelburgse distrik, by sy woning in hegtenis geneem. Hy is daarvan beskuldig dat hy namens die Britte op die Boere gespioeneer het. Klaarblyklik was Ferguson 'n ou bekende inwoner van die omgewing en gevolglik goed aan die burgers bekend. Hy is voor vdkt. Thys Pretorius gebring, wat geweier het om hom te laat verhoor. Die burgers is daarna beveel om hom vry te laat. Van hulle was ongelukkig daaroor. Die bewering was dat drie Prinsloo's – 'n kpl. M.J. Prinsloo van die plaas Klipfontein, sy broer Petrus van die plaas Spitskop en hul neef Marthinus Jacobus van die plaas Brakfontein – Ferguson na 'n donga geneem het naby waar die Wilge- en Bronkhorstspruit inmekaarvloei. Daar het hulle hom doodgeskiet en sy lyk in 'n gat versteek. Die Britse militêre owerheid het die aangeleentheid probeer ondersoek, maar kon niks uitrig nie omdat al die verdagte burgers na 'n jaar steeds op kommando was.[11]

Hoewel summiere teregstellings voorgekom het, was dit nie die algemene gebruik van die republikeinse magte om verraaiers so na hul dood te stuur nie. Genl. C.C.J. Badenhorst het kort na die oorlog ten sterkste ontken dat summiere teregstellings van verraaiers die norm was en bewerings daaroor as kwaadwillig vals afgemaak: "Het is niet waar, dat dit geschiedde, zooals in Engelsche couranten door ons tydens ons moeilijk werk werd gelezen, dat de Boeren, die den eed van getrouwheid aan de Engelsche regeering hadden gezworen, met geweld naar de commando's werden gesleurd of op den plek werden doodgeschoten ... De krijgswet ... laat iemand niet zoo maar doodschieten, doch alleen na een behoorlijk onderzoek en dan nog slechts in zeer ernstige gevallen."[12]

Daar is moontlik een uitsondering van Vrystaatse owerheidsweë. Getuienis bestaan wat daarop dui dat summiere teregstellings minstens in die Vrystaat onder sekere omstandighede amptelik gemagtig is. In Oktober 1900 het genl. Christiaan de Wet 'n kennisgewing laat uitvaardig waarin hy sy offisiere en burgers opdrag gegee het om enige van die vyand wat plase afbrand of vroue en kinders molesteer of wegvoer, summier dood te skiet. Die kennisgewing is uitgereik toe die Britte pas begin het om hul verwoestingsbeleid uit te voer.[13]

'n Vertaalde weergawe van die kennisgewing het op 26 Augustus 1902 in 'n berig in *The Bloemfontein Post* verskyn en is soos volg aangehaal:

> To all Commanding Officers, Commandants, Fieldcornets, O.F.S. Burgher Forces, Make known to all burghers and all whom it may concern, that I, bearing in mind the lately in vogue uncivilised manner of warfare of Her Majesty's Forces in the Orange Free State, through the burning of houses, molesting, arresting and carrying off of defenceless women and children against their desire and will, So it is that I, Christian Rudolph De Wet Chief Commandant of the O.F.S. Armies, hereby have resolved and determine that in future all patrols or hostile persons who are found burning houses, carrying off women and children, or upon good proofs that they intended doing such, So are hereby all Commanding Officers and burghers ordered to instantly shoot dead all such person or persons. Thus given under my hand at the farm Lindiquesfontein, district Kroonstad, on this 2nd day of October, 1900. (Signed) C.R. De Wet Chief Commandant.[14]

Die kennisgewing maak voorsiening vir drastiese optrede. 'n Letterlike uitleg daarvan het summiere teregstellings onder sekere omstandighede gemagtig. Hoewel 'n voorbeeld van die kennisgewing of 'n oorspronklike Hollandse weergawe nie in 'n ander bron gevind kon word nie, het verskeie Boereoffisiere die inhoud daarvan kort na die oorlog in 'n verhoor in Ficksburg bevestig. Luidens 'n berig in *The Bloemfontein Post* van 15 Augustus 1902 het genl. Rooi Magiel Prinsloo die inhoud van De Wet se kennisgewing bevestig in getuienis wat hy in die verhoor van sewe burgers gelewer het wat weens die teregstelling van 'n joiner van moord aangekla is. Prinsloo se eie interpretasie was egter dat hy sulke oortreders steeds aan die gebruiklike krygsraadverhoor sou onderwerp en die doodstraf vir be-kragtiging na die uitvoerende raad sou verwys het.[15]

Daar was dus verwarring oor die uitleg van die De Wet-kennisgewing. Veral wat De Wet presies met die woord "instantly" bedoel het, maak die uitleg van die kennisgewing moeilik. Dit is 'n ope vraag of die vertaling in *The Bloemfontein Post* korrek was. Aan die ander kant moet in gedagte gehou word dat die bestaan van so 'n magtiging nie die Britte se saak teen die sewe burgers sou bevorder nie. 'n Mens kan aanvaar *The Bloemfontein Post* as anti-republikeinse koerant sou die geldigheid van die verdediging se steun daarop graag wou betwis, wat nie gebeur het nie. Boonop was vyf van die sewe beskuldigdes bekende offisiere en een was selfs 'n af-gevaardigde by die vredesberaad by Vereeniging. Al daardie offisiere het sterk op die bestaan en geldigheid van die De Wet-kennisgewing gesteun. Omdat die oorspronklike weergawe in Hollands nie beskikbaar is nie, bly dit onseker wat die korrekte en letterlike betekenis van die kennis-gewing was.

Die verwarring en chaos in die oorlog teen die tweede helfte van 1900 het waarskynlik ook 'n groot rol gespeel in moontlike teenstrydighede in die heersende Vrystaatse krygsreg wat betref die oënskynlike magtiging van summiere teregstellings deur De Wet. Die Britse magte het met hul wrede optrede teen die burgerlike bevolking begin. Moontlik het De Wet die ken-nisgewing uit desperaatheid en frustrasie laat uitreik. Daar is nie aandui-dings dat pres. Steyn en die Vrystaatse uitvoerende raad dit onderskryf het nie. Moontlik was dit nie nodig nie. As De Wet se opdrag konsekwent toegepas is, moes summiere teregstellings op 'n massiewe skaal plaas-gevind het en dit het nie gebeur nie. Die gevolge van sulke teregstellings, veral vergelding deur die Britte, het dit prakties onuitvoerbaar gemaak. Die nadele sou net te enorm gewees het. Die Britse magte was in 'n posisie van beheer. Veral die burgerlike bevolking is grotendeels aan hul genade oorgelaat.

Individuele burgers kon weens 'n letterlike uitleg van De Wet se ken-nisgewing makliker aandadig aan summiere teregstellings gewees het. Dit het inderdaad gebeur. Dit is opvallend dat die gevalle wat hieronder be-spreek word, almal in November en Desember 1900 in die Oos-Vrystaat plaasgevind het, waar die inhoud van De Wet se kennisgewing bekend ge-maak is.

In die abnormale omstandighede van oorlog is dit heel moontlik dat individuele burgers in oomblikke van onbeheerste emosie en op die ingewing van die oomblik die reg in eie hande kon neem. Met die hoë voorkoms van verraad is bittereinder-Afrikaners soms tot die uiterste beproef. Die vurige Christiaan de Wet het reeds teen die einde van Julie 1900 in 'n oomblik van drif oor verraaiers verklaar: "Ek sal die eerste wees om so 'n man in koele bloed neer te skiet."[16] Daar is egter geen getuienis dat hy sy dreigement uitgevoer het nie.

Daar was twee joinerbroers, Van Heerdens, in Oos-Transvaal wie se bloed deur strydende burgers gesoek is. Volgens die bevelvoerder van die joinerkorps Morley's Scouts het die Boerebevelhebbers dié bevel uitgereik nadat die broers uit Boerehande ontsnap en weer by die Britse magte aangesluit het: "Either Van Heerden is to be shot on sight without trial."[17] Roland Schikkerling skryf op 13 Junie 1901, na die ontsnapping van 'n joiner, in sy dagboek: "Baie van die manne is ten gunste van summiere teregstellings sodra hulle (die joiners) gevang word."[18]

Bevestigde gevalle van wat as summiere teregstellings van verraaiers tydens die oorlog beskou kan word, was erg omstrede en het dekades daarna nog emosionele reaksie ontlok. In sommige gevalle het die Britse owerhede na die oorlog burgers daarvoor vervolg, soos die sewe burgers van Ficksburg. Dit was onreëlmatig, want vervolging vir oorlogsoptrede na vredesluiting is nie toegelaat nie tensy 'n spesifieke geval uitdruklik in die vredesverdrag uitgesluit is.

In ander gevalle het daardie amnestie die vervolging van burgers vroegtydig verhoed. Dit was die geval met burgers van kmdt. Willem Fouché[19] se kommando wat daarvan beskuldig is dat hulle 'n ongewapende Kaapse Afrikaner, ene Terblanche, wat as 'n polisieman by die Britte diens gedoen het, op 9 November 1901 op Myburgh in die Kaapkolonie doodgeskiet het.[20]

Daar is etlike onbevestigde gevalle van summiere teregstellings waarvan die juistheid nie vasgestel kon word nie.[21] Charles Rocher, wat 'n adjudant en assistentsekretaris van genl. Koos de la Rey was, het in sy herinneringe meer as net gesuggereer dat wanneer een of twee joiners gevang is, daar doelbewus nie verder oor hul lot gepraat is nie.[22] Daardie inligting is gevolglik verlore.

Dit is ook onseker of al die gevalle regtig summiere teregstellings was en of party nie dalk eiesoortige skietvoorvalle was nie. Daar is soms 'n fyn lyn tussen moord en regmatige selfverdediging. Carl Lombard vertel byvoorbeeld in sy oorlogsherinneringe van 'n Afrikaner van die Kaapkolonie, wat hy 'n "volksverraaier en kakieboer" noem, wat doodgeskiet is toe hy 'n burger met 'n klip gegooi het.[23]

H.F. Wichmann beskryf in sy herinneringe 'n skietvoorval waarin 'n joiner aan die begin van 1902 langs die Assegaairivier in die Piet Retief-omgewing doodgeskiet is. Nadat die verraaier aangedui het hy gee oor, het hy 'n Boereoffisier, Piet de Jager van die Piet Retief-kommando, aangeval. In die daaropvolgende struweling het De Jager die verraaier met sy Mauser-pistool doodgeskiet. De Jager was bitter ontevrede met sy manne wat hom voor die voorval alleen gelaat het. Daaroor merk Wichmann op: "Nogtans was ons bly dat sake maar so verloop het en dat die persoon nie gevang is nie, want dit sou beteken het dat hy voor 'n krygsraad moes verskyn het en dat sy vroeëre makkers hom sou moes gefusilleer het."[24]

L.H. NEUMEYER
✝ *23 November 1900, Stolzkraal, Rouxville*

Onder die Suid-Vrystaatse burgers was Leopold Henry Neumeyer 'n berugte verraaier.[25] Hoewel hy 'n Vrystaatse burger was, het hy hom by die Britse magte aangesluit en tot die rang van luitenant in die militêre polisie bekend as die Orange River Colony Police op Smithfield gevorder. Daar het hy aktief meegedoen om Boere se plaashuise af te brand, vroue en kinders aan te keer, vee bymekaar te maak en burgers wat die neutraliteitseed verbreek het, gevange te neem. Wat Neumeyer nog meer as verraaier gebrandmerk het, is dat Smithfield voor die oorlog sy tuisdorp was. Hy was alombekend in die distrik en is as 'n mede-Vrystater aanvaar.[26]

Neumeyer is op Boshof gebore. Sy ouers, Louis en Elizabeth Caroll Neumeyer, was Engelssprekend, dus behoort hy nie as 'n Afrikanerverraaier beskou te word nie. Weens sy Vrystaatse burgerskap het hy hom wel aan landsverraad skuldig gemaak. Sy vrou, Hilda May Vos, was Afrikaans. Uit die huwelik is twee kinders gebore.[27]

Dit is te verstane dat Neumeyer se eertydse landgenote sy bloed gesoek het. Toe kmdt. Gideon Scheepers van 'n Britse konvooi te hore kom wat van Rouxville na Aliwal-Noord vertrek, stuur hy op 23 November 1900 30 burgers onder leiding van twee Vrystaatse offisiere, luitenante Fanie

Swanepoel en Izak Liebenberg, om dit te gaan buit. Dit was egter nie 'n konvooi nie, maar die 32-jarige Neumeyer en 'n hendsopper, ene Van Aswegen, wat hulle met 'n perdekar in die hinderlaag op die plaas Stolzkraal naby Rouxville vasloop.[28]

Oor die gebeure daarna bestaan teenstrydige weergawes. Van Aswegen het uit die hinderlaag ontsnap nadat Neumeyer klaarblyklik sy hande opgesteek het en gevange geneem is. Later vind Britse soldate sy lyk 'n paar myl daarvandaan in 'n sandsloot.[29] In sy dagboek skryf Scheepers: "By terugkomst melde Lt. S (Swanepoel) my dat de konvooi niet genomen was, en dat ene Lt. Nieumeyer gevange geneem werd. Met de terugtocht wou hy ontsnappen, en schoot Liebenberg hem met 'n revolver, en kwetste hem. Hy kwam van zyn paard en maakte toen voor 'n sloot, en werd toen door 'n ander doodgeschoten."[30]

Destydse Britse verslae verklaar onomwonde dat die Boere Neumeyer summier en koelbloedig tereggestel het. Daar is beweer hy was reeds geboei toe hy geskiet is.[31] Selfs sy sterfkennis gee die oorsaak van sy dood as "Murdered by Boers between Rouxville and Aliwal North".[32] In die partydige *After Pretoria: The Guerilla War* van H.W. Wilson word verklaar die Boere het hulle in dié tyd aan "murderous atrocities" skuldig gemaak:

> One of the worst examples was the murder of a British Afrikander officer, Lieutenant Neumeyer, who was on his way to Bloemfontein to join the Orange River Colony Police. He was proceeding north with a surrendered burgher in a Cape cart, when near Rouxville a party of Boers fired upon him. Neumeyer directed the burgher to run for his life, and himself went forward and surrendered to the enemy; they led him to a donga and murdered him there. When last seen, he was standing erect, facing them like a true and gallant soldier. The criminals must have struck him, as the traces of a heavy blow were found upon his face. They shot him twice and left him dead. His body was found on November 23, hidden in the donga.[33]

Benewens die propagandistiese oogmerke daarvan bevat dié weergawe etlike feitefoute.

Daar kan verwag word dat die burgers nie sagkens met Neumeyer te werk sou gaan nie weens sy genadelose optrede in die verlede teenoor burgers en hul families van die omgewing. Minstens vyf burgers het agterna gespog dat hulle hom geskiet het. Die gevolg was dat die Britse militêre owerheid alles in hul vermoë gedoen het om Neumeyer se dood te wreek.

Byna 'n jaar later, op 12 Julie 1901, neem die Britte die 18-jarige lt. Izak Bartholomeus Liebenberg van die Gideon Scheepers-kommando saam met ander burgers in die Kamdeboo in die Kaapkolonie gevange. Liebenberg is na Aliwal-Noord geneem en van moord op Neumeyer aangekla.

In wat as 'n erg omstrede saak beskou is, soek die Britse vervolging naarstiglik na getuies om hom te inkrimineer. Die saak is geslagte lank in Afrikaner- en ander geledere as 'n gewetenlose heksejag beskou, veral weens sterk aanduidings dat die kroongetuienis grootliks gefabriseer is. Twee Boerekrygsgevangenes pleeg die uiterste verraad wanneer hulle in ruil vir hul vryheid kroongetuies word en onbevestigde en heel waarskynlik valse getuienis teen Liebenberg lewer. Frans Steenberg, wat in die Kaapkolonie gevang is, en Tobias du Plessis, 'n sakeman van Smithfield wat in die Bloemfonteinse tronk aangehou is, het getuig Liebenberg het Neumeyer geskiet. Hoewel Liebenberg nie ontken het dat hy na Neumeyer geskiet het toe dié wou ontsnap nie, het lt. Swanepoel hom waarskynlik die doodskoot gegee. Swanepoel het egter intussen in 'n geveg naby Somerset-Oos gesneuwel. Van Britse kant is gepoog om Liebenberg ten alle koste daarvoor verantwoordelik te hou. Klaarblyklik kon daar in die verhoor nie eens bevestig word of Steenberg en Du Plessis met die voorval teenwoordig was nie.

Luidens die boek *Smithfield 1819-1952* het Tobias du Plessis in latere jare soos "'n vreemde os" in Smithfield rondgedwaal weens gewetenswroeginge oor sy vals getuienis teen Liebenberg.[34]

Liebenberg is skuldig bevind en ter dood veroordeel. Op 11 Januarie 1902 is hy op dramatiese wyse in die tronk op Aliwal-Noord gehang. 'n Eerste poging het misluk omdat die stellasie waarop hy gestaan het, te na aan die grond was. Daarna is 'n gat gegrawe en die tweede probeerslag het geslaag.

Dit alles het daartoe bygedra dat Liebenberg later as 'n martelaar van die Afrikanervolk beskou is. In die boek *Hoe zij stierven*, oor Boere wat tydens die oorlog in die Kaapkolonie deur Britte tereggestel is, is twee aangrypende briewe wat die jong Liebenberg kort voor sy teregstelling aan sy ma en broer geskryf het.[35]

Dit het alles meegebring dat onversoenbare standpunte oor die twee offisiere se dood in die jare na die oorlog bestaan het, wat die polarisasie tussen Afrikaans- en Engelssprekendes verder beklemtoon het.

Aanvanklik is Liebenberg in die konsentrasiekampkerkhof op Aliwal-

Noord begrawe, maar sy familie het hom later op die familieplaas, Groot-fontein, in die Philippolis-distrik herbegrawe. Hy word op die ererol in die konsentrasiekamp-gedenktuin aan die buitewyke van Aliwal-Noord her-denk. Neumeyer is in die gedenktuin vir Britse gesneuweldes aan die ander kant van die dorp herbegrawe – simbolies van 'n verskeurde gemeenskap.

A.C. KRYNAUW
✝ 9 Desember 1900 aan wonde opgedoen op 26 November 1900,
Woodlands, distrik Ladybrand

Meer as 'n eeu na die droewige gebeure is dit moeilik om te bepaal wat die 45-jarige Antonie Ceapine Krynauw van Ladybrand tot verraad teen sy eertydse volksgenote gedryf het. Aan die begin van die slag van Paardeberg op 19 Februarie 1900 sneuwel sy 19-jarige seun, James Arthur.[36]

Een van die mees berugte joiners van die oorlog en stigter van die Na-tional Scouts, genl. Andries P.J. Cronjé, se een seun, ook A.P.J. Cronjé, het in dieselfde slag omgekom toe 'n bom reg bo-op hom geval en sy liggaam gruwelik vermink het.[37] Het die verlies van hul seuns hulle dalk so verslae en moedeloos gemaak of daartoe bygedra dat hulle 'n diepe renons in die vryheidstryd ontwikkel het? Het hulle daarom besluit om dit met daad teen te staan?

Nadat Antonie Krynauw van sy kommando dros, gee hy hom in Mei 1900 aan die Britte oor en neem ook die eed van neutraliteit. Daarna gaan hy op sy plaas Woodlands in die distrik Ladybrand saam met sy vrou, Louisa Frederika (gebore Heckroodt), woon.[38]

Hoewel hy nie aktief as 'n joiner by die Britse magte aansluit nie, bly Krynauw nie 'n passiewe hendsopper nie en maak hy hom vrywillig aan verskeie dade van verraad skuldig deur sekere dienste aan die plaaslike Britse mag te lewer. Die Britse bevelvoerder van die besettingsmag op Ladybrand, maj. F. White, het op 17 Oktober 1900 verklaar: "Krynauw … is in my employment and will furnish any information to proper British authori-ties."[39] Daar kon nie vasgestel word of Krynauw enige vorm van vergoe-ding vir dié dienste ontvang het nie.

Volgens amptelike Britse verslae en 'n verklaring van Krynauw se vrou het hy op verskeie maniere met die Britse oorlogspoging gehelp. Hy het die bewegings van die Boerekommando's aan die Britse besettingsgarnisoen

op Ladybrand gerapporteer. White het in dié verband oor Krynauw ver-
klaar: "He never omitted to report any movements of the enemy in his
neighbourhood, often at great personal risk bringing information himself
as his natives were afraid to come."[40] Sy vrou bevestig dit: "He invariably
gave information to the British and was thoroughly loyal."[41]

Krynauw het burgers oorreed of probeer oorreed om hul wapens neer
te lê. Die Britse magistraat op Ladybrand het verklaar: "I can also vouch
that ... Krynauw was loyal and remember on one occasion he brought a
Boer to town to surrender."[42] White het dit bevestig: "He brought one or
two boers in to surrender and did his best to persuade others to do so when-
ever he came in contact with them."[43]

Krynauw se optrede was niks anders as blatante verraad nie. Om verstaan-
bare redes sou die strydende burgers hom nie toelaat om ongehinderd
daarmee voort te gaan nie. Krynauw het hom inderwaarheid in baie gevaar-
like omstandighede bevind, want hy het onbeskermd op sy plaas aangebly.

Die gebeure wat tot sy dood gelei het, is vervat in 'n gedetailleerde verkla-
ring wat sy weduwee op 18 Maart 1901 aan die Britse militêre owerhede
gemaak het.[44] Die volgende weergawe is op haar verklaring gebaseer:

Die oggend van 26 November 1900 daag 'n patrollie van 12 burgers van
die Ficksburgse kommando by Krynauw se plaashuis by Woodlands op. Hul
doel was om hom saam met hulle na die Boerelaer op Hammonia, noord-
wes van Ficksburg, te neem, waar hy na alle waarskynlikheid weens verraad
verhoor sou word. Krynauw was in sy slaapkamer besig om aan te trek,
juis met die doel om die Boere se bewegings aan die Britte op Ladybrand
te gaan rapporteer.

Terwyl sy vrou die burgers gesoebat het om hom uit te los, het Krynauw
hom in sy slaapkamer toegesluit. Een van die burgers, Barend Scheepers,
het gedreig om Krynauw summier te skiet as hy aanhou weier om saam
met hulle te gaan. 'n Kpl. Browlie van Thaba Nchu het Krynauw se vrou
gevra om haar man te oortuig om uit sy skuilplek te kom en hom oor te
gee. Daarop het Krynauw vanuit die slaapkamer geantwoord hy sou eer-
der sterf as om na die Boerelaer te gaan. Hy was duidelik uitdagend in 'n
uiters plofbare situasie.

Emosies moes hoog geloop het met die burgers wat hul geduld verloor
het. Die woonhuis se voordeur is oopgeskop en die burgers het die huis
binnegegaan. Een van die burgers, F. van Knysten, het Krynauw se vrou

aangesê om die meubels uit te dra omdat hulle die huis aan die brand gaan steek. Terwyl sy daarmee besig was, het Krynauw sy kamervenster oopgemaak en in 'n verdere woordewisseling met Van Knysten betrokke geraak. Van Knysten het sy geweer oorgehaal, waarop Krynauw hom toegesnou het dat die Britte hom sou hang as hy dit durf waag om hom te skiet.

Juis toe het 'n ander burger, L. Greyling van Molep, die kamerdeur met 'n groot klip oopgebreek. Krynauw het uitgestorm. Op die drumpel van die voordeur het 'n skoot van een van die burgers wat op die stoep gestaan het, hom deur die longe getref.

Die burgers het die toneel waarskynlik daarna verlaat en die noodlottig gewonde Krynauw by sy vrou gelos. Krynauw het byna twee weke later, op 9 Desember 1900, beswyk. Op sy sterfbed het hy aangedui Barend Scheepers het hom geskiet.

Volgens Krynauw se weduwee het die burgers wreed opgetree. Of daar enige regverdiging was om Krynauw te skiet, is in die afwesigheid van 'n republikeinse weergawe moeilik bepaalbaar.

Krynauw was 'n Vrystaatse burger, gebore op Philippolis, en die pa van drie oorlewende kinders. Sy boedel toon hy was 'n suksesvolle boer en die eienaar van twee plase, Woodlands en Cambridge in die distrik Ladybrand.[45]

Krynauw het klaarblyklik nie net na sy onmiddellike naasbestaandes omgesien nie, maar ook ander familielede onder sy beskerming geneem. Na sy dood het sy vrou saam met haar suster en hul kinders op Ladybrand gaan beskerming soek waar sy haar lot by die Britse owerhede bekla het: "Since my husband's death (who was shot by the Boers on account of his loyalty and service rendered to the British Government) all my farming business has been neglected and ruined for the want of a proper male superintendent, it being impossible for me to attend to these matters, having very little experience thereof."[46]

Ook Krynauw se skoonsuster, Annie de Bruyn, het om hulp by die Britte gepleit omdat die Boere hul "protector and supporter" doodgemaak het. In pleidooie waarin dié Boerevroue onvoorwaardelike lojaliteit aan die Britse owerheid betoon, vra hulle dat Annie se man, Gabriel P. de Bruyn, wat 'n krygsgevangene op St. Helena was, op parool vrygelaat word om die vroue te kom bystaan. Die Britte het dit op die hoogste militêre vlak gunstig oorweeg. Daar kon nie vasgestel word wat uiteindelik met Gabriel de Bruyn gebeur het nie.

Na die oorlog het Krynauw se vrou finansieel met die boerderybelange bly sukkel totdat sy die plase uiteindelik verkoop het.[47]

J.F. RADEMAN
✝ *Desember 1900, Raaikloof, distrik Harrismith*

Republikeinse burgers het die hendsopper John Frederick Rademan summier gefusilleer omdat hy die neutraliteitseed geneem en geweier het om saam met hulle op kommando te gaan, het die Engelse pers destyds berig.[48]

Net 'n enkele bron van republikeinse kant is gevind wat waarskynlik na dieselfde voorval verwys, maar sonder om werklik 'n gedetailleerde weergawe te bied. Gevolglik moet die gebeure grotendeels – en versigtig – gerekonstrueer word uit nuusberigte van die partydige en dikwels ongeloofwaardige Britse pers en die Rademan-familie se weergawes.[49]

Die Rademan-familie van die plaas Raaikloof in die distrik Harrismith was uit die staanspoor dislojaal teenoor die republikeinse ideaal. Met die verloop van die oorlog versinnebeeld hulle die tipiese hendsopper- en uiteindelik die joiner-Afrikaner. Reeds met die aanvang van die oorlog het die vyf Rademan-broers 'n onwilligheid getoon om krygsdiens vir hul vaderland te verrig.[50] Een van hulle, Marthinus, vlug reeds in 'n vroeë stadium van die oorlog oor die grens na Natal en bly vir die duur van die oorlog onder Britse beskerming op Newcastle. Van die ander broers wat op die plaas agtergebly het, moes maande aaneen in die nabye berge skuil om opkommandering deur die Boere te vermy. Een, waarskynlik Johannes Jacobus Rademan, is deur die burgers gevange geneem en 'n paar maande lank in die tronk op Harrismith aangehou.[51]

Al die broers het hulle die een of ander tyd gretig aan die Britte oorgegee. So verklaar Cornelius Johannes Rademan na die oorlog hy was nooit op kommando nie en het krygsdiens vrygespring deur voor te gee dat hy medies ongeskik was. Nadat die Boere sy broer John in Desember 1900 doodgeskiet het, vlug hy ook oor die grens en beweer: "As the Boers threatened to shoot me I flew into Natal & lived in Newcastle."[52] Daarna word hy 'n joiner toe hy as 'n gids by 'n Britse kolonne aansluit. Hoewel hy waarskynlik nie soveel skade gely het nie, betaal die Britse regering na die oorlog £400 as kompensasie aan hom, "owing to his service as guide to the Imperial Troops".[53] Uiteindelik stuur die Boere Johannes Jacobus, die laaste oorblywende broer op die plaas, in Februarie 1901 oor die grens na Natal. Waarskynlik wou hulle so keer dat hy die Britte verder in die oorlog help.

Die broers moes hulle deur hul dade van ontrouheid die wrewel van hul republikeinse landgenote op die hals gehaal het. Optrede teen hulle het ook nie uitgebly nie. 'n Oorlogskorrespondent van *The Natal Mercury* op Newcastle berig op 18 Februarie 1901 dat lede van 'n Boerekommando by Raaikloof opgedaag en John Rademan opgekommandeer het. Onder die opskrif "The murder of John Rademan" is berig hy het geweier het om die burgers te vergesel omdat hy die neutraliteitseed afgelê het en dit nie wou verbreek nie. Sy weerspannige houding het die burgers, wat in navolging van 'n verklaring van pres. Steyn nie die neutraliteitseed erken het nie, woedend gemaak. Die korrespondent skryf voorts: "This so enraged the cowards that two of them deliberately shot him dead, in the presence of his aged mother and the rest of his family."

Om 'n onverklaarbare rede is die name van die burgers wat Rademan geskiet het, nie genoem nie. Tog wil die korrespondent die dood van John Rademan gewreek hê. "It is satisfactory to know that the murderers of John Rademan are known and that in the course of time they are likely to meet with their deserts."[54]

Net een verwysing vanuit republikeinse geledere kon gevind word wat op die gebeure betrekking het. In 'n skrywe aan Renier van *Die Volksblad* in 1949 maak die oudstryder Flip Fourie melding van ene Josef Muller, wat Rademan in die omgewing van Memel in die Noordoos-Vrystaat doodgeskiet het.[55]

Volgens Muller het hy opdrag van vdkt. Meintjies[56] ontvang om Rademan lewend of dood te gaan haal. Daar word vermeld dat Rademan wel 'n lid van 'n Boerekommando was, maar dat hy gedros en by sy ma gaan skuil het. Toe die burgers hom kom haal, het hy geweier om saam met hulle te vertrek. Hy het na bewering na sy geweer gegryp, waarop Muller hom doodgeskiet het. As dit wel die geval was, het Muller uit selfverdediging opgetree en was dit dus nie 'n summiere teregstelling nie. Dis onseker wat regtig gebeur het.

Rademan se dood het 'n ernstige nasleep by die vredesberaad by Vereeniging in Mei 1902 gehad. Volgens Fourie was dit een van die drie gevalle waarin Kitchener op Britse vervolging van voormalige burgers aangedring het.

Volgens die notule van die Boereleiers se beraadslaging by Vereeniging het kmdt.genl. Louis Botha daaroor opgemerk: "Zekere drie zoogenaamde moorden in den oorlog veel de aandacht van het Engelsche volk getrokken hadden, en dat de Engelsche Regeering geen kans zag, vooral ter wille van de gevoelens van het Engelsche volk, om die drie gevallen ongerecht te laten."[57] Hoekom die Boereleiers daaroor toegegee het, is moeilik verklaarbaar in die lig van die magdom gruwels wat veral die Britse magte tydens die oorlog gepleeg het. Volgens Botha het hulle voor die drie uitsonderings geswig om te verhoed dat die Britte verdere soortgelyke vervolgings instel.

Of Muller verhoor en gestraf is, kon nie vasgestel word nie. Indien wel, het dit min of geen publisiteit gekry en die hele aangeleentheid het in vergetelheid verdwyn.

H. J. KNIPSCHILD
✝ *November 1900, Fouriesburg*

Die verhaal van Knipschild se teregstelling is deur die jare aangevul deur mondelinge oorleweringe wat deels in oordrewe en ongegronde volksmites ontaard het.

Hermanus Johannes Knipschild van die plaas Waterval by Hammonia in die distrik Ficksburg was op kommando totdat hy hom in Augustus 1900 by Fouriesburg aan die Britse magte oorgegee het. Luidens 'n verklaring van sy weduwee, Petronella Johanna (gebore Marais), kort na die oorlog het hy skaars nege dae nadat hy die wapen neergelê het, by die Britse militêre polisie op Fouriesburg aangesluit. Sy verklaar voorts die Boere het hom in November 1900 gevang en sonder verhoor tereggestel.[58]

Met die hantering van haar kompensasie-eis in 1903 het die Britse eisekommissaris op Ficksburg bevestig Knipschild is summier gefusilleer, maar hy dui die rede daarvoor waarskynlik verkeerdelik as drostery aan: "It is true that this woman's husband was shot by the Boers without trial for desertion."[59]

Van republikeinse kant word ook bevestig dat Knipschild summier tereggestel is. Daarvolgens het Knipschild onder Britse bevel vanuit Basoetoland met 'n bende swart mense opgetree. Hy het die bewegings van die Boerekommando's waargeneem deur inligting van werkers op burgers se plase te bekom. Wanneer die Boerekommando uit 'n sekere omgewing beweeg het, het hy en sy bende van plaas tot plaas getrek en dit geplunder. Hulle het vroue wat nog wanhopig probeer boer het, na bewering gemolesteer en aangerand.[60]

Die republikeinsgesinde bronne en oorleweringe is dit eens dat die burgers Knipschild deur die toedoen van 'n Afrikanervrou met die van Lombaard vasgetrek het. Sy het met 'n Boerekommando afgespreek dat 'n burger haar opstal dophou. Wanneer Knipschild en die bende daar aandoen, moes sy 'n wit tafeldoek op 'n bepaalde plek uitskud as 'n teken vir die Boerespioen om met sy kommando in verbinding te tree. Die vrou, na wie 'n oudstryder as "pure Boer vrou" verwys het[61], moes op haar beurt vriendelik teenoor Knipschild wees en sy vertrek daardeur vertraag om die burgers die geleentheid te bied om hom te kom vastrek.[62] Volgens 'n ander bron het sy vir die burgers inligting oor Knipschild se skuiling gegee, waar vdkt. Evert van Niekerk se adjudant Van Dyk van die Ficksburgse kommando hom gevang het.[63] Volgens die herinneringe van Henry Taylor, 'n Engelssprekende mediese dokter van Ficksburg, is Knipschild een aand verraai deur 'n Boerevrou met wie hy 'n buite-egtelike verhouding gehad het.[64] Mense van die omgewing vertel dít vandag nog.

Na sy gevangeneming was Knipschild veronderstel om onder begeleiding van Van Niekerk na Ficksburg geneem te word, waar 'n krygsraad hom sou verhoor. Om hulle die rit na Ficksburg te spaar, is besluit om Knipschild summier te fusilleer. Klaarblyklik het Van Niekerk gemeen die krygsraad sou in elk geval die doodstraf aan Knipschild oplê.

Op die rant wes van Fouriesburg waar die swart woonbuurt in latere jare ontstaan het, is hy deur 'n vuurpeloton doodgeskiet en begrawe.[65] Daaroor het Flip Fourie, wat met die teregstelling by was en die graf help toegooi het, dekades later opgemerk:

"Met Knipskil het veld. E. van Niekerk kort proses gemaak, hom nie aan Krygswet seremonies gesteur, maar vir Knipskil een oggend vroeg net buite Fouriesburg laat dood skiet." [66] (Klaarblyklik is hy "Knipskil" vanweë die moeilike uitspraak van sy Duitse van genoem).

Van Niekerk is ook by die teregstelling van George Mousley geïmpliseer.

Van Niekerk is veral bekend vir 'n masjiengeweer wat hy ontwerp het. Britse soldate het die wapen in die oorlog gebuit. Dit het volgens oorlewering as voorbeeld gedien vir die latere ontwerp van 'n masjiengeweer wat in die Eerste Wêreldoorlog en daarna deur die Britse magte gebruik is.[67] Fourie het Van Niekerk as "een wakker offisier" beskryf.[68] Taylor het egter 'n heeltemal ander mening oor hom gehad: "This young demon promptly condemned him to death, ordered his grave to be dug, and then had the prisoner conducted to it, and made to look down into it, telling him that in four hours' time he would be lying dead in it. He was brought to the edge of the grave that afternoon, shot there, and his body tumbled into it, his only crime being that he had joined the English and escaped to Basutoland."[69] Taylor se regverdiging van Knipschild se verraad is sonder enige gronde, hy was vyandig teenoor die Boeresaak en sy weergawe berus op hoorsêgetuienis.

In 'n eeufeesgedenkboek oor Fouriesburg word na Van Niekerk as 'n besondere knap en vindingryke grofsmid verwys, maar as persoon was hy "'n onverantwoordelike niksnut met stories oor wat sy nagedagtenis nie eer aan doen nie". Oor wat daarmee bedoel word, word nie uitgewei nie. Volgens 'n verdere oorlewering in die boek het Knipschild Van Niekerk voor sy teregstelling vervloek. "Daarom is dit dat Evert van Niekerk sy lewe lank maar 'n sukkelaar was en in armoede dood is."[70]

Knipschild was waarskynlik 'n bywoner. Uit sy weduwee se kompensasie-eis kan afgelei word die egpaar was finansieel beroerd daaraan toe. 'n Karige eis is ingestel – vir ses sakke koring, twee varke, vier stuks pluimvee en ander kleinighede, wat daarop dui dat hulle nie veel bates besit het nie.[71]

Na Knipschild se dood duur sy weduwee se swaarkry gedurende die oorlog voort. Al het haar man in Britse diens gesterf, is sy en haar kinders op 3 September 1901 na die konsentrasiekamp op Brandfort geneem. Op 26 Oktober 1901 sterf hul sewejarige seun, ook Hermanus Johannes[72] daar en 11 dae later ook sy 23-maande oue boetie, Pieter Sarel Paul Johannes.[73]

Na die oorlog was die weduwee se finansiële omstandighede haglik en is sy eers deur familie in Bloemfontein en later op Brandfort onderhou.[74]

Die tereggestelde Knipschild was die derde kind van Herman Johannes Knipschild, 'n Duitser wat jare vantevore na Suid-Afrika verhuis het, se agt kinders. Sy ma was Jacoba Susanna (gebore Dicks).[75]

G.B. MOUSLEY
✝ *17 November 1900, Ficksburg*

In die ou begraafplaas in die middedorp van Ficksburg troon 'n praalgraf-
steen met 'n indrukwekkende wit marmerbeeld van 'n engel tussen die grafte
van gesneuwelde Britse soldate uit. Op die grafsteen is die gewraakte woorde
van 'n verbitterde weduwee:"Erected by Susan Mousley (née Ballot) the
beloved wife of G.B. Mousley, who was shot in cold blood near Ficksburg,
'Vengeance is mine I will repay saith the Lord'."[76]

In die Oos-Vrystaat woon nog nasate van die tereggestelde Mousley en
sy twee broers, asook afstammelinge van ander betrokkenes by die gebeure,
party van hulle nog op dieselfde plase waar die gebeure afgespeel het. Na
11 dekades word menings soms nog driftig en met uiteenlopende verwyte
gelug oor wat tot George Mousley se teregstelling gelei het. Al is die
menings meestal op eensydige oorleweringe gebaseer, is dit tog verteen-
woordigend van wat vir 'n groot deel van die 20ste eeu kenmerkend van 'n
verdeelde wit gemeenskap in Suid-Afrika was – 'n weiering om die "ander
kant" se weergawe in aanmerking te neem en uiteindelik die waarheid te
ontbloot en te aanvaar.

Die Mousley-geval is 'n voorbeeld van hoe die oorlog nog lank na die
vredesluiting 'n impak op die samelewing gehad het. Moontlik is dit deels
omdat geen grootskaalse oorlog of ander soortgelyke ingrypende gebeur-
tenis in die eerste helfte van die 20ste eeu in Suid-Afrika voorgekom het
wat die pynlike herinneringe van die Anglo-Boereoorlog op die agtergrond
kon skuif nie. Tyd moes maar die wonde heel. Die laaste stuiptrekkinge
van eensydige herinneringe het waarskynlik vir lank 'n wig tussen Afri-
kaans- en Engelssprekendes ingedryf. Soos so dikwels die geval is, lê die
waarheid iewers tussen die verskillende weergawes.

Aan die begin van die oorlog het die drie Mousley-broers, George
Bennett, Charles Edward en Sampson Copestake, met hul gesinne op die
plaas Madrid in die skilderagtige Brandwaterkom naby die huidige Clarens
gewoon. Die aanduidings is dat hulle 'n geharde pioniersgroep was wat
'n gevestigde en vooruitstrewende boerdery op die grens van Basoetoland
bedryf het.[77]

Die broers was stemgeregtigde burgers van die Vrystaat. Hul name en dié
van hul pa verskyn op die amptelike "Lijst van Stemgerechtigde Burgers

van het District, Bethlehem voor het jaar 1896 vir die Wijk Wittebergen".[78] Die Mousleys was dus kragtens die krygswet opkommandeerbaar.

Uit naoorlogse verklarings van die twee oorlewende broers blyk dit hulle het die eerste opkommanderingsopdrag verontagsaam. Met 'n tweede opkommandering is die vergunning klaarblyklik gemaak dat hulle nie na die gevegsfronte gestuur sou word nie. Vir die eerste ses maande van die oorlog is die broers gebruik om die Basoetoland-grens te bewaak.[79] Dit was nietemin noodsaaklike diens. Omdat die meeste weerbare burgers van die gebied ver van hul plase op verskillende fronte was, was dit kwesbaar vir moontlike strooptogte vanuit Basoetoland.[80]

Ondanks die Mousley-broers se betrokkenheid by die republikeinse oorlogspoging is daar verskeie aanduidings dat hul Afrikaanse landgenote hulle met wantroue bejeën het.[81] Die Mousleys se twyfelagtige lojaliteit teenoor die Vrystaatse oorlogspoging is moontlik deels aan hul Britse afkoms toe te skryf, hoewel hulle in Suid-Afrika gebore is en republikeinse burgers was. Hul pa, George Bennett Mousley, het sowat 'n halfeeu voor die oorlog van Engeland na Suid-Afrika geïmmigreer. Hy het in die Kaapkolonie met Eliza Bakewell Mee getrou, maar hulle het gou na die Oos-Vrystaat getrek waar hul kinders grootgeword het. George Bennett sr. is voor die uitbreek van die oorlog oorlede.[82]

Reeds gedurende die eerste ses maande van hul Vrystaatse kommandodiens het die Boere die Mousley-broers met optrede gedreig weens hul onpatriotiese gesindheid. Terwyl die Britse magte al hoe nader aan die Oos-Vrystaat gekom het, het die broers teen Mei 1900 van hul kommando gedros en na hul plaas teruggekeer. Daarna het hulle die Britse oorlogspoging aktief begin ondersteun. Dit is duidelik hulle het die Britse invalsmag met inligting en daad gehelp ten tyde van die oorgawe van genl. Marthinus Prinsloo met meer as 3 000 burgers by die Brandwaterkom op 29 Julie 1900. Die Mousleys was goed vertroud met die omgewing en die optrede van hul republikeinse landgenote. Sodoende kon hulle waardevolle hulp aan die Britse militêre inligtingsdiens verskaf.

Die broers het hulle aan hoogverraad skuldig gemaak deur eers by die Boeremagte diens te doen en later by die Britte, met ingrypende gevolge. In enige beskaafde regstelsel van daardie tyd kon hulle die uiterste straf te wagte gewees het as hul gevang sou word.[83]

In Oktober 1900 het burgers van genl. Rooi Magiel Prinsloo se kommando die plaas Madrid bestorm waar hulle George en Sampson Mousley, asook George se swaer Frederik Crone en ene James Wilson in hegtenis geneem het. Hulle is by Noupoortnek, tussen Bethlehem en die huidige Clarens, aangehou en voor 'n krygsraad gebring. Later het Prinsloo aangedui te min getuienis was in daardie stadium beskikbaar om met 'n vervolging teen hulle voort te gaan. Hulle almal is vrygelaat nadat die broers hul plaas en 'n verdere sekuriteit van £2 000 as borg vir die ander verskaf het. 'n Verdere voorwaarde het bepaal hulle moet op die plaas bly en hulle stil gedra.

Na hul vrylating ontvang vdkt. Evert van Niekerk klagtes van Boerevroue dat George Mousley met 'n gewapende groep swart mense hulle lastig val. Die presiese omvang van die klagtes is nie bekend nie, maar dit het minstens daarop neergekom dat Mousley in opdrag van die Britte die groep gelei het wanneer hulle na versteekte wapens en ammunisie gaan soek het, asook na burgers wat moontlik op die plase geskuil het. Van Niekerk het skriftelike verklarings van drie Boerevroue met die vanne Bester, Raath en Van Wyk verkry waarin George Mousley se optrede bevestig is.

'n Patrollie is op 12 November 1900 na die plaas Madrid gestuur, waar hy en Crone weer in hegtenis geneem is. Sampson Mousley is nie daardie keer saamgeneem nie, maar gewaarsku om op die plaas agter te bly. Hy het kort daarna padgegee en by 'n Britse afdeling aangesluit. Daar het hy tot aan die einde van die oorlog in verskillende hoedanighede by Britse kolonnes diens gedoen. Die ander broer, Charles, was reeds by 'n Britse afdeling waar hy ook tot aan die einde van die oorlog as gids en intelligensie-agent opgetree het.[84]

Dekades na die gebeure is die oorlewering oorgedra dat die verkeerde broer gefusilleer is. Die Ficksburgse dokter Henry Taylor het beweer: "Mouseley [sic] firmly maintained that he had been mistaken for his brother, who acted as guide to the English, but that he himself had never done so."[85] Dié bewering is in 1966 in 'n berig in *The Star* en selfs vandag nog in 'n inligtingstuk van 'n gastehuis herhaal.[86] Dit is te betwyfel of dit waar is. Al drie die broers het hul betrokkenheid by die Britse magte sonder omhaal erken. Na die oorlog het die twee oorlewende broers hul betrokkenheid by die Britse magte omvattend gedokumenteer.[87] Weens George Mousley se dood is daar nie 'n persoonlike weergawe van sy betrokkenheid te vind nie, maar tog voldoende inligting om 'n sinvolle vertolking van sy aktiewe rol by die Britse oorlogspoging te gee.

George Mousley en Crone is weer na Noupoortnek geneem. Kort daar-
na is Crone vrygelaat, maar Mousley is ondanks sy skoonpa, Gert Ballot, se
pleidooie eers na Fouriesburg en toe na Ficksburg gestuur om verhoor te
word. Daar het hy op 17 November 1900 op 'n aanklag van hoogverraad
voor 'n krygshof verskyn.[88]

Oor wat daarna gebeur het, bevat die bronne 'n warboel teenstrydige
weergawes. Kort na die oorlog het die Britse militêre owerhede op Ficks-
burg lede van die krygshof wat Mousley ter dood veroordeel het en ander
wat met sy teregstelling belas was, van moord aangekla. *The Bloemfontein
Post* het in 1902 omvattend oor hul verhoor berig. Hoewel die ses berigte
waardevolle inligting oor die Mousley-geval bevat, moet dit versigtig be-
nader word omdat die koerant 'n selferkende vyand van die republikeinse
saak was. Die verrigtinge word deurgaans onder die subjektiewe opskrif
"Shot in cold blood" met sensasionele onderopskrifte weergegee, terwyl
die getuienis ooglopende selektief gepubliseer is.[89] Tog bly die beriggewing
die vernaamste bron om die gebeure te ontrafel.

Daar is eenstemmigheid in die bronne dat kmdt. Hermanus J. Steyn,
kapt. Daan Rautenbach en vdkt. (later kmdt.) Koos van Niekerk[90] lede van
die krygshof was wat Mousley verhoor het. Volgens die latere getuienis teen
die krygshoflede was landdros M. (Thys) Fourie en vdkt. Evert van Niekerk
ook deel van die krygshof. Die beskuldigdes in dié saak het dit, asook die
bewering dat Steyn die voorsitter van die krygshof was, betwis. Volgens
hulle was Trossee, 'n kommissariaat-offisier van genl. De Wet, die voorsit-
ter en sers. M.N. Schwenn 'n verdere lid.[91] Dit is 'n aanduiding van die
teenstrydighede.

Die aanklag van hoogverraad teen Mousley was op die drie verklarings
van die Boerevroue gebaseer. Geen ander getuienis is aangebied nie en die
verrigtinge het agter geslote deure plaasgevind. Dit het duidelik sterk teen
Mousley getel dat hy volgens 'n Britse opdrag met 'n gewapende swart
kommando in die omgewing opgetree het. In die 1902-saak het kmdt.
Steyn hom so daaroor uitgelaat: "Had a British officer commandeered me
to do what Moseley [sic] did, I would have refused, and would sooner have
been shot than obey such an oner [sic, dit moet 'order' wees]."[92]

In die latere verhoor is getuig ten tyde van Mousley se inhegtenisname
het gewapende swart bendes Boerevroue in die omgewing verkrag en ge-
molesteer en ander wandade teen hulle gepleeg. Voorts is getuig Mousley

het op al die aanklagte skuldig gepleit, maar ontken dat vroue tydens sy optrede gemolesteer is. Volgens Mousley was sy opdrag van die Britte slegs om versteekte wapens en ammunisie te soek en te vernietig. Dit was op sigself 'n inkriminerende erkenning.

Na 'n hofsitting van sowat twee en 'n half uur was die krygshoflede eenparig dat Mousley aan hoogverraad skuldig is. Hulle was dit egter nie eens oor wat met hom moes gebeur nie. Koos van Niekerk het gemeen Mousley moes na De Wet gestuur word. Die meeste krygshoflede het gereken hulle moes Mousley kragtens De Wet se kennisgewing laat teregstel. Landdros Fourie, wat nie deel van die krygshof was nie, maar klaarblyklik 'n passiewe toehoorder, het volgens die vervolging se getuienis in die 1902-saak sy misnoeë te kenne gegee oor die besluit om die doodstraf uit te voer, en hom daarna onttrek. Daar is toe besluit om Mousley nog dieselfde middag te fusilleer.

Die krygshof het nie weer byeengekom om op die gebruiklike wyse uitspraak en vonnis te lewer nie. Volgens Steyn is daardie taak aan Trossee opgedra. Dit is nie gedoen nie, dus was Mousley nie bewus van sy lot nie. Daardie versuim was onverskoonbaar en het teen die norme en gees van die republikeinse krygsreg ingedruis. Dit geld ook vir die wyse waarop Mousley tereggestel is.

Nog dieselfde middag het Rautenbach twee burgers, Barend Rossouw en Ignatius van Rooyen, beveel om die teregstelling waar te neem. Schwenn moes toesien dat die opdrag uitgevoer word. 'n Vierde burger, ene Jurgens, het hulle vergesel. Omstreeks 17:00 is Mousley by die tronk gehaal onder die voorwendsel dat hy na Senekal geneem word waar De Wet se laer was.

Terwyl hy voor hulle geloop het, het Rossouw en Van Rooyen vir Mousley van agter doodgeskiet, sowat 600 tot 700 treë buite die dorp se hek op 'n draai in die pad na Bethlehem. Van Rooyen het nog 'n skoot op Mousley afgevuur nadat hy geval het. Hy was klaarblyklik onmiddellik dood. Die drie skote het hom in die rug getref.

Ingevolge die republikeinse militêre norme was dié onverhoedse skote van agter verfoeilik. In wese was dit laakbaar en lafhartig.

Die vier burgers het Mousley se lyk sowat 100 treë terug in die rigting van Ficksburg gedra en daar begrawe. 'n Graaf is daarvoor saamgeneem.[93]

Na die Britse oorname van Ficksburg is sy oorskot opgegrawe en in die Britse militêre gedeelte van die dorp se begraafplaas herbegrawe. Later het

Mousley se weduwee die praalsteen op die graf aangebring. Landdros Fourie se seun, die oudstryder Flip Fourie, het in 1950 in sy herinneringe geskryf die weduwee het op die plek waar die teregstelling plaasgevind het, ook 'n monument met die woorde "Murdered in cold blood by the Boers" laat oprig. Hy vertel verder: "Noodloos om te sê, die steen is eendag helderoordag in die lug geblaas. Wie die kwaaddoeners aan die een kant en weldoeners aan die ander kant was, het nooit tot vandag toe uitgekom nie."[94]

George Mousley was ten tye van sy teregstelling 37 jaar oud. Hy en sy Nederlandse vrou, Susanna Maria (gebore Ballot), het 'n tweejarige dogtertjie gehad.[95]

Volgens die weduwee het nie een van die hofamptenare pogings aangewend om haar van haar man se dood in kennis te stel nie en doelbewus die inligting van haar weerhou nadat sy oor hom navraag gedoen het. Sy moes 'n tyd lank in ondraaglike onsekerheid oor haar man se lot leef totdat sy uiteindelik uit ander oorde van die teregstelling te hore gekom het.[96] Of die betrokkenes nie die durf gehad en of hulle dit nie as hul plig beskou het om haar in te lig nie, is nie duidelik nie.

Ten tye van Mousley se teregstelling was die oorlogsomstandighede baie vloeibaar. Die Britse kolonnes het met hul verwoestingsbeleid begin en weinig genade betoon. 'n Volslae oorlog het reeds in 'n groot mate begin. Menseverlies en oorloggruwels was algemeen. Na Marthinus Prinsloo se oorgawe met duisende burgers was verraad in die Oos-Vrystaat aan die orde van die dag. Van republikeinse kant was drastiese optrede noodsaaklik. In sulke omstandighede het normale menslikheid die wyk geneem. Die oorlog het sy tol ook – aan albei kante – geëis wat betref die rasionele optrede wat in vredestyd die norm was.

Nadat Mousley se weduwee van haar man se teregstelling bewus geword het, het sy haar tot pres. Steyn gewend. Tydens die Britse vervolgingsaak van 1902 is twee skrywes, gedateer 1 April en 10 September 1901, wat deur die waarnemende staatsekretaris W.J.C. Brebner onderteken is, aan die hof voorgelê waarin pres. Steyn onderneem het om die gebeure te ondersoek. Met toestemming van die Britse militêre owerhede het 'n klein republikeinse ondersoekspan die weduwee en die oorledene se broer Sampson nog tydens die oorlog besoek en verklarings afgeneem. Britse magte het egter in daaropvolgende operasies teen die Boere op daardie verklarings beslag gelê. Die saak is klaarblyklik nie van republikeinse kant verder gevoer nie.

Na die oorlog sleep die onaangename sage van Mousley se teregstelling voort. 'n Aantal bittereinders, onder wie ses Boereoffisiere, is gearresteer en in Ficksburg se tronk aangehou nadat Mousley se verbitterde weduwee gaan kla het dat haar man koelbloedig vermoor is. Die Britse resident-magistraat, maj. Peterkin, neem die arbitrêre en onreëlmatige besluit om kommandante Hermanus Steyn, Thys Fourie en Koos van Niekerk, vdkt. Evert van Niekerk, kapt. Daan Rautenbach, lt. Ignatius van Rooyen en Barend Rossouw van moord op Mousley aan te kla en aan 'n voorlopige verhoor te onderwerp.[97]

Daardie vervolging was in stryd met art. 4 van die vredesvoorwaardes wat bepaal het: "Geene rechtelijke stappen, civiel of crimineel, zullen genomen worden tegen eenigen burger, die zich aldus overgeeft, of die aldus terugkeert, voor eenige daden in verband met het voeren van den oorlog. Het genot van deze clausule zal zich niet strekken tot zekere daden tegenstrijdig met oorlogsgebruiken, welke door den opperbevelhebber aan de Boerengeneraals medegedeeld zijn geworden, en welke door een krijgsgericht verhoord zullen worden, dadelijk na het ophouden van vij-andelijkheden."[98]

Uit telegramme wat op 3 en 5 Julie 1902 aan die "provost marshall" in Pretoria gestuur is, blyk dit die Britse militêre administrasie op Ficksburg was terdeë bewus van art. 4 van die vredesbepalings.[99]

Britse krygswet was nog van krag toe die sewe Boere op Ficksburg aangehou is. Met 'n groot gesukkel het die beskuldigdes se familielede die dienste van twee regsverteenwoordigers, adv. Daantjie de Villiers van Win-burg en prokureur Hellmuth van Ladybrand, bekom. Toe dié regsmanne die beswaar van die algemene amnestie opper, het die eiesinnige maj. Peterkin dit verwerp. Met die beskuldigdes steeds in aanhouding sou 'n vyf dae lange voorlopige ondersoek van Julie tot Augustus 1902 plaasvind.[100]

Die beskuldigdes het in hul verweer hoofsaaklik op die kennisgewing van De Wet staat gemaak waarin summiere teregstellings onder sekere om-standighede gemagtig is. Steyn het getuig hy het die inligting oor Mousley se teregstelling 'n paar dae daarna op 19 November 1900 persoonlik aan genl. Froneman oorgedra en ook 'n skriftelike verslag aan De Wet gestuur. Hy wek die indruk dat die twee generaals Mousley se teregstelling gekon-doneer het.[101] Daar kon nie vasgestel word of die volle weergawe, veral oor die teregstelling, ooit aan die generaals oorgedra is nie.

Etlike getuies is namens Evert van Niekerk geroep om te bevestig dat hy ten tyde van Mousley se verhoor siek in die hospitaal op Fouriesburg was en niks met Mousley se verhoor en die daaropvolgende teregstelling te doen gehad het nie.[102]

Manteldraaiery onder die burgers het weer sy kop uitgesteek toe Schwenn sy rug op sy eertydse kamerade draai en kroongetuie word. Hy het ontken dat hy lid van die krygshof was wat Mousley die doodstraf opgelê het. Hy was ook heeltemal verontskuldigend wat sy optrede tydens Mousley se teregstelling betref. Ondanks die senioriteit van sy rang het hy ontken dat hy bevel oor die groep van vier gevoer het wat Mousley na sy dood gelei het. Volgens sy uiters twyfelagtige weergawe was hy eintlik maar net 'n meeloper.[103]

Met die uitslag van die voorlopige ondersoek is Steyn, albei Van Niekerks, Rautenbach, Rossouw en Van Rooyen vir verhoor op 'n aanklag van moord verwys, terwyl Fourie voorlopig vrygelaat is. Van hulle was hoëprofiel-offisiere. Kmdt. Koos van Niekerk het later in die oorlog, om redes wat nie vasgestel kon word nie, die bevel van die Ficksburgse kommando by kmdt. Steyn oorgeneem. Daarna was hy in bevel van pres. Steyn se lyfwag en met die vredesberaad by Vereeniging in Mei 1902 was hy 'n afgevaardigde.[104]

Dr. Henry Taylor het 'n groot afkeer in veral kmdt. Steyn as persoon gehad. "Steyn, whom I knew very well, was a drunkard, a horse-thief, and generally no good, and in times of peace a nonentity, but somehow he had become a Commandant."[105]

Ondanks Taylor se opsigtelike partydigheid is daar aanduidings dat die beskuldigdes nie almal van dieselfde stoffasie was nie.

Na die bevinding teen hulle het die beskuldigdes se regsverteenwoordigers hulle na Hertzog in Bloemfontein gewend. Hy het die Britse luitenant-goewerneur in die Vrystaat, sir Hamilton Goold-Adams, van die verwikkelinge in kennis gestel, waarna die kolonie se prokureur-generaal gelas het dat die onreëlmatige vervolging gestaak word en die beskuldigdes dadelik vrygelaat word.[106]

Die naoorlogse vervolging van die Boereoffisiere het ook 'n nasleep in Engeland gehad, waar De Wet, De la Rey en Botha toe was. Die drie generaals het klaarblyklik deur berigte in Londense koerante van die vervolging verneem en dit onder lord Chamberlain en Kitchener se aandag gebring tydens 'n onderhoud met hulle. Hulle het onderneem om onmiddellik met lord Milner in Suid-Afrika in verbinding te tree. Die vervolging was toe egter reeds gestaak.

Die sensitiwiteit van die aangeleentheid word geïllustreer in 'n brief wat Milner op 22 Augustus 1902 aan Goold-Adams gestuur het. Daarin het Milner sy besorgdheid uitgespreek dat sulke naoorlogse vervolgings tot 'n "breach of faith" met die Boereleiers kon lei en vermy moes word.¹⁰⁷

Die onreëlmatige vervolging van die plaaslike Boereoffisiere na 'n ver-woestende oorlog het net meer skade in 'n reeds verdeelde gemeenskap veroorsaak.

Mousley se weduwee is aan verdere smart onderwerp. Sy het byna ineen-gestort toe die klere wat haar man met sy dood gedra het, vir haar gewys is, klaarblyklik om sy identiteit te bewys. Sy was te emosioneel om die briewe te lees wat hy tydens sy gevangenskap aan haar geskryf het.¹⁰⁸

Veral op 'n breër front van die gemeenskap het dit verdere verbittering gebring. In 'n byna heeltemal geruïneerde omgewing, waar die gevolge van enorme lewensverlies, veral in die konsentrasiekampe, nog vars in die geheue was, het die gevoelens in die naoorlogse tyd hoog geloop. Die uit-sondering van een geval uit 'n onbepaalbare groot aantal gruweldade op 'n arbitrêre wyse sou die gevoelens net vererger. Dit is 'n sprekende voor-beeld van die oorwinnaar wat na 'n oorlog se beëindiging die hef in die hand het en blind vir sy eie wandade is. Eensydige selektiewe optrede teen die verslane gemeenskap wat reeds onbeskryflik gely het, sou net die helings-proses belemmer en wedersydse verwyte verskerp. Al wat dit vermag het, was om die reeds enorme trauma te vererger. Daar was geen soort waar-heidskommissie wat albei kante se wandade (waaronder ook die groter aan-tal onregmatige summiere teregstellings van Boere deur Britte) ondersoek het nie. In ieder geval sou dit 'n onbegonne taak gewees het om elkeen van die magdom verskillende wandade van die oorlog te verantwoord.

Die diepe kloof wat die gebeure veroorsaak het, spreek uit die verskil-lende beskouinge wat dekades lank voortgeduur het, soos uit onderhoude met die nageslag van die betrokkenes en ander inwoners blyk. Vanuit die oogpunt van die verslane burgers is Mousley en sy broers beskou as niks anders nie as landsverraaiers wat die oorlogsituasie op 'n opportunistiese wyse vir eie gewin ten koste van hul medelandsburgers uitgebuit het. Met die uitbreek van die oorlog was die Mousley-familie reeds dekades lank in die Oos-Vrystaat gevestig en het hulle al die voordele geniet wat die

Vrystaatse republiek hulle gebied het. Met sy optrede het George Mousley sy rug op sy bure en ander medeburgers van die distrik gedraai – mense saam met wie hy grootgeword het.[109]

Mousley se twee broers het met nog swakker reputasies uit die oorlog gekom. Beskuldigings is gemaak dat hulle hulself met hul optrede tydens die oorlog verryk het ten koste van die erg verarmde Boere in hul gemeenskap. Sampson Mousley het met Britse toestemming 'n deel van die vee wat hy van burgers in die omgewing gebuit het, vir homself gehou. Nog in 1905 het 'n Britse amptenaar verklaar: "The Mousleys even today, have at Madrid and in Basutoland hundreds, if not thousands of head of stock which they never bought, traded or bred. This stock they acquired during the war ..."[110]

Die feit dat joiners in besit was van eertydse republikeinse burgers se vee het in 1905 tot 'n belangrike toetssaak in die hooggeregshof in Bloemfontein gelei. 'n Bethlehemse burger, Salomon Johannes Andries Raath, met Hertzog as sy regsverteenwoordiger, het 282 stuks vee van Sampson Mousley geëis. Dié het Raath se vee tydens die oorlog namens die Britse magte gebuit. Die eis is tydens die verhoor laat vaar, waarskynlik omdat getuienis Mousley se verweer dat hy binne Britse militêre voorskrifte opgetree het, bevestig het.[111]

Die Mousley-broers het klaarblyklik sonder enige gewetenswroeging opportunisties en vir eie gewin opgetree. Die bittere gevoelens wat dit in 'n klein gemeenskap nagelaat het, spreek vanself. Daarteenoor staan die mening dat die Mousleys net hul plig in ooreenstemming met hul herkoms gedoen het. Dan kan die argument nie selektief gebruik word nie. Dit moet ook na die Kaapse rebelle deurgetrek word. Net soos van die Kaapse rebelle met hul lewens moes boet omdat hulle hul as Britse burgers aan hoogverraad skuldig gemaak het, was die Engelssprekende Mousley-broers as Vrystaatse burgers aan hoogverraad skuldig.

Die skandelike wyse waarop George Mousley tereggestel is, het sy eie verwyte gebring.

Uiteindelik kon die betrokkenes van albei kante nie met enige eer na die gebeure rondom die Mousley-teregstelling terugkyk nie. Daar was geen helde nie.

15
"Broer, jou tyd het gekom"

"Daar trek 'n koeël met spoed, met spoed;
hy's nat van Afrikaner-bloed,
en smart die boodskap wat hy voer;
hy kom uit Afrikaner-roer,
hy kom deur Afrikaner-hart."
– *Uittreksel uit Jan F. Celliers se "Jopie Fourie"*

Geen ander teregstelling van 'n Boereverraaier tydens die Anglo-Boere-oorlog het in latere jare soveel opspraak gewek as dié van Lambert Colyn in Februarie 1902 nie. Dis waarskynlik die bekendste geval en waaroor die meeste gepubliseer is. In sekere Afrikanergeledere is Colyn se fusillering met dié van Jopie Fourie 13 jaar later vergelyk. Dit is die betrokkenheid van Jan Smuts by albei teregstellings wat die nalatenskap daarvan in omstredenheid hul.

Die gebeure rondom Colyn het in die suide van Namakwaland afgespeel, meer as 'n duisend kilometer van waar die naaste soortgelyke teregstelling plaasgevind het. Sover vasgestel kan word, is dit die enigste teregstelling van 'n Boereverraaier in die oorlog wat na 'n verhoor in die Kaapkolonie plaasgevind het.

Om die druk op die twee republieke te verlig, het Smuts die Kaapkolonie in September 1901 met 'n kommando binnegeval. Die Boeremag in die Kaapkolonie het uiteindelik uit verskeie kleinere kommando's bestaan, grotendeels met Kaapse rebelle as lede.[1] Die gevolg was dat die grootste gedeelte van die Kaapkolonie deel van die oorlogsterrein geword het. By geleentheid kon republikeine selfs die ligte van Kaapstad sien. 'n Skermutseling het op 12 November 1901 so ver suid as Darling plaasgevind waartydens 'n burger gesneuwel het. By twee geleenthede het Boerepatrollies en Britse oorlogskepe in die Wes-Kaap selfs op mekaar gevuur.[2]

Aan die begin van 1902 bevind een van Smuts se kommandante, Ben Bouwer,[3] hom met sy kommando suid van Vanrhynsdorp. Daar sluit die Kaapse Afrikaner Colyn onder valse voorwendsels by dié kommando aan. Lambert (Lem) Colyn (47) was van die plaas Afgunst in die distrik Piketberg, waar hy moontlik as bywoner gewoon het.[4] Hy word beskryf as 'n bonkige man met 'n woeste swart baard, geklee in riffelferweel met die algemene voorkoms van 'n agtervelder.[5]

Sy volksgenote was salig onbewus daarvan dat Colyn 'n spioen was wat in sy eie latere woorde vir bloedgeld by die Boere aangesluit het met die doel om inligting namens die Britte in te win.[6] Colyn het hom iewers aan die einde van Januarie of begin Februarie 1902 by Bouwer se kommando bevind.[7]

Een van Bouwer se burgers het Colyn in 'n gehawende toestand langs 'n pad vanaf Clanwilliam aangetref waar hy aangestrompel het. Sy skoene was stukkend en sy voetsole deurgeloop. Die burger het Colyn op 'n muil laat klim en na Bouwer se kommando geneem waar hulle langs Spruitdrift afgesaal was. Daar het Colyn vir Bouwer gesê die Britte het hom op 'n valse aanklag van hoogverraad in die tronk op Clanwilliam aangehou. Hy het ontsnap deur een aand oor die tronk se muur te spring. Hy was voornemens om wraak te neem en wou graag as Kaapse rebel by Bouwer se kommando aansluit. Hy het ook beweer sy seun het reeds by 'n Boerekommando onder genl. Manie Maritz[8] diens gedoen.

Op die oog af moes Colyn se weergawe geloofwaardig geklink het. Volgens Bouwer het Colyn "the appearance of a man who had suffered extreme hardship" gehad. Tog het Bouwer 'n sekere onrustigheid oor Colyn as persoon gehad weens 'n "certain shiftiness of behaviour". Om dié rede het Bouwer vir Colyn onder die direkte toesig van vdkt. Willem (Bill) Botha en 'n ander burger geplaas en by vdkt. (later kmdt.) Alex Boshoff se afdeling ingedeel. Mettertyd het die toesig oor Colyn verslap, want hy het hom stil gedra, by die burgers ingeskakel en selfs aan 'n skermutseling met 'n afdeling van kol. Charles Kavanagh se soldate in die omgewing van Vanrhynsdorp deelgeneem.[9] In sy oorlogsherinneringe meld Okkie de Villiers dat die toesig oor Colyn onverskillig was. "Het was onvoorzichtig, Colyn niet te bewaken en hem op zijn woord te gelooven."[10]

In 'n stadium, toe Colyn reeds 'n tyd lank by die kommando was, het Bouwer besluit om Clanwilliam aan te val. Omdat drie afdelings van die kommando oor die omgewing versprei was, het hy en sy staf van 11 lede op 13 Februarie 1902 na een van die afdelings onder Boshoff vertrek om die beplanning van die aanval te reël.[11] Boshoff se afdeling was op die plaas Kranz aan die Olifantsrivier naby Klawer saamgetrek. Die plaas word onder meer aan die een kant deur hoë kranse beskerm. Om 'n Boeremag daar aan te durf sou behoorlike kennis van die burgers se posisies nodig wees. Colyn was in Boshoff se laer teenwoordig en het daardie kennis gehad.[12]

Bouwer en sy staf het Kranz omstreeks 16:00 bereik. Nadat Bouwer die beplanning van die aanval op Clanwilliam met Boshoff bespreek het, wou hy dadelik na die ander afdeling van die kommando vertrek. Die plaasboer[13] het Bouwer na 'n aandete genooi wat deur 'n dans gevolg sou word. Dit moes sekerlik 'n aanloklike uitnodiging gewees het in daardie tyd van die guerrilla-oorlogvoering met die gepaardgaande swaarkry. Bouwer se pa, wat in Boshoff se afdeling diens gedoen het, het hom oortuig om die aand oor te bly.[14] Die besluit om daar te oornag, sou rampspoedige gevolge vir Bouwer se hele staf inhou.

In wat hy in sy herinneringe 'n impulsiewe en onverklaarbare besluit noem, het Bouwer teen skemeraand 'n burger van Boshoff se afdeling wat as 'n brandwag by 'n buitepos op die plaas diens gedoen het, opdrag gegee om die posisie van daardie wagte te verskuif. Danksy daardie skuif sou Boshoff se hele afdeling gered word. Volgens Bouwer is die wagpos nie soseer na 'n beter strategiese posisie verskuif nie, maar die verskil was dat Colyn, wat in die kamp was, nie daarvan bewus was nie.

'n Brandwag van die buitepos het Bouwer en Boshoff die volgende oggend omstreeks 04:00 wakker gemaak met die waarskuwing dat 'n groot groep perderuiters aan die kom was. Al die burgers is dadelik beveel om op te saal. In die harwar het Bill Botha aangehardloop gekom en vir Bouwer en Boshoff gesê Colyn het in die nag uit die kamp verdwyn. Sy komberse was so gevou dat dit gelyk het asof iemand nog daar gelê en slaap het. Die erns van die situasie het die burgers getref.

'n Oormag van 400 tot 500 berede soldate van die 9th Queens Royal Lancers onder die direkte bevel van Kavanagh het die Boeremag op Kranz aangeval. Die aanval was vreemd: Die Britse soldate het nie 'n enkele skoot geskiet nie, maar al skreeuend met sabels en lanse op die burgers afgestorm. Dit moes 'n angswekkende gesig gewees het.[15] Sommige bronne wil dit hê dat Colyn selfs die aanval op die burgers gelei het.[16] Dit is minstens duidelik dat Colyn die inligting aan die Britse bevel verskaf het wat tot die aanval gelei het. Volgens Bouwer moes Colyn reeds voordat hy die aand weggeglip het, inligting aan die Britte deurgegee het. "Colyn must have been in touch with the British for days, propably by means of a pre-arranged code of signals, possibly culminating in an interview sometime during the night of the 12th, for by then Boshoff was at Kranz."[17]

In wat later geblyk het 'n verkeerde opsie te wees, het Bouwer en sy staf, anders as Boshoff en sy burgers, in 'n verkeerde rigting rivierlangs probeer wegkom. Bouwer se hele staf, onder wie sy jonger broer Fanie, is gevange geneem. Bouwer self was die enigste van sy groep wat ontsnap het en was gelukkig om lewend uit die aanval te kom. Hy is herhaaldelik met 'n sabel raak gekap, maar leerbande aan sy lyf het onder meer die houe afgeweer.[18] Bouwer het alleen noordwaarts gevlug na die plaas Aties van die goedgesinde Izak van Zyl, die plaaslike lid van die Kaapse wetgewende raad. Daar het Boshoff en sy afdeling later by hom aangesluit.[19]

Daar is nie eenstemmigheid oor wat die Boere se verliese by Kranz was nie. Volgens Deneys Reitz[20] is 17 burgers dood of gewond.[21] Verskeie skrywers het hom daarin nagevolg.[22] Bouwer is waarskynlik nader aan korrek wanneer hy in sy herinneringe melding maak van sy 11 staflede wat gevange geneem is en 'n burger wat in die rivier verdrink het. Dié burger was 'n Portugees, Miguel Conzalves, wat in Januarie 1902 by die Boere aangesluit het. Sy liggaam is 'n paar dae later saam met dié van twee Britse soldate in die Olifantsrivier gevind. Bouwer vermoed Conzalves wou deur die rivier ontsnap, maar is toe deur die twee Britse soldate agtervolg. Hy meen dit was moontlik dat hulle handgemeen geraak het, waarna al drie daar verdrink het. Wat die Boere se ware verliese ook al was, dit was 'n gevoelige terugslag. Die Britse ongevalle is onbekend.

Bouwer was diep bitter oor Colyn se verraad en die verliese wat dit vir sy kommando meegebring het. As Kaapse rebelle in Britse hande geval het, kon hulle moontlik weens hoogverraad die doodstraf kry. Jare later het Izak Meyer in sy oorlogsherinneringe opgemerk dat Bouwer nie die verraad van Colyn uit sy sisteem kon kry nie. "Voor God het hy gesweer dat, as hy ooit die verraaier in die hande kry, hy hom soos 'n hond van die gras af sou maak."[23] Self het Bouwer in sy *Memoirs* opgemerk: "My mind was set on wiping out the score raised against us at Kranz."[24] Om dié rede het Bouwer sy bevelvoerders, genls. Jan Smuts en Jaap van Deventer,[25] genader om gesamentlik teen Britse afdelings van die omgewing op te tree.[26]

Intussen het Kavanagh 'n permanente basis op die plaas Windhoek, suid van Vanrhynsdorp, opgerig. Windhoek is aan die voet van die Gifberge naby Klawer in waterryke en vrugbare gebied. Na die vestiging van die basis het Kavanagh Windhoek met sy hoofmag verlaat en dit in die hande van 'n afdeling van die Cape Mounted Police en die Cape Colonial Forces agtergelaat. In die Cape Mounted Police was 'n aantal Kaapse Afrikaners wat hulle aan die kant van die Britte geskaar het.[27]

Na Smuts en Van Deventer se aankoms is besluit om die Britse garnisoen op Windhoek te oorrompel. Vroeg die oggend van 25 Februarie 1902 is die basis van drie kante aangeval. Na 'n betreklik kort maar hewige geveg het die burgers die kamp verower. Die Boere se verliese was egter groter as die Britte s'n.[28] Volgens sommige bronne is 22 burgers gedood en gewond.[29] Onder die Boeregesneuweldes was vdkt. Tewie Wessels, die broer van vdkt. Gert Wessels van Boshof, wat 'n belangrike rol gespeel het in die aanval op Christiana waartydens Eva, Massyn en Cross gevang is en wat ook die bevel oor die vuurpeloton tydens die teregstelling van die vier joiners op Hoopstad gevoer het. Tewie Wessels se dood was 'n gevoelige verlies. Hy is volgens etlike bronne as 'n beminde leier beskou.[30] Wessels was 'n mediese student wat met die uitbreek van die oorlog in Edinburgh in Skotland gestudeer het, maar na sy vaderland teruggekeer en by Danie Theron se Verkennerskorps aangesluit het. Die Britte het hom gevang, maar hy en Cornelius Vermaas het in die Hexrivierberge uit 'n trein ontsnap om weer by die Boere aan te sluit. Vermaas het die oorlog ook nie oorleef nie.[31] Onder die gewonde burgers was Van Deventer, Bouwer, wat deur die heup geskiet is, Alex Boshoff en Bill Botha. Nege Britse soldate is gedood en 'n aantal gewond.[32]

Hoewel die buit van onder meer waens, gewere en perde aansienlik was, is gereken die burgers het 'n te hoë prys vir hul oorwinning betaal. Hul verliese is toegeskryf aan die goeie skuts van die Kolonialers in die Britse garnisoen.[33] Die sowat 90 gevange Britse soldate is almal agter die woonhuis en stalle bymekaargemaak. Die Afrikaners onder die gevangenes kon uiteraard nie anders gehanteer word as wat normaalweg met krygsgevangenes gedoen is nie. Hulle was Kolonialers en dus Britse onderdane.[34]

'n Aantal burgers het die plaashuis op Windhoek deurgesoek. Deneys Reitz vertel hy en sy maat Percy Wyndell, 'n Engelssprekende republikeinse burger van Johannesburg, was op soek na lakens en kussingslope om beter verbande vir die gewondes te maak toe hy 'n man in siviele klere gehurk in die kombuis se vuurherd sien wegkruip. Reitz was onder die indruk dat dit die plaaseienaar was wat nog nie oor die skok van die geveg gekom het nie. Toe hy Wyndell se aandag op die man vestig, skree dié: "My God! Dit is Colyn!"[35]

Reitz, wat nie by die gebeure op Kranz betrokke was nie, het Colyn nie geken nie. Wyndell het Colyn by die huis uitgesleep terwyl hy vir die ander burgers geskree het om te kom kyk wie dit is. Binne oomblikke het 'n groep burgers Colyn omring en allerlei dreigemente en vervloekinge geuiter. Tydens die gebeure het 'n burger, Bob Maree, wat langs die gewonde Bouwer gestaan het, so opgewonde geraak dat hy per ongeluk die sneller van sy geweer getrek en homself deur die voet geskiet het.[36]

Met die gemoedere wat hoog geloop het en burgers wat met moeite van geweld teenoor Colyn weerhou kon word, het Bouwer gelas dat Colyn onder die bewaking van twee burgers verwyder word.[37] Volgens Reitz het Colyn hom manhaftig probeer hou deur net sy skouers op te haal toe hy met die dood gedreig is.[38] Dalk was dit maar net 'n teenreaksie van skok.

Colyn is na Smuts geneem, wat hom behoorlik laat identifiseer het voordat hy na die plaas Aties geneem is. Nog dieselfde middag moes Colyn op 'n aanklag van spioenasie teregstaan. Die bewerings dat hy van hoogverraad aangekla is, is nie korrek nie. As Britse onderdaan van die Kaapkolonie kon hy uiteraard nie daarvan aangekla word nie.[39]

Oor die gebeure daardie middag vertel Reitz: "General Smuts had heard the whole story of Colaine's treachery, and after questioning the escort to make sure of the man's identity, he sentenced him to death without further formality." Daarna sou Smuts aan die wagte gesê het: "Neem hom weg en skiet hom!"[40]

Reitz se weergawe is net so oorgeneem deur sekere biograwe van Smuts, onder wie Sarah Millin in *General Smuts*, H.C. Armstrong in *Grey Steel* en F.S. Crafford in *Jan Smuts*, asook in verskeie ander werke. Hoewel Reitz sy lewe lank 'n vurige ondersteuner van Smuts was, het ander kampvegters van Smuts sy weergawe deur die jare heftig aangeval. Reitz se weergawe kom daarop neer dat Smuts roekeloos en arbitrêr opgetree het deur Colyn summier sonder verhoor te laat fusilleer.[41]

Die primêre bronne toon onweerlegbaar dat Smuts die aanklag teen Colyn die middag op Aties geregtelik laat ondersoek het. Vir dié doel het hy kmdt. Louis Boshoff en veldkornette Cornelius Brink[42] en C. van der Westhuizen as voorsittende beamptes van 'n krygshof aangestel. Anders as wat soms beweer word, het Smuts nie deel van die krygshof uitgemaak nie.[43] Hy het wel die eedsverklarings van getuies beëdig en as assistent-kommandant-generaal die doodsvonnis bekragtig. Tussen Smuts se dokumente in die Argief in Pretoria het 'n skooloefeningboekie bewaar gebly waarin 'n paar eedsverklarings en Smuts se bekragtiging van Colyn se doodsvonnis weens spioenasie vervat is.[44]

Op sterkte daarvan, maar sonder om verder op die saak in te gaan, het sekere skrywers aanvaar Smuts het streng prosedureel kragtens krygsreg opgetree. Die bron is egter eerder in die vorm van 'n dossier waarin die aangeleentheid ondersoek word as 'n notule van hofverrigtinge. Dié bron kan dus op sigself nie as afdoende bewys dien dat 'n behoorlike verhoor plaasgevind het nie.

Bouwer, wat sy verklaring in die bed in die huis op Aties afgelê het, neem dit in sy *Memoirs* ook nie verder nie wanneer hy sê Colyn "was summarily condemned to death by the General".[45]

Bykomende getuienis wat nie deur skrywers in aanmerking geneem is nie, toon egter 'n verhoor het heel waarskynlik plaasgevind, maar die notule het nie bewaar gebly nie. Smuts se adjudant en swaer, P.S. Krige,[46] het in latere jare daarop gewys dat sekere bewysstukke waarop daar tydens die geveg by Windhoek beslag gelê is, in die verhoor as getuienis gebruik is. "Among the documents taken were the official papers which revealed the whole truth of the Colyn story. From these it appeared that Colyn had received a substantial reward to join Bouwer's commando, and had done so and betrayed it . . . "[47] Meyer meld in sy herinneringe dat die getuienis van Bouwer en nog twee burgers aangehoor is.[48] Hul verklarings is egter nie in die skooloefeningboekie vervat nie. Die gevolgtrekking is dat die boekie waarskynlik net 'n deel van die middag se verrigtinge bevat.

Die verhoorverrigtinge moes betreklik gou afgehandel gewees het, want Colyn is nog dieselfde middag skuldig bevind en tereggestel. Daar kon oor Colyn se skuld geen twyfel bestaan het nie. Dit gaan eerder in die verskillende weergawes daaroor of Smuts prosedureel korrek opgetree het. Hoewel Colyn se aandeel aan die aanval op Kranz nie in sy verklaring genoem word nie, kom dit minstens ten dele op 'n erkenning van sy skuld neer.[49]

Volgens Reitz en ander ooggetuies het Colyn se aanvanklike onbetrokke houding heeltemal verander by die besef van sy finale lot. Reeds met die aflegging van Bouwer se verklaring het Colyn by hom kom smeek om Smuts oor te haal om van die doodstraf af te sien. Colyn het vir Bouwer gesê hy het die verraad gepleeg omdat sy vrou en kinders honger gely het. Bouwer het geweier om in te meng en opgemerk: "I doubted very much whether starvation was their only alternative."[50]

Colyn is na die bekragtiging van sy doodsvonnis voor Smuts gebring, wat in die eetkamer met die huiseienaar, Van Zyl, gesels het. Waarskynlik het Reitz toe eers opgedaag, aangesien hy voor die tyd besig was om 'n gewonde makker te help en moontlik nie van die voorafgaande verhoorverrigtinge bewus was nie. Dus meld hy dit nie in sy boek nie. In dié tyd het Smuts die opdrag gegee dat Colyn weggeneem en geskiet moes word. Colyn het op sy knieë neergeval en gesmeek dat sy lewe gespaar moes word.[51]

Verskeie skrywers beweer Van Zyl se vrou en haar tienerdogters, wat die verrigtinge om een of ander onverklaarbare rede bygewoon het, het by die aanhoor van Smuts se opdrag histeries uit die vertrek gevlug. Hulle het later selfs by Smuts gepleit om die gedoemde man te begenadig. Smuts was egter onaangeraak deur Colyn en die vroue se hartroerende gesmeek om genade.[52]

Die veldprediker Abraham Kriel het Colyn na 'n nabygeleë smidswinkeltjie op die plaaswerf gelei waar hulle volgens Reitz langs 'n ploegskaar gaan bid het. In J.D. Kestell se werk oor Kriel se lewe gee die veldprediker 'n beskrywing van die gebeure sonder om Colyn by name te noem. Uit die konteks blyk dit duidelik Colyn te wees. Hy beskryf Colyn se gemoedstoestand so: "Dit was verskriklik. Die man kon nie eers tot bedaring kom nie. Ek het dit moeilik gevind om hom by die belange van sy siel te bepaal. Later het hy stil geword en geluister. Ek het met hom gebid en gevra dat die Here hom tog al sy sonde mag vergewe. Hy het ook gebid en dit betreur dat hy in sy lewe die Here nie gedien het nie. 'n Brief wat hy vir sy vrou gedikteer het, het ek geskryf. Toe vertel hy my dat hy vas op God vertrou. Ek het hom gewys op die moordenaar op die kruis wat ook maar 'n kort tydjie gehad het om hom tot Jesus te wend."[53]

'n Lid van Smuts se staf, Andries de Wet, is beveel om 'n vuurpeloton saam te stel. Volgens Reitz het De Wet drie burgers aangesê om lede daarvan te wees, terwyl ander skrywers van ses lede praat. Intussen is drie bruin mense opdrag gegee om 'n graf aan die Wiedouwrivier, buite sig van die plaashuis, te grawe. Reitz skryf De Wet het Kriel se oog gevang waar hy en Colyn besig was om te bid, waarna Kriel aan die veroordeelde sou gesê het: "Broer, wees 'n man, jou tyd het gekom."

Colyn het die versoek kalm aanvaar. Hy is die middag onder begelei-
ding padlangs oor 'n rant sowat 800 meter ver na die plek van teregstelling
geneem. Op pad het hy weer sy skuld beken en herhaal dat hy 'n sukkel-
bestaan gevoer het en gedwing was om bloedgeld te ontvang omdat sy
vrou en kinders honger gely het.

Toe Colyn die oop graf sien, het sy moed hom begewe. Waarskynlik om
tyd te wen, het hy gepleit dat Kriel gehaal word om weer vir hom te bid.
Hy het Reitz ook gevra om Smuts te roep. Die burgers het besef dit sou nie
help nie en wou die onaangename taak agter die rug kry.

De Wet het Colyn geblinddoek en hom aan die punt van die vlak graf
laat staan. Toe hy klaarblyklik besef daar is geen uitkomkans meer nie, het
Colyn sy hande opgehou en in 'n lae stemtoon die "Onse Vader" begin
opsê. Toe hy by die finale "amen" kom, is die bevel volgens Reitz gegee
om te vuur. Met die slag van die koeëls het sy liggaam agteroor in die graf
geval, waarna die graf toegegooi is.[54]

Soos by vele ander Afrikanerfamilies kan die afleiding gemaak word dat
daar ook verdeelde lojaliteite in Colyn se familie was. Sy een seun, Pieter,
het op 8 Desember 1901 by kmdte. Jan Theron[55] en Stoffel Schoeman aan-
gesluit en klaarblyklik enduit aan Boerekant geveg. Na die oorlog is hy as
Kaapse rebel op 11 Julie 1902 op 'n aanklag van hoogverraad deur 'n Britse
militêre hof op Clanwilliam verhoor.[56]

Dat Colyn se nageslag die las van sy verraad moes dra, blyk uit 'n onder-
vinding wat 'n seun van hom na die oorlog gehad het toe hy by 'n skool
geregistreer is: "When I said my name the teacher said I must get up. He
said: 'If your name is Pieter Colyn you must stand up and turn around so
that the whole class can see what the child of a traitor looks like.' "[57]

In die Afrikanerpolitiek het Colyn se teregstelling vir lank diepe nagevolge
gehad. In die Afrikanernasionalisme is Colyn gebrandmerk as 'n verraaier
van sy volk vir wie daar nie meegevoel was nie.[58] Daarteenoor staan die
teregstelling van Jopie Fourie, wat deur baie as 'n martelaar en held van sy
volk beskou word. J.M. de Wet, die biograaf van Jopie Fourie, tref die vol-
gende vergelyking tussen Colyn en Fourie se teregstellings: "(Colyn) word
doodgeskiet omdat hy die volksaak *ontrou* was en 'n *verraaier* geword het.
Die doodsvonnis was ten gevolge van 'n suiwer militêre bevinding sonder
die minste ingewikkeldhede. Jopie Fourie word ook doodgeskiet, en wel

omdat hy die volksaak tot die dood toe, onvoorwaardelik, *getrou* gebly het. Alhoewel daar 'n teatrale veldkrygsraad in Pretoria gehou was, was die bekragtiging van die bevinding politiek gemotiveer."[59]

Die bevoegdheid om die doodstraf te begenadig het in albei gevalle by Smuts berus.

Die omstredenheid oor die teregstellings moet teen die agtergrond van die Rebellie van 1914 beskou word. Nadat die Unieregering onder Botha en Smuts in 1914 besluit het om hulle by Brittanje te skaar en Duits-Suidwes-Afrika (nou Namibië) binne te val, het 'n opstand uitgebreek waarin 'n groep Afrikaners tot gewapende protes oorgegaan het. 'n Belangrike oorsaak daarvan kan na die Anglo-Boereoorlog 12 jaar vroeër teruggevoer word. Die wonde van die oorlog was nog rou en die begeerte om die republikeinse ideaal te laat herleef, was 'n belangrike motief.[60]

Jopie Fourie het aktief as 'n rebel aan die opstand deelgeneem, maar nooit as 'n lid van die aktiewe Burgermag bedank nie. Hy is gevang, op 19 Desember 1914 deur 'n militêre hof skuldig bevind en die volgende dag tereggestel. Verskeie pogings om Smuts, destyds minister van verdediging, op die dag van die skuldigbevinding op te spoor om die doodsvonnis versag te kry, het misluk.[61] Volgens Smuts se seun en biograaf het sy pa vir hom gesê hy sou die vonnis in elk geval nie versag het nie.[62]

Smuts is in die jare daarna heftig deur veral sekere Afrikanernasionaliste oor sy optrede aangeval. Vir hulle het Smuts die verloënaar geword van alles waarvoor die Afrikaners in die Anglo-Boereoorlog geveg het. Hy is daarvan beskuldig dat hy met die eertydse vyand gekonkel het en tussen Colyn en Fourie se teregstellings soos handomkeer van lojaliteit verander het. Daar is gevra: "Was Jopie Fourie dan ook nie 'n held soos die rebelle wat onder leiding van generaal Smuts teen dieselfde vyand geveg het nie?"[63]

'n Sprekende voorbeeld verskyn in F.S. Crafford se simpatieke biografie van Smuts:

> Op 'n vergadering op Beaufort-Wes, in die Groot-Karoo, het 'n ouerige man wat met 'n hoë falsetto-stem gepraat het, Smuts gedurig in rede geval.
>
> 'Wie is u?' het die Eerste Minister (van die Unie van Suid-Afrika) gevra.
>
> 'Onthou u my nie?' het die man gesê.
>
> 'Nee.'
>
> 'Ek is kommandant Negrini. Generaal, onthou u die dag toe u Colyn doodgeskiet het?'

'Ja.'
'Onthou u hoe Colyn u gesmeek het om sy lewe te spaar?'
Geen antwoord.
'Generaal, onthou u wat u vir hom gesê het? U het gesê: "Colyn, jy is een van daardie vrot Afrikaners wat toelaat dat die Britte hulle gebruik om hul vuilwerk te doen." Generaal, is u nie miskien een van daardie Afrikaners nie?'[64]

Kenmerkend van die destydse geskrifte oor die Colyn/Jopie Fourie-vergelyking is dat die verskillende menings met uiterste en intense emosies gehuldig is. Smuts se politieke beskouinge kan egter nie simplisties vertolk word nie en verg 'n grondige ontleding van hom as persoon en sy politieke filosofie soos dié van holisme, wat nie die doel van hierdie werk is nie. "Smuts remains a man difficult to divine. It has been said of him that it demanded both extreme sophistication and deep simplicity to follow the operation of his mind."[65]

Objektief beskou het Smuts se hantering van die Jopie Fourie-geval, ten regte of onregte, ongetwyfeld daartoe bygedra dat 'n groot aantal Afrikaners van hom vervreem geraak het, wat uiteindelik tot sy val in 1948 bygedra het. In dié opsig het Colyn se teregstelling 'n belangrike nalatenskap in die Suid-Afrikaanse politiek gehad.

Die huis op die plaas Windhoek waar Colyn gevange geneem is, word nog bewoon en is benewens enkele aanbouings nog in sy oorspronklike toestand.[66] Die skoorsteen van die vuurherd waar Colyn weggekruip het, is toegebou, maar andersins nog soos dit was toe die drama 11 dekades gelede afgespeel het. Die huis op Aties waar die verhoor plaasgevind het, is jare gelede afgebreek, maar die fondasie met die verskillende vertrekke is uitkenbaar,[67] so ook die fondasie van die ou smidswinkeltjie daar naby waar Kriel en Colyn voor die teregstelling gebid het.[68] Die roete wat Colyn na sy plek van teregstelling moes loop, lyk waarskynlik nog baie soos wat dit daardie noodlottige dag in Februarie 1902 vir hom moes gelyk het.

Volgens oorlewering is Colyn langs 'n ou wapad langs die Wiedouwrivier tereggestel en begrawe. Jare lank het 'n klip sy graf aangedui, maar dit is verwyder. Sy graf kan vandag slegs by benadering in 'n gebied van sowat 50 m² aangedui word.[69] Daar is steeds hardnekkige gerugte dat Colyn se graf in die 1920's oopgemaak is, dat die kopbeen verwyder is en dat die ander beendere na 'n tweede opgrawing verwyder is.[70]

16
'n Regsperspektief

Die Romeins-Hollandse reg soos dit deur die eeue in die Nederlande ont-
wikkel het, was die algemeen geldende reg in die Boererepublieke.[1] Dit
het beteken daar kon op 'n hoogs gevorderde regstelsel gesteun word. Uit
notules van die Wolmaransstadse krygshof blyk dit byvoorbeeld dat daar met
die uitleg van die misdryf hoogverraad op die gesaghebbende werk *Regts-
geleerd, practicaal en koopmans handboek* van J. van der Linden, wat in 1806 in
Amsterdam gepubliseer is, gesteun is.

Regsgeleerdheid is uiteraard nodig om 'n gesofistikeerde regstelsel toe te
pas. Terwyl dit voorkom of daar daadwerklike pogings was om regsgeleer-
des by die krygsrade te betrek, was dit nie in al die gevalle moontlik nie.
Weens die moeilike omstandighede van guerrilla-oorlogvoering is die reg
ook nie konsekwent toegepas nie. Dikwels was lede van die krygshowe voor
die oorlog gewone boere en nie regsgeleerdes nie.

Ad hoc-krygsrade wat inderhaas te velde saamgestel moes word om ver-
raaiers te verhoor, was dalk nie altyd daartoe in staat om gesofistikeerde
regsbeginsels nougeset na te volg nie, maar dit was geen lynchhowe nie.
Die bewaarde rekords van die meer permanente krygshowe wys aanvaarde
proses- en bewysregtelike beginsels is nagevolg. Daar is in die Argiewe voor-
beelde van 'n aantal goed gemotiveerde regsopinies oor die hantering van
militêre oortredings wat te velde opgestel is.[2] In die oorkondes van die
Wolmaransstadse hoogverraadsake is voorbeelde gevind van ontoelaatbare
hoorsêgetuienis wat geskrap is en die inhandiging van 'n verklaring wat ge-
weier is omdat dit nie aan die vereistes voldoen het nie. Die klagstate is
omvattend geformuleer waarin al die elemente van die misdryf omskryf
word in al die voorbeelde wat bewaar gebly het.

Daar is steeds probeer om die onafhanklikheid van die regbank te hand-
haaf, soos die reaksie van die Wolmaransstadse krygshof getuig toe daar
gepoog is om in sy werksaamhede in te meng.

Omdat die meerderheid notules en ander dokumente verlore geraak het,
is 'n omvattende vergelyking van die toepassing van die reg deur verskil-
lende krygshowe onmoontlik. Daarby is talle republikeinse kennisgewings
en proklamasies sporadies tydens die oorlog uitgevaardig soos die omstan-
dighede dit genoodsaak het. Daarmee is die vooroorlogse krygsreg nood-
wendig gewysig. 'n Sprekende voorbeeld is genl. De Wet se kennisgewing
wat summiere teregstellings onder sekere omstandighede gemagtig het.
Waarskynlik het nie voorbeelde van al die wysigings bewaar gebly nie. Die
twee republieke het boonop tydens die oorlog elk hul eie, verskillende wet-
gewende voorskrifte uitgevaardig.

Albei republieke het voor die uitbreek van die oorlog 'n krygswet gehad. In
die Z.A.R. was dit die Wet voor den Krijgsdienst in de Zuid-Afrikaansche
Republiek, No. 20 van 1898 en in die Vrystaat die Krijgs- en Kommando-
wet, No. 10 van 1899. Daardie wetgewing moet met die Grondwet van die
Z.A.R., Wet No. 2 van 1890, en die Vrystaatse Konstitusie en ander tersaak-
like wetgewing saamgelees word.

Met die uitbreek van die oorlog in 1899 het albei Boererepublieke dus
omvangryke wetgewing oor oortredings op militêre gebied gehad. Die
Transvaalse Grondwet het bepaal elke wit manlike "ingezetene" (dus nie
beperk tot stemgeregtigde burgers nie, maar ook nie-burgers wat perma-
nent in die republiek gewoon het) tussen die ouderdomme van 16 en 60
jaar, met sekere uitsonderings, was krygspligtig. Die ander bevolkingsgroepe
het almal verpligtinge teenoor die staat gehad en kon dus ook by 'n oor-
treding daarvan aan hoogverraad skuldig bevind word.[3] Die Vrystaatse
republiek het soortgelyke bepalinge gehad.[4] Sover vasgestel kon word, het
die republikeinse magte geen vrou tydens die oorlog van hoogverraad aan-
gekla nie,[5] maar wel verskeie swart en bruin mense asook enkele Britse
onderdane wat permanente inwoners van die republieke was.

Ingevolge die Transvaalse Krygswet kon net 'n vergrote krygshof ('n
"generaal" of "groot krijgsgericht" genoem) teen die uitbreek van die oor-
log die doodstraf uitspreek. Daardie krygshof moes uit 13 lede bestaan, onder
wie 'n voorsitter, vier kommandante, vier veldkornette en vier burgers. Die

staatspresident en uitvoerende raad of die kommandant-generaal of 'n assistent-kommandant-generaal moes 'n doodsvonnis eers bekragtig.[6]

In die Vrystaat kon 'n krygsraad voor die oorlog net die doodstraf oplê as dit uit 12 of meer lede bestaan het, van wie minstens 'n driekwart ten gunste van die vonnis moes gestem het. Die doodsvonnis kon nie voltrek word voordat die staatspresident dit bekragtig het nie.[7] In die oorlogtyd is die minimum-grootte van dié rade wat vir die oplegging van die doodstraf vereis is, klaarblyklik in albei republieke verklein.

Onafhanklike krygshowe van 'n meer permanente aard is van tyd tot tyd tot stand gebring. Dit was nodig om die offisiere los te maak van hofverpligtinge, wat uiteraard baie van hul tyd in beslag geneem het en waarvoor hulle nie opgelei was nie, sodat hulle hul volle aandag aan krygsaktiwiteite kon gee.

Krygshowe is van tyd tot tyd vir die verskillende streke van Transvaal gevestig waarvan minder as die vooroorlogse vereiste aantal lede die doodstraf kon uitspreek. So 'n krygshof onder leiding van kmdt. Lodi Krause het in 1900 verskeie hoogverraadsake op Nylstroom aangehoor. Dit is opvallend dat doodsvonnisse wat deur daardie krygshof uitgespreek is, uiteindelik nooit voltrek is nie.[8] Voor die Britse inname het die republikeinse krygshof op Middelburg in Oos-Transvaal hoogverraadsake aangehoor en in gevalle die doodstraf uitgespreek, maar dit is ook nie uitgevoer nie.[9] 'n Krygshof is ook vir die gebiede van Pretoria en Heidelberg tussen die Natal-spoorlyn en die spoorlyn na die ooste tot stand gebring. Dit het in die omgewing van Heidelberg hoogverraadsake aangehoor.[10] Daar kon nie vasgestel word of enige doodsvonnisse van dié hof voltrek is nie.

Ander krygshowe of -rade is op 'n ad hoc-basis te velde saamgestel, waar die doodstraf wel toegepas is. Die meerderheid fusillerings in albei republieke het weens daardie krygsrade se vonnisse plaasgevind.

In die Vrystaat het die krygshowe meestal na gelang van behoefte gefunksioneer. In die Wes-Vrystaat het die krygsraad as militêre hof onder assistent-kommandant-generaal Badenhorst uit ses lede bestaan. Volgens sy oorlogsherinneringe het daardie krygsraad by drie geleenthede die doodstraf uitgespreek. Besonderhede van slegs twee van die gevalle kon opgespoor word.[11] Die vooroorlogse voorskrif oor die minimum-aantal lede van 'n krygsraad wat die doodstraf kon oplê, is dus tydens die oorlog ook daar gewysig.

In 'n proklamasie wat genl. Christiaan de Wet op 24 Augustus 1901 vir krygsbedrywighede in die Kaapkolonie laat uitvaardig het, is verklaar dat enigeen wat van spioenasie beskuldig is, deur 'n krygsraad van drie lede ('n senior en twee ander offisiere) verhoor sou word.[12]

Namate die oorlog voortgesleep het, is die republikeinse wetgewende voorskrifte gewysig, soms ingrypend. Reeds op 10 November 1899 maak 'n *Buitengewone Staatcourant der Z.A.R.* by wyse van 'n proklamasie voorsiening vir die doodstraf of 15 jaar gevangenisstraf by 'n skuldigbevinding aan verraad. Daardie bepaling is later gewysig na aanleiding van Krause se opmerkings dat die doodstraf die enigste gepaste vonnis vir hoogverraad was. Hy het dié mening reeds middel 1900 uitgespreek toe hy die voorsitter van die krygshof op Nylstroom was.[13] Uit die beskikbare inligting oor regspraak van Vrystaatse krygshowe kan afgelei word dit was nie in daardie republiek die geval nie.

Die verpligte vonnis van die doodstraf vir hoogverraad het 'n dilemma in die Transvaalse regspleging veroorsaak as die lede van 'n krygshof dit nie as 'n gepaste vonnis beskou het nie. Om die probleem te omseil, is die beskuldigde gewoonlik aan die minder ernstige misdryf van gekwetste majesteit skuldig bevind, waarvoor 'n ligter vonnis opgelê kon word. Anders as by hoogverraad was die element van kwaadwillige bedoeling nie daarby aanwesig nie.[14]

Tydens die oorlog was daar ook 'n uitbreiding van die soort misdrywe waarvoor die doodstraf opgelê kon word. In die Vrystaat byvoorbeeld het pres. Steyn op 19 Julie 1900 'n proklamasie uitgevaardig waarvolgens burgers selfs die doodstraf kon kry as hulle sonder rede van hul kommando's afwesig was. Dit lui: "Ieder dienstplichtige die zonder wettige redenen van zijn commando verwijderd is zal onmiddellijk gearresteerd en gebracht worden voor den Hoofd commandant om, na onderzoek door den Hoofd commandant of door personen door hem aangesteld, ter dood veroordeeld te kunnen worden."[15] Sover vasgestel kon word, is die doodstraf nooit ingevolge dié proklamasie vir drostery toegepas nie. Die Boeremagte was 'n volksleër en het nie die tradisie van 'n streng gedissiplineerde staande mag gehad nie. Duisende burgers het een of ander tyd uit die kommando's padgegee, dikwels sonder toestemming, om te gaan kyk hoe dit op die plase gaan en dan later na hul kommando's teruggekeer. 'n Groot aantal het gedros en hul wapens neergelê net om later weer by hul kommando's aan te sluit. Ander kon net nie aanpas by die eise wat die kommandolewe geverg het nie en het vir die res van die oorlog passief gebly. Onder daardie omstandighede sou dit onwys gewees het om die doodstraf vir drostery toe te pas.

Sover vasgestel kon word, was hoogverraad die enigste misdryf – op een uitsondering na – waarvoor die republikeinse howe die doodstraf opgelê het en wat daarna voltrek is. Die uitsondering was die teregstelling van Lambert Colyn in die Kaapkolonie weens spioenasie.

Met die uitsondering van die De Wet-kennisgewing kon juridiese regverdiging nie gevind word vir die groot aantal summiere teregstellings van swart en bruin mense asook die enkele bevestigde gevalle van Boereverraaiers deur die republikeinse magte nie.

Benewens die omstrede summiere teregstellings is doodsvonnisse andersins na behoorlike verhore ingevolge die republikeinse reg voltrek. Hoewel die twee Boererepublieke nie die Haagse konvensie onderteken het nie, was teregstellings wat ingevolge die republikeinse reg uitgevoer is, steeds regsgeldig. Van Britse owerheidskant is die regsgeldigheid van die Boereverraaiers amptelik erken, soos uit die Solomon-verslag oor die Wolmaransstadse fusillerings blyk.

'n Suiwer juridiese bespreking van die toepassing van die oorlogstydse strafreg oor die doodstraf sal noodwendig gebrekkig wees omdat baie inligting oor die teregstellings van verraaiers verlore geraak het en dit wat bewaar gebly het, is dikwels fragmentaries.

Al die Boereverraaiers wat na 'n verhoor tereggestel is, is deur 'n vuurpeloton gefusilleer. Die Wolmaransstadse krygshof het met al die doodsvonnisse wat hy uitgespreek het, beveel dat die teregstellings ooreenkomstig militêre voorskrifte kragtens "militaire wetten" uitgevoer moes word.[16] Geen voorbeeld kon egter opgespoor word van sulke republikeinse militêre wette nie.

Uit die verskillende teregstellings van die verraaiers blyk dit die uitvoering daarvan het nie volgens eenvormige voorskrifte geskied nie. Sommige teregstellings is ook nie met militêre presisie uitgevoer nie. Benewens die enkele voorbeelde uit die Eerste Anglo-Boereoorlog was daar nie 'n militêre tradisie van fusillerings by die republikeinse magte wat nagevolg kon word nie. Daar is vraagtekens oor veral die gevalle waar te min vuurpeloton-lede gebruik is en groepe veroordeeldes in sarsies afgemaai is.

Later in die 20ste eeu het baie lande die doeltreffendheid van 'n vuur-peloton vir die voltrekking van die doodstraf in twyfel getrek. In 1953 het die Britse koninklike kommissie die gebruik van 'n vuurpeloton heeltemal verwerp. "It does not possess even the first requisite of an efficient method, the certainty of causing immediate death." Daar is te veel veranderlikes wat die gebruik van 'n vuurpeloton, selfs 'n aansienlik vergrote een, se doel-treffendheid kan beïnvloed. "The margin for error is not reduced when a number of guns are used. Often the squad members are instructed to aim at the trunk of the body because it is easier to hit than the head. This means the prisoner can take many minutes to die from the mortal wounds inflicted upon him. To alleviate feelings of guilt, sometimes members of the firing squad are issued with blanks so no one knows who fired the fatal shot."[17]

Verskeie burgers wat met die teregstelling van verraaiers tydens albei Anglo-Boereoorloë teenwoordig was, het aangedui die helfte van die vuur-peloton se gewere is deur ander met loskruit gelaai sodat niemand moes weet wie die doodskote afgevuur het nie. So is probeer om latere skuld-gevoelens te versag. Verskeie vuurwapendeskundiges het twyfel uitgespreek of die burgers, wat hul eie en ook ander vuurwapens gereeld gehanteer het en gevolglik goed daarmee vertroud was, met die afvuur van loskruit ge-flous kon word. Hulle meen die burgers sou geweet het as hulle nie dode-like ammunisie afvuur nie. Die angs en erge spanning waaraan vuurpeloton-lede onderwerp is, kon hul oordeel daaroor dalk beïnvloed het.[18] Tog is daar verskeie aansprake dat die gebruik van loskruit in sy doel geslaag het.

Die teregstelling van verraaiers het meestal in uiters somber omstandig-hede met godsdienstige plegtigheid gepaard gegaan. Veldpredikers het die veroordeeldes gewoonlik vir die dood voorberei. Die afvuur van die wa-pens is deur die sing van gewyde liedere en gebede voorafgegaan. Geen bevestiging kon vir die bewerings gevind word dat die tereggestelde ver-raaiers hul eie grafte moes grawe voordat hulle die ewigheid ingestuur is nie.

17
Noue ontkomings

Presies hoeveel Boereverraaiers tereggestel is, sal waarskynlik nooit met sekerheid vasgestel kan word nie. Daar is afgekom op talle verwysings na teregstellings – met en sonder verhoor – wat nie bevestig kon word nie. Sommige was moontlik net oorlogsgerugte, maar die moontlikheid bestaan dat ander ware gevalle was, maar dat die inligting daaroor verlore geraak het.

Só word in 'n *Oorlogsbericht* van die Republikeinse opperbevel byvoorbeeld melding gemaak van 'n joiner wat gedurende Augustus 1901 naby Pretoria doodgeskiet is, terwyl sy verraaier-kameraad gevange geneem en vir verhoor verwys is.[1] Daar kon nie vasgestel word wat van hom geword het nie. In 'n skrywe in die Argief in Bloemfontein maak die Britse militêre polisie op 12 Februarie 1901 melding van die volgende geval: "Abram Vermeulen – was taken prisoner by the Boers whilst working for our Intelligence Department, and has had the sentence of death passed upon him by the Boers."[2] Die indruk word gewek dat die vonnis voltrek is, maar geen ander inligting kon in die skrywe of elders oor die voorval gevind word nie.

Charles Rocher, 'n assistent-sekretaris en adjudant van genl. Koos de la Rey, gee in sy herinnerige 'n gedetailleerde beskrywing van die gebeure wat daartoe aanleiding gegee het dat twee spioene, Johnson en Isaacson, deur 'n Wes-Transvaalse krygsraad ter dood veroordeel is. Gedurende Augustus 1900 was twee burgers, De la Rey ('n seun van veldkornet De la Rey) en Barkhuizen, al twee adjudante van generaal De la Rey, op 'n verkenningstog in die Lichtenburg distrik toe hulle afkom op twee mans wat met hul karretjie en uitgeputte perde uitgespan het. Die twee het verdag voorgekom en die burgers het hulle beveel om solank vooruit na Lichtenburg te vertrek waar hulle ondersoek sou word.

Die twee burgers het eers vir 'n tydjie op die plaas Witstinkhout agter-
gebly om voëls te skiet en het die twee mans ingehaal op hul tog na Lich-
tenburg. Hulle is onverhoeds betrap toe die twee met rewolwers op hulle
geskiet het. 'n Swaargewonde Barkhuizen het sowat 'n honderd treë verder
van sy perd afgeval. Daar het een van die verdagtes hom koelbloedig dood-
geskiet. Intussen was De la Rey, wat ook ernstig gewond is, in 'n worsteling
met die ander verdagte betrokke. Die vermeende spioen het die oorhand ge-
kry waarna die twee aanvallers met die burgers se gewere en perde gevlug het.

De la Rey is later deur 'n swart man gevind en na die opstal van die plaas
Witstinkhoutboom geneem waarna hy na die hospitaal op Lichtenburg oor-
geplaas is. Voordat hy 'n paar dae later aan sy wond beswyk het, het hy
vertel wat gebeur het. Intussen het 'n Boerebrandwag die twee voortvlug-
tendes op pad na Mafeking in hegtenis geneem nadat hulle nie 'n behoor-
like verduideliking kon gee oor die perde wat in hul besit was nie. In sy
herinneringe skryf Rocher:

> "Het was een bestiering dat de twee juist dien nacht op het brandwacht moest
> afryden om gevangen te worden. Zy stonden dan ook later terecht voor een krygs-
> raad, dien ze schuldig vonden van moord en ze ter dood veroordeelden, welke von-
> nis ook voltrokken werd naby Malmoni. Zy werden by hunne graven geschoten …
> Zy waren op reis van Ventersdorp naar Mafeking op dezen omweg zeker omdat ze
> spioenen waren."[3]

Buiten dat Rocher meld dat die twee tereggesteldes spioene was, noem hy
nie of hulle Transvaalse burgers was en hulle dus ook aan verraad skuldig
gemaak het nie. Hy noem ook dat hy nie heeltemal seker van hul name
is nie. Later in sy herinneringe meld Rocher op dubbelsinnige wyse dat in
gevalle waar een of twee joiners saam gevang was, daar dikwels oor hul lot
geswyg is.

Die doodstraf is ook nie sonder meer aan alle verraaiers opgelê nie. Die
meeste verraaiers wat in die eerste jaar van die oorlog deur republikeinse
burgers gevang is, het dié straf vrygespring en soms betreklik lig daarvan
afgekom. Eers nadat verraad meer gereeld begin voorkom het, het optrede
daarteen in felheid toegeneem. Verraaiers se doodsvonnis is egter steeds in
sekere gevalle versag. Die republikeinse krygshowe het in werklikheid dik-
wels uit hul pad gegaan om teregstellings te vermy.

'n Sprekende voorbeeld van hoe so 'n hof uit sy pad gegaan het om 'n skuldigbevinding aan hoogverraad te vermy, was met die verhoor van Hendrik Jacobus Schoeman op Nylstroom in November 1900. Hy was 'n voormalige Boeregeneraal en vertroueling van pres. Paul Kruger. In die eerste paar maande van die oorlog was hy bevelvoerder oor die republikeinse magte aan die suidelike front by Colesberg. Nadat hy weens onbevoegdheid vervang is, het hy hom in Junie 1900 aan die Britse owerheid onderwerp en op sy plaas wes van Pretoria gaan boer. Nadat hy botweg geweier het om die Boeremagte te help, is hy gearresteer en op 'n aanklag van hoogverraad op Barberton aangehou. Kort voordat die Britse magte dié dorp ingeneem het, is al die aanklagte teen Schoeman teruggetrek en hy is vrygelaat. Daarna het hy en sy gesin met die toestemming van die Britse militêre owerheid in Pretoria gaan woon.[4]

In Oktober 1900 besluit Schoeman om 'n vredesending na genl. De la Rey te onderneem in 'n poging om die oorlog tot 'n einde te bring. 'n Boerepatrollie het Schoeman en 'n Britse offisier, kapt. W.P. Anderson, wat saam met hom was, op pad na Rustenburg onderskep en gevange geneem. Hy is daarna na Nylstroom geneem waar hy op 'n aanklag van hoogverraad tereg gestaan het. Die aanklag teen hom het daarop neergekom dat hy hom as 'n Boeregeneraal aan die Britse magte oorgegee en vegtende republikeinse burgers probeer beïnvloed het om ook hul wapens neer te lê. Die krygshof het uit kmdt. Lodi Krause as voorsitter, kmdt. (later genl.) Jan Kemp[5] en asst.vdkt. J.R. Bester bestaan. Schoeman is deur die Pietersburgse prokureur Theunis Kleinenberg verteenwoordig.[6]

'n Groot groep burgers was bitter oor die voormalige generaal se optrede en wou graag sien dat hy skuldig bevind en gefusilleer word. Daarvoor was Krause nie te vinde nie: "I was not going to have a man shot merely to please popular opinion." Na die verhoor was die krygshoflede verdeeld oor die uitspraak. In 'n meerderheidsbeslissing van Krause en Bester is Schoeman weens 'n gebrek aan genoegsame getuienis onskuldig bevind. Daardie gebrekkige getuienis kon aangevul gewees het. Krause het onomwonde verklaar: "I acquitted Schoeman because there was no legal evidence against him, although I was morally certain of his guilt and that he was an unmitigated scoundrel."[7]

Schoeman was besonder gelukkig om onskuldig bevind te word en met sy lewe daarvan af te kom. Hy was immers 'n generaal wat gedros het en daarna geweier het om sy plig by die kommando's te doen. Boonop het hy met die Britte gekonkel en die oorlogspoging ondermyn deur die burgers tot oorgawe te probeer oorreed. Uit Krause se verduideliking kan afgelei word die vervolging is op 'n onbeholpe wyse aangepak.[8]

Ondanks sy onskuldigbevinding is Schoeman as 'n ongewenste persoon in die Pietersburgse tronk aangehou. Met die Britse besetting van die dorp in April 1901 het hy onder hul beskerming na Pretoria teruggekeer. Op 26 Mei daardie jaar is hy en sy dogter in 'n fratsongeluk in hul huis in Kerkstraat dood. Klaarblyklik het 'n ou liddietbom wat hy as 'n aandenking van die front saamgebring en as 'n asbak gebruik het, ontplof toe hy 'n brandende vuurhoutjie daarin gegooi het. Die sipier van die Pietersburgse tronk het ook 'n paar dae later beswyk weens wonde wat hy tydens die voorval opgedoen het.[9]

In nog 'n saak wat voor die Nylstroomse krygshof gedien het, is landdros J.J. Kroep van Waterberg van hoogverraad aangekla omdat hy geweier het om staatsgeld van £1 000 aan 'n Boereoffisier, genl. F.A. Grobler, te oorhandig. Die gevolg was dat Britse soldate met hul inname van Nylstroom op die geld kon beslag lê. In die verhoor het Kroep aangevoer hy het geglo dit was beter dat die geld in Britse hande val omdat dit na die oorlog van die burgers se oorlogskuld afgetrek kon word. Krause se reaksie was: "A more unintelligible plea I never heard."

Kroep is ook daarvan beskuldig dat hy burgers probeer oorreed het om hul wapens neer te lê en hulle aangespoor om hul dienste aan die Britse mag te bied om dié se troepe te help vervoer. Ondanks al die ernstige bewerings teen hom, is Kroep net aan gekwetste majesteit skuldig bevind en beboet met dubbeld die bedrag wat in Britse hande beland het, met 'n alternatief van twee jaar gevangenskap. Hy het die boete betaal.[10] Kroep het in vergelyking met ander verraaiers besonder lig daarvan afgekom.

Ook Grobler, aan wie Kroep die geld moes oorhandig, het 'n uiters twyfelagtige reputasie as krygsman gehad. Volgens Krause was Grobler in die oë van die burgers "a coward – always running away from the enemy, never attacking them when he had a chance or punishing them severely – never to be found anywhere near the fighting lines". Dit verklaar hoekom sy generaalskap hom kort daarna ontneem is.[11]

In 'n ander geval het die Nylstroomse krygshof sy broer kmdt. Stephanus Grobler, voormalige bevelvoerder van die Waterbergse Berede Polisie, aan hoogverraad skuldig bevind en ter dood veroordeel. Die aanklagte teen hom het daarop neergekom dat hy 75 burgers van sy eenheid probeer oor-reed het om hul wapens neer te lê. Hulle het geweier. Ook het hy doelbewus bevele van genl. C.F. Beyers verontagsaam wat tot republikeinse lewens-verlies gelei het. J.F. Naudé, wat met die vonnisoplegging by was, het die verrigtinge so beskryf: "Toen de leden hunne plaatsen genomen hadden, heerschte er een doodsche stilte. Men kon aan den Voorzitter, de opstond zien, dat het ergste te verwachten was. Hij was bleek toen hij de eenparige uitspraak van het hof bekend maakte, dat Grobler schuldig bevonden en ter dood veroordeeld wordt."[12] Voordat die vonnis bekragtig kon word, het Grobler na Betsjoeanaland gevlug.[13]

Die spesiale krygshof op Middelburg in Oos-Transvaal het die doodstraf op 20 Desember 1900 aan W.T. Richards opgelê weens hoogverraad, maar sy vonnis is daarna tot lewenslange gevangenisstraf met harde arbeid versag.[14]

Die oudstryder Karl Schulz vertel in sy oorlogsherinneringe van 'n win-kelklerk, ene Archibald, wat agt maande voor die einde van die oorlog op eie houtjie 'n vredesending na die Carolina-kommando onderneem het om burgers te oortuig om hul wapens neer te lê. Hy is gevange geneem en deur 'n krygsraad ter dood veroordeel. Sy vonnis is later versag, waarna hy uit-eindelik vrygelaat is om na Barberton terug te keer.[15]

'n Britse onderdaan en predikant van die Anglikaanse Kerk op Pieters-burg, eerw. Pugh-Jones, is in die tweede helfte van 1900 aan hoogverraad skuldig bevind en ter dood veroordeel. Met die uitbreek van die oorlog het Pugh-Jones by die republikeinse regering aansoek gedoen om op Pieters-burg aan te bly om te voorkom om as 'n ongewenste buitelander oor die grens gestuur te word. Die aansoek is toegestaan op voorwaarde dat hy 'n neutraliteitseed aflê, wat hy gedoen het. In Augustus 1900 is 'n skrywe on-derskep waarin Pugh-Jones 'n burger aanhits om oor te gee. In die brief was ook lord Roberts se proklamasie ingesluit waarmee gepoog is om bur-gers oor te haal om hul wapens neer te lê. Pugh-Jones se doodsvonnis is egter nie bekragtig nie en tot 18 maande gevangenisstraf met harde arbeid gewysig. Dit was vir die whisky-drinkende predikant steeds te ondraaglik. In die gevangenis het hy sulke ernstige onttrekkingsimptome ontwikkel dat sy dokters verklaar het sy gesondheid het heeltemal agteruitgegaan. Sonder enige oorlegpleging met die verhoorhof het die Kruger-regering beveel dat die eerwaarde weens gesondheidsredes op parool vrygelaat word, waarna

hy by die Britte gaan skuil het. Nadat hy aanvanklik in die openbaar ver-
klaar het hy het 'n regverdige verhoor gehad, het hy sy storie verander en
homself as 'n soort Britse martelaar voorgehou wat deur die Boere mis-
handel is.[16]

Met genl. Christiaan de Wet se inname van Dewetsdorp op 23 Novem-
ber 1900 is 'n berugte verraaier, ene Van den Berg, gevange geneem. Hy is
onder andere daarvan beskuldig dat hy Boerevroue en bejaardes op die
dorp mishandel het. Volgens Okkie de Villiers het De Wet nie simpatie met
mense soos Van den Berg gehad nie: "Generaal de Wet in dit opzicht ken-
nende, twijfelde ik er dan ook niet aan, of van den Berg zou ter dood ver-
oordeeld worden, wanneer de krijgsraad over hem gehouden werd."[17]

Van den Berg is deur 'n krygsraad verhoor en skuldig bevind, waarna
De Wet die doodsvonnis uitgespreek het. Van den Berg sou die volgende
oggend om 06:00 tereggestel word. Klaarblyklik was pres. Steyn in die na-
byheid, want Van den Berg het alles in sy vermoë gedoen om sy vonnis by
hom begenadig te kry. Vader Kestell het vir hom in die bres getree op grond
daarvan dat die krygsraadbesluit nie eenparig was nie. Waarskynlik deur
Steyn se bemiddeling is die saak na die krygsraad terugverwys om die von-
nis te hersien. Die krygsraad het die doodsvonnis opnuut met 'n meerder-
heid van een stem bevestig. Om die een of ander rede het Steyn nie dié
vonnis bekragtig nie. Dit is onseker of dit uit medelye of suiwer op regs-
gronde was.

Eers toe die tyd aanbreek toe hy tereggestel sou word, het Van den Berg
gehoor hy gaan bly leef. Hy is na 'n tyd vrygelaat, waarna hy maar weer by
die Britte aangesluit het en met sy wandade voortgegaan het. "Later hoor-
den wij, dat hij een der grootste schurken in den Vrijstaat was en hij de
Boeren nog veel schade heeft toegebracht."[18] De Wet het daadwerklike
pogings aangewend om Van den Berg weer gevange te neem, maar kon
nie daarin slaag nie. Volgens De Wet se biograaf M.C.E. van Schoor sou
De Wet Van den Berg sonder twyfel laat doodskiet het as hy weer gevang
sou word.[19]

Dit is opvallend hoeveel verraaiers ontsnap het terwyl die swaard van die
doodstraf oor hulle gehang het. Dit het regoor die oorlogsterrein van die
twee republieke plaasgevind.

Genl. C.C.J. Badenhorst sê in sy oorlogsherinneringe dit was vir hom 'n raaisel toe sy kommando op sy plaas Biesiesfontein, tussen Bultfontein en Boshof in die Vrystaat, met 'n Britse kolonne slaags geraak het wat die terrein vreemd genoeg baie goed en in besonderhede geken het. Die burgers is inderdaad amper vasgetrek, "maar spoedig begreep ik alles, want de leider van die colonne was de gewezen Vrijstaatsche commandant J. Prinsloo, die zijn land en volk had verraden en bij den vijand in dienst was gegaan."

Later het een van Badenhorst se veldkornette, G. Oosthuyzen, daarin geslaag om Prinsloo gevange te neem. 'n Krygsraad het hom verhoor, skuldig bevind en ter dood veroordeel. Twee dae voordat pres. Steyn se bekragtiging van die doodsvonnis Badenhorst bereik het, het Prinsloo ontsnap. Badenhorst was bitter verontwaardig daaroor omdat 'n sterk wag van 14 berede polisielede onder leiding van sersant S. Combrinck die gevangene bewaak het. Sy vraag was: "Zou ook misschien hier weer verraad gepleeg zijn???"[20]

J.F. Naudé het 'n soortgelyke geval onthou toe republikeinse burgers drie joiners, ene Oosthuyzen, H. du Preez en Jan Mouton, by Kraaipan in Wes-Transvaal gevange geneem het. Oosthuyzen en Du Preez is by Kwaggashoek op 'n aanklag van hoogverraad verhoor, skuldig bevind en ter dood veroordeel. Naudé, wat ook as veldprediker waargeneem het en die terdoodveroordeeldes gereeld besoek het, het hulle so beskryf: "Zij schenen zeer ontsteld, bedroefd en beangst. Du Preez zeide maar gedurig, dat zijn vader oorzaak was van zijn ellende – arme zoon! ongelukkige vader!" Terwyl genl. De la Rey se bekragtiging van die vonnis afgewag is, het hulle saam met die verhoorafwagtende Mouton ontsnap. Naudé het gewonder: "Wat zou de uitwerking van het vonnis, dat niet voltrokken zou worden, op hun verder leven zijn?"[21]

Roland Schikkerling gee 'n breedvoerige beskrywing van 'n 45-jarige Van Niekerk wat in Februarie 1902 by dade van verraad in die omgewing van Pelgrimsrus in Oos-Transvaal betrokke was. Die Boere het hom in 'n lokval gevange geneem. Na 'n verhoor is hy skuldig bevind en ter dood veroordeel. Schikkerling vertel:

> Sy vrou, geklee in die statigste swart, doen die ronde met 'n petisie ter versagting van sy vonnis. Sy het die middag ons blyplek besoek en een van ons seksie, wat haar sien aankom het, het by die agterdeur uitgeglip en hom uit die voete gemaak. Sy het George (Schikkerling se kameraad) in 'n hoek vasgekeer, langs hom gaan sit en toe met 'n stortvloed trane die petisie aan hom oorhandig. Hy vertel dat hy dit nie

> onderteken het nie. Ek is dankbaar dat ek daardie beproewing vrygespring het. Hoe
> verduidelik jy aan 'n vrou dat dit in die hoogste staatsbelang is dat haar beminde
> eggenoot doodgeskiet moet word? ... Ek voel jammer vir die man en sy gesin, maar
> weet natuurlik dat verraad nie ligtelik opgeneem kan word nie.

Schikkerling was minder simpatiek toeVan Niekerk vroegoggend op 3 Maart
1902, die dag waarop hy tereggestel sou word, in die donker en gietende
reën ontsnap het.[22]

Na die val van Bloemfontein in 1900 het genl. J.B.M. Hertzog as voor-
sitter van 'n krygshof op Reitz opgetree waar die doodstraf aan 'n verraaier
opgelê is. Ook dié verraaier het ontsnap.[23]

Daar is verskeie moontlike redes vir die ontsnappings. Dit was byvoor-
beeld nie maklik om mense in die omstandighede van 'n oorlogsituasie,
veral tydens die guerrillafase, aan te hou nie. Dié wat hulle moes bewaak,
kon seker ook laks gewees het of selfs die ontsnapping toegelaat het. Die
Boere het hul eie mense nie graag sien sterf nie, veral as hulle mekaar ge-
ken het of familie van mekaar was. 'n Meegevoel met die veroordeeldes se
lot kon 'n rol gespeel het in gevalle waar ontsnappings plaasgevind het.

Daar is ook gevalle waar burgers deur krygshowe onskuldig bevind is aan
verraad, maar in die uitsprake verplig is om met aktiewe krygsdiens voort
te gaan. In die krygshof vir die distrikte van Pretoria en Heidelberg is 'n
burger,W.H. Boshof, op 'n aanklag van hoogverraad verhoor nadat hy van
verdagte optrede by die vyand verdink is. Dit het gekom toe hy en nog 'n
burger in Julie 1901 met 'n boodskap van kmdt.Alberts van die Heidelberg-
kommando onder dekking van 'n wit vlag na die Britse linies by Springs
gestuur is. Die Britse buiteposwagte het die twee burgers nie geblinddoek
nie, anders as wat die gebruik was, en hulle die linies binnegeneem. Nadat
hulle hul fout agtergekom het, wou die Britse soldate nie die twee vrylaat
nie. Aan Alberts is voorgehou dat die twee hul wapens vrywillig neergelê
het. Nadat beswaar op die hoogste vlak gemaak is, het die Britte Boshof
na sy kommando teruggestuur. Sy offisiere het sekere optrede van Boshof
tydens sy aanhouding by die vyand as verdag beskou en hy is van hoogver-
raad aangekla. Die krygshof het op 16 Oktober 1901 beslis:"Het Hof vind
de beschuldigde onskuldig aan de misdaad hem ten laste gelegd. Het Hof
beveel echter dat Boshof onderVeldkornet Pretorius moet gaan op actieve
dienst, en wel onder strenge toezicht vanVeldkornet Pretorius."[24]

In die Vrystaat het 'n joiner, Philip Hendrik Emanuel Faure, kort na die oorlog verklaar die Boere het hom op 21 Augustus 1900 as hendsopper gevang en daarna ter dood veroordeel: "(I was) sentenced to be shot unless I took up arms again." Gevolglik het hy weer by 'n Boerekommando aangesluit, maar na 'n maand weggeglip en by 'n joinereenheid van Kroonstad, Brett's Scouts, aangesluit.[25]

Tog was nie al die veroordeeldes so onlojaal nie. Met De Wet se deurbraak by Vanvurenskloof naby Venterskroon in Wes-Transvaal middel 1900 was ene Erasmus, 'n terdoodveroordeelde op dieselfde wa as die Britse krygsgevangenes. Onder hewige vuur van 'n Britse aanval het die Boere die wa agtergelaat. Die krygsgevangenes het 'n wit vlag opgesteek en na die aanvallende Britse soldate begin vlug. Erasmus het ook gevlug, maar agter die Boere aan. Sy vonnis is later moontlik weens sy optrede begenadig.[26]

Daar is gevalle waar afvalliges met die doodstraf die skrik op die lyf gejaag is. So het 'n burger van genl. Ben Viljoen se kommando 'n graf vir ene Van Schalkwijk, die leier van 'n aantal hendsoppers, gegrawe toe dié aangekla is. Dit het hom vreesbevange gemaak, maar hy is toe net tot twee jaar gevangenisstraf gevonnis.[27]

Ds. R.D. McDonald vertel van 'n behoorlik saamgestelde krygsraad wat twee afvalliges van Trompsburg in die Vrystaat na 'n skynverhoor onder die indruk gebring het dat hulle doodgeskiet gaan word. "Hul angs moes seker vreeslik gewees het." Hulle is daarna vrygelaat.[28]

Tog het selfs die ware teregstellings skynbaar nie die menigte afvalliges daarvan afgeskrik om verraderlik op te tree nie. Daarvan getuig die hoë voorkoms van verraad teen die einde van die oorlog. Die tereggesteldes was maar 'n fraksie van die groot aantal Afrikaners wat tydens die oorlog verraad gepleeg het. Geen vooraanstaande leier uit die joinergeledere en ook nie die berugste verraaiers is gefusilleer nie. Die oorgrote meerderheid verraaiers het in werklikheid skotvry daarvan afgekom.

Waaraan hulle na die oorlog egter nie sou ontkom nie, was die wrewel van dié wat die bittereinder-ideaal nagestreef het. Daarmee sou hulle tot in die graf moes saamleef.

18
Persoonlike en politieke nalatenskap

Meer as 'n dekade na die oorlog sê 'n verbitterde Afrikanervrou nog oor die joiners: "Ons moet ons kinders leer om hulle te haat, haat, haat!"[1]

Selfs nóg later merk die oudstryder P.S. Lombard in sy herinneringe van die oorlog op: "Sommige Boere het vasgestaan en geen kind of selfs 'n kindskind met 'n hensopper of selfs 'n familielid van 'n hensopper laat trou nie."[2]

Verraad deur mede-Afrikaners het nie net in die korttermyn op persoonlike en politieke vlak 'n uitwerking gehad nie. Die gevolge daarvan sou dekades later nog steeds aanvoelbaar wees.

So skryf 'n raadslid van die Demokratiese Alliansie meer as honderd jaar later, na die 2009-verkiesing, in 'n brief aan *Beeld* dat dr. Pieter Mulder, leier van die Vryheidsfront Plus, 'n "hanskakie" geword het deur 'n adjunk-ministerspos in die ANC-regering te aanvaar.[3] Kort daarna reageer 'n ander briefskrywer: As Mulder 'n "hanskakie" is, is die DA-lid 'n "joiner" omdat hy 'n lid "van die oorwegend Engelse party die Demokratiese Alliansie is".[4]

Verraad en al die emosies daarrondom vorm deel van die onverwerkte trauma van die oorlog. Destyds was daar immers nie die luukse van sielkundige diagnoses en behandeling nie. Die impak daarvan moet gevolglik met die hulp van retrospektiewe sielkundige en filosofiese interprestasies verstaan probeer word. Hoewel die presiese nalatenskap van die verraaierverskynsel nie noodwendig maklik bepaalbaar is nie, gaan ek probeer aantoon dat dit wel 'n invloed gehad het op die ontwikkeling van die Afrikaner se politieke bewussyn.

Die persoonlike lyding wat die Anglo-Boereoorlog vir alle betrokke partye meegebring het, is onmeetbaar. Die strydende Boere moes in bitter moeilike omstandighede op die slagveld oorleef en hul makkers sien sneuwel; vroue en kinders was haglik daaraan toe in die konsentrasiekampe en derduisende van hulle het nie lewend daaruit gekom nie; en toe die oorlewendes uiteindelik weer na hul plase kon terugkeer, was dit vernietig weens die Britte se beleid van verskroeide aarde.

Die verbittering weens verraad deur van hul eie mense, moes hul emosionele las selfs nog swaarder gemaak het. Dan was daar nog die jong burgers wat vir die teregstelling van verraaiers gebruik is wat nie professionele soldate was nie, maar burgerlike lede van 'n volksleër. Vir hulle moes dit selfs nog meer traumaties gewees het as hulle boonop familie of vriende van die tereggesteldes was. Wanneer die groot omvang van die teregstellings oor alle rasse heen in berekening gebring word en in aanmerking geneem word hoe betreklik min bittereinders daar aan die einde van die oorlog was, is 'n aansienlike aantal van die vegtende burgers waarskynlik aan die fusillerings blootgestel.

Maar ook talle troueloses het emosioneel gely. Daar is voorbeelde van joiners wat na die oorlog diepe gewetenswroeginge oor hul optrede gehad het en hul medeburgers om vergifnis gesmeek het. 'n Sprekende voorbeeld was Andries Cronjé, die voormalige Boeregeneraal en latere stigterslid van die National Scouts, wat in 'n brief aan die Klerksdorpse NG kerkraad openlik om vergifnis gevra het.[5] Die meerderheid afvalliges moes tot die dood met die gevolge van hul dade saamleef.

Die verraaiers en hendsoppers se optrede en moontlike skuldgevoelens na die oorlog is egter met weinig of geen simpatie bejeën. In baie gevalle is dit nog lank na die oorlog met intense aggressie veroordeel en talle afvalliges en hul families was uitgeworpenes in hul gemeenskappe. Joiners is kort na die oorlog uit die Afrikaanse kerke verdryf toe hulle onder meer Nagmaal geweier is tensy hulle hul verraad bely het. Dekades na die oorlog word in talle gepubliseerde en ongepubliseerde herinneringe minagtend na hulle verwys, soos Lombard se opmerking aan die begin van die hoofstuk getuig.

Volgens prof. Johan Snyman, filosoof van die Universiteit van Johannesburg, sou dit nie 'n oordrywing wees om te sê dat verraad na die oorlog al hoe meer gesien is as "die ergste vergryp teen die gemeenskap" nie.[6]

Misdade soos moord en verkragting is in die godsdienstige klimaat van die tyd ge-
sien as die werk van die duiwel en daarom sonde, maar dan 'n sonde waar die mens
se swakheid deur die duiwel uitgebuit is. Moordenaars is geregtig op 'n sekere mate
van voorbidding en selfs genade. Verraad is egter nie die duiwel se werk nie. Die
verraaier is uitsluitlik aanspreeklik vir sy oortreding. Sy swakheid is 'n soort swak-
heid wat sonder meer veragtelik is en iets waaroor die persoon self verantwoordelik
gehou word. Daar is geredeneer verraad is 'n wilsbesluit van 'n sekere soort mens –
dié wat nooit betroubaar is nie.

Die beskuldiging van aandadigheid aan verraad was 'n vernederende etiket
wat om die nekke van die afvalliges, hul families en soms selfs hul nasate
gehang is. "Ons weet dat joiners en hendsoppers wat die oorlog oorleef het,
geostraseer is deur hulle gemeenskappe," sê Snyman. "Die verwerping deur
die gemeenskappe is egter nie net gefokus op die enkele persoon nie – ten
minste sy gesin (somtyds ander familielede daarby) is verafsku. 'n Hele groep
mense rondom die joiner of hendsopper word met dieselfde onsigbare smet
van skandelike skuld belas en hulle moet bloot as gevolg van hul verwant-
skap met die skuldige ook verantwoordelik wees vir die misdaad wat be-
gaan is. Hulle moes lewe onder 'n verantwoordelikheid waaraan hulle geen
aandeel gehad het en wat hulle nie in staat was om te verander nie."

Daar is gevalle waar nasate vir 'n paar geslagte lank die skandmerk van
hul voorouers se verraad moes dra soos blyk uit die behandeling wat Lam-
bert Colyn se seun op skool gekry het. Enkeles het hulle teen die stigmati-
sering probeer verweer met verontskuldigings van hul voorouers se optrede
soos die menings van sekere afstammelinge van die voormalige generaals,
Piet de Wet en Schoeman. Selfs 130 jaar nadat Christiaan Woite in 1881
tereggestel is, het sy agterkleindogter steeds teenoor my te kenne gegee dat
haar oupagrootjie nie verraad gepleeg het nie en onskuldig gefusilleer is.
Sy het haar mening gebaseer op wat haar voorouers haar vertel het.[7]

Destyds was daar geen diagnose, berading of behandeling vir die oorlewende
slagoffers van die oorlog nie – die konsentrasiekampbewoners, verminktes
van die slagveld, krygsgevangenes en bittereinders, maar ook die hendsoppers
wat daaroor gewroeg het om hoegenaamd oorlog te maak en die joiners wat
aktief teen hul volksgenote gedraai het.

Weens die gebrek aan diagnose sal ons nooit weet wie van die vuur-
pelotonlede en ander betrokkenes post-traumatiese stressindroom (PTSS)

of ander vorme van stres daarvan oorgehou het nie. Wilhelm Jordaan, buitengewone professor in sielkunde aan die Universiteit van Pretoria, sê dit kon enige tyd van sowat nege maande tot vyf jaar na die oorlog ingetree het. As dié sindroom nie behandel word nie, kan dit lyers se lewens erg ontwrig en ook gevolge vir hul nakomelinge inhou.[8]

Volgens Jordaan is dit inderdaad 'n probleem om sonder goeie empiriese rekords terug te kyk na die psigiese dinamiek van ontredderde, oorlogsgeteisterde mense. Tog reken hy spekulasie en ekstrapolering vanuit die sielkunde is nodig om te bepaal watter invloed die Anglo-Boereoorlog en spesifiek die verskynsel van verraad op die denke van Afrikaners gehad het en nog steeds kan hê op kwessies wat daaruit spruit. Daar is voldoende ander materiaal, soos herinneringe, onderhoude en ander dokumente, om ondanks die gebrek aan rekords van diagnoses en beradings sinvolle gevolgtrekkings te kan maak.

Terwyl die herdenking van heldedade van die slagveld en die oprigting van gedenkstene soos die Vrouemonument waarskynlik deel was van onbewuste pogings om die trauma van die oorlog te verwerk, het die verraaierverskynsel min of geen aandag geniet nie. Die onderwerp is eerder vermy en selfs onder die mat gevee. Namate Afrikanernasionalisme al sterker gedy het, het die vaandeldraers daarvan jaloers oor die Afrikaner se verlede gewaak en enige skandkolle doelbewus verberg, soos die minister wat sewe dekades na die oorlog 'n verbod op toegang tot dokumente daaroor tot die jaar 2000 geplaas het.

Deur die verraaierverskynsel so te misken, het 'n behoorlike ondersoek na en verwerking van die gebeure nie plaasgevind nie. Die versuim om dit te doen het waarskynlik daartoe bygedra dat die ontwikkeling van 'n tradisie van kritiese selfondersoek onder Afrikaners lank aan bande gelê is. J.A. Coetzee se standpunt in 1941 oor die openbaarmaking van die verraad was 'n stem roepende in die woestyn: "...dis nodig om hierdie verskynsel noukeurig te ondersoek. Dit help nie om siekteverskynsels toe te smeer of weg te steek nie: dan vergiftig hulle net nog meer die liggaam. Dis beter om die siekte bloot te lê, sodat, as dit nie ongeneeslik is nie, die regte medisyne toegedien kan word."[9]

Historici het tot dusver skynbaar ook nie veel waarde aan die impak daarvan op die latere Afrikanerpolitiek geheg nie. Daar is gemeen die onderlinge verdelingslyne van die oorlog het nie 'n betekenisvolle uitwerking op die

politiek van die eerste 50 jaar van die vorige eeu gehad nie. Albert Grund-
lingh kom in sy baanbrekerswerk Die "Hendsoppers" en "Joiners" tot die ge-
volgtrekking dat die verraaiers so gou as 1907 al ten volle in Afrikaner-
politieke partye geïntegreer is: "Die polarisasie wat tydens die oorlog in
Afrikanergeledere plaasgevind het, was derhalwe ook nie van belang vir die
verdere politieke ontwikkeling van die Afrikaner nie."¹⁰

Die afvalliges is dalk in die hoofstroom-politieke partye opgeneem, maar
dit het nie die verlede uitgewis nie. Die gevolge van 'n ingrypende verskyn-
sel soos verraad verdwyn tog nie net in die niet nie. "Trauma is nie soos 'n
kwaai verkoue wat die een of ander tyd oorgaan nie – dit laat permanente
letsels," sê Snyman.¹¹

Jordaan maak die afleiding dat die onverwerkte trauma van individue 'n
bepaalde diskoers onder Afrikaners veroorsaak het: "Sielkundige reaksies op
individuele vlak kry vorm en vaart in groepsdinamiek. Individuele emosies
soos woede en verbittering rondom verraad word later deel van 'n gesins-
diskoers, 'n gemeenskapdiskoers en uiteindelik ook van samelewingsdiskoers.
Dit dien as brandhout vir die vuur van gesprekke in sosiale kulture, gods-
dienstige en politieke kontekste."

Op partypolitieke terrein is die verraaierverskynsel in die eerste vyf dekades
na die oorlog as 'n baie sensitiewe saak beskou. In daardie tyd het van die
betrokkenes nog geleef. Dit was nie in enige politieke party se belang om
grondig aandag aan die verskynsel te gee of selfs in sekere omstandighede
daarna te verwys nie. Al die partye, ironies ook die latere gesuiwerde Na-
sionale Party wat hom as die vaandeldraer van Afrikanerbelange voorgehou
het, het voormalige afvalliges as lede gehad. In die dekades na die oorlog
het die partye probeer om die breë onderwerp van Afrikanerverraad te
vermy.

Maar op 'n persoonlike vlak is die verskynsel egter met intense venyn
opgerakel wanneer die politieke arena betree is. Afrikaanse politieke kan-
didate wat 'n twyfelagtige oorlogrekord gehad het, is dekades later gereeld
nog meedoënloos op partypolitieke vlak aangeval. Lank na die oorlog het
die antwoord op die vraag of 'n openbare figuur 'n goeie of slegte Afri-
kaner was grootliks nog daarvan afgehang of die betrokke persoon in die
oorlog 'n bittereinder, hendsopper of joiner was.

In 1914, skaars 12 jaar na die vredesluiting, is die handjievol bittereinders wat teen die einde van die oorlog teen die Britse oormag staande gebly het, deur onversoenbare standpunte geskeur. Die skeuring het gegaan oor verskillende standpunte rondom wat lojaliteit teenoor die Afrikanersaak beteken. Interessant genoeg, was die vernaamste bittereindergeneraals wat mekaar met geweld in die Rebellie teengestaan het, almal op die een of ander manier by die teregstellings van verraaiers gedurende die Anglo-Boereoorlog betrokke.

Dié verdeling in Afrikanergeledere is in 'n groot mate op politieke vlak met die verskille tussen die Verenigde Party (Sappe) en Nasionale Party (Natte) voortgesit. Afrikaners wat in die Eerste en Tweede Wêreldoorlog aan Britse kant geveg het, is daarvan beskuldig dat hulle met die eertydse vyand onder dieselfde kombers ingeklim het. Hoewel baie Afrikaners hul deelname wou afmaak as 'n verloëning van Afrikanerbeginsels was daar veel meer ter sprake. Dit het onder meer met die charismatiese leierskap van Botha en Smuts te doen gehad.

Weens Botha en Smuts se versoeningsbeleid teenoor Engelssprekendes was baie Sappe besonder blootgestel. Toe die twee generaals onder sekere Afrikaners in onguns verval het weens wat as hul "manteldraaiery" beskou is, het veral geharde Afrikanernasionaliste hul bittereinderrol in twyfel begin trek en selfs misken.[12] Dit is algaande versterk deur hul optrede, soos finansiële steun aan die Britse vloot, die skenking van die Cullinan-diamant aan die Britse koning en deelname aan die wêreldoorloë aan Britse kant. Dit het ook nie gehelp dat die meerderheid afvalliges uit die oorlog hulle klaarblyklik by Botha en Smuts geskaar het nie.

Vir sekere Afrikaners was die enigste "ware", "opregte" of "suiwer" Afrikaners dié wat in die oorlog die bittereindergedagte uitgedra en daarna getrou daaraan gebly het. Dit het bona fide-krygsgevangenes (die sogenaamde "onversetlikes") ingesluit wat hulle met die gedagte vereenselwig het. Die beskouing dat die bittereinders en bona fide-krygsgevangenes die "ware" Afrikaners was, is later uitgebrei sodat dit die rebelle en pro-rebelle van 1914 en uiteindelik die "gesuiwerde nasionaliste" na 1933 ingesluit het. Uiteindelik is die "gesuiwerde nasionaliste" aan "goeie" Afrikaners gelykgestel.[13]

Afrikaner-Sappe is dus gereeld daarvan beskuldig dat hulle minder goeie Afrikaners as die Natte was. Om aan te toon dat hulle wel goeie Afrikaners was, moes hulle dikwels hul "ware Afrikanerskap" uit hul optrede in die oorlog regverdig. Dié ondertoon was deurgaans teenwoordig tydens die verkiesings in die eerste vyf dekades na die oorlog. Daar was byvoorbeeld lastersake en beskuldigings dat verkiesingsveldtogte oor die boeg gegooi is van wat 'n kandidaat tydens die oorlog gedoen het. In 'n lastersaak van 1930 is skadevergoeding van £100 aan J.J. Steyn toegestaan nadat G. Lyon hom in die openbaar 'n "verdomde National Scout" genoem het. Die hooggeregshof het dit op appèl gehandhaaf, ondanks die feit dat Steyn tydens die oorlog 'n hendsopper was en die Britte nog boonop in die konsentrasiekamp by Belfast behulpsaam was.[14]

Met die bekende tussenverkiesing in 1924 op Wakkerstroom het Andries Stephanus Naudé, 'n oudstryder wat die gebruik van albei sy bene in die oorlog verloor het, as Nasionale Party-kandidaat teen Alfred Robertson, Transvaalse administrateur en SAP-kandidaat, te staan gekom. Robertson het in die oorlog aan Britse kant geveg. Die republikeinse oudstryder het die verkiesing gewen. In die pers is aangevoer die verkiesingstryd is heeltemal oor die boeg van die kandidate se oorlogsdeelname gegooi. Die uitslag het tot die volgende algemene verkiesing aanleiding gegee waarin Smuts se Sappe verloor het.[15]

So laat as die 1938-verkiesing het Afrikaner-Sappe hulle verweer teen die beskuldiging dat hulle swak Afrikaners was deur Nat-kandidate wat 'n twyfelagtige Anglo-Boereoorlog-rekord gehad het, met mening aan te val. Die Sappe wou sodoende 'n teenvoeter bied vir die gees van republikanisme wat op Afrikaners se gevoelens gespeel het. Die twee Afrikaanse SAP-koerante, *Die Vaderland* en die *Suiderstem,* het in die maande voor die 1938-verkiesing herhaaldelik daarop gehamer.

Hertzog het self in sy verkiesingsveldtog op dié vlak teen sekere opposisiekandidate te velde getrek. Oudregter F.W. Beyers, 'n "gesuiwerde nasionalis", is van lafhartigheid tydens die oorlog beskuldig omdat hy na die Kaapkolonie uitgewyk het en nie aan die stryd deelgeneem het nie. Twee "gesuiwerde nasionaliste" wat as kandidate gestaan het, is ontmasker as "town guards" en Britse "intelligence officers", dus joiners, gedurende die Anglo-Boereoorlog.

Dr. D.F. Malan, leier van die Nasionale Party en latere premier, wat nie aktief aan die destydse republikeinse vryheidstryd deelgeneem het nie, maar met sy teologiese studies besig was, het deurgeloop met dié byskrif onderaan 'n verkiesingsplakkaat: "Hy moes eksamen skryf toe sy volk hom nodig gehad het."[16] Byna vier dekades na die oorlog was die verraaierkwessie vir die Nasionale Party, wat hom as die vaandeldraer van Afrikanernasionalisme voorgehou het, dus ook 'n verleentheid net soos wat dit vir sy teenstander was.

Daarteenoor het die Sappe aangevoer dat hul leiers, generaals Hertzog, Smuts, Kemp en ander soos Deneys Reitz en Klasie Havenga, helde en bittereinders van die oorlog was. Die Sappe het die 1938-verkiesing oortuigend gewen.[17] Daardie verkiesing het nog boonop teen die agtergrond van die simboliese honderdjarige herdenking van Groot Trek met 'n gepaardgaande herontwaking van Afrikanernasionalisme plaasgevind.

Nadat genl. Hertzog in 1939 as premier bedank het, was daar nie meer noemenswaardige etiketteringsaanvalle rondom verraad vanuit die Verenigde Party op die opposisie nie. Dié party het die politieke stryd wel op die lange duur verloor, onder meer omdat hy hom nie met tradisionele Afrikanerstrewes vereenselwig het nie. Uiteindelik het die nalatenskap van die verskynsel van verraad sy grootste en meer blywende impak op Afrikanernasionalisme en daarmee saam op die denke binne die Nasionale Party gehad.

Daar word algemeen aanvaar dat die Anglo-Boereoorlog uiteindelik baie daartoe bygedra het om Afrikanernasionalisme te stimuleer. 'n Mens sou kon aanvaar dat die onverwerkte oorlogstrauma dus gehelp het om Afrikanernasionalisme te versterk.

Dit is egter 'n ope vraag of 'n vernietigende oorlog 'n gesonde nasionalisme kan oplewer. Daar is talle voorbeelde in die geskiedenis wat tot die teendeel spreek. Die natuurlike ontwikkeling van 'n volksidentiteit word noodwendig ingrypend ontwrig deur 'n katastrofiese gebeurtenis soos oorlog. Sowel Jordaan as Snyman het in onlangse tye die mening uitgespreek dat die oorlog so 'n ingrypende en langdurige uitwerking op die Afrikaner se psige gehad het dat dit uiteindelik tot die vestiging van die apartheidsbeleid bygedra het.[18]

In 'n artikel wat in 2001 in *Rapport* verskyn het[19], het Jordaan 'n ontleding gegee waarin hy die gang van die gevolge van die oorlog op die Afrikaner se psige in vier opeenvolgende fases verdeel.

Die eerste is psigiese ontreddering weens die omstandighede waaraan hulle in die oorlog blootgestel is. Volgens Jordaan kon dit by sommiges PTSS en ander stresverwante siektes veroorsaak het. Hy voer aan dat die Afrikaner na die oorlog toenemend onverdraagsaam teenoor afvalligheid geword het. "Verdeeldheid en verbittering het hoë spanning, selfs openlike afsku en haat, gebring tussen Britse lojaliste, Kaapse rebelle, Boere-bittereinders, die hendsoppers en joiners oor ontrouheid aan die Afrikaner-oorlogsaak." Dit het tot 'n "psigiese verhuising" na binne en tot die belewenis van bedreiging by die Afrikaner meegehelp, wat 'n ryk teelaarde vir die volgende fase, psigiese mobilisering, geskep het.

Jordaan meen die Afrikanervolk se "sluimerende en etniese bewussyn" is in dié fase tot 'n "verstarrende etnosentrisme" gemobiliseer. " 'n Belangrike eienskap van die psigiese vitalisering was die toenemend aggressiewe klem op die eiesoortigheid van die Afrikaner-kultuur en sy etniese eksklusiwiteit ... In die proses van vitalisering het die Afrikaners die Anglo-Boereoorlog vir homself toegeëien." Hy meen dit het tot grootskaalse stereotipering van en rassisme teenoor anderskleurige Suid-Afrikaners gelei.

Volgens Jordaan het al die bogenoemde faktore toenemend daartoe bygedra dat die Afrikaner sedert 1948 van sy landgenote en van die res van die wêreld vervreem geraak het. Dit het ook tot 'n sekere radikalisering gelei. Teen Republiekwording in 1961 word die Afrikanergemeenskap byvoorbeeld gekenmerk deur 'n bepaalde onvermoë tot empatie. Teen daardie tyd was die politieke mag al sowat 13 jaar lank in Afrikanerhande. Die Afrikaner het van die swaarkry tydens die oorlog begin vergeet en "in die euforie geleef van 'n groeiende volksmaterialisme én in die waan dat alle politieke probleme deur die goeie bedoelinge en praktyk van apartheid opgelos sou word".

Volgens Jordaan is die Afrikaner se bewussyn in besit geneem deur 'n "volksnarsisme". Hy meen dit het op sy beurt 'n klimaat geskep waarin 'n selfgenoegsame magselite die apartheidmasjien algaande opgeëis het. Dié elite was daarop uit om die politieke en ekonomiese mag en daarmee ook effektiewe beskikkingsreg oor die lotgevalle van swart en bruin mense te behou, totdat die apartheidsregering in 1994 die mag moes oorgee.

Snyman meen ook die Afrikaner se onverwerkte trauma weens die Anglo-Boereoorlog is met die totstandkoming van die apartheidstaat voortgesit. Die Afrikaner wou tot elke prys 'n soortgelyke lyding vermy, maar het daardeur ander se lyding misgekyk. "Dat die Afrikaner nooit self deel mag hê aan enigiemand anders se verknegting nie, is selde begryp ... "

Volgens Snyman is die bose kringloop van "mishandelde kinders" wat "mishandelende ouers" word, nooit verbreek nie omdat die oorlogtrauma nooit behoorlik verwerk is nie.[20]

Die verraaierverskynsel het gevolglik daartoe bygedra om Afrikaners polities onverdraagsaam teenoor andersdenkendes te maak. Dit was gegrond in die vaste oortuiging dat daar nooit weer verraad mag wees nie en dat dit ten alle koste verhoed moes word. Saam met ander faktore het die verraaierverskynsel daartoe bygedra dat 'n kultuur geskep word waarin andersdenkenheid as afwykend beskou is, veral wanneer tradisionele Afrikanerbeginsels bevraagteken is. Volgens Snyman het die vrees vir onheil van buite die waaksaamheid teen die onheil van binne afgestomp. Die reaksie was dat "afwykende" denke teengestaan en verwerp moes word. Snyman sê verder daaroor:

> Om die slagoffer van verraad te wees, word 'n middel om politieke aansien te verkry. En die politieke strategie is om dan teen verraad te waak en te waarsku. Dit is op hierdie punt dat 'n mens begin praat van die transgenerasionele oordrag van trauma. Die oorlogsvyand mag al lankal deel van die verlede en die herinnering wees, maar die huidige generasie se geledere moet teen 'n denkbeeldige, amorfe en altyd teenwoordige Vyand gesluit word. Niks mag gedoen en gedink word wat na enigiets soos Die Vyand lyk nie – dit sal ondergrawing wees, verswakking van die ingeslane weg teen Die Vyand. Die agterdog en skeefgetrekte verhoudings wat die gevolg is van onverwerkte herinnerings aan verraad lei tot politieke isolasie en intellektuele verstarring. Dit is in hierdie klimaat dat die begrip "volksvreemd" so 'n suksesvolle etiket word. Dit hou die skapies bymekaar en gee 'n skild teen kritiek van binne en van buite. "Lojale verset" is amper 'n teenstrydigheid, en moet baie moeite doen om homself te verduidelik en te regverdig. Enigiemand wat dit waag om gedagtegoed buite die Afrikanerkring te oorweeg en te verken, loop die gevaar om as verraaier gebrandmerk te word.

Afrikanernasionalisme het dus toenemend inklusief geword wanneer politieke vraagstukke gehanteer is, wat tot die onverdraagsaamheid en wantroue teenoor andersdenkenheid gelei het. Dit was 'n geval van dié wat nie saamstem nie, is afvallig en gevolglik ontrou aan die Afrikanersaak. Die groeiende ideaal van 'n eensgesinde monolitiese Afrikanerdom moes beskerm word, al was dit in isolasie. Die Afrikaner is daarom dikwels daarvan beskuldig dat hy 'n laertrek-mentaliteit openbaar.

Hoewel Jordaan en Snyman se menings verwys na die impak van dié oorlog in sy geheel, meen beide dat die onverwerkte trauma weens verraad tot die bogenoemde faktore bygedra het.

Uiteraard was die algemene gevolge van die oorlog maar net 'n bydraende faktor tot 'n latere rassebeleid en het ander komplekse faktore tot die ontwikkeling van die Afrikaner se politieke denke in die 20ste eeu meegewerk. Die gevolge van die verraaierverskynsel moet dus enersyds nie oorskat word nie, maar andersyds ook nie onderskat word nie.

Dit is opvallend dat sekere begrippe wat met die oorlogtydse verraaierverskynsel verband hou, 11 dekades later steeds in die politiek gebruik word. Die begrippe "hendsopper", "joiner" en "National Scout" is die afgelope drie dekades steeds voortdurend en dikwels met intense venyn in die Afrikaanse pers gebruik in verband met die politiek waar Afrikaners betrokke was.[21]

In 2004 het Tony Leon, die Engelssprekende destydse DA-leier, vir Marthinus van Schalkwyk, toe leier van die Nasionale Party, herhaaldelik as 'n "joiner" uitgekryt toe dié by die ANC aangesluit het.[22] Van Zyl Slabbert, die leier van die amptelike opposisie in die 1980's, is daarvan beskuldig dat hy 'n "hensopper" is[23] en 'n aantal jare later is Pik Botha, 'n voormalige minister in die NP-kabinet, 'n "joiner" genoem toe hy daarvan beskuldig is dat hy toenadering tot die ANC gesoek het.[24]

Volgens Jordaan skep dié beledigings 'n diskoers van etikettering en verdagmaking rondom afvalligheid lank nadat die oorlog beëindig is.

> In dié verband was en is die begrippe "afvalliges", "hendsoppers" en "joiners", soos dit in die gemoedere van bittereinders (die volkslojales) voortgeleef en vertroetel is, van groot betekenis om die kultuur van etikettering en verdagmaking te handhaaf. In Afrikaner-geledere duur daardie kultuur vandag nog voort. Al het die begrippe soos "hendsopper" en "joiners" hul betekenis in oorspronklike konteks verloor, word hulle van tyd tot tyd in hewige politieke debatte aangewend as skeldname om 'n nuwe soort afvalligheid of verraad aan te dui – afvalligheid met betrekking tot die Afrikanersaak en heul met die Afrikaner se vyand: die swart owerheid en die ANC. By Afrikaners waar die oorlogtrauma steeds onverwerk was (is) en in die onbewuste "voortleef", sal die "skeldwoorde" as't ware in gereedheid in die onbewuste lê – om opnuut aangewend te word of 'n invloed uit te oefen in huidige situasies waar hulle voel die Afrikanersaak word "verraai" – dat daar opnuut metaforiese hendsoppers en joiners in eie geledere is.

Jordaan sê die fiksionalisering van die Anglo-Boereoorlog in Afrikaanse verhale en die gebruik van begrippe soos "bittereinder", "joiner", "hendsopper" en "verraad" in die politiek vandag nog bevestig dat dit steeds voortleef in baie Afrikaners se gemoedere. Volgens hom toon dit voorts dat skrywers die onverwerkte trauma aanvoel en dit dan in fiktiewe verhale aanspreek. "So word fiksie deel van geskiedskrywing en die herbeleef van die geskiedenis," meen hy.

Die Anglo-Boereoorlog het rampspoedige gevolge vir die Afrikaner ingehou. Die gewilde opmerking dat die Afrikaner die oorlog verloor het, maar die vrede gewen het deur binne 'n kort tydperk na die oorlog politieke beheer oor die twee voormalige republieke te verkry, skep 'n verwronge prentjie.[25] Die republikeinse Afrikaner het die oorlog met groot lewensverliese verloor en was sy onafhanklikheid kwyt. In die naoorlogse jare moes hy op voetsoolvlak vir basiese regte soos die handhawing van sy taal stry. 'n Groot deel van die Afrikanervolk was dekades lank ekonomies geruïneer en is uiteindelik met die armblankevraagstuk gekonfronteer. Die geestelike en sielkundige littekens van die oorlog het hy baie lank daarna nog saamgedra.

Aan die een kant het die Afrikanervolk die karaktertoets wat die Anglo-Boereoorlog aan hom gestel het, met vlieënde vaandels geslaag. Die groepie mans en vroue wat die bittereinder-ideaal aktief voorgestaan het en hul verstommende deursettingsvermoë en opofferings kan nie misgekyk word nie. Hul strewe op grond van 'n regverdige beginsel – in dié geval 'n vryheidstryd – was in enige konteks merkwaardig en kan nie anders as om agting af te dwing nie. In dié opsig is daar veel om op trots te wees.

Aan die ander kant het die Afrikaner die karaktertoets deels gefaal. As daar hoegenaamd so iets soos 'n "roemryke geskiedenis" is, was die verraaierverskynsel 'n klad daarop wat verreikende gevolge vir die Afrikanervolk en sy ontwikkeling ingehou het. So onlangs as 2007 het akademici op 'n konferensie aangetoon dat die Anglo-Boereoorlog " 'n onbevlekte tyd" en " 'n ongekontamineerde stuk geskiedenis" van die Afrikaner is.[26] Dié gevolgtrekking spruit waarskynlik uit 'n vergelyking van die oorlogsgeskiedenis met die apartheidsgeskiedenis, wat as 'n bevlekte tyd beskou word. Dit vertel egter nie die volle verhaal nie.

Vandag is die individuele verraaiers en hul dade van verraad grootliks vergete. Hul nasate is ook lank reeds in die Afrikanergemeenskap opgeneem.

Dit is daarom seker nie verbasend nie dat daar 'n onbewustheid onder Afrikaners is oor hul voorouers se lojaliteit gedurende oorlog. Dit het ook geblyk uit steekproewe wat ek gedoen het nadat individue daaroor by my navraag gedoen het. My navorsing het in etlike gevalle ontstellende resultate opgelewer vir die navraers. Ek moes self ontdek dat daar onder my voorsate 'n hendsopper was wat in 'n konsentrasiekamp gaan skuil het. My voorouers het dit eenvoudig verswyg.

Die verskynsel van verraad moes nooit in die dekades na die oorlog weggewens of verswyg gewees het nie. Die gebrek aan behoorlike selfondersoek het beteken dat die Afrikaner die trauma weens verraad en al die newe-effekte daarvan met hom saamgedra het. Daarom kan die Afrikaner se geskiedenis van die 20ste eeu nie ten volle verstaan word sonder kennisname daarvan nie.

Die Afrikaner se huidige gebrek aan politieke selfvertroue kan ook deels teruggetrek word na 'n gebrekkige kennis en begrip van sy verlede. Dit is nodig om die goeie én die slegte dinge in die geskiedenis te konfronteer. 'n Herbesinning oor identiteit is tans nodig en dit vra vir 'n eerlike en omvattende herwaardering van die Afrikaner se geskiedenis. Niks behoort die Afrikaner daarin te stuit nie.

Vanuit alle kante beskou bly die teregstellings van die verraaiers 'n geweldige tragedie. Daardie smartvolle geskiedenis van die Afrikaner getuig egter ook van sy gebondenheid aan die land. In die woorde van 'n ander vryheidstryder, Nelson Mandela, is die Afrikaner deur bloed en trane net soos al die ander inheemse volkere onlosmaaklik deel van Suid-Afrika.[27]

Sleutel tot afkortings in eindnotas

ABO	Anglo-Boereoorlog
BV	Sekere krygsraad- en volksraadsnotules van die Z.A.R.
CJC	Kompensasielêers
CO	Colonial Office Records
CS	Archives of the Colonial Secretary of Transvaal
CSO	Archives of the Colonial Secretary, Orange River Colony
GISA	Genealogiese Instituut van Suid-Afrika
GOV	Archives of the Private Secretary of the Governor
KG	Argief van die Kommandant-Generaal van die Z.A.R.
LTG	Archives of the Lieutenant-Governor of the Transvaal Colony
MGB	Archives of the Military Governor, Bloemfontein
MGP	Archives of the Military Governor, Pretoria
MHG	Boedellêers
PMO	Archives of the Provost Marshall's Office
PMP	Archives of the Provisional Mounted Police
SOP	Archives of the Staff Officer Prisoners of War
SS	Argief van die Staatsekretaris van die Z.A.R.
TAB	Die Nasionale Argiefbewaarplek, Pretoria
VAB	Vrystaatse Provinsiale Argiefbewaarplek, Bloemfontein
WO	War Office Records

Eindnotas

HOOFSTUK I

1. Sien hoofstuk 13, onder die bespreking van De Lange en die voorbeelde bv. in hoof-stukke 8 en 11.

2. Om na enkeles te verwys: sien Jack van den Heever se beskrywing in hoofstuk 6 van hierdie werk; dié van J.D. Kestell in hoofstuk 13 en dié van Abraham Kriel in hoofstuk 15.

3. Sien dagboek van Oskar Hintrager, *Christiaan de Wet-annale*, No. 2, Oktober 1973, p.95.

4. Abraham Paul Kriel (1850-1928), veldprediker en stigter van die kinderhuis by Lang-laagte in Johannesburg vir oorlogswesies.

5. J.D. Kestell: *Abraham Paul Kriel,* p.112. John Daniel Kestell (1854-1941) was 'n befaamde veldprediker tydens die oorlog en latere volksleier en bekende predikant.

6. P.W. Grobbelaar (red.): *Die Afrikaner en sy kultuur,* Deel II, *Spieëlbeeld oorlog 1899-1902,* saamgestel deur C.J.S. Strydom, pp.102-103; Sien ook C.J.S. Strydom: *Ruitervuur,* p.159.

7. J.G. van den Heever: *Op kommando onder kommandant Buys,* pp.84-86.

8. Jacobus Johannes Naudé (1876-1956) het onder meer tydens die oorlog in 'n Britse offisiersuniform tussen sy informante in Pretoria beweeg. Nadat hy verraai is, het hy uitgewyk en met onderskeiding gewone krygsdiens as offisier verrig. Sien G.D. Scholtz: *In doodsgevaar: die oorlogservarings van kapt. J.J. Naudé.*

9. Louis Botha (1862-1919) was bevelvoerder en kommandant-generaal van die Transvaalse magte na genl. Piet Joubert se dood. In 1910 word hy eerste minister van die Unie van Suid-Afrika. In 1914 het hy die Uniemagte teen sy volksgenote in die Rebellie aange-voer. Sy politieke ideale van 'n eenstroombeleid tussen die verskillende taalgroepe en noue samewerking met Brittanje is na sy dood deur genl. Jan Smuts voortgesit.

10. Christiaan Rudolph de Wet (1854-1922) was een van die mees uitstaande militêre figure tydens die oorlog en het internasionale roem verwerf weens sy krygstaktiek en helde-moed. In 1914 lei hy die Vrystaatse rebelle, maar word gevang en tot gevangenisstraf gevonnis.

11. Jacobus Hercules (Koos) de la Rey (1847-1914) was deurentyd 'n uitmuntende taktikus en uiteindelik assistent-kommandant-generaal in bevel van Wes-Transvaalse kommando's, waar sy militêre optrede legendaries geword het. Met die aanvang van die Rebellie

in 1914 is hy per ongeluk doodgeskiet. Hoewel hy simpatiek teenoor die rebelle gestaan het, is historici dit nie eens of hy aktief tot verset sou oorgegaan het nie.

12. G.D. Scholtz: *In doodsgevaar*, p.232; R.F. Odendaal meld in sy boek *Noord-Transvaal op kommando*, p.379, voetnoot 18, daar is 'n skrywe in die Argief in Pretoria waaruit dit blyk Botha het in 1910 dokumente laat verbrand wat besonderhede van Afrikaners bevat het wat aan Britse kant geveg het. Die skrywe kon egter nie opgespoor word nie.

13. D. Mostert: *Slegtkamp van Spioenkop*, pp.2-3 en 266.

14. E.J. Weeber: *Op die Transvaalse front*, pp.194-195. Verder in die boek herhaal die outeur dat hy liewers nie die name van verraaiers wat in 'n ander voorval betrokke was, wil noem nie.

15. E. Neethling: *Mag ons vergeet?*, p.xi.

16. J.F. van Wyk: *Die Mauser knal*, teenoor die inhoudsopgawe.

17. R.D. McDonald: *'n Terugblik op my oorlogsjare*, pp.47-48.

18. J.N. Brink: *Oorlog en ballingskap*, p.69 e.v.

19. S. Raal: *Met die Boere in die veld*, p.109 in die 1937-uitgawe en p.102 in die 1938-uitgawe. Hierdie werk het in die laat 1930's geweldige teenkanting vanuit die Engelssprekende pers in Suid-Afrika ontlok, hoewel dit nie naastenby die omvang van die gruwels openbaar wat die vroue en kinders tydens die oorlog moes verduur nie.

20. G.E. Bezuidenhout: *Uit die donker woud*, p.5.

21. R.D. McDonald: *In die skaduwee van die dood*, p.168. Nog 'n voorbeeld is in P.S. Lombard: *Uit die dagboek van 'n Wildeboer* op p.68 te vind.

22. O.T. de Villiers: *Met Steyn en De Wet in het veld*, pp.124-125.

23. C.R. de Wet: *De strijd tusschen Boer en Brit*, sien die voetnoot op p.334, hoofstuk XXXII.

24. Antonie Michael (Rooi Magiel) Prinsloo (1862-1931) was 'n suksesvolle Boeregeneraal van Bethlehem en vredesafgevaardigde. Tydens die Rebellie was hy die rebelle simpatiekgesind, maar het geweier om tot gewapende protes oor te gaan. In 1931 het 'n kranksinnige hom vermoor. Sien M.J. Grobler: *Met die Vrystaters onder die wapen*.

25. Vergelyk hoofstuk 13, die bespreking onder Grobler.

26. Vergelyk die bespreking in "Die insameling van outobiografiese getuienisse oor die Anglo-Boereoorlog" deur J.F. Stemmet in *Christiaan de Wet-annale*, No.3, p.105 e.v.

27. Hendrina Rabie-Van der Merwe: *Onthou! In die skaduwee van die galg*, p.279.

28. Sien die voorwoord tot die tweede uitgawe, p.6.

29. VAB CO lêers 394/02 en 2796/02, sien die aantekeninge deur die argivaris op die lêeromslag gemaak.

30. Ibid.

31. Sien byvoorbeeld TAB PMO 70 P18.

32. Sien die naamlyste in TAB PMO 54 PM 3688 en 3751.

33. Sien *Naweek-Beeld*, Saterdag 27 November 1999, p.13 in die artikel "Name van verraaiers van Boere-saak 1ste keer openbaar".

34. Mondelinge onderhoude met prof. Andries Raath gevoer op 13 Januarie en 5 Februarie 2009.

35. Daar kon net een gepubliseerde werk deur 'n joiner in boekvorm gevind word. *Diary*

of a National Scout: P.J. du Toit 1900-1902 het onder redaksie van J.P. Brits in 1974 by die RGN verskyn.

36. Sy mening is nie verteenwoordigend van 'n algemene beskouing oor genl. Schoeman se afvallige optrede tydens die oorlog nie.

37. Sien p.140 van die verhandeling.

38. E. Lee: *To the Bitter End*, p.172.

39. T. Pakenham: *The Boer War*, p.571.

HOOFSTUK 2

1. Die datum van teregstelling word aangegee as 31 Desember 1880 in die hofstukke. Sien TAB BV07. Dié datum word ook in J.D. Weilbach en C.N.J. du Plessis in *Geschiedenis van de emigranten-Boeren en den Vrijheidsoorlog*, p.165 deur 'n ooggetuie bevestig. Die datum van teregstelling word foutiewelik as 29 Desember 1880 in ander bronne aangedui.

2. Vergelyk byvoorbeeld die uiteenlopende opinies van Afrikaanse historici 'n aantal dekades gelede oor wanneer die Afrikaner se nasionale bewussyn ontstaan het, hetsy rondom die Groot Trek of die Eerste Anglo-Boereoorlog (oftewel Eerste Vryheidsoorlog). Sien byvoorbeeld C.F.J. Muller: *Die Britse owerheid en die Groot Trek* teenoor F.A. van Jaarsveld: *Die ontwaking van die Afrikaanse nasionale bewussyn 1868-1881*; Sien ook die bronne vermeld in voetnoot 13 op bladsy 451 van F. Pretorius: *Kommandolewe tydens die Anglo-Boereoorlog*.

3. Die volksvergadering by Paardekraal het oor 'n aantal dae in die eerste helfte van Desember 1880 gestrek. Sien J.H. Breytenbach en J. Ploeger: *Majuba Gedenkboek*, pp.66–72.

4. J.D. Weilbach en C.N.J. du Plessis, pp.165-166 en 184-185. Du Plessis het sy opmerking dat Van der Linden 'n Transvaler van geboorte was, op hoorsêgetuienis gebaseer; T.F. Carter: *A Narrative of the Boer War*, p.407; C.L. Norris-Newman: *With the Boers in the Transvaal and Orange Free State 1880-81*, p.240.

5. J.D. Weilbach en C.N.J. du Plessis, p. 165; C.L. Norris-Newman, p.238. Van die oorspronklike dokumente wat in die Britse offisiere se besit gevind is, het bewaar gebly. Sien TAB BV07, pp.44 e.v. In die hoogverraadsaak is getuig Van der Linden het voor sy vertrek na die volksberaad 'n voorskot van £10, wat as "besoldiging" beskryf is, ontvang.

6. TAB BV07. Sien ook J.D. Weilbach en C.N.J. du Plessis, pp.154–156; W.J. de V. Prinsloo: *Potchefstroom 150*, p.7.

7. TAB BV07.

8. Genl. Pieter (Piet) Arnoldus Cronjé (geb.1836) het tot waarnemende kommandant-generaal van die Z.A.R. gevorder, maar as 'n verstoteling van sy volk gesterf. Sien J. Malan: *Die Boere-offisiere van die Tweede Vryheidsoorlog 1899-1902*, pp.23-25. Die ondervoorsitter van die krygsraad, genl. Johannes (Jan) Hermanus Michiel Kock (1835-1899), het aan die begin van die Tweede Anglo-Boereoorlog in Oktober 1899 aan wonde beswyk wat hy tydens die slag van Elandslaagte opgedoen het. Sien J. Malan, p.38. Kmdt. J.P. Snyman (1838-1925) was as generaal gedurende die Tweede Anglo-Boereoorlog belas met die beleg van Mafeking, maar het hom nie as 'n bevelvoerder onderskei nie. Sien J. Malan, p.54. Die ander lede van die krygshof was kmdte. H.R. Lemmer, J.S.N. Wolmarans, A.J.G. Oosthuizen en veldkornette J.D. Weilbach, H. van der Merwe,

T. Maartens, Frans Joubert, J.J. Wolmarans, Jan Greyling, Bliggenhout (Blignaut), Viljoen, N.J. Theunissen, Gert Reinneke, Pieter de la Rey, C.C. Engelbreght, Frans Jacobs, J.D.L. Botha en Frans Steinhobel. Die naam van die 22ste lid kon nie vasgestel word nie. Sien TAB BV07.

9. J.H. Oosthuizen: *Jacobus Herculas de la Rey en die Tweede Vryheidsoorlog*, pp.321-322.
10. TAB BV07.
11. J.D. Weilbach en C.N.J. du Plessis, pp.165-166.
12. Ibid., p.165.
13. Ibid. Sien die opmerkings in hoofstuk 16 oor die effek wat die gebruik van loskruit teenoor skerppunt-ammunisie op 'n ervare Boereskut kon gehad het. Voorts moet in gedagte gehou word dat die Boere teen 1880 swaarkalibergewere soos die Martini-Henry en die Westley Richards, albei .45-kaliber-karabyne, gebruik het. F.V. Lategan en L. Potgieter: *Die Boer se roer tot vandag*, pp.60–61.
14. J.D. Weilbach en C.N.J. du Plessis, p.166. Sien ook TAB BV07.
15. J.D. Weilbach en C.N.J. du Plessis, p.166.
16. G.F. Austen: *Diary of G.F. Austen*, p.20.
17. J.D. Weilbach en C.N.J. du Plessis, p.166.
18. Ibid. Du Plessis dui Lemmer se voorletters verkeerdelik as "M" aan, terwyl dit H.R. Lemmer moet wees soos dit in die oorkonde en elders aangedui word.
19. Ibid. C.N.J. du Plessis meld dat hy nie seker is of die persoon 'n gekwalifiseerde geneesheer was nie. Die Britse kmdt. Raaff maak in sy weergawe van die gebeure melding van die Hollander dr. Poortman. Sien T.F. Carter, pp.407 en 417.
20. C.N.J. du Plessis meld dat hy daardie inligting van "geloofwaardige personen" verneem het. Sien J.D. Weilbach en C.N.J. du Plessis, p.166.
21. Ibid., p.180.
22. J. Malan, p.40.
23. J.D. Weilbach en C.N.J. du Plessis, p.166.
24. Ibid., p.184.
25. T.F. Carter, p.427; F.L. Cachet: *De worstelstrijd der Transvalers*, p.573.
26. Volgens C.N.J. du Plessis het Woite vroeër sy inkomste as kleremaker verdien. J.D. Weilbach en C.N.J. du Plessis, p.184; W.J. de V. Prinsloo, p.9; TAB MHG 0 0/1771 Boedel Woite, C., 1881.
27. TAB MHG 0 0/1771 Boedel Woite, C., 1881. Woite se sterfkennis van 1881 dui nie sy tweede naam aan nie. Sy oudste seun word daarin as Willem pleks van Wilhelm aangedui. Op Woite se sterfkennis verskyn die handtekening van veldkornet C.M. Douthwaite, waarskynlik om die geldigheid van die dokument te bevestig. Of Douthwaite deel van die krygsraad was wat Van der Linden en Woite ter dood veroordeel het of 'n lid van die vuurpeloton was, kon nie vasgestel word nie. Twee dekades later in die Anglo-Boereoorlog het Douthwaite 'n prominente rol as voorsitter van die krygshof op Wolmaransstad gespeel, wat in verskeie hoogverraadsake die doodstraf oor verraaiers uitgespreek het.
28. TAB BV07.

29. G.F.Austen, p.24. Volgens C.N.J. du Plessis het die verhoor en teregstelling op 7 Januarie 1881 plaasgevind. Sien J.D.Weilbach en C.N.J. du Plessis, p.184; Die korrekte datum waarop die gebeure plaasgevind het, is waarskynlik 6 Januarie 1881, soos aangedui op Woite se sterfkennis. Vgl. TAB MHG 0 0/1771; Sien ook T.F. Carter, p.427; W.J. de V. Prinsloo, pp.9-10.

30. G.F.Austen, pp.24-25. Sien ook W.J. de V. Prinsloo, p.10 en T.F. Carter, p.427; J.D.Weilbach en C.N.J. du Plessis, p.185.

31. G.F.Austen, pp.24-25.

32. J.D.Weilbach en C.N.J. du Plessis, p.185; Sien ook T.F. Carter, p.427; G.F.Austen, p.25.

33. J.D.Weilbach en C.N.J. du Plessis, p.185.

34. G.F.Austen, p.25; W.J. de V. Prinsloo, p.10; T.F. Carter, p.427.

35. J.D.Weilbach en C.N.J. du Plessis, p.185.

36. G.F.Austen, p.25; W.J. de V. Prinsloo, p.10; T.F. Carter, p.427.

37. TAB MHG 0 0/1771 Boedel Woite, C., 1881.

38. G.F.Austen, p.26.

39. Ibid., p.xviii. Sien die foto van Woite se grafsteen op daardie bladsy.

40. J.D.Weilbach en C.N.J. du Plessis, p.185.

41. F.L. Cachet, pp.572-573.

42. F.A. van Jaarsveld, A.P.J. van Rensburg en W.A. Stals (reds.): *Die Eerste Vryheidsoorlog 1880-1881*, p.213.

43. TAB BV07. Uit die oorkonde is dit onduidelik wanneer die teregstelling plaasgevind het. Sommige bronne gee die datum van Carolus se fusillering aan as 25 Desember 1880. Dit bly egter 'n ope vraag of die Boere, gegewe hul godsdienstigheid, die doodsvonnis op Kersdag sou voltrek het. Sien J.D.Weilbach en C.N.J. du Plessis, p.184; T.F. Carter, p.426.

44. TAB BV07.

45. J.D.Weilbach en C.N.J. du Plessis, pp.153 en 199-206. Dit is insiggewend dat Jooste na Hartbeesfontein naby Klerksdorp gevlug het, waar 'n aantal pro-Britse lojaliste onder Afrikaners toe reeds saamgetrek was. Hulle was meestal vanuit die Kaapkolonie afkomstig. Sien T.F. Carter, p.418. Twee dekades later het Wes-Transvaalse veldheer De la Rey ook sy diepe afkeur in die onbetroubare Afrikaners van Hartbeesfontein uitgespreek. Sien hoofstuk 8. Vir ds. Van Warmelo se rol as enigste openlike republikeinse predikant sien J.H. Breytenbach en J. Ploeger, pp. 68 en 70-71.

46. J.D.Weilbach en C.N.J. du Plessis, p.419. Du Plessis het die deel waar die streep in die aanhaling voorkom, doelbewus weggelaat. Sy mede-outeur, J.D. Weilbach, se afvalligheid twee dekades later tydens die Tweede Anglo-Boereoorlog is insiggewend.

HOOFSTUK 3

1. F. Pretorius (red.): *Verskroeide aarde*, pp.29-30; S.B. Spies: *Methods of Barbarism?*, pp.211 e.v.; T. Pakenham: *The Boer War*, pp.503 e.v. Die statistieke toon die winter van 1901 het die meeste lewens in die konsentrasiekampe geëis.

2. TAB PMO 28/1977. Sien die getikte afskrif van die skrywe gedateer 5 Augustus 1901 van kapt. MacHardy aan A.D.C. waarin hy na die verwantskap tussen die partye verwys.

3. TAB CJC 494 CJC 140 en 141, "Claims for compensation, protected burghers. Wakkerstroom, 1903".

4. TAB MHG 0 0/17819 Boedel Brits, Gert Pieter, 1901. Twee onbeswaarde plase van Gert Brits sr., Schurvepoort en Jachtdrift in die distrik Wakkerstroom, is kort na die oorlog vir £11 838 gewaardeer, wat 'n aansienlike bedrag vir daardie tye was. Hulle was ook die eienaars van die plase Twyfelhoek, distrik Wakkerstroom; Schoonwater en Racebaan, distrik Lydenburg; en Uitkyk, distrik Vryheid.

5. TAB CJC 494 CJC 140 en 141. Sien die verklaring in Susanna Salomina Brits se eiseleêr gedateer 28 September 1901 vir 'n aansoek om vergoeding van die Britse owerheid. In dieselfde lêer is 'n oorspronklike kwitansie uitgereik deur die Boeremagte wat lui: "Ontvangen van den oude Heer G.P. Brits voor C.J. Brits, 110 slacht schaapen en 6 beesten ver confischeerd op last van Generaal Opperman, volgens den misdaad van wapen neerligging in thans onder den vijand zyn." Die Boereoffisier P.C. van Rooyen het dit op 25 Januarie 1901 namens genl. J.D. Opperman te Schurvepoort onderteken. In daardie stadium was C.J. Brits nog in Britse aanhouding op Ladysmith en moes sy pa klaarblyklik met die beslaglegging van die vee vir hom instaan.

6. TAB MHG 0 0/17819.

7. TAB SOP 4 355/01, "Application of 5 brothers Brits re family and stock, 1901".

8. Ibid. Geen inligting kon oor die sewende broer se betrokkenheid gedurende die oorlog gevind word nie.

9. TAB CJC 494 CJC 140 en TAB PMO 28/1977.

10. *Beeld*, Vrydag 27 Julie 2001, p.15, "'n Eeu se bitterheid". 'n Artikel deur At van Wyk waaruit dit blyk hy het onder meer onderhoude met nasate van die betrokkenes gevoer. Die artikel is grotendeels op oorlewering gebaseer.

11. TAB MHG 0 0/17818 Boedel Koch, Hendrik Johannes Stefanus, 1901. Sien die skrywes van G. Kuit & Seun, wat volgens hul briefhoof finansiële agente, afslaers en geswore waardeerders was. Die volgende plase word as die eiendom van Frederick Koch sr. aangegee: Witbank, Driefontein, Daggakraal, Driepan en Wonderfontein in die distrik Wakkerstroom; Imbama in die distrik Ermelo; en Valschvlei in die distrik Piet Retief. Sien ook TAB MHG 0 0/17822 Boedel Koch, Frederick Wilhelm, 1901.

12. TAB MHG 0 0/17822, skrywe van die Britse magistraat op Volksrust aan die Meester in Pretoria gedateer 1 Oktober 1901.

13. Ibid.; TAB MHG 0 0/17818 Boedel Koch, Hendrik Johannes Stefanus, 1901.

14. TAB MHG 0 0/17822, skrywe van die Britse magistraat op Volksrust aan die Meester in Pretoria gedateer 1 Oktober 1901.

15. TAB CJC 494 CJC 140, verklaring van Lodewyk Christiaan Koch gedateer 27 Junie 1903.

16. TAB PMO 28/1977.

17. *Beeld*, Vrydag 27 Julie 2001. Of al die Brits-broers reeds in daardie stadium van Ladysmith na Wakkerstroom teruggekeer het, kon nie vasgestel word nie.

18. Ongepubliseerde "Jan Leendert Moerdijk's Diary of the Second War of Independence (Anglo-Boer War 1899–1902)", pp.4-6.

19. Verskeie verklarings van afvalliges wat teregstelling vrygespring het, het bewaar gebly. Hulle het van dié verklarings na hul vrylating deur die Boere aan die begin van Augustus 1901 aan die Britse Field Intelligence Department op Volksrust gemaak. Verdere belangrike verklarings en ander inligting is in die betrokkenes se kompensasieleêrs vir oorlogskade, sowel as in die boedelleêrs van die tereggesteldes gevind. Die verklarings is almal vanuit 'n anti-republikeinse oogpunt gemaak en openbaar daardie perspektief, maar verskaf nietemin belangrike inligting. Twee weergawes vanuit 'n republikeinse oogpunt is opgespoor. Daar is 'n kort beskrywing van die gebeure in 'n *Oorlogsbericht* wat deur die republikeinse opperbevel uitgereik is. 'n Kort weergawe van die gebeure is in 'n Engelse vertaling van Jan Leendert Moerdijk se ongepubliseerde dagboek gevind. Moerdijk, voor die oorlog 'n skoolinspekteur op Amersfoort, was nie teenwoordig toe die burgers die afvalliges vasgetrek het nie, maar het die volgende dag in sy dagboek aantekeninge gemaak oor wat sy medeburgers vir hom vertel het. Met die hoogverraadverhoor en die teregstellings was hy wel teenwoordig. Sy weergawe is ongelukkig fragmentaries. Sien TAB PMO 28/1977; TAB, Aanwins N.J. de Wet, W2, no.4, *Oorlogsbericht*, gedateer 29 en 30 Julie 1901; J.L. Moerdijk, pp.17-18; *Beeld*, Vrydag 27 Julie 2001, p.15.

20. Christiaan Botha (1864-1902) was as assistent-kommandant-generaal die bevelvoerder van die suidwestelike Transvaalse Boerekommando's. Hy was 'n jonger broer van kmdt.genl. Louis Botha. Sien J. Malan: *Die Boere-offisiere van die Tweede Vryheidsoorlog 1899-1902*, p.19.

21. Marthinus Wilhelmus Myburgh (1870-1920) was voor die oorlog 'n volksraadslid van die Transvaalse republiek. Gedurende die oorlog het hy bevel oor die Edwards Verkennerscorps gevoer en later tot die rang van veggeneraal gevorder. Na Uniewording word hy 'n volksraadslid. Hy was 'n vurige Botha-ondersteuner en in die Eerste Wêreldoorlog het hy tot die rang van brigadier gevorder. Sien J. Malan, p.47.

22. Moontlik vdkt. Louwrens Petrus Johannes Badenhorst van wyk 3 van die Wakkerstroom-kommando. Sien J. Malan, p.151. Volgens oorlewering was sy bynaam Wildehond en dié van sy makker, Stephanus van der Merwe, Kieriekop. Volgens oorlewering het dié twee vir Frederick Koch doodgeskiet. Sien *Beeld*, Vrydag 27 Julie 2001, p.15 en mededeling van Gert van der Westhuizen van Roodedraai, Volksrust (mede-outeur van *Gids tot die Anglo-Boereoorlog in die Oos-Transvaal*) wat onderhoude met nasate gehad het.

23. TAB PMO 28/1977; TAB Aanwins N.J. de Wet, W2, no.4, *Oorlogsbericht* gedateer 29 en 30 Julie 1901; J.L. Moerdijk, pp.17-18; *Beeld*, Vrydag 27 Julie 2001, p.15.

24. Sien *Beeld*, Vrydag 27 Julie 2001, p.15.

25. Sien Moerdijk en die bronne in eindnota 23 genoem asook dié van die boedels en kompensasieleêrs waaruit die beskrywing saamgestel is.

26. TAB PMO 28/1977; TAB CJC 494 CJC 140 en 141. In die opgawe van die eise wat die weduwees van die tereggesteldes vir oorlogsvergoeding by die Britse owerhede ingestel het, word ook £75 in Z.A.R.-note, komberse, mansklere en ander artikels genoem waarop die burgers na die geveg beslag gelê het.

27. Waarskynlik kmdt. Izak J. Greylingh van Wakkerstroom wat as bittereinder eers op 12 Junie 1902 die wapen neergelê het. Sien J. Malan, p.88.

28. Waarskynlik kmdt. A.D. Badenhorst van Wakkerstroom. Op 6 Februarie 1901 is hy naby

Ermelo deur die been geskiet. Nadat hy twee maande buite aksie was, het hy, soos dit gestel word, met die kruk in die een hand en die Mauser in die ander tot aan die einde van die oorlog geveg. Sien J. Malan, p.60.

29. Moontlik dieselfde burger wat ook tydens die aanval by Rooipoort een van die Boere se aanvoerders was en wat ook die bevel oor die vuurpeloton uitgevoer het, waarskynlik vdkt. Lourens Petrus Johannes Badenhorst. Sien J. Malan, p.151.

30. J.L. Moerdijk, pp.17-18; TAB PMO28/1977.

31. Sien die bronne in eindnota 19 vermeld.

32. Omdat die oorspronklike hofrekord nie beskikbaar is nie, is dit onduidelik hoekom van die beskuldigdes wat aan hoogverraad skuldig bevind is, die doodstraf vrygespring het. Een moontlike verklaring is dat Chris Botha moontlik hul vonnisse versag het.

33. Soos aangehaal in I. Vermeulen: *Man en monument: die lewe en werk van Gerard Moerdijk*, p.15. Die outeur verwys verkeerdelik na die Brits-broers se suster as me. Greyling, in plaas van Groenewald.

34. TAB PMO 28/1977. Afskrif van 'n skrywe gedateer 5 Augustus 1901 van MacHardy aan A.D.C.

35. *Beeld*, Vrydag 27 Julie 2001.

36. J.L. Moerdijk, pp.17-18. Sien ook TAB PMO 28/1977.

37. Sien sy verklaring in TAB PMO 28/1977. Sien ook die ander verklarings in die lêer oor die gebeure wat in die teks beskryf word.

38. *Beeld*, Vrydag 27 Julie 2001.

39. TAB PMO 28/1977.

40. TAB CJC 494 CJC 140 en 141; Sien ook die boedellêers in eindnota 44 vermeld.

41. TAB, Aanwins N.J. de Wet-versameling, W2, no.1, *Oorlogsbericht* gedateer 29 Julie 1901, in 'n naskrif onderaan die berig gedateer 30 Julie 1901.

42. J. Grobler (red.), p.316; F.L. Rothman verwys ook na die gebeure in sy oorlogdagboek met 'n inskrywing op 8 September 1901. Sien M.E.R.: *Oorlogsdagboek van 'n Transvaalse burger te velde 1900-1901*, p.217.

43. TAB PMO 28/1977, vertaalde afskrif van Chris Botha se skrywe aan die Britse bevelvoerder op Wakkerstroom gedateer 8 Augustus 1901. Afskrif van MacHardy se skrywe gedateer 5 Augustus 1901 aan A.D.C.

44. Sien TAB MHG 0 0/17822 Boedel Koch, Frederick Wilhelm, 1901; TAB MHG 0 0/17818 Boedel Koch, Hendrik Johannes Stefanus, 1901; TAB MHG 0 0/17929 Boedel Brits, Gert Pieter, 1901; TAB MHG 0 0/17921 Boedel Brits, Pieter Mathys, 1901; TAB CJC 494 CJC 141; TAB MHG 0 0/17928 Boedel Brits, Okkert Johannes, 1901; TAB MHG 0 0/17831A Boedel Brits, Cornelis Johannes, 1901.

45. *Beeld*, Maandag 13 Desember 1999, " 'Hensoppers' en 'joiners' ", p.11. Sien ook A. Grundlingh: *Die "Hendsoppers" en "Joiners"*, p.284 en die bron daar vermeld.

46. By 'n besoek aan die graf gedurende 2007 was die grafsteen afgebreek, maar die bewoording daarop duidelik leesbaar.

47. Die grafsteen het gebreek en die stukke is vir veilige bewaring in die sorg van Gert van der Westhuizen van Roodedraai, Volksrust.

48. By 'n besoek aan die graf gedurende 2007 was gedeeltes van die omheining nog sig-
    baar. Die gebreekte obelisk is vir veilige bewaring in die sorg van Gert van der West-
    huizen van Roodedraai, Volksrust. Sien ook *Beeld*, Vrydag 27 Julie 2001, p.15.
49. TAB MHG o 0/17822. Voor die teregstelling het die burgers op 'n gereelde basis van
    die afvalliges se slagvee en perde vir die Boere se oorlogspoging opgekommandeer. Amp-
    telike kwitansies is daarvoor uitgereik. Bates van wapenneerlêers is ook as straf gekonfi-
    skeer. TAB CJC 494 CJC 141. Die meeste plase het ook onder die Britte se verskroeide
    aarde beleid deurgeloop. Die dag na die geveg op 22 Julie 1901 by Rooipoort het on-
    simpatieke Britse soldate wat kom ondersoek instel het, op van die oorblywende perde
    en 'n vark beslag gelê. Sien die verklaring van Lea Koch, gedateer 2 November 1901 en
    die verklarings van Susanna Salomina Koch gedateer 28 September en 22 November
    1901. TAB CJC 494 CJC 140 en 141.
50. TAB CJC 494 CJC 140 en 141.
51. Ibid. Die hoë eis word toegestaan, terwyl dié aantekening op die blou omslag van die
    "Compensation Claim" staan: "Claimant's a widow but in good financial position."
52. Ibid.
53. TAB MHG o 0/17818; TAB MHG o 0/17929.
54. Mededeling deur Gert van der Westhuizen, mede-outeur van *Gids tot die Anglo-Boere-
    oorlog in die Oos-Transvaal.*
55. TAB MHG o 0/17822. Hoewel die korrespondensie in die boedel nog gedurende die
    stryd aandag aan die aspek gee, is daar nie aanduidings of die oproep van verbande
    tydens die oorlog deurgevoer is nie.
56. TAB CJC 594 CJC 149.
57. Sien die besonderhede van die weduwees se nuwe eggenotes na die oorlog in TAB
    MHG 00/17831A Boedel Brits, C., 1901.
58. TAB MHG o 50397 Boedel Koch, E.W.H., 1922.
59. Die uitsonderings is 'n kort verwysing in G. en E. van der Westhuizen op p.13 en die
    daaropvolgende artikel van At van Wyk in *Beeld*, Vrydag 27 Julie 2001, wat hoofsaaklik
    op oorlewering gebaseer is. Hierdie skrywers het nietemin daarvoor gesorg dat die
    gebeure nie in die vergetelheid verdwyn nie.
60. S27°15.677' EO30°56.593'.
61. S26°51.466' EO30°13.632'.
62. S 26°51.530 EO30°13.585'.
63. S26°51.519' EO30°13.675'.
64. S27°04.759' EO30°03.507'.
65. S27°05.674' EO30°01.121'.

HOOFSTUK 4

1. Die gedig word volledig aangehaal in C.C. Eloff: *Oorlogsdagboekie van H.S. Oosterhagen*,
   pp.86-88. Gedurende die Anglo-Boereoorlog is die gedig op kaartjies anoniem aan
   lede van die National Scouts gestuur onder die opskrif "Aan De Getrouwe (?) National
   Scouts". J. Bellamy het die gedig, "Aan eenen Verrader des Vaderlands", reeds in die

1780's geskryf. Ander minagtende gediggies en rympies oor die verraaiers is ook ge-
vind. 'n Oudstryder, Jacob van Rensburg, het in sy oorlogsherinneringe die volgende
rympie aangehaal: "Die dag die ooit sal degen lees mens op u, aaklig graf. Hier leg die
vloek van vriend en maagd die het Vaderland den doodsteek gaf." Sien TAB, Aanwins
A850, Herinneringe van Jacob van Rensburg, Deel II, p.3

2. F. Pretorius: *Kommandolewe tydens die Anglo-Boereoorlog*, p.351.

3. Lord Frederick Sleigh Roberts het sir Redvers Buller as opperbevelhebber van die
   Britse magte in Suid-Afrika opgevolg. Sowel hy as sy seun het Victoria-kruise vir dap-
   perheid ontvang. Sy seun het tydens die slag van Colenso in 1899 gesneuwel. Sien S.B.
   Spies: *Methods of Barbarism?*, pp.22 e.v.

4. Lord Horatio Herbert Kitchener het Roberts opgevolg. Hoewel Roberts die konsen-
   trasiekampstelsel in die vooruitsig gestel het, is dié beleid en dié van verskroeide aarde
   onder Kitchener tot sy volle geweld uitgevoer. Kitchener is in 1916 tydens die Eerste
   Wêreldoorlog dood toe die skip waarin hy was gesink is. S.B. Spies, p.24 e.v.

5. A. Grundlingh: *Die "Hendsoppers" en "Joiners"*, pp.37 e.v.

6. T. Cameron (red.): *Nuwe geskiedenis van Suid-Afrika*, p.217.

7. Vergelyk byvoorbeeld O.J.O. Ferreira: *Viva os Boers!* en A. Grundlingh, pp.66 e.v.

8. Benewens die begrippe "hendsopper" (of "hensopper"), "joiner" en "scout" wat deel van
   die Afrikaanse woordeskat geword het, is verskeie ander benamings vir afvalliges in die
   volksmond gebruik, byvoorbeeld "Kakieboer". Sien byvoorbeeld E.J. Weeber: *Op die
   Transvaalse front*, p.179 en S. Raal: *Met die Boere in die veld*, p.135 e.a.; "Judasboeren" in J.
   Brandt: *Die Kappie Kommando*, p.394. In P.S. Lombard se *Uit die dagboek van 'n Wilde-
   boer*, p.128 word van "geelbaadjies" gepraat wanneer na Afrikaners verwys word wat as
   kamppolisie in diens van die Britte opgetree het. In Danie Stegman se *Nooit gevang nie*,
   p.21 word na joiners as "bravado's" verwys, hoewel die begrip nie elders gevind is nie.
   Genl. Coen Brits het joiners "bontpote" genoem. Sien TAB Preller-aanwins, A787, 79,
   p.195. Sien hoofstuk 6 waar die benaming "witkoppe" gebruik is vir joiners wat aan die
   Vallentin's Heidelberg Volunteers behoort het. Nog 'n algemene begrip is "hanskakie".

9. A. Grundlingh, p.201 e.v.

10. Ibid., hoofstukke 5 en 6; F. Pretorius: *Die Anglo-Boereoorlog*, p.73.

11. Oor die getalsterkte van die National Scouts en Orange River Colony Volunteers sien
    L.S. Amery (red.): *The Times History of the War in South Africa, 1899-1902*, Vol.V, pp.408,
    461 en 613.

12. T. Cameron (red.), p.217.

13. A. Grundlingh, pp.39-40; 284-288 e.v.

14. E.J. Weeber, pp.158-159.

15. J.P. Brits (red.): *Diary of a National Scout, P.J. du Toit*, pp.54-55.

16. *De Volksstem*, 28 November 1902, p.3.

17. Sien M.C.E. van Schoor se vertaling van *Die stryd tussen Boer en Brit van C.R. de Wet*,
    p.302.

18. R.D. McDonald: *In die skaduwee van die dood*, pp.96-97.

19. H. Rabie-Van der Merwe: *Onthou! In die skaduwee van die galg*, p.254.

20. J.C.G. Kemp: *Op die pad van die veroweraar,* p.47.

21. Buurman: *Oorlogswolke oor die republieke,* p.105.

22. F. Pretorius, p.197. Die skrywer gee in hoofstuk 6 van sy werk 'n omvattende bespreking van die Afrikaner se godsdienstige oortuigings gedurende die oorlog.

23. Johanna van Warmelo (1876-1964), die skryfster van *Het concentratie-kamp van Iréne* en *Die Kappie Kommando.* Sien ook J. Grobler (red.): *The War Diary of Johanna Brandt.*

24. J. Brandt: *Die Kappie Kommando,* p.157.

25. Jan Christiaan Smuts (1870-1950) was by twee geleenthede die eerste minister van Suid-Afrika. Oor sy politieke beskouinge wat relevant tot hierdie studie mag wees, sien W.H. Hancock en J. van der Poel (reds.): *Selections from the Smuts Papers,* Vol. 1, Afd. III.

26. W.H. Hancock en J. van der Poel (reds.), pp.479-480.

27. A.J.V. Burger: *Worsteljare,* pp.65–66.

28. C.C. Eloff, p.64.

29. Sien F. Pretorius se artikel "So wil ons hê dit moes wees! Mites rondom die Anglo-Boereoorlog" in *Knapsak,* Desember 2000.

30. Soos aangehaal in J.A. Coetzee: *Politieke groepering in die wording van die Afrikanernasie,* p.319.

31. A.H. Marais: *Die ontstaan en ontwikkeling van partypolitiek in die Oranjerivier-Kolonie 1902-1912,* p.1.

32. R.W. Schikkerling: *Hoe ry die Boere,* p.378.

33. M.C.E. van Schoor: *Marthinus Theunis Steyn,* p.307.

34. Ibid., p.236. Marthinus Theunis Steyn (1857-1916) was 'n Vrystaatse regter en sedert 1896 staatspresident. As Boereleier gedurende die oorlog was sy reputasie en grootsheid onbevlek.

35. M.C.E. van Schoor: *Die stryd tussen Boer en Brit: die herinneringe van die Boere-generaal C.R. de Wet,* pp.119-120; M.C.E. van Schoor: *Christiaan Rudolph de Wet,* p.107.

36. Vir eerstehandse inligting oor die vroue se ervaringe sien byvoorbeeld E. Neethling: *Mag ons vergeet?;* E. Hobhouse: *Die smarte van die oorlog;* M.M. Postma: *Stemme uit die vrouekampe;* A.W.G. Raath en R.M. Louw se *Konsentrasiekampreeks.* Sien ook TAB Aanwins W19.

37. E. Neethling, p.xi.

38. Soos aangehaal in O.J.O. Ferreira (red.): *Memoirs of General Bouwer,* p.126.

39. C.R. de Wet: *De strijd tusschen Boer en Brit,* hoofstuk 29, p.310; "Dagboek van Rocco de Villiers" in *Christiaan de Wet-annale,* No.3, pp.23-29; N.J. van der Merwe: *Marthinus Theunis Steyn,* Deel 1 pp.20-24.

40. O.T. de Villiers: *Met De Wet en Steyn in het veld,* p.146; Sien ook J.D. Kestell: *Christiaan de Wet,* p.124.

41. P.S. Lombard: *Uit die dagboek van 'n Wildeboer,* p.122.

42. Sien die volledige bespreking in L. Scholtz se werk *Waarom die Boere die oorlog verloor het.* Op bladsy 225 gee die skrywer 'n opsomming van die redes vir die Boere se nederlaag: "Hul militêre en ekonomiese krag kon nie teen dié van die magtige Brittanje opweeg nie; geen ander simpatiekgesinde moondheid kon hulle te hulp snel nie; hul

organisasievermoë en dissipline het veel te wense oorgelaat; en hulle het al die geleenthede wat hulle dálk kon gehad het deur onkunde, oormoedigheid, swak beplanning en gebrek aan daadkragtigheid verspeel. Daarteenoor het die Britte swak begin, maar algaande geleer en die Boere uiteindelik met 'n kombinasie van brute krag en slim optrede ondergekry. Menslik gesproke kón die oorlog geen ander uitslag gehad het nie."

43. Sien M.C. van Schoor: *Die bittereinde vrede*, p.24. Sien ook veral kmdt.genl. Louis Botha se siening op p.229.

44. Oor die politieke denke van die Kaapse Afrikaner met die uitbreek van die oorlog, sien byvoorbeeld G.D. Scholtz: *Die ontwikkeling van die politieke denke van die Afrikaner*, Deel IV en K. Schoeman: *Only an Anguish to Live Here*.

45. *Die Burger*, 7 Mei 2005, sien Max du Preez se artikel "Miskende Piet de Wet verdien eer". Du Preez se standpunt is heftig gekritiseer deur historici soos proff. M.C.E. van Schoor en Albert Grundlingh, dr. Leopold Scholtz en andere. Sien *Die Burger* van 10, 11, 14, 17, 18 en 19 Mei 2005. Du Preez se artikel en sy daaropvolgende antwoorde op die reaksie wat dit uitgelok het, dra 'n geur van uitlokkende joernalistiek. Du Preez was meer subtiel oor die onderwerp in sy boek *Of warriors, lovers and prophets*.

46. A. Grundlingh, pp.294-307.

47. Onderhoud gevoer op 6 Junie 2010 met Piet de Wet se agterkleinseun Benjamin de Wet van Reitz. Hy het vir my sy oupagrootjie se graf in die begraafplaas op Lindley gaan wys. Nasate het eers in die vroeë 1970's 'n eenvoudige grafsteen daar opgerig. 'n Onderhoud is ook met 'n kleindogter van Piet de Wet, Sannie (Susanna Margaretha) de Wet van Northcliff in Johannesburg, gevoer. Die eerlike en spontane oortuiginge van hierdie nasate dat Piet de Wet se afvallige optrede geregverdig was, was opvallend. Dit is duidelik dat hulle dit wat hul ouers hul vertel het, nie bevraagteken nie.

HOOFSTUK 5

1. Sien byvoorbeeld J.F.C. Fuller: *The Last of the Gentlemen's Wars*. Die oorlog is voorgehou as "the last of the gentlemen's wars", soms uit naïwiteit, maar ook deur die gevolge van die verskroeideaardebeleid en die konsentrasiekampe te ontken.

2. Die werk is later in Afrikaans vertaal en het verskeie herdrukke beleef. Die werk is later deur G. Jooste en A. Oosthuizen in *So het hulle gesterf* verwerk, wat ook as *Innocent Blood* in Engels uitgegee is.

3. Sien byvoorbeeld P.H.S. van Zyl: *Die helde-album van ons vryheidstryd* en J.H. Breytenbach: *Gedenkalbum van die Tweede Vryheidsoorlog*.

4. Sien byvoorbeeld C. Louis Leipoldt se "Oom Gert vertel" en D.J. Opperman se "Gebed om die gebeente" in D.J. Opperman se *Groot verseboek*. Sien ook J. Meintjes in *Sword in the Sand*, p.195.

5. G. Jooste en A. Oosthuizen bespreek in hul werk *So het hulle gesterf* die teregstelling van 90 republikeinsgesindes deur die Britse magte (44 burgers in die Kaapkolonie en 22 in die republieke na verhoor en 'n verdere 24 sonder verhoor). Sien pp.250-253 van die werk. Daar is genoegsame aanduidings om te aanvaar meer republikeinsgesindes is summier deur die Britte tereggestel as wat dié skrywers meld. Sien byvoorbeeld J.F. Naudé:

Vechten en vluchten van Beyers en Naudé "bôkant" De Wet, p.264; *Christiaan de Wet-annale*, No.8, p.57; N. Bleszinski: *Shoot Straight you Bastards!*, p.342 e.v. In onlangse tye is onbevestigde en heel waarskynlik ongegronde "onthullings" gemaak dat Kanadese soldate ses onbekende Boere summier opgehang het. Sien *Beeld*, 11 Oktober 1999, "Kanadese hang glo Boere voordat offisier kon keer".

6. Sien die bespreking in G. Jooste en A. Oosthuizen, pp.43 e.v., pp. 208 e.v., hoofstukke 3 en 18.

7. Etlike werke is oor Gideon Scheepers gepubliseer, byvoorbeeld G.S. Preller: *Scheepers se dagboek* en J. Meintjes: *Sword in the Sand*.

8. Sien G. Jooste en A. Oosthuizen, pp.43 e.v., pp. 208 e.v., hoofstukke 3 en 18.

9. C.F. Aked: *The Annual Sermon on our Cowardly War*, p.12.

10. Sien K. Schoeman: *Only an Anguish to Live Here*.

11. C.F. Aked, p.12.

12. N. Bleszinski, p.343 e.v.

13. Ibid. Sien ook A. Davey (red.): *Breaker Morant and the Bushveldt Carbineers*.

14. R. Milne: *Anecdotes of the Anglo-Boer War*, pp. 137-139 en 151-152.

15. G. Jooste en A. Oosthuizen, p.251.

16. N. Bleszinski, p.354. Reeds aan die begin van die oorlog is swart en bruin mense deur die Britse magte tereggestel op aanklagte van spioenasie of wanneer hulle daarvan verdink is dat hulle vir die Boere gewerk het. Dit is reeds tydens die beleg van Mafeking in die Britse tydskrif *Black and White Budget*, Junie 1900, p.265, as volg gemotiveer: "The gallant garrison could not have been successfully defended had not Baden-Powell used the utmost sternness in dealing with spies and deserters." Die joiner P.J. du Toit, wat by 'n Britse kolonne diens gedoen het, skryf op 5 Julie 1901 in sy dagboek: "A nigger is being shot for reporting the column's movements to the Boers." J.P. Brits (red.): *Diary of a National Scout*, p.60. Hoewel die teregstellings van swart en bruin mense deur Britse troepe klaarblyklik nie as nuuswaardig beskou is nie of doelbewus verswyg is, is etlike voorbeelde daarvan in uiteenlopende bronne te vind soos E.J. Weeber: *Op die Transvaalse front*, p.199; G. Jooste en A. Oosthuizen, p.143; H. Rabie-Van der Merwe: *Onthou!*, p.177; P. Warwick: *Black People and the South African War 1899-1902*, p.37; B. Willan: *Sol Plaatje: A Biography*, p.97.

17. Sien H.J. Jooste: "Veldkornet Van As" in *Christiaan de Wet-annale*, No. 6, pp.3 e.v.

18. M.C.E. van Schoor in *Christiaan de Wet-annale*, No. 3, voetnoot 9 op p.19.

19. J.F. Naudé, pp.335-336.

20. Die volle omvang van die teregstellings van swart en bruin mense deur die republikeinse magte is moeilik bepaalbaar weens die terloopse verwysings daarna en die versuim van die Britte om dié sterftes in hul amptelike lyste te vervat. 'n Voorlopige berekening van die gevalle wat in bronne genoem word, toon daar was honderde sulke teregstellings. Daar was 71 aanklagtes alleen teen 'n Boereoffisier, kmdt. Edwin Conroy, weens die teregstelling van swart en bruin mense, maar hy is nie na die oorlog vervolg nie. Sien G. Jooste en A. Oosthuizen, p, 231. Sien ook A. Wessels (red.) "Die Oorlogsherinneringe van kommandant Jacob Petrus Neser" in *Christiaan de Wet-annale*, No.

7 oor die baie teregstellings wat deur Neser uitgevoer is. Groot getalle swart en bruin mense is by geleenthede op een slag tereggestel. Sien in dié verband byvoorbeeld A. Wessels (red.): *Anglo Boer War Diary of Herbert Gwynne Howell*, p.189; F. Pretorius: *Kommandolewe tydens die Anglo-Boereoorlog*, pp.294; die fusillering van die Klaasbende in hoofstuk 13 in hierdie werk onder Grobler. Daar is 'n groot aantal verwysings na ander teregstellings van swart en bruin mense in die persoonlike herinneringe van oudstryders te vind. Sien ook die volgende gepubliseerde werke vir voorbeelde: E.J.Weeber: *Op die Transvaalse front*, pp 214-215 en 240; J.C.G. Kemp: *Vir vryheid en reg*, p.381; R.W. Schikkerling, p.226; J.F.C. Fuller, pp.249 e.v.; D. Mostert: *Slegtkamp van Spioenkop*, p.269; H.F. Wichmann: *Wichmann se oorlogsavonture*, p.53; C. de Jong: *Skandinawiërs in die Tweede Anglo-Boereoorlog*, Deel 3, p.111 om maar enkeles te noem.

21. R.D.McDonald: *'n Terugblik op my oorlogsjare*, p.49.

22. A.Wessels: *Die militêre rol van swart mense, bruin mense en Indiërs tydens die Anglo-Boereoorlog*, pp.18-19. Dit is aansienlik meer as byvoorbeeld Peter Warwick se bevindinge.

23. F. Pretorius, p.289.

24. Sien byvoorbeeld M.E.R.: *Oorlogsdagboek* en R.W. Schikkerling en J.F. Naudé.

25. R.D. McDonald: *In die skaduwee van die dood*, p.98.

26. Sien P.Warwick: *Black People and the South African War*.

27. R.D.McDonald: *In die skaduwee van die dood*, p.98.

28. Soms het daardie beleid verder gegaan. Op 7 November 1900 het genl. Phillip Botha die Britse militêre owerhede laat weet: "We will certainly shoot all natives found in the employ of your Honour's Government in this war." TAB N.J. de Wet-aanwins, W2, 1, 41-53. Die republikeinse opperbevel was huiwerig om 'n soortgelyke beleid in die Kaapkolonie te bekragtig. Nietemin het genl. Pieter Hendrik Kritzinger daar gewaarsku dat swart en bruin mense wat in diens van die Britse leër was, tereggestel sou word as hulle in Boerehande val, of hulle gewapen was of nie. Die beleid is dikwels in die praktyk toegepas. Kitchener het dit as regverdiging gebruik om alle bruin en swart verkenners te bewapen – sodat hulle hulself kon verdedig. 'n Mannekragtekort in die Britse leër het ook daartoe aanleiding gegee. Sien P.Warwick, pp.22-24.

29. A. Roodt: *Die Kaapse rebel*, pp.101 e.v. Die werk is in 'n verhalende trant geskryf wat die historiese waarde daarvan onder verdenking plaas.

30. Sien byvoorbeeld die beskrywing in R.D. McDonald: *'n Terugblik op my oorlogsjare*, p.49.

31. J.D. Kestell: *Met de Boeren-commando's: mijne ervaringen als veldprediker*, pp.84-85. Later in die oorlog het Vader Kestell weer 'n soortgelyke ondervinding met 'n terdoodveroordeelde Boereverraaier gehad. Sien die geval van De Lange in hoofstuk 13.

32. R.D. McDonald: *'n Terugblik op my oorlogsjare*, p.49.

33. F. Pretorius: "Só wil ons hê dit moes wees!" *Knapsak*, Desember, 2001, p.9. Daar was lojale swart mense wat hul lewens vir die Boere opgeoffer het. J.F. Naudé (p.359) vertel kort na die oorlog in sy herinneringe van 'n swart man wat deur 'n verraaier doodgemartel is nadat hy geweier het om te sê waar sy vegtende Boerewerkgewer sy vee weggesteek het.

34. D. van Warmelo: *On Commando*, p. 93. Die Nederlandse weergawe, *Mijn commando en guerilla commando leven*, het in 1901 verskyn.

HOOFSTUK 6

1. Oorlogsherinneringe van Louis Slabbert in H.J. Jooste se artikel "Veldkornet Salmon van As" in die *Christiaan de Wet-annale*, No. 6, Oktober 1984, p.11; J.G. van den Heever: *Op kommando onder kommandant Buys*, pp.79-80.

2. I. Uys: *Heidelbergers of the Boer War*, pp.154-155. Vallentin het later op 4 Januarie 1902 in 'n geveg met die Boere by Onverwacht gesneuwel. Sien I. Uys, p.250.

3. J.G. van den Heever, p.80.

4. Vdkt. (later kmdt.) Johan Georg Meyer (1847-1907) van Kliprivier, Heidelberg, was 'n afgevaardigde by die vredesberaad by Vereeniging in 1902. Sien voetnoot 244, p.182 van die *Christiaan de Wet-annale*, No.10, Oktober 2000 en I. Uys, p.246.

5. Vdkt. Hendrik Kamffer (oorlede 1952) van Kliprivier, Heidelberg, se ongepubliseerde "Herinneringe", ook in Engels vertaal as "Memoirs", is in die Ian Uys Collection in die Argief in Pretoria te vind. TAB A2029, vol.7, item 4. Dit handel hoofsaaklik oor sy wedervaringe gedurende die Anglo-Boereoorlog. Sien ook I. Uys, p.242.

6. H.J. Jooste, p.11; J.G. van den Heever, p.80; I. Uys, pp.160–161. Vdkt. Hendrik Kamffer gee in sy "Herinneringe" 'n ander aanloop tot die geveg by Braklaagte. Hy beweer 'n swart man het by die Boerekommando kom kla oor Scouts wat besig was om sy beeste te steel, waarop 'n aantal burgers onder leiding van veldkornette Meyer en Kamffer gaan ondersoek instel het. Die Witkoppe is vroeg die oggend teëgekom, waarna die geveg uitgebreek het. Sien TAB A2029, vol. 7, item 4, p.14. Benewens die argivale bronne is die belangrikste weergawes van die gebeure tot en met die teregstelling van die twee joiners gebaseer op vier persoonlike herinneringe van burgers, wat 40 jaar daarna en selfs later opgeteken is: Kamffer se herinneringe in 1943; Jack van den Heever se boek word in 1944 gepubliseer; Louis Slabbert se herinneringe word in 1953 opgeteken en die minder belangrike weergawe van J.D. Kilian se *Laat ons veg* is voor 1941 opgeteken, maar later deur sy seun verwerk en in 1975 gepubliseer. Weens die lang tydsverloop tussen die gebeure en die optekening daarvan mag die outeurs se geheues hulle met detail in die steek gelaat het.

7. I. Uys, p.162; G en E. van der Westhuizen: *Gids tot die Anglo-Boereoorlog in die Oos-Transvaal*, p.174. Die gesneuwelde joiners is in die Kloof-begraafplaas by Heidelberg begrawe. Op Frederick Nel se graf is 'n ysterkruis gemerk as "Nell" met die bewoording: "For King and Country National Scouts".

8. H. Kamffer, p.14.

9. TAB MHG 0 7548 Boedel Bouwer Pieter Bernardus, 1901. In die boedelverwysing van die Argief in Pretoria word sy tweede naam foutiewelik as Bernardus aangedui, terwyl dit Barendse behoort te wees.

10. TAB MHG 0 N/172 Boedel Van Emmenes, Adolf Jacobus; Sien ook TAB CJC 360 CJC 77, verklaring van Roelf van Emmenes (die tereggestelde se pa).

11. Asst. vdkt. Andries (Andrew) Jacob Eksteen Brink het later by die Unie van Suid-Afrika

se staande mag aangesluit en tot die rang van luitenant-generaal gevorder. Hy het verskeie toekennings van die Britse Ryk ontvang voordat hy in 1947 oorlede is. I. Uys, pp.238 e.v. Hy en vdkt. Kamffer het na die Anglo-Boereoorlog vurige ondersteuners van genl. Jan Smuts geword en het in die Rebellie van 1914 teen hul eertydse makkers opgetree. Albei was in die Eerste en Tweede Wêreldoorloë aktief in die Suid-Afrikaanse weermag betrokke. Sien Hendrik Kamffer: *Memoirs* (Engelse vertaling), p.25; I. Uys, pp.238 e.v.

12. Hendrik Kamffer: "Herinneringe", p.15.

13. In die lys van kommandolede van die distrik Heidelberg in TAB KG 882 gedateer 16 Januarie 1900 kom die naam van G.C. Scheepers van wyk Kliprivier voor met 'n aantekening dat hy reeds in daardie vroeë stadium van die oorlog van sy kommando gedros het. Daar kon nie vasgestel word of dit dieselfde persoon is na wie Hendrik Kamffer in sy herinneringe verwys nie.

14. I. Uys, p.161.

15. Hendrik Kamffer, p.14; Sien TAB PMO, 54, 3718 waarin S.D.J. Kamffer sy seuns in 'n skrywe onbeskaamd as joiners probeer betrek.

16. H.J. Jooste, p.11; I. Uys, p.161.

17. Hendrik Kamffer: "Herinneringe", p.15.

18. Kmdt. Stephanus Bernardus Buys (1852-1917) van die suidelike Heidelberg-distrik was 'n onverskrokke en streng bevelvoerder. Op 9 September 1900 is hy deur twee bomkartetsskerwe getref, waarvan net een verwyder kon word. In Oktober 1901 val hy in Britse hande nadat hy deur die knie geskiet is. Sy been is daarna afgesit en in 1917 sterf hy weens 'n gewas wat deur een van die kartetse veroorsaak is en nie verwyder kon word nie. Sien voetnoot 53 op p.106 van die *Christiaan de Wet-annale*, No.10, Oktober 2000.

19. J.G. van den Heever, p.80; L. Ankiewicz: *Blymoedig volhardend*, p.71 en die kaart teenoor p.224.

20. J.G. van den Heever, p.80.

21. Ibid., pp.80-81. Sien ook pp.2-3 waarin die outeur aan prof. C.M. van den Heever en ander erkenning gee vir die taalversorging van sy gepubliseerde herinneringe.

22. Sien ook die slotopmerkings van hierdie hoofstuk. Volgens oorlewering het die twee tereggesteldes hulle aan moord skuldig gemaak.

23. TAB PMO 58 PM 4070/02, "Inquiry re death sentence of private Bouwer and private Van Emmenes", 1902, skrywe van lt. Nixon gedateer 29 Maart 1902.

24. J.G. van den Heever, p.84.

25. TAB PMO 58 PM 4070/02, skrywe van lt. Nixon gedateer 29 Maart 1902.

26. I. Uys, p.164. Die vertelling van Kriek is ook bevestig deur 'n mededeling aan my deur Ludwig Ankiewicz van Barnardskop, Heidelberg, wat voor Kriek se dood onderhoude met hom gevoer het.

27. TAB MHG 0 7548.

28. TAB MHG 0 N/172.

29. I. Uys, p.162.

30. TAB MHG o N/172, verklaring van Roelf van Emmenes. Sien ook TAB CJC 360 CJC 77. In dié verklaring meld Dolf van Emmenes se pa dat al die mans van die Van Emmenes-familie gesamentlik hul wapens neergelê het. Dolf se broer het op 22 September 1902, na die oorlog, 'n verklaring afgelê waarin hy meld dat hy hom op 6 Julie 1900 oorgegee het. Dit is waarskynlik dat al die Van Emmenes-mans dus teen daardie datum hul wapens neergelê het. Sien ook TAB CJC 766 CJC 320.

31. Hendrik Kamffer: "Herinneringe", p.14.

32. TAB CJC 766 CJC 320, "Claims for compensation burghers Heidelberg", R.J. van Emmenis [sic] 1903.

33. TAB CJC 360 CJC 77, verklaring van Roelf Jacobus van Emmenes sr.

34. TAB MHG o 7548 en TAB MHG o N/172.

35. J.G. van den Heever, pp.84-85.

36. H. Kamffer: "Herinneringe", p.15.

37. H.J. Jooste, p.11.

38. J.G. van den Heever, p.85.

39. TAB PMO 58 PM 4070/02, skrywe van lt. Nixon gedateer 29 Maart 1902. Sien ook TAB PMO 56 PM 3883/02. Albert Grundlingh maak ook melding van die bewering in Die "Hendsoppers" en "Joiners", p.268. Die bewering is ook deur mondelinge oorlewering oorgedra, soos meegedeel deur Ludwig Ankiewicz van Barnardskop, Heidelberg, wat in die omgewing grootgeword het en 'n kenner van die kontrei se geskiedenis is. Sien die argivale verwysing oor die bewering hieronder.

40. TAB PMO 58 PM 4070/02, skrywe van lt. Nixon gedateer 29 Maart 1902. Sien ook die verklaring van sers. Fowlds van die 2nd National Scouts gedateer 11 Mei 1902 in TAB PMO 56 PM 3883/02.

41. Otto Gottlob Schnitter is in 1917 in 'n treinongeluk by Greylingstad oorlede. TAB F.A. van Jaarsveld-versameling, A2055, no.66A; J.D. Kilian, pp.72-73.

42. TAB PMO 56 PM 3883/02, verklaring van sers. Fowlds gedateer 11 Mei 1902.

43. J.G. van den Heever, p.86.

44. Ibid., p.3 onder die opskrif "Woord vooraf" voor in die boek; J.D. Kilian noem die tereggesteldes in Laat ons veg, p.69 ook nie by name nie.

45. TAB MHG o 7548, verklaring van Pieter Hendrik van den Heever gedateer 28 Oktober 1905.

46. Aantekening in die lêer TAB CJC 360 CJC 77.

47. Omdat oorleweringe soms in mites ontwikkel wat weinig waarhede mag bevat, is die aspek noukeurig nagegaan. Verskeie persone van die omgewing het die feite bevestig, onder wie Ludwig Ankiewicz van die plaas Barnardskop, distrik Heidelberg, wie se ouma in 1930 op 'n buurplaas gewoon het, en Machiel Daniel Fourie van die buurplaas Brandskraal, wie se ouers hom van die voorval vertel het. (Hy is op die dag van Bierman se selfmoord, 18 Julie 1930, gebore.) Sedertdien is dié feite bevestig in 'n werkie van L. Ankiewicz: Vanaf die Suikerbosrante tot by die Vaalrivier, p.86, wat in 2010 verskyn het.

HOOFSTUK7

1. A. Badenhorst: *Tant Alie van Transvaal*, p.229.

2. Ibid. Sien die voorwoord van die boek. Alie Badenhorst se dagboek is deur Emily Hobhouse in Engels vertaal en later deur die skryfster M.E.R. (Maria Elizabeth Rothmann) in Afrikaans verwerk.

3. TAB KG 854 en 855; W.K. Hancock en J. van der Poel: *Selections from the Smuts Papers*, Vol. 1, p.386.

4. Hoewel Wolmaransstad in 1896 'n landdrosdistrik geword het, het die dorp met die uitbreek van die oorlog skaars 20 wonings gehad. Daar was nietemin teen 1899 'n hotel, twee kerke, 'n skool, landdroskantore, 'n polisiestasie, poskantoor en tronk. Die regerings-kantore en die skool het uit tydelike geboue, meestal van sinkplate, bestaan. In die loop van die oorlog het Britse troepe die dorp byna heeltemal verwoes. J.S. Coetzer: "Die geskiedenis van Wolmaransstad tot met Uniewording in 1910", veral hoofstuk 7.

5. Ibid.; L.S. Amery (red.): *The Times History of the War in South Africa, 1899-1902*, Vol.V, pp.220 en 230.

6. J.P. Brits (red.): *Diary of a National Scout*, p.38.

7. L.S. Amery (red.), p.230; J.S. Coetzer, sien hoofstuk 7.

8. W.K. Hancock en J. van der Poel, p.386. Smuts was 'n gekwalifiseerde regsgeleerde wat die hoogste lof tydens sy studiejare aan die Universiteit van Cambridge in Engeland behaal het. P.S. Lean: *Leidsman van sy tyd: 'n geïllustreerde oorsig van die lewe van Jan Christian Smuts*, p.6.

9. TAB KG 854 en 855 waarin opsommings van die hoogverraadsake en die vertoë vervat is.

10. J.H. Breytenbach: *Die geskiedenis van die Tweede Vryheidsoorlog in Suid-Afrika 1899-1902*, Deel IV, p.485. Die ander inligting oor Douthwaite is verkry uit TAB CJC 997 CJC 1041.

11. Smuts verwys per geleentheid na Douthwaite as "hoofregter" en na die ander twee lede as "regters". Daardie titels is klaarblyklik nie algemeen gebruik nie. Omdat dit 'n mili-têre hof was, teken die voorsittende beamptes die hofstukke onder hul militêre range en is hulle na alle waarskynlikheid almal as "kommandant" aangespreek. W.H. Hancock en J. van der Poel, p.386. Sien ook TAB KG 854 en 855.

12. O.J.O. Ferreira: *Memoirs of General Bouwer*, p.68, voetnoot 38.

13. TAB KG 855. Sien die minderheidsuitspraak van kmdt. J. Boshoff in die saak Staat versus Jacobus Theunissen. Let daarop dat een gedeelte teenoor p.39 en die ander verkeerdelik teenoor p.97 van die bundel in die argief ingebind is. Vir die Britse bron waarna verwys word, sien TAB PMO 82 MC 50/01, ongedateerde Britse verslag van Martha Machlach-lan oor die hoogverraadsake te Wolmaransstad. Sien ook TAB GOV 128 GEN/44/03.

14. W.K. Hancock en J. van der Poel, p.361.

15. TAB PMO 82 MC 50/01, ongedateerde Britse verslag oor die vervolging van die hof-amptenare onder die opskrif "The Wolmaransstad Murders".

16. TAB KG 855. Sien die verskeie hofdokumente wat deur die griffier Watermeyer onder-teken is. Sien ook voetnoot 39 op p.69 in O.J.O. Ferreira: *Memoirs of General Bouwer*.

17. TAB PMO 82 MC 50/01; H.W. Wilson: *After Pretoria: The Guerilla War*, Vol. 1, pp. 382-383.

18. W.K. Hancock en J. van der Poel, pp.361, 386 en 569.

19. TAB CS 472 4306/04, skrywe van "Central Judicial Commission" aan lord Selbourne gedateer 15 November 1905.

20. J.P. Brits (red.), p.34.

21. TAB GOV 128 GEN/44/03, verslag van die Britse prokureur-generaal.

22. TAB KG 855 teenoor pp.11-17, "Verslag van Crimineele en andere zaken behandeld door het Militaire Hof voor de Westelijke Districten der Z.A.R. gedurende maanden Januari, Februari en Maart". In sowel KG 854 as KG 855 is die dokumente teenoor die bladsye ingebind wat ietwat onduidelik, soms in potlood, genommer is. Waar moontlik sal dié numerering in hierdie werk se eindnotas aangetoon word.

23. TAB KG 855. Sien byvoorbeeld die skrywe van die griffier van die krygshof, Watermeyer, aan De la Rey en Smuts gedateer 13 Januarie 1901 in die saak Staat versus G.F. Savage teenoor p.19.

24. Sien byvoorbeeld H.W. Wilson, pp.382-383.

25. Daar word na regsgesag ten opsigte van hoogverraad in die Romeins-Hollandse reg verwys. Die aanklaer haal byvoorbeeld in die saak Staat versus Ahrens en andere aan uit "J. van der Linden, Boek II, Hoofstuk IV seksie 2", waarskynlik Van der Linden se *Regtsgeleerd, practicaal en koopmans handboek* wat in 1806 in Amsterdam uitgegee en in die Z.A.R. as gesag gebruik is vir onder meer die uitleg van die Grondwet. Sien TAB KG 855.

26. TAB MHG 01 0/17690 Boedel Theunissen, J.P.D. 1901.

27. Ibid.

28. Andries Petrus Johannes Cronjé is op 18 Junie 1849 by Colesberg gebore en op 23 Februarie 1923 by Hartbeesfontein in die distrik Klerksdorp oorlede. Sien J. Malan: *Die Boere-offisiere van die Tweede Vryheidsoorlog 1899-1902*, p.23.

29. A. Badenhorst, pp.168-174; A. Grundlingh: *Die "Hendsoppers" en "Joiners"*, pp.314-316.

30. Dit was 'n bewering in die hoogverraadsaak. Sien TAB KG 855 Staat versus J.P.D. Theunissen.

31. Ibid. Benewens Theunissen was kmdt. Pieter Arnoldus Cronjé en vdkt. Frans Johannes Cronjé (waarskynlik genl. A.P.J. Cronjé se seuns, albei van Potchefstroom) teenwoordig.

32. Ibid., getuienis van J.M. van der Weide (soms "Weijde" gespel).

33. A. Badenhorst, p.172.

34. Ibid., p.173.

35. Ibid., pp.170-174; TAB KG 855. Sien die staatsgetuienis in Staat versus J.P.D. Theunissen.

36. TAB KG 855 Staat versus J.P.D. Theunissen.

37. Ibid., getuieverklaring van Willem Meintjes. Voor die hoogverraadverhoor het Meintjes gesterf weens wonde wat hy in 'n geveg opgedoen het. Hy het sy beëdigde verklaring voor genl. Liebenberg afgelê en dit is in die krygshof voorgelees. Wat die getuieniswaarde daarvan sonder die gebruiklike onderwerping aan kruisverhoor destyds was, is onduidelik.

38. Ibid., getuienis van J.M. van der Weide.

39. Ibid., getuienis in die staatsaak. Volgens J.M. van der Weide is die byeenkoms sowat een en 'n half uur voor sonsondergang gehou.

40. Ibid., getuienis van F.H. Ebersohn. Hy het onder meer gemeld dat sy voorouers tydens die Slagtersnek-insident vroeg in die 19de eeu deur die Engelse "mishandel" is.

41. Ibid. Volgens sy getuienis was Ebersohn 'n veeboer wat in ene Carlis se diens was, op wie se grond hy gewoon het. Theunissen sou vir die burgers gesê het hulle moenie "notice" van Ebersohn nie omdat hy 'n "salvation" is.

42. Ibid., getuienis van J.M. van der Weide.

43. A. Badenhorst, p.171.

44. L.S. Amery (red.), Vol. IV, p.362.

45. A. Grundlingh, p.316.

46. TAB PMO 82 MC 50/01, getikte verklaring van Martha Machlachlan gedateer 2 Maart 1901.

47. Ibid., verslag onder die opskrif "The Wolmaransstad Murders".

48. TAB KG 855. Die klagstaat in Staat versus J.P.D. Theunissen.

49. Ibid. Volgens die getuienis van die voormalige kmdt. Pieter Arnoldus Cronjé het Theunissen op 9 Junie 1901 70 slagosse by kapt. Lambart aangevra. Die osse was nie vir die vegtende burgers bedoel nie, maar wel vir behoeftige families. Die slagosse was in elk geval oorspronklik republikeinse eiendom. Sien ook A. Badenhorst, p.170.

50. TAB KG 855 teenoor p. 44. Die getuienis van Pieter Arnoldus Cronjé.

51. Ibid. Sien die kort uitspraak.

52. Dit is opvallend dat kmdt. Boshoff na die ouer Theunissen as beskuldigde ses verwys. Uit die notule is dit egter duidelik dat hy afsonderlik aangekla en verhoor is. Die minderheidsuitspraak van Boshoff is inderwaarheid die enigste uitspraak wat gevind kon word in 'n saak waar die doodstraf tydens die oorlog aan 'n Boereverraaier opgelê is.

53. TAB PMO 82 MC 50/01, getikte verklaring van Martha Machlachlan gedateer 2 Maart 1901.

54. TAB KG 855, minderheidsuitspraak in Staat versus J.P.D. Theunissen teenoor pp.39 en 97.

55. Ibid., teenoor p.39, vertoë aan De la Rey gedateer 22 Januarie 1901.

56. Ibid., teenoor p.9, petisie gedateer 24 Januarie 1901.

57. Ibid.

58. TAB KG 855 Staat versus Machlachlan. Die getuienis van R. Machlachlan.

59. Ibid. Sien die sake Staat versus Machlachlan en Staat versus J.P.D. Theunissen.

60. TAB MHG 0 17686 Boedel Machlachlan, 1901.

61. TAB KG 855 teenoor p.29, Staat versus Machlachlan. Machlachlan het hierdie getuienis in sy moedertaal, Engels, aangebied. Pearson was die tolk. Sien die aanhef boaan die opsomming van die getuienis teenoor p.27.

62. Luidens 'n berig van 3 November 1903 in die *Klerksdorp Mining Record* onder die opskrif "A mournful incident" het Machlachlan se swaer Henry Ahrens hom oorsee vergesel.

63. TAB KG 855 teenoor p.29, sien Machlachlan se getuienis.

64. Ibid.

65. L.S. Amery (red.), Vol. IV, p.362.

66. TAB KG 855 teenoor p.27, getuienis van R.J. Appelgrijn.

67. Ibid., teenoor pp.27 en 31. Ingevolge art.117-119 van die Z.A.R. Grondwet (Wet no.2 van 1896) en art. 3 van die Z.A.R. Krygswet (Wet no. 20 van 1898) is bepaal dat alle blanke manlike "ingezetenes" (dus nie beperk tot burgers nie) tussen die ouderdom van 16 en 60 jaar deel van die land se burgermag uitmaak. J.H. Breytenbach: *Die geskiedenis van die Tweede Vryheidsoorlog*, Deel I, p.32.

68. TAB KG 855. Machlachlan se getuienis teenoor pp.27-31.

69. Ibid. Staat versus Ahrens en andere teenoor pp.91-93.

70. Ibid. Machlachlan se getuienis teenoor pp.29-31.

71. Ibid. Die staatsgetuienis in Staat versus Machlachlan en Staat versus Ahrens en andere. In 'n ongedateerde verklaring van sy weduwee, Martha Machlachlan, word beweer Machlachlan is daarvan beskuldig dat hy inligting van "Boer movements" aan die Britte verstrek het. Sien TAB PMO 82 MC 50/01.

72. J.S. Coetzer, pp.110 en 204-207; H. Birkhead & J. Groenewald: *The Wherewithal of Wolmaransstad*, p.11.

73. Lt. Huddleston het vir hom 'n kamer in die huis van Thomas Spence Leask, bekende sakeman en stigter van Wolmaransstad, gekommandeer. Nadat die Britse troepe die dorp ontruim het, het Leask ('n Skot) die dokumente aan 'n Britse burger, ene Clouston, oorhandig. H. Birkhead en J. Groenewald, p.11. Leask is later deur die krygshof aan die misdryf gekwetste majesteit skuldig bevind en tot 'n boete gevonnis. TAB KG 855, "Verslag van Crimineele en andere zaken" teenoor p.15.

74. TAB KG 855. Sien die getuienis in die twee sake teen Machlachlan en Ahrens.

75. Ibid., die verdedigingsgetuienis in Staat versus Machlachlan en Staat versus Ahrens en andere.

76. Ibid. Sien ook landdros Frank Pearson se getuienis in Staat versus Ahrens teenoor pp. 93-95. Uit die opsomming van Pearson se getuienis is dit nie duidelik of Machlachlan soos Theunissen jr. en die Ahrens-broers 'n bekentenis gemaak het nie. In Pearson se getuienis in die Machlachlan-saak maak hy nie melding van enige bekentenis nie. Teenoor p.27 van TAB KG 855.

77. Ibid., teenoor p.29.

78. Ibid., sien die getuienis in geheel.

79. Ibid., klagstaat teenoor p.25.

80. Ibid., sien ook teenoor p.34. Soos met die geval by die formulering van die klagstaat teen Theunissen, het dié teen Machlachlan ook nie al die bewerings bevat wat tydens die verhoor teen hom gemaak is nie. Dit is opvallend dat die klagstaat nie melding maak van die waarskuwing van 'n dreigende Boereaanval aan die Britse bevelvoerder op Wolmaransstad nie, wat tog 'n belangrike deel van die getuienis teen hom uitgemaak het. Of die klagstaat dalk gewysig is en of daar nie soveel aandag aan regstegniese aspekte gegee is nie, is nie duidelik nie.

81. Ibid., sien die uitspraak.

82. TAB KG 854, teenoor p.147. Die vertoë aan die staatsaanklaer gedateer 15 Januarie 1901.

83. TAB KG 855, teenoor p.31.

84. TAB KG 854, teenoor p.147. Die vertoë aan die staatsaanklaer gedateer 15 Januarie 1901.

85. TAB KG 855. Sien die bekragtiging van Machlachlan se vonnis deur De la Rey en Smuts.

86. TAB KG 854, teenoor p.147. Vertoë aan die staatsaanklaer gedateer 15 Januarie 1901.

87. Hoekom Machlachlan afsonderlik aangekla en verhoor is, kon nie vasgestel word nie.

88. TAB KG 855 Staat versus Ahrens en ander. Die klagstaat is teenoor p.89. Die eerste beskuldigde se name word in die klagstaat verkeerd aangedui. Dit moet Heinrich Dietloff Ahrens wees. Sien TAB MHG o o/17686 Boedel Ahrens, H.D. 1901.

89. Ibid., getuienis van H.D. Ahrens.

90. J.H. Breytenbach: *Gedenkalbum van die Tweede Vryheidsoorlog*, p.175.

91. TAB KG 855 Staat versus Ahrens. Die getuienis van Jacobus Petrus Hendrik Barend Kirstein, teenoor p.91.

92. Ibid., teenoor pp.89-91.

93. Ibid., teenoor p.91.

94. Ibid. Bewysstuk B in Staat versus Machlachlan.

95. Ibid., teenoor p.93. Die vereistes vir die toelaatbaarheid van 'n bekentenis in daardie tyd het klaarblyklik heelwat verskil van die streng vereistes wat byvoorbeeld in die hedendaagse Suid-Afrikaanse strafregstelsel gestel word. Die onderhoud wat Pearson tydens die bekentenis met die verdagtes gevoer het, is klaarblyklik nie op skrif gestel nie. Pearson moes dus tydens sy getuienis oor die bekentenis op sy geheue staatmaak. Hy het die verdagtes wel gewaarsku dat enigiets wat hulle sê, in 'n verhoor teen hulle gebruik kon word.

96. Ibid.

97. Ibid., teenoor pp.91 en 93.

98. Ibid., die beskuldigdes se getuienis in die saak Staat versus Ahrens.

99. TAB KG 855. De la Rey se nota oor die bekragtiging van die vonnis.

100. J.F. van Wyk: *Die Mauser knal*, p.77.

101. TAB Aanwins A1047(2), Herinneringe van A.C. Schulenburg, p.20.

102. TAB KG 855. De la Rey se nota oor die bekragtiging van die vonnis.

103. Ibid.

104. Ibid.

105. Ibid. Heinrich Ahrens se getuienis teenoor p.93.

106. TAB PMO 82 MC 50/01, ongedateerde verklaring van Martha Machlachlan.

107. *The Klerksdorp Mining Record*, 3 November 1901, "A mournful incident".

108. TAB KG 855 teenoor pp.91-93.

109. TAB MHG o o/17686 Boedel Ahrens, H.D. 1901.

110. TAB CS 472 4306/04 en GOV 845 PS 18/235/05, skrywe van "Central Judicial Commission" aan lord Selbourne gedateer 15 November 1905.

111. Grafskrif van Willem (moet wees Wilhelm) Frederick Ahrens in die Presbiteriaanse gedeelte van die ou begraafplaas in Klerksdorp.

112. Boyd gee sy ouderdom as 25 jaar. Sien TAB KG 855 teenoor p.53, skrywe/vertoog

gedateer 18 Januarie 1901 van Ronald Boyd aan die staatsaanklaer C.F. Rothman. Volgens sy grafsteen in die ou begraafplaas in Klerksdorp is sy geboortedatum 9 Julie 1875. Sy sterfkennis dui sy ouderdom as "about 30 years" aan. TAB MHG 01 0/17864 Boedel Boyd, R., 1901.

113. TAB KG 855 teenoor p. 55, verklaring gestempel 21 Januarie 1901 van Ronald Boyd.

114. Ibid.; TAB GOV 128 GEN/44/03, verslag van sir Richard Solomon in Rex versus Pearson, p.6.

115. Ibid.; TAB MHG 01 0/17864. Met die deurgaan van sy boedeldokumente is dit opmerklik hoe nou sy verbintenis met daardie families was.

116. TAB KG 855 teenoor p.55, verklaring gestempel 21 Januarie 1901 van Ronald Boyd.

117. Ibid.

118. TAB PMO 82 MC 50/01, ongedateerde verklaring van Martha Machlachlan.

119. TAB MHG 01 0/17864 Boedel Boyd, R., 1901.

120. TAB PMO 82 MC 50/01, ongedateerde verklaring van Martha Machlachlan.

121. TAB KG 855 teenoor p.55, verklaring gestempel 21 Januarie 1901 van Ronald Boyd.

122. Ibid., teenoor p.53, skrywe/vertoog van Ronald Boyd aan die staatsaanklaer C.F. Rothman gedateer 18 Januarie 1901. In sy getuienis het Coetsee ontken dat hy Theunissen se versoek geweier het, maar bloot ontwykend geantwoord met die woorde: "Ik zal zien". Sien TAB KG 855 teenoor p.61, Staat versus Ronald Boyd.

123. Op Wolmaransstad is die gevangenes wat aan ernstiger misdade skuldig bevind is, in die tronk aangehou, terwyl die ander, meestal verhoorafwagtendes, in die Ebenhaezerskool gehuisves is. TAB KG 855. Sien die saak Staat versus Ronald Boyd in geheel.

124. Ibid., teenoor p.61, getuienis van Gert Petrus Coetsee.

125. Ibid., Aanhangsel A van die hofoorkonde teenoor p.59. Die oorspronklike brief is teenoor p.51 van TAB KG 855 ingebind.

126. Ibid., klagstaat.

127. Ibid., teenoor p.41, klagstaat in Staat versus Jacobus Petrus Daniel Theunissen.

128. Ibid., teenoor p.61, uitspraak van die krygshof. Sien ook sy onderskeie pleidooie hierbo vermeld.

129. Ibid., teenoor p.53, skrywe/vertoë gedateer 18 Januarie 1901 van Ronald Boyd aan die staatsaanklaer C.F. Rothman.

130. Ibid., teenoor p.55, verklaring van Ronald Boyd gestempel 21 Januarie 1901.

131. Ibid.

132. TAB KG 855, Staat versus H.A. Matthijzen teenoor p.83 e.v.

133. Ibid., verklaring van A. Starbech teenoor p.79 (sien ook Starbech se oorspronklike verklaring in TAB KG 854 (teenoor p.149) en getuienis van H.A. Matthijzen teenoor p. 81.

134. TAB KG 855, getuienis van H.A. Matthijzen teenoor p.81.

135. Ibid., verklaring van A. Starbech teenoor p.79. Hy en ander het op Boereplase in die Vrystaat mielies vir die Britte gaan stroop.

136. Ibid., getuienis van M.M. Muller teenoor p.83.

137. Ibid.

138. Ibid., die getuienis van die saak in geheel.

139. Ibid., aanhangsel B tot die hofnotule, teenoor p.79 (sien ook TAB KG 854 vir die oor-spronklike sertifikaat). De Beer se getuigskrif van Matthijzen het so gelui: "Met deze certiviseer ik dat de burger H. Matthijzen van Augustus 1900 bij mij in diens is. En heef genoemde dien tijd als een getrouw burger gedraag."

140. TAB KG 855, Staat versus H.A. Matthijzen, klagstaat teenoor p.83.

141. Ibid., getuienis van H.A. Matthijzen teenoor p. 81. Die enkelgetuie, ene Frans Classen, wat die beskuldigde roep om vir hom te getuig, se getuienis word weens die hoorsê-aard daarvan nie deur die krygshof toegelaat nie.

142. Ibid., teenoor p.81.

143. Ibid., telegram van Bloemhof op 16 Januarie 1901 aan die landdros te Wolmaransstad versend, teenoor p.71.

144. Ibid., sien die kopie van die telegram teenoor p.77. Sien ook die verskeie ander tele-gramme gedateer 16 Januarie 1901 teenoor pp.67-77.

145. TAB KG 854, petisie gedateer 21 Januarie 1901 teenoor p.159.

146. TAB KG 855, bekragtiging van die vonnis en bevestiging van voltrekking teenoor p.63.

147. TAB KG 855. Die gegewens is verkry uit getuienis wat Savage in die hoogverraadsaak gelewer het. Vier sake van hoogverraad is op die dag van Savage se verhoor afgehandel. Machlachlan en Savage het die doodstraf ontvang en twee ander beskuldigdes, P.G.H. Fallstead en W.R. Wentzel, het klaarblyklik die keuse gehad om weer op kommando te gaan en daardeur 'n vonnis van die doodstraf vry te spring – inderdaad 'n vreemde bevinding. Sien die "Verslag van Crimineele en andere zaken behandeld door het Militaire Hof voor de Westelijke Districten der Z.A.R. gedurende Maanden Januari, Februari en Maart 1901" en Staat versus Ronald Boyd, Bewysstuk A (die brief van Boyd waarin die Britse bevelvoerder op Klerksdorp versoek word om die gevangenes te ontset, gedateer 12 Januarie 1901).

148. Ibid. Die getuienis van die twee staatsgetuies. Die klagstaat het die volgende beweringe bevat: "Dat George Fison Savage, een blanke en een burger van den Oranje Vrij Staat, thans in de gevangenis te Wolmaransstad, Zuid-Afrikaansche Republiek, schuldig is aan de misdaad van Hoogverraad: doordien op verschillende datums gedurende de maand Juli 1900 te Klerksdorp, Schoonspruit Delwerijen, Zuid-Afrikaansche Republiek, hij de gezegde George Fision Savage onwettiglijk en wederrechtelijk en met een vijandig oogmerk vuurwapenen opgenomen heeft en gezamentlijk met een Britsche legermacht is uitgetrokken tegen de gezamentlijke burgermacht der Zuid-Afrikaansche Republiek en van den Oranje Vrij Staat."

149. Ibid., G.F. Savage se getuienis. Hy het ook beweer dat die Britte hom om een of ander rede wat hy nie vermeld nie, as 'n Britse onderdaan beskou het. Pearson word as die tolk in die saak genoem, wat aandui dat Savage Engelssprekend was.

150. Ibid. Savage het die getuienis self in die hoogverraadsaak gelewer.

151. *The Natal Witness*, 21 Maart 1901, die artikel onder die opskrif "Boer barbarity".

152. TAB PMO 82 MC 50/01, ongedateerde skrywe van maj. G.T. Milne aan "provost marshall".

153. TAB KG 855 teenoor p.855, Staat versus H.A. Matthijzen. Soortgelyke opdragte is in al die krygshof se uitsprake gegee waar die doodstraf opgelê is. Sien byvoorbeeld Staat versus Ahrens en andere teenoor p.89 en Staat versus Machlachlan teenoor p.31.Geen spesifieke "Militaire Wetten" of voorskrifte van die Z.A.R. wat betref teregstellings kon opgespoor word nie.

154. Sien die bespreking oor die Griekwalanders as lede van 'n vuurpeloton in hoofstuk 9 en die moontlikheid dat Naas Raubenheimer se beskrywing op die Wolmaransstad-teregstellings van toepassing mag wees waar rebelle van Griekwaland-Wes gebruik is.

155. TAB PMO 82 MC 58, verklaring van Pearson. Volgens J.S. Coetzer se MA-verhandeling, "Die geskiedenis van Wolmaransstad tot met Uniewording in 1910", p.223 het George Bredenham bevel oor die vuurpeloton gevoer en Pearson het Boyd met 'n rewolwer doodgeskiet.

156. TAB PMO 82 MC 50/01. Volgens 'n beëdigde verklaring wat Petrus Johannes Lombard op 20 April 1901 gemaak het, was die grafte sowat 300 treë buite die dorp. Volgens 'n beëdigde verklaring (in dieselfde bron) wat Christiaan Jacobus Rabie op 23 April 1901 gemaak het, was die grafte sowat een myl buite die dorp.

157. Ibid., beëdigde verklaring van Christiaan Jacobus Rabie gedateer 23 April 1901. Hy was 'n gevangene op Wolmaransstad omdat hy geweier het om wapens teen die Britte op te neem.

158. Ibid.; Sien ook *Klerksdorp Mining Record*,"Executions at Wolmaransstad", 20 November 1902; *The Bloemfontein Post*,"Executions by Boers", 16 Maart 1901.

159. TAB PMO 82 MC 50/01, beëdigde verklaring van Christian Jacobus Rabie gedateer 23 April 1901.

160. *The Natal Witness*,"Boer barbarity", 21 Maart 1901.

161. H.W.Wilson: *After Pretoria: The Guerilla War*, p.386.

162. *Klerksdorp Mining Record*,"Executions at Wolmaransstad", 20 November 1903.

HOOFSTUK 8

1. TAB PMO 82 MC 50/01, verklaring van Petrus Johannes Lombard gedateer 20 April 1901. Sien ook die beëdigde verklaring van Christiaan Jacobus Rabie gedateer 23 April 1901 in dieselfde bron.

2. Ibid.

3. *Klerksdorp Mining Record*,"Executions at Wolmaransstad", 20 November 1903.

4. A. Grundlingh: *Die "Hendsoppers" en "Joiners"*, pp.379-390. Uiteindelik het die joinerkerke verdwyn namate onverdraagsaamheid teenoor die afvalliges om godsdienstige redes afgekoel het.

5. *Klerksdorp Mining Record*,"Executions at Wolmaransstad", 20 November 1903.

6. Ibid.

7. *The Natal Witness*, 21 Maart 1901 onder die opskrif "Boer barbarity".

8. A. Badenhorst: *Tant Alie van Transvaal*, pp.227-228.

9. Sien die verskeie verklarings in TAB PMO 82 MC 50/01.

10. Ibid., skrywe van Martha Machlachlan aan sir Richard Solomon gedateer 30 Mei 1901.

11. Ibid., skrywe van maj. Coleridge aan die "provost marshall" gedateer 28 Mei 1901. Daar was 'n doelbewuste verdagmakery van sekere Britsgesindes teen die amptenare van die krygshof. Ene Cawood het byvoorbeeld op 26 Junie 1901 'n skrywe aan maj. Coleridge op Klerksdorp gestuur waar beweer word Coetsee was 'n Kaapse rebel omdat hy voor die oorlog van Burgersdorp in die Kaapkolonie na Transvaal verhuis het. As bewys kon word dat hy 'n Kaapse rebel was, kon Coetsee die doodstraf kry op grond daarvan dat hy 'n Britse onderdaan was. Daar word in die skrywe na Coetsee as "that hound" verwys. Die beweringe blyk vals te gewees het. Sien die skrywe van Cawood aan maj. Coleridge gedateer 27 Junie 1901.

12. Ibid., skrywe van maj. Coleridge van Klerksdorp aan "provost marshall" gedateer 25 Mei 1901.

13. Ibid., ongedateerde verklaring onder die opskrif "The Wolmaransstad Murders".

14. TAB KG 855, teenoor p. 49, skrywe van G.P. Coetsee aan lede van die krygshof.

15. Ibid.

16. Sien TAB CJC 69 CJC 1290; TAB MCB 114 57 en 111; TAB LTG 168 TEL 2248; TAB MHG 01 0/17864. Sy pa, John Boyd, wie se adres as 64 Old Broad Street, London, aangegee word, het sy seun se erflating ontvang. Boyd sr. was 'n neef van lt.genl. sir A. Hunter, wat in die oorlog as bevelvoerder van die 10de Divisie in Suid-Afrika diens gedoen het. TAB PMO 82 MC 50/01, "The Wolmaransstad Murders" en L.S. Amery (red.): *The Times History of the War in South Africa, 1899-1902*, Vol. IV, teenoor p.312.

17. Sien byvoorbeeld die artikel in *The Natal Witness* onder die opskrif "Boer barbarity", 21 Maart 1901.

18. TAB PMO 82 MC 50/01 dokument getiteld "The Wolmaransstad Murders".

19. Sekere koerante in Brittanje het summiere teregstellings van Boerekrygers gepropageer. Sien byvoorbeeld *Daily Telegraph*, 17 Oktober 1900 en 2 Januarie 1901. Sien C.F. Aked: *The Annual Sermon on our Cowardly War*, 22 Desember 1901, p.12.

20. H.W. Wilson: *After Pretoria: The Guerilla War*, pp.382-383 en 386.

21. TAB PMO 82 MC 50/01.

22. Ibid.; Sien ook TAB KG 855 teenoor p.15, "Verslag van Crimineele en andere zaken behandeld door het Militaire Hof voor de Westelijke Districten der Z.A.R. gedurende maanden Januari, Februari en Maart".

23. TAB PMO 82 MC 50/01, "The Wolmaransstad Murders".

24. J.F. van Wyk: *Die Mauser knal*, p.77. Hy meld verkeerdelik dat Douthwaite by dieselfde voorval gevange geneem is. Douthwaite is heelwat later teen die einde van die oorlog deur die Britte gevange geneem.

25. TAB GOV 128 GEN/44/03, skrywe van die prokureur-generaal gedateer 24 September 1902 aan die luitenant-goewerneur en die aanhangsel daartoe onder die opskrif "Rex versus Pearson".

26. Ibid., pp.1-9 van die verslag.

27. Ibid., pp.7-9 van die verslag.

28. Ibid., p.1 van die dekkingskrywe van die verslag.

29. TAB PMO 82 MC 50/01, "provost marshall" aan DMI gedateer 12 Mei 1902.

30. TAB PMO 82 MC, verklaring van Pearson.

31. Ibid.

32. H.W.Wilson, p.386.

33. Ibid.

34. TAB GOV 128 GEN/44/03, skrywe aan lord Milner gedateer 20 September 1902. Die skrywe is deur sowel Martha Machlachlan as haar begenadigde broer, Christiaan Jacobus Theunissen, onderteken.

35. Ibid. Sien die hele inhoud van die lêer.

36. *Klerksdorp Mining Record*, 3 November 1903, berig onder die opskrif "A mournful incident".

37. TAB GOV 128 GEN/44/03, skrywe van Martha Machlachlan aan die luitenant-goewerneur gedateer 27 November 1903.

38. Ibid., skrywe van die privaatsekretaris van die luitenant-goewerneur aan die "resident magistrate" van Klerksdorp gedateer 2 Desember 1903.

39. TAB LTG 1, 1, skrywe van "resident magistrate" op Klerksdorp aan die luitenant-goewerneur in Pretoria gedateer 2 Januarie 1904.

40. *Klerksdorp Mining Record*, 20 November 1903, "Executions at Wolmaransstad". Die skrywer van die brief meld dat hy die tereggesteldes persoonlik geken en saam met hulle op kommando was. Sy sentimente is egter duidelik anti-republikeinsgesind.

41. Ibid.

42. Sien byvoorbeeld *The Bloemfontein Post* en *The Natal Witness* van daardie tydperk, om maar enkeles te noem.

43. Waarskynlik Jacobus Albertus van Zyl wat in 1864 gebore is en op Stellenbosch gestudeer het. Hy het gedurende die oorlog met die rang van generaal bevel oor die Griekwalanders gevoer. J. Malan: *Die Boere-offisiere van die Tweede Vryheidsoorlog 1899-1902*, p.55.

44. TAB LD 201 AG 6839, skrywe/verslag van die "resident magistrate" van Wolmaransstad gedateer 23 Januarie 1903.

45. Ibid., skrywe van die "Office of the Chief Secretary for Permits" aan die "Law Department", Pretoria gedateer 6 Februarie 1903.

46. TAB PMO 82 MC 50/01, skrywe aan die "provost marshall" gedateer 18 Junie 1902.

47. TAB GOV 128 GEN/44/03, skrywe van die prokureur-generaal gedateer 24 September 1902, p.2.

48. TAB KG 855 teenoor p.1.

49. Die handtekening van Frank Pearson op die petisielys is in 2008 deur 'n forensiese deskundige, Leon Esterhuize van Pro Scripto Document Examination CC, ontleed en eg bevind. Oorspronklike forensiese verslag is in skrywer se besit.

50. TAB PMO 82 MC, getikte afskrif van Pearson se verklaring.

51. TAB PMO 82 MC 50/01, afskrif van 'n skrywe van lord Methuen gedateer 3 Maart 1901.

52. Aangehaal in A.W. Raath: *De la Rey:'n stryd vir vryheid*, p.399 (De la Rey se herinneringe soos vertaal deur A.W. Raath).

53. J. Oosthuizen: *Jacobus Herculas de la Rey en die Tweede Vryheidsoorlog*, pp.385 en 412.

54. Ibid., pp.445-446.

55. A.W. Raath, p.381.

56. TAB Aanwins A239, Engelse vertaling van 'n republikeinse *Oorlogsbericht* gedateer 27 Februarie 1901.

57. TAB Preller-versameling, Aanwins A787, no.62, Herinneringe van C. Rocher, pp.53-54.

HOOFSTUK 9

1. Aangehaal uit die jaarblad "Suid-Afrika 1938-39" soos vertel deur I. van W. (Naas) Raubenheimer, LV vir Betsjoeanaland en later senator, aan C.J.S. Strydom gepubliseer in P.W. Grobbelaar (red.): *Die Afrikaner en sy kultuur*, Deel II, pp.102-103. Sien ook C.J.S. Strydom: *Ruitervuur*, pp.158-159.

2. O.J.O. Ferreira: *Memoirs of General Ben Bouwer as written by P.J. le Riche*, pp.92-94 en voetnote 21 en 22 op dieselfde bladsye; C.J.S. Strydom: *Ruitervuur*, pp.158-159; J.P. Brits (red.): *Diary of a National Scout*, p.32.

3. J.P. Brits (red.), p.32.

4. Waarskynlik genl.maj. C.W.H. Douglas, stafhoof van lord Methuen se magte in Wes-Transvaal. Sien L.S. Amery (red.): *The Times History of the War in South Africa, 1899-1902*, Vol. V, pp.56-57.

5. J.P. Brits (red.), p.32.

6. Ibid. Geen sterfkennisse van De Beer of De Bruyn kon in die argiewe gevind word nie.

7. Ibid., p.32.

8. Ibid., pp.51-52.

9. D.W. en J. de Beer: *Die De Beer-familie: drie eeue in Suid-Afrika*, p.515.

10. G.F.C. de Bruyn se *De Bruyn-geslagsregister*, p.109. Die bron meld dat De Bruyn deur 'n Boeregeneraal doodgeskiet is, maar gee nie die besonderhede daarvan nie.

11. O.J.O. Ferreira, p.15.

12. Soos Albert Grundlingh in sy werk *Die "Hendsoppers" en "Joiners"* op p.208 aandui, het die National Scouts eers later ontstaan.

13. O.J.O. Ferreira, p.92.

14. Vdkt. Alexander George Boshoff (1875-1965) was 'n kleinseun van die Vrystaatse president J.N. Boshoff. O.J.O. Ferreira, p.92, voetnoot 20. Hy was die broer van kmdt. J.N. Boshoff wat later die landdros van die Wolmaransstadse krygshof sou word.

15. Ibid., p.92.

16. Ibid. Volgens Strydom het Raubenheimer in 'n onderhoud gesê De la Rey was die voorsitter van die krygsraad. Sien C.J.S. Strydom: *Ruitervuur*, p.159.

17. O.J.O. Ferreira, p.93. Die outeur wat Bouwer gehelp het om sy herinneringe op te teken, P.J. le Riche, het dit in Engels gedoen, waarskynlik omdat hy in dié taal geskool was.

18. Ibid., pp.93-94.

19. J.P. Brits (red.), p.16.

20. TAB MHG o 928 Boedel Robinson, W., 1900.

21. TAB PMO 82 MC 58. Douthwaite se betrokkenheid word in verskillende verklarings in die lêer bevestig.

22. Ibid., verklaring van lt. J.D. Forbes gedateer 29 Mei 1902.
23. J.P. Brits (red.), p.16.
24. Ibid.; Sien ook Forbes se verklaring gedateer 29 Mei 1902 in TAB PMO 82 MC 58.
25. J.P. Brits (red.), p.32.
26. TAB PMO 82 MC 58.
27. Ibid., klagstaat.
28. Ibid., notule van verrigtinge.
29. Ibid., verklaring van Spider gedateer 24 Mei 1902 en op Klerksdorp afgelê. Die agter-ryer het gesê hy het van November 1899 tot Desember 1901 by Douthwaite diens ge-doen.
30. Ibid., verklaring van manskap W.F. McTavish gedateer 29 Mei 1902 te Johannesburg.
31. Ibid., verklaring van lt. J.D. Forbes gedateer 29 Mei 1902 te Johannesburg.
32. Ibid., verslag van maj. G. Marshall in Grahamstad aan die "provost marshall" gedateer 20 Mei 1902.
33. Ibid. Sien die notule in hierdie bron.
34. TAB MHG o 928 Boedel Robinson, W., 1900.
35. TAB CJC 848 CJC 1594, verklaring van Robert Robinson gedateer 14 Desember 1903.
36. Ibid.
37. Ibid., verklaring van Hector Henry Denton gedateer 23 Junie 1902.
38. Ibid., verklaring van Robert Robinson gedateer 14 Desember 1903.
39. TAB MHG o 928 Boedel Robinson, W., 1900.
40. TAB WO 108/16/878 (A378), skrywe gedateer 30 Maart 1902 van die bevelvoerende offisier van die National Scouts, Klerksdorp, aan maj. E.M.H. Legget, 30 Maart 1902. Sien ook A. Grundlingh, p. 282.
41. TAB MHG o 1221 Boedel Swanepoel, J.D.B. 1902.
42. Ibid. Die bronne in eindnota 40 vermeld gee die tereggestelde se voorletters as J.D.S. Swanepoel. Die laaste voorletter is waarskynlik 'n vergissing.
43. Ibid., verklaring van Johanna Elizabeth Swanepoel, 31 Oktober 1905.

HOOFSTUK 10

1. Die vredesbeweging onder afvallige Afrikaners is in resente tye deur verskeie historici ondersoek. Sien J.L. Hattingh se toonaangewende artikel "Die geval van Meyer de Kock en die ontstaan van die konsentrasiekampe tydens die Anglo-Boereoorlog 1899-1902" in *Historia* 18(3), September 1973, pp.163-185; S.B. Spies: *Methods of Barbarism?*, pp.180-183 en 203-205; A. Grundlingh: *Die "Hendsoppers" en "Joiners"*, sien veral hoofstuk 3.
2. Ibid. Sien veral J.L. Hattingh, p.180.
3. L.S. Amery (red.): *The Times History of the War in South Africa, 1899-1902*, Vol.V, p.87.
4. Sien J.L. Hattingh, p.164.
5. Sien die bronne in eindnota 1.
6. A. Grundlingh, pp.125-126. Oudpres. M.W. Pretorius is kort daarna oorlede.
7. A. Grundlingh, p.119; J.L. Hattingh, pp.180-181. 'n Teregstelling van dié aard sou tog wye publisiteit geniet het.

8. B. Viljoen: *My Reminiscences of the Anglo-Boer War*, p.335. In die Nederlandse vertaling van sy boek, *Mijne herinneringen uit den Anglo-Boeren-Oorlog*, p.208 spreek Viljoen sy bedenkinge uit oor of De Kock die konsentrasiekampe voorgestel het. Hy meld wel dat die vegtende burgers daarvan oortuig was. Hierdie mening van Viljoen is nie in die Engelse vertaling vervat nie.

9. C.H. Muller: *Oorlogsherinneringe*, p.112.

10. L.S. Amery (red.), pp.86-87; Sien ook S.B. Spies, p.184.

11. S.B. Spies, p.184.

12. J.L. Hattingh, p.166. Vir 'n bespreking van die oorsake van die ontstaan van die konsentrasiekampe sien F. Pretorius (red.): *Verskroeide aarde*, p.37 e.v.

13. Ibid., pp.165; 175-176; S.B. Spies, pp.183-184.

14. J.L. Hattingh, p.170.

15. TAB PMO 23 PM 1612/01, beëdigde verklaring van Meyer de Kock, aanhangsel C tot die Engelse vertaling van die hofnotule.

16. Ibid.

17. L.S. Amery (red.), pp.86-87.

18. TAB PMO 23 PM 1612/01.

19. TAB PMO 70 P29, skrywe van De Kock aan "provost marshall", gedateer 18 Desember 1900.

20. TAB PMO 23 PM 1612/01, skrywe van die vredeskomitee van Belfast gedateer 18 Januarie 1901; J.L. Hattingh, p.179.

21. TAB PMO 23 PM 1612/01, skrywe van die vredeskomitee van Belfast aan vdkt. M.P. Taute gedateer 18 Januarie 1901, Aanhangsel B tot die hofnotule; J.L. Hattingh, p.179.

22. B. Viljoen, p.335. Viljoen meld dat De Kock se vrou die brief gestuur het waarin Taute uitgenooi is om die kwessie van wapenneerlegging met haar man te kom bespreek. Dit kan nie korrek wees nie. Die brief wat De Kock as sekretaris van die Belfast-vredeskomitee onderteken het, is by die hofstukke as bewysstuk B ingehandig en is nie tydens die verhoor betwis nie. Sien TAB PMO 23 PM 1612/01, hofnotule. Viljoen begaan soms feitedwalinge in sy werk. Sien J.W. Meijer: *Generaal Ben Viljoen*, p.12.

23. TAB PMO 23 PM 1612/01, beëdigde verklaring van Meyer de Kock, Aanhangsel C tot die Engelse vertaling van die hofnotule.

24. TAB Preller-Aanwins, A787 no.21, p.102. Die *Oorlogsbericht* lui: "De burger H. Swaijn(?) di na wapens te hebben neergelegt uit Baberton naar onze lynen is gekomen met Engelsche proclamaties onze burgers tot overgawe aanmanende is door het Speciale hof alhier het in morgen ter dood veroordeeld." Dié dokument in die argief is in 'n swak toestand en op plekke moeilik leesbaar. Geen ander inligting oor die geval kon opgespoor word nie.

25. S.B. Spies, p.204.

26. C.H. Muller, pp.112-113; B. Viljoen, pp.335-336; TAB PMO 23 PM 1612/01, beëdigde verklaring van Meyer de Kock, Aanhangsel C tot die Engelse vertaling van die hofnotule.

27. TAB PMO 23 PM 1612/01, Aanhangsel A tot die Engelse vertaling van die hofnotule vir die klagstaat en vir die ander inligting die gehele inhoud van die lêer.

28. Ibid., beëdigde verklaring van Meyer de Kock, Aanhangsel C tot die Engelse vertaling van die hofnotule.

29. Ibid., Engelse vertaling van die hofnotule. Daar kan aanvaar word dat die hofnotule, wat oorspronklik in Hollands opgeteken is, later in die oorlog in Britse hande geval het, waarna dit in Engels vertaal is.

30. Ibid., petisie gedateer 31 Januarie 1901.

31. B. Viljoen, p.336 en C.H. Muller, p.113.

32. B. Viljoen, p.336.

33. C.H. Muller, p.113.

34. Ds. James Murray Louw (1869-1939) het as veldprediker tot aan die einde van die oorlog by die Boerekommando's diens gedoen. A. Kuit: 'n Kommandoprediker.

35. J.L. Hattingh, p.181.

36. R.W. Schikkerling: Hoe ry die Boere, p.135.

37. C.H. Muller, pp.113-114.

38. B.J. Viljoen, p.338; R.W. Schikkerling, pp.140-141 en C.H. Muller, p.113.

39. C.H. Muller, p.113.

40. R.W. Schikkerling, pp.140-141.

41. Ibid.

42. A. Kuit, p.44.

43. TAB PMO 23 PM 1612/01, doodsertifikaat van Meyer de Kock gedateer 19 Februarie 1901.

44. C.H. Muller, p.113.

45. J.L. Hattingh, p.171 en A. Grundlingh, p.110.

46. TAB PMO 7 PM 480, skrywe van M.L. von Dresselt gedateer 19 Februarie 1902; J.L. Hattingh, p.176. Sien ook TAB PMO 7 PM 497.

47. J.L. Hattingh, p.167.

48. Ibid., pp.166-169.

49. Ibid., p.171; A. Grundlingh, pp.109-110.

50. TAB MHG 0 1307 Boedel De Kock, Meyer, 1901, sien die likwidasie- en distribusierekeninge.

51. Ibid., Sterfkennis; Grafsteen van Meyer de Kock; J.L. Hattingh, pp.166-168.

52. TAB PMO 13 PM 974 en TAB PMO 7 PM 480.

53. TAB PMO 21/1532, skrywe van G.F. Joubert aan Kitchener gedateer 22 Mei 1901.

54. Ibid., nota van Kitchener gedateer 10 Junie 1901.

55. De strijd tusschen Boer en Brit verskyn nog in 1902 en word wêreldbekend met vertalings in die meeste van die bekende Europese tale. In resente tye word die boek steeds herdruk. Sien ook M.C.E. van Schoor: Christiaan Rudolph de Wet: krygsman en volksman, pp.201-203.

56. Sekere van De Wet se biograwe meld ook nie die Morgendaal-voorval nie. Sien byvoorbeeld J.D. Kestell: Christiaan de Wet: 'n lewensbeskrywing en E. Rosenthal: General De Wet.

57. Persoonlike inligting oor Morgendaal is verkry uit VAB MHG 0 M1023 Boedel Morgendaal, J.J. 1901; TAB CJC 624 CJC 196; J.H. Breytenbach: Die geskiedenis van die

Tweede Vryheidsoorlog, Deel 1, p.403; S.B. Spies, p.203 en p.359 voetnoot 240; A. Grundlingh, p.130.

58. A. Grundlingh beweer op p. 131 verkeerdelik, waarskynlik in navolging van ander historici, dat Wessels Morgendaal se skoonpa was. Morgendaal se skoonpa was Barend Johannes Swart Wessels. Sien VAB MHG 0 M1023 R.147/88.

59. Inligting oor Wessels is verkry uit S.B. Spies, p.203 en p.359, sien voetnoot 240; A. Grundlingh, p.131.

60. Christiaan Andries van Niekerk (1874-1966) was 'n afgevaardigde na die vredesberaad by Vereeniging en latere president van die senaat van die Unie van Suid-Afrika. H.C. Hopkins: *Maar één soos hy*.

61. Christoffel Cornelius Froneman (1846–1913) was bevelvoerder van die Ladybrand-kommando. Hy het later in die oorlog die rang van assistent-hoofkommandant van die distrikte Winburg, Ladybrand, Ficksburg en Bethlehem beklee. A. Wessels, A.W. Raath & F.J. Jacobs (reds.): *Egodokument*, p.43.

62. O.T. de Villiers: *Met De Wet en Steyn in het veld*, p.67. Sien ook S.B. Spies, p.203.

63. S.B. Spies, p.203 en p.359, die relevante voetnotas op hierdie bladsy.

64. Philip Rudolph Botha (1851-1901), die oudste broer van genl. Louis Botha, was een van die bekwaamste Vrystaatse generaals. Hy het tot assistent-hoofkommandant oor die kommando's van Vrede en Harrismith gevorder, maar op Doornberg in die distrik Ventersburg gesneuwel. A. Wessels, A.W. Raath & F.J. Jacobs (reds.), p.29.

65. TAB PMO 81 MC 35/01, verklaring van vdkt. Joseph van Biljon gedateer 17 Oktober 1901. Van Biljon was saam met genl. Philip Botha se kommando en meld dat hulle in die omgewing van Liebenbergsvlei (tussen Kroonstad en Lindley) was.

66. Benewens A. Grundlingh se bevinding dat daar ses ooggetuieverslae, twee beëdigde verklarings, 'n mediese verklaring en die herinneringe van twee oudstryders is, is daar nog ander "ooggetuieverslae" wat byvoorbeeld in die Engelse pers en elders vervat word. Sien byvoorbeeld *The Bloemfontein Post*, Dinsdag 25 Februarie 1902; A. Grundlingh, p.131 en p.161 voetnoot 145. Slegs daardie bronne wat 'n geloofwaardige weergawe daarstel, is gebruik.

67. O.T. de Villiers, p.68.

68. Ibid. Sien ook S.B. Spies, pp.203-204; A. Grundlingh, p.132.

69. I.J.C. de Wet: *Met genl. De Wet op kommando*, p.77.

70. Ibid. Die skrywer, genl. De Wet se seun, gee sy adres in sy boek aan as p/a Koppies, Vrystaat, met 'n uitdaging aan enigeen wie se weergawe van die gebeure van syne verskil, om met hom in verbinding te tree. Die boek het meer as vyf dekades na die gebeure verskyn.

71. O.T. de Villiers, p.68-69.

72. S.B. Spies, pp.203-204; A. Grundlingh, pp.132-133. Morgendaal is in Middelburg in die Kaapkolonie gebore en was die seun van Johan Willem en Magdalena Francina (gebore Maartin) Morgendaal. Sien VAB MHG 0 M1023 Boedel Morgendaal, J.J. 1901.

73. O.T. de Villiers, p.69.

74. I.J.C. de Wet, p.79.

75. A. Grundlingh, pp.124-125.

76. I.J.C. de Wet, p.79.

77. A. Grundlingh, pp.133-134; S.B. Spies, p. 204. Sonder om in gekunstelde regsargumente betrokke te raak, moet in gedagte gehou word strafbare manslag bevat die element van nalatigheid. Froneman het Morgendaal doelbewus op bevel van De Wet geskiet. Die regsvrae moes eerder gewees het of Froneman regmatig opgetree het deur De Wet se bevel uit te voer en of De Wet se bevel geregverdig was om Morgendaal in die besondere oorlogsomstandighede te skiet. Die aanduidings is dat Morgendaal onder drif geskiet is in wat as dreigende omstandighede beskou is.

78. S.B. Spies, pp.203-204.

79. H.W.Wilson: *After Pretoria: The Guerilla War*, p.412.

80. Ibid., pp.308-309.

81. C.F.Aked: *The Annual Sermon on our Cowardly War*, p.10.

82. I.J.C. de Wet, p.74.

83. M.C.E. van Schoor: *Die bittereinde vrede*, p.122.

84. J.L. Hattingh, p.184.

HOOFSTUK 11

1. Mededeling op 2 April 2008 deur wyle Daleen Wessels, skoondogter van vdkt. Gert Daniel Jacobus Wessels van die Boshof-kommando, wat die bevel oor die vuurpeloton gevoer het. G.Wessels van Boshof het ook bevestig sy oupa het destyds herhaaldelik vir hom gesê die dag van die teregstelling was die swaarste in sy lewe. Dit was die enigste kere wat hy sy oupa werklik aangedaan gesien het.

2. Drie ooggetuieweergawes oor die gebeure op die dag van die teregstelling is gevind: James Jay Eva het sy verklaring op 1 November 1901 afgelê, VAB Aanwins 239, Major Bartrop-versameling. 'n Afskrif van die verklaring is ook te vind in TAB A239, Maj. A.L. la C. Bartrop-aanwins; Ds. Hendrik Schalk Theron se herinneringe is in 1972 in die *Familieregister van die Therons* (p.72) opgeteken. Die derde weergawe word gevind in die ongepubliseerde oorlogsherinneringe van burger P.J. Marx, wat in 'n Croxley-oefenboekie opgeteken en in die Renier-versameling VAB, Groep No. 119. 1060 te vind is. Frans Fouché van Bloemfontein het afskrifte van die tweede bron aan my verskaf. Fouché het familienavorsing oor die teregstelling gedoen en sy resultate is gepubliseer in *Knapsak*, 'n tydskrif van die Oorlogsmuseum, Bloemfontein onder die titels "Verdeeldheid in een familie tydens oorlog" in Desember 1998 en "Die fusillering van vier Burgher Police" in Desember 2001. Fouché het die verdeeldheid in die Wassermanfamilie (sy voorouers aan moederskant) tydens die oorlog nagevors toe hy die gebeure ten dele ontrafel het. Die tereggestelde Wasserman was die broer van Fouché se oupagrootjie. Daar is ook argivale bronne wat weergawes van veral sekere lede van die Kotzee-familie bevat, waarin die oorlewendes kort na die oorlog verklarings afgelê het om die boedels van die gestorwenes en kompensasie-eise afgehandel te kry.

3. P.J. Marx, ongepagineer.

4. H.S.Theron, p.72.

5. F. Fouché: "Verdeeldheid in een familie tydens oorlog", *Knapsak,* Desember 1998, p.12 en "Die fusillering van vier Burgher Police," *Knapsak*, Desember 2001.

6. A. Grundlingh: *Die "Hendsoppers" en "Joiners"*, pp.210-217. In Desember 1901 is die Burgher Police se naam na Farmers Guard verander. Aanvanklik het die eenheid in die omgewing van Bloemfontein ontstaan en ontwikkel.

7. VAB A170, 1-25, gedeelte van die hofnotule van die hoogverraadsaak gehou te Hartebeesfontein, distrik Boshof, 14 September 1901 (Ook aangedui as Groep no. A170.20, Algemene Aanwins 11.311). Luidens 'n verklaring deur die Kotzee-broers se pa in 1903 het die broers hulle in Mei 1900 aan die Britse magte oorgegee, waarna hulle na Bloemfontein gestuur is. (Daar is hulle na alle waarskynlikheid later in die konsentrasiekamp aangehou.) Hy verklaar voorts hulle is in Oktober 1901 gevange geneem (daarmee vergis hy hom, want hulle is reeds in September 1901 gevang en verhoor) nadat hulle by die Farmers Guard aangesluit het (waarskynlik nog 'n vergissing, want die Burgher Police se naam het eers later in Desember 1901 na Farmers Guard verander, nadat die teregstellings reeds plaasgevind het. Sien A. Grundlingh, pp.210-213). Die pa meld ook sy twee seuns is na net 15 dae in Britse diens deur die Boere gevang, waarna hulle tereggestel is. Sien die twee verklarings gedateer 9 Julie 1903 in die lêers TAB CJC 1690 CJC 652 en 653. Kmdt. Theron was waarskynlik aan die Winburg-kommando verbonde. Genl. Badenhorst verwys verskeie kere na hom in sy oorlogsherinneringe *Uit den Boeren-Oorlog 1899-1902*, pp.127-132.

8. VAB A170, 1-25, gedeelte van die hofnotule van die hoogverraadsaak gehou te Hartebeesfontein, 14 September 1901; F. Fouché: "Die fusillering van vier Burgher Police, *Knapsak*, Desember 2001, p.51. In A. Grundlingh op p.212 word beweer dat die Burgher Police-lede op 8 September 1901 gevang is. Die datum kon nie uit die bronne vasgestel word nie. Grundlingh meld verkeerdelik dat Eva terselfdertyd gevang is.

9. F. Fouché: "Die fusillering van vier Burgher Police", *Knapsak*, Desember 2001, p.53. Persoonlike mededelinge van daardie outeur aan die skrywer.

10. Ibid. Wasserman se seun is na die Groenpunt-kamp gestuur waar hy voor 'n keuse gestel is om na 'n kamp oorsee of na die konsentrasiekamp in Winburg, waar sy familie was, gestuur te word. Hy het verkies om by sy familie te wees en is op 18 Junie 1901 na die Winburg-kamp oorgeplaas. Sien ook F. Fouché: "Verdeeldheid in een familie tydens oorlog", *Knapsak*, Desember, 1998, p.12.

11. Ibid. Sien die naamlys van gesneuwelde burgers van die Bethlehem-kommando onder die Reitz-gemeente in 'n bylaag agter in M.J. Grobler: *Met die Vrystaters onder die wapen*.

12. Sien die artikels in *Knapsak* van F. Fouché hierbo vermeld. Die joiner Wasserman het sewe broers en 'n suster gehad. Mededeling van F. Fouché, agterkleinseun van een van die Wasserman-broers, John George.

13. Inligting oor die tereggestelde De Bruyn verskyn onder g5, p.160 van die *De Bruyngeslagsregister* van 1986. Om die tereggestelde De Bruyn-seun se jong ouderdom te bevestig, is 'n navorser by GISA in Stellenbosch versoek om die aspek te verifieer wat dit bevestig het.

14. Inligting verkry uit 'n skrywe gedateer 25 April 2003 van prof. G.F.C. de Bruyn van

Stellenbosch aan F. Fouché van Bloemfontein. Fouché het die skrywe aan die skrywer voorsien.

15. Sien die artikels in *Knapsak* van F. Fouché hierbo vermeld.

16. VAB MHG 0 M1718 Boedel Kotzee, Maria Christiana Francina, 1902.

17. Van die Kotzee-broers se neefs, onder wie Dirk Jacobus Johannes Kotzee, het ook by die Farmers Guard aangesluit, terwyl sy jonger broer en pa tot aan die einde van die oorlog op kommando gebly het. Van die tereggesteldes se ander neefs het saam met genl. Marthinus Prinsloo oorgegee en is as krygsgevangenes oorsee gestuur. Sien TAB CJC 1684 CJC 429. Sien ook TAB CJC 1682 CJC 319; Enkele van die Kotzee-neefs en -niggies was met mekaar getroud.

18. Uit die boedel- en ander verklarings van die familie is dit duidelik dat hul van "Kotzee" gespel is. In ander bronne word na "Coetzee" verwys, byvoorbeeld in die hofnotule van die hoogverraadsaak in 1901, VAB A170 1-25, en 'n uittreksel van die uitvoerende raad van die O.V.S. se bevindinge in 1901. Sien N.J. van der Merwe: *Marthinus Theunis Steyn*, Deel II, pp.43-44 ens. Dieselfde geld vir die spelling van "De Bruyn". In die hofnotule van die hoogverraadsaak in 1901 word na "De Bruin" verwys. Sien VAB A170 1-25 en "De Bruyn" in C.J. Badenhorst, p.105, om enkele voorbeelde te noem. Dit is aanduidend van die stand van spelling in 'n jong Afrikaanse taal om die draai van die vorige eeu.

19. TAB CJC 1684 CJC 429; CJC 1682 CJC 319. Weens die afsterwe van die tereggestelde Kotzee-broers se ma in die konsentrasiekamp neem dit jare om die boedel af te handel. Sy sterf intestaat omdat die testament tydens die oorlog saam met die plaashuis en inhoud verbrand het. Die plaas Kotzeevlei (no. 565 distrik Winburg) was 3204 morg groot en in 1903 vir £1 750 waardeer. Omdat byna alles op die plaas tydens die oorlog vernietig is, was dit as 'n boerdery kort na die oorlog byna waardeloos. In 1912 is die plaas onderverdeel, met nuwe plaasname en diagramme. VAB MHG 0 M1718 Boedel Kotzee, M.C.F. 1902.

20. F. Fouché: "Die fusillering van vier Burgher Police", *Knapsak*, Desember 2001, pp. 52-53.

21. Christoffel Cornelius Jacobs Badenhorst (1871-1911) was bevelvoerder van die Boshof-kommando en uiteindelik assistent-kommandant-generaal van die Vrystaatse magte in die westelike distrikte. Hy is die skrywer van *Uit den Boeren-Oorlog 1899-1902* wat in 1903 verskyn. J. Malan: *Die Boere-offisiere van die Tweede Vryheidsoorlog 1899-1902*, p.17.

22. S28° 20. 23.3 O 25° 28. 26.1. Die inligting is deur G.D. du Plessis, huidige eienaar van die plaas, verskaf. Volgens hom is die oorspronklike Hartebeesfontein later onderverdeel en is die joiners waarskynlik aangehou en verhoor op die huidige plaas Oorlogspoort, waarvan die koördinate hierbo verskaf is. Die ou plaasopstal bestaan nog.

23. Kmdt. J.J. Jacobs van die wyk Modderrivier distrik Boshof. Sien C.C.J. Badenhorst, p.102.

24. Petrus Rasmus Erasmus (1866-1902). Hy het op 2 April 1902 by Lockskraal in die distrik Boshof gesneuwel. J. Malan, p.83.

25. C.C.J. Badenhorst, p.104. Uit die oorkonde blyk daar nog ander krygraadslede te gewees het.

26. VAB A170, 1-25.

27. VAB Havenga-aanwins A69, skrywe van genl. C.C.J. Badenhorst aan genl. J.B.M. Hertzog gedateer 15 September 1901. Hy meld nie watter joiner nooit op kommando was nie.

28. Ibid.; VAB A170, 1-25.

29. James Barry Munnik Hertzog (1866-1942) was later premier van die Unie van Suid-Afrika. C.M. van den Heever: *Generaal J.B.M. Hertzog.*

30. VAB Havenga-aanwins A69, skrywe van genl. C.C.J. Badenhorst aan genl. J.B.M Hertzog, 15 September 1901.

31. C.C.J. Badenhorst, pp. 104-105; N.J. van der Merwe, pp. 43-44.

32. VAB Aanwins 239, Major Bartrop-versameling, beëdigde verklaring van James Jay Eva, gedateer 1 November 1901. Die oorlewering dat die veroordeeldes in die ou kruithuis aangehou is, word deur verskeie inwoners van Hoopstad oorvertel.

33. C.C.J. Badenhorst, pp. 104-105.

34. Eva meld in sy verklaring hy is op dieselfde dag as die teregstelling van die vier Burgher Police na Bultfontein geneem, waar hy op 29 November 1901 aangekom het. VAB Aanwins 239 Major Bartrop-versameling, beëdigde verklaring van James Jay Eva, 1 November 1901.

35. H.S. Theron, p. 72. P.J. Marx noem ook dat Theron se ma hom gestuur het om die teregstelling by te woon.

36. Hy is Willem Petrus Kotzee, gebore op 17 Maart 1887, as die derde jongste kind. Uittreksel uit die NG gemeente Winburg se doopregister gedateer 4 Julie 1913 in VAB MHG 0 M1718 Boedel Kotzee, M.C.F., 1902.

37. P.J. Marx.

38. H.S. Theron, p. 72.

39. Ibid. Die weergawe van die teregstelling is gegrond op die drie ooggetuieweergawes van H.S. Theron, P.J. Marx en J.J. Eva, die bronne in eindnota 2 genoem.

40. VAB, Aanwins 239, Major Bartrop-versameling, verklaring van Eva gedateer 14 November 1901.

41. S27.82975° O25.90000°. Dié koördinate dui die posisie aan langs die pad teenaan die draadheining langs die grafte. Deur die heining kan 'n mens die drie hopies klippe sien wat na bewering die grafte uitmaak (op die R34 tussen Prince Georgeweg en die R59 oorkant die silo's). Die grafte is op die plaas De Brug, wat voorheen deel van die plaas Groenvlei was. Mededeling deur die huidige eienaar, Johan Fouché, en eie waarneming op sterkte daarvan.

42. H.S. Theron, p. 72. Adendorf se lot na die teregstelling is op hierdie bron en die verklaring van Eva gebaseer.

43. Ibid.

44. VAB MHG 0 M1718 Boedel Kotzee, M.C.F., 1902.

45. VAB MHG 0 K1170 Boedel Kotzee, Maria Margaretha, 1901. Dit is 'n klassieke voorbeeld van wat Jan F.E. Cilliers in sy gedig "Dis al" uitbeeld. Sien D.J. Opperman: *Groot verseboek*, p. 39.

46. TAB CJC 1690 CJC 652 en 653. Die aanhaling kom uit die laaste lêer.

47. TAB CJC 1684 CJC 429, verklaring van Dirk Jacobus Kotzee gedateer 29 Desember, jaartal onduidelik, waarskynlik 1903. Uit die inligting vervat in die volgende lêers is die swaarkry van die Kotzee-familie tydens die oorlog opmerklik: TAB CJC 1690 CJC 642; CJC 1690 CJC 652 en 653.

48. Mededeling van Johan Fouché. Sy oorlede skoonpa, Piet van Biljon, die vorige eienaar van die plaas, het die familielede ontmoet toe hulle die grafte destyds besoek het.

49. Dis dieselfde Erasmus wat lid van die krygshof in die verhoor van De Bruyn, Wasserman, die Kotzee-broers en Adendorf was.

50. Wessels getuig in die hoogverraadverhoor die aanval het sowat 20 minute van Christiana, dus 3 km tot 4 km buite die dorp, aan die Transvaal-kant langs die Vaalrivier plaasgevind. Van Tonder meld dat die voorval op die plaas van oorlede Piet de la Rey plaasgevind het. TAB KG 855 Staat v John Cross en Hendrik Bernardus Massijn, 30 September 1901.

51. Ibid.; TAB PMO 81 MC 31/01, "Proceedings of a Court of Inquiry", 21 November 1901.

52. TAB PMO 81 MC 31/01.

53. TAB MHG o 1272 Boedel Massijn, Hendrik Bernardus, 1901.

54. TAB KG 855 Staat v John Cross en Hendrik Bernardus Massijn, 30 September 1901.

55. Die amptelike dokumente van die Britse leër verwys verkeerdelik na hom as "trooper B. Krause" en soms na Massyn as "Myzien". Sien byvoorbeeld TAB PMO 81 MC 31/01.

56. TAB KG 855 Staat v John Cross en Hendrik Bernardus Massijn, 30 September 1901. Die voormalige vdkt. Niewhoudt, wat oor Cross se identiteit tydens die verhoor getuig, maak die volgende opmerking oor sy ras: "Ik heb hem beschouwd als een naturel, daar zijn vader een uitlander was en zijn moeder een St Helena inboorling." In die klagstaat word na hom as "een bastaard en een ingezetene van de Z.A.R." verwys.

57. VAB A170, verw. 1-25. In die hoogverraadverhoor getuig hy: "Ik liep weg uit de lager van Cronjé." Dit is nie duidelik wat hy daarmee bedoel nie. In daardie tyd is die begrip "om weg te loop" soms as sinoniem vir "ontsnapping" gebruik. Dit is ook onseker of dit tydens die slag van Paardeberg, 18-27 Februarie 1900 (waar genl. Piet Cronjé hom met sowat 4 000 burgers aan die Britte oorgegee het) gebeur het. Sien J.H. Breytenbach: *Die geskiedenis van die Tweede Vryheidsoorlog in Suid-Afrika, 1899-1902*, Deel IV, pp.286-427).

58. Ibid. Eva het getuig hy het agt maande voor die oorlog van die Kaapkolonie na die Vrystaat verhuis om op die diamantvelde te kom delf.

59. Uittreksel uit 'n berig oor Eva se pa in die *Rand Daily Mail* van 25 Maart waarskynlik 1928 onder die opskrif "Pioneer plays many parts in life".

60. Skrywe van Verona M. Blake aan F. Fouché gedateer 29 Maart 1999 in skrywer se besit. Verona Blake is die outeur van *James Jay Eva: 1820 Settler and his descendants*. Gedurende die hoogverraadsaak het Eva getuig hy is op Cathcart in die Kaapkolonie gebore. VAB A170, verw. 1-25.

61. TAB PMO 81 MC 31/01. Tydens die raad van ondersoek wat die Britte op 21 November 1901 oor die gebeure gehou het, verontskuldig James Eva hom deur aan te voer een van die ander wagposlede was altyd in bevel, hoewel hulle sy juniors was. Die

weergawe in die teks berus op die getuienis wat tydens dié ondersoek gelewer is. Sien ook TAB KG 855 Staat v John Cross en Hendrik Bernardus Massijn, 30 September 1901.

62. Dieselfde Wessels wat bevel gevoer het oor die vuurpeloton in die teregstelling van De Bruyn, Wasserman en die Kotzee-broers.

63. TAB PMO 81 MC 31/01; TAB KG 855 Staat v John Cross en Hendrik Bernardus Massijn, 30 September 1901. Genl. Badenhorst skryf op 15 September 1901 aan Hertzog dat kmdt. Erasmus 700 stuks grootvee gebuit het. Sien VAB N.C. Havenga-aanwins A69.

64. VAB N.C. Havenga-aanwins A69, skrywe van genl. C.C.J. Badenhorst aan genl. J.B.M. Hertzog gedateer 15 September 1901.

65. Van Tonder het getuig Cross het 'n Britse kolonne na die Vrystaat vergesel toe ene (De) Villiers gevange geneem en vee van 'n Cornelis van Tonder gekonfiskeer is. By daardie geleentheid het Cross 'n karperd van Cornelis van Tonder se vrou vir homself geneem. Sien TAB KG 855 Staat v John Cross en Hendrik Bernardus Massijn.

66. Ibid. Die verklarings wat landdros J.J. Schuijt van Boshof in 'n voorlopige ondersoek van die beskuldigdes geneem het, is byvoorbeeld nie as bewysstukke toegelaat nie omdat daar nie aan voorgeskrewe formaliteite voldoen is nie. Die verklarings is nie deur hom of die beskuldigdes onderteken nie. Sien die mededeling deur die staatsaanklaer aan die hof aan die einde van die staat se saak.

67. Waarskynlik genl. Sarel Petrus du Toit (1864-1930) van Wolmaransstad. Sien J. Malan, p.29.

68. Waarskynlik landdros W.H. Neethling van Klerksdorp, wat vroeër die jaar ook lid van die Wolmaransstadse krygshof was.

69. Die Britte het die inligting op 28 Oktober 1901 by Boere-krygsgevangenes verkry. TAB PMO 81 MC 31/01.

70. Die weergawe oor die hofverrigtinge en die gebeure self is verkry uit TAB KG 855 Staat v John Cross en Hendrik Bernardus Massijn, 30 September 1901 en TAB PMO 81 MC 31/01.

71. Ibid.

72. Waarskynlik kmdt. Ferdinandus Jacobus Potgieter (1857-1902) van Wolmaransstad wat later tydens die geveg by Rooiwal in 1902 gesneuwel het. J. Malan, p.115.

73. TAB KG 855 Staat v John Cross en Hendrik Bernardus Massijn, 30 September 1901.

74. Die datum en plek van die teregstelling word in Massyn se sterfkennis bevestig. TAB MHG o 1272 Boedel Massijn, Hendrik Bernardus, 1901. Geen sterfkennis kon van John Cross gevind word nie.

75. TAB PMO 81 MC 31/01, 'n getikte afskrif van 'n skrywe of telegram van die Britse bevelvoerder op Christiana aan "C.S.O. Western Districts" gedateer 29 Oktober 1901.

76. Ibid. Dit blyk 'n soort Britse regsopinie te wees onder die opskrif "Telegram from Casualty Capetown to Casualty Pretoria" gedateer 19 November 1901. Die Britse opsteller daarvan was klaarblyklik onbewus daarvan dat tienduisende swart mense en bruin mense onder Britse wapen was.

77. VAB A170, pp. 1-25, gedeelte van hofnotule in die saak teen James Jay Eva gehou te

Hartebeesfontein gedateer 14 September 1901. Eva ontken herhaaldelik op vrae van Erasmus dat hy by die slag van Magersfontein betrokke was (die bekende slag wat op 11 Desember 1899 suid van Kimberley plaasgevind het. J.H. Breytenbach: *Die geskiedenis van die Tweede Vryheidsoorlog in Suid-Afrika 1899-1902*, Deel II, pp.123-174). Ook ontken hy enige deelname aan 'n geveg by Klipkraal, waar ene Saunders gewond is. Die vrae tydens kruisverhoor verwys na spesifieke gevalle van Eva se optrede, waarvan die konteks en betekenis onduidelik is weens die onvolledigheid van die notule. Eva het toegegee hy was aan die begin van die oorlog aan wyk Middenveld van die Boshof-kommando verbonde en het onder vdkt. Diedericks en kmdt. Du Plessis diens gedoen. Wat sy deelname in die stryd teen die Boere betref, erken hy hy het by geleentheid op Boere by Gifberg naby Christiana gevuur.

78. C.C.J. Badenhorst, pp.104-105.

79. VAB Aanwins 239, Major Bartrop-versameling, beëdigde verklaring van James J. Eva gedateer 1 November 1901.

80. Ibid. Daarbenewens was Badenhorst, hoewel streng, bekend as 'n man van inbors en met 'n sin vir die regverdige. Dit is onwaarskynlik dat hy hom aan sulke optrede skuldig sou gemaak het.

81. C.C.J. Badenhorst, p.104; VAB A170, pp.1-25.

82. VAB A170, 1-25.

83. VAB Aanwins 239, Major Bartrop-versameling, beëdigde verklaring van James J. Eva gedateer 1 November 1901. Eva het ook gekla: "I was badly treated especially by a man named Akerman whose farm is close to Junction of Vet & Vaal river; this man was very insulting towards myself and nationality generally." Andersins noem hy: "I was fairly well treated."

84. TAB PMO 81 MC 31/01.

85. F. Fouché: "Die fusillering van vier Burgher Police" in *Knapsak*, Desember 1901, p.56; Skrywe van Verona Blake aan F. Fouché gedateer 29 Maart 1999 in skrywer se besit. Omdat Eva in later jare oor die voorvalle geswyg het, was Verona Blake nie van die gebeure bewus nie en word dit gevolglik nie in haar werk *James Jay Eva: 1820 Settler and his Descendants* genoem nie.

HOOFSTUK 12

1. Oor oorlogsmisdade wat deur Australiese troepe gepleeg is, sien byvoorbeeld A. Davey (red.): *Breaker Morant and the Bushveldt Carbineers*; N. Bleszynski: *Shoot Straight you Bastards!*; R.F. Odendaal: *Oorlogsmisdade? 1899-1902*.

2. R.W. Schikkerling: *Hoe ry die Boere*, p.214.

3. Ibid., pp.214-221; C.H. Muller: *Oorlogsherinneringe*, pp.127-131; H. Brown en E.S. Grew: *War with Boers*, Vol.V., pp.189-190.

4. R.W. Schikkerling, p.222.

5. Ibid., pp.225-226.

6. Ben Viljoen: *My Reminiscences of the Anglo-Boer War*, p.379.

7. R.W. Schikkerling, pp.222-229.

8. J.C.Viljoen:"In den Anglo-Boer Oorlog met het Johannesburg commando", *De Goede Hoop*, 2(9), 1 Maart 1905, pp.198-199.

9. TAB Aanwins A850, Herinneringe van Karl Schulz.

10. TAB PMO 70 P18.

11. Sien C.H. Muller: *Oorlogsherinneringe*.

12. R.W. Schikkerling, p.229; J.W. Meijer: *Generaal Ben Viljoen*, p.215.

13. O.J.O. Ferreira (red.): *Memoirs of General Ben Bouwer as written by P.J. le Riche*, p.125.

14. J.C.Viljoen, p.198. Volgens Schikkerling het die verhoor op 23 Junie 1901 plaasgevind. Sien R.W. Schikkerling, p.227.

15. O.J.O. Ferreira (red.), p.125. Muller meld in sy *Oorlogsherinneringe* dat die Boereleiers by Klipplaat-Watervalrivier vergader het. Sien C.H. Muller, p.132.

16. R.W. Schikkerling, pp.229-234.

17. J.C.Viljoen, p.198.

18. R.W. Schikkerling, p.229. Jan Viljoen, wat ook 'n ooggetuie van die teregstelling was, se gepubliseerde weergawe van 1905 stem merkwaardig, benewens enkele kleinere afwykings, met Schikkerling se vertelling ooreen. Sien J.C.Viljoen, p.199.

19. R.W. Schikkerling, p.234.

20. Ibid., pp.230 en 234.

21. J. Brandt: *Die Kappie Kommando of Boervrouwen in geheime dienst* en J. Grobler (red.): *The War Diary of Johanna Brandt*.

22. Sien die voorbeelde in J. Grobler (red.), pp.316-317; TAB Viljoen-aanwins W81, dagboek 7 onder die inskrywing gedateer 4 Augustus 1901 en die talle ander voorbeelde waarna verwys word by die bespreking van die verskillende teregstellings.

23. Nicolaas Jacobus de Wet (1873-1960) was 'n juris en politikus wat na die oorlog besondere hoë poste in die Unie van Suid-Afrika beklee het. Hy was onder meer minister van justisie, hoofregter van Suid-Afrika en waarnemende goewerneur-generaal. C.C. Eloff: *Oorlogsdagboekie*, p.23 voetnoot 25.

24. TAB Aanwins N.J. de Wet W2, *Oorlogsbericht* gedateer 6 Julie 1901. 'n Engelse vertaling is te vind in TAB Mikrofilmreeksnommer M660 Lêer 7782, Oorlognuus deur N.J. de Wet, p.48 (onderskepte vertaalde republikeinse dokumente) voorheen WO 32/869/7782(371).

25. S.B. Spies: *Methods of Barbarism?*, p.233 en A. Grundlingh: *Die "Hendsoppers" en "Joiners"*, p.229.

26. Mededeling deur Marlene Visser van Parow, agterkleinkind van die tereggestelde. Die inligting is deur inskrywings in 'n ou familiebybel bevestig.

27. Sien p.372 van *Die familie Van der Walt in Suid-Afrika*, RGN, Pretoria, 1989, vir verdere inligting oor die tereggestelde, sien ook pp.366, 368, 370, 372-373 in dieselfde register. Dié inligting is deur 'n navorser van GISA bevestig. Sien ook *Christiaan de Wet-annale*, No.8, pp.129 en 140. Een van sy broers, Louis Stephanus van der Walt, het op 12 Junie 1902 in die Bloemfonteinse konsentrasiekamp gesterf.

28. A. Grundlingh, pp.227-230.

29. TAB W81 Viljoen-aanwins, 4, H.P.N. Viljoen, no.5. Sien die inskrywing in die swart sakboekie van Vrydag 21 Junie tot 2 Julie 1901.

30. Volgens *Die familie Van der Walt in Suid-Afrika* is Martin van der Walt op 9 Februarie 1883 gebore.

31. TAB W81 Viljoen-aanwins 4, no. 5.

32. Piet Retief Viljoen (1853-1926) was aan moederskant 'n kleinseun van die Voortrekker-leier Piet Retief. Hy het as veggeneraal, maar ook as voorsitter van die militêre hof opgetree. Met die slag van Chrissiesmeer is hy swaar gewond. Hy was 'n afgevaardigde by die vredesberaad in Vereeniging. Sy een seun het gesneuwel en die ander twee het enduit geveg. I. Uys: *Heidelbergers of the Boer War*, pp. 55-56; 251-252.

33. Viljoen en sy broer Marthinus het etlike dagboeke gehou. Sien die Viljoen-aanwins W81 in TAB.

34. Cornelis Johannes Spruyt sneuwel op 20 Julie 1901 naby Vlaklaagte, dus kort nadat die gebeure plaasgevind het. Die Britte het hom op 20 Februarie 1900 gevange geneem, maar hy het op pad na Kaapstad by De Aar uit die trein ontsnap en weer by sy kommando aangesluit. Hy het met sy dood die rang van assistent-kommandant-generaal gehad. J. Malan: *Die Boere-offisiere van die Tweede Vryheidsoorlog 1899-1902*, pp. 54-55; I. Uys, pp. 248-250.

35. TAB W81 Viljoen-aanwins 4, no. 5. Die weergawe wat die oudstryder P.A. Vermeulen drie dekades na die gebeure opgeteken het, stem wesenlik ooreen met Viljoen s'n. Sien TAB Aanwins Preller-versameling, A787, vol. 78, pp. 131-137.

36. Sien p. 372 van *Die familie Van der Walt in Suid-Afrika*, RGN, Pretoria, 1989. Inligting deur 'n navorser van GISA bevestig.

37. TAB W81 Viljoen-aanwins 4, no. 5.

38. I. Uys, pp. 218 en 267.

39. TAB PMO 30/2055, skrywe gedateer 7 September 1901 van kapt. Morley aan die "provost marshall".

40. *Christiaan de Wet-annale*, No. 8, p. 140.

41. Ibid., p. 109.

42. Mededeling van Marlene Visser.

43. H.J.C. Pieterse: *My tweede vryheidstryd*, pp. 166-167; P. Warwick: *Black People and the South African War 1899-1902*, p. 107.

44. P. Warwick, p. 107.

45. TAB Mikrofilmreeksnommer M660 Lêer 7782, pp. 27-28, briefwisseling tussen kmdt. genl. Louis Botha en genl. Tobias Smuts, gedateer 17 en 29 Julie 1901 (vertaalde onderskepte republikeinse dokumente) voorheen WO 32/869/7782.

46. H.J.C. Pieterse, pp. 166-167.

47. P. Warwick, p. 107.

48. Tobias Smuts (1861-1916) 'n ouer broer van genl. Jan Smuts. Sien J. Malan, p. 54.

49. P. Warwick, p. 107; H.J.C. Pieterse, pp. 166-167.

50. H.W. Wilson: *After Pretoria: The Guerilla War*, p. 658.

51. TAB Mikrofilmreeksnommer M660 Lêer 7782, skrywe van genl. Tobias Smuts aan kmdt. genl. Louis Botha gedateer 29 Julie 1901.

52. H.J.C. Pieterse, p. 167.

53. TAB Mikrofilmreeksnommer M660 Lêer 7782, skrywe van genl. Tobias Smuts aan kmdt. genl. Louis Botha gedateer 29 Julie 1901.

54. TAB MHG o 15167 Boedel Joubert, Marthinus Godfried, 1901. Eers in 1910 teken Tobias Smuts die sterfkennis van Joubert in 1910 met die woorde: "General present at execution".

55. H.J.C. Pieterse, p.167.

56. TAB Mikrofilmreeksnommer M660 Lêer 7782, skrywe van genl. Tobias Smuts aan kmdt.genl. Louis Botha gedateer 29 Julie 1901. Inligting oor die Swaziland-ekspedisie en die teregstelling van Joubert is deur die Boere se inligtingsdiens versprei. In haar oorlogdagboek haal Johanna Brandt op 17 Augustus 1901 die oorlogberig aan wat die vorige dag deur Boerespioene tot in Pretoria gesmokkel is. Sien J. Grobler (red.): *The War Diary of Johanna Brandt*, pp.316-317. Die teregstelling van Joubert word ook in 'n burger se oorlogdagboek genoem wat daarop dui dat die oorlogberig deur die republikeinse opperbevel versprei is. Sien TAB W81 Viljoen-aanwins, dagboek no.7, onder die inskrywing van 4 Augustus 1901.

57. TAB PMO 34 PM 2317/01.

58. TAB CS 72,2076/02, skrywe van genl. Tobias Smuts aan kmdt.genl. Louis Botha gedateer 2 September 1901.

59. J. Meintjes: *General Louis Botha*, pp.94-95.

HOOFSTUK 13

1. Mondelinge mededelinge van die egpaar Janet en J.A.J. Lourens (kleinseun van vdkt. Lourens) van Reitz op 12 Maart 2008 aan die skrywer. Janet Lourens het navorsing oor die geskiedenis van die Lourens-familie gedoen. Ander verwysings na oorleweringe oor De Lange kom uit dieselfde bron.

2. Daar is twee sterfkennisse van De Lange in die Vrystaatse Argief. Een toon 'n kompensasie-eis van £200, maar dit is doodgetrek. VAB MHG o L1113 Boedel De Lange, F.W.H., 1901.

3. Volgens die *Farm List, O.R.C., by Districts* gepubliseer deur F.I.D. Bloemfontein in Maart 1902, was De Lange se jonger broer Jan George die geregistreerde eienaar van die plaas Berlin met 'n grootte van 1 198 morg. Ook word aangedui dat Freek, sy pa (ook Jan George) en waarskynlik nog 'n broer, Barend Jacobus, voor die oorlog veeboere was en op die plaas Berlin gewoon het. Lyste aangehaal in A.H. de Jager: *Mense en gebeure in die Noordoos-Vrystaat tydens die Anglo-Boereoorlog*, pp.104 en 133. Dit mag wees dat sekere van Freek de Lange se familielede nie sukkelaars was nie. Sy bejaarde pa het na die oorlog, in 1904, twee plase, Rozendal en Groenfontein, by Frankfort aan die oewer van die Vaalrivier gekoop. Afskrifte van die titelaktes gedateer 1904 is deur Janet Lourens verskaf.

4. Mondelinge mededelinge van Janet Lourens. Die nag van 11 Oktober 1900 het 'n Britse mag 'n slapende Boeremag van 54 man in 'n poort sowat 10 km oos van Frankfort totaal verras en oorrompel. Binne minute is 'n aantal Boere in dié doodsakker afgemaai. Minstens 11 Boere het gesneuwel, vyf is gewond en 17 is gevange geneem. Daarna is

'die terrein Moordpoortjie genoem. Daar bestaan geen twyfel dat iemand wat die Boere se posisie en omstandighede goed geken het, die Britte gelei het nie. Die meeste bronne is dit eens dat 'n swart man die Boere verraai het. Vergelyk A.H. de Jager, pp.25-28. Tydens die Smuts-bewind moes die volksraadslid J.L.B. Döhne 'n afskrif van sy toespraak vir die herbegrafnis van die burgers wat by Moordpoortjie gesneuwel het, vir goedkeuring aan die polisie oorhandig voordat hy dit kon lewer. Dit wys hoe sensitief dié bewind vier dekades na die oorlog nog was vir enige optrede wat moontlik tot spanning tussen Afrikaans- en Engelssprekendes kon lei. VAB Renier-versameling A119.41, Aanwins No. 8601, skrywe gedateer 7 Julie 1949 van J.L.B. Döhne aan Renier. Wat betref die aanval op die Boere naby Cornelia is dit onseker na watter voorval verwys word. Daar was baie skermutselings in die omgewing.

5. VAB CO 394/02 en 2796 "Return of Ex-Burghers employed in the Field Intelligence Department, O.R. Colony District", p.5. Teenoor sy naam en besonderhede staan daar: "Captured 12.10.01, tried and shot."

6. Sien A. Grundlingh: *Die "Hendsoppers" en "Joiners"*, pp.209 en 248–256 vir 'n bespreking van die ontstaan van die eenhede.

7. VAB CO 2796, p.5.

8. C.R. de Wet: *De strijd tusschen Boer en Brit*, p.334. Hy noem die geval terloops in 'n voetnoot op dié bladsy (Hoofstuk XXXII).

9. 'n Klip vorm een van hulle se grafsteen, aldus 'n mondelinge mededeling van dr. W.H. Ebersöhn op 12 Mei 2008 aan die skrywer. Ebersöhn is die huidige eienaar van die plaas Blydskapswerf ('n onderverdeling van die oorspronklike plaas Blijdschap) waar die krygsraad gehou en die twee tereggestel is. Die inligting het hy verkry uit mededelinge van sy voorouers wat die plaas destyds bewoon het. Sien ook J. en J.A.J. Lourens: *Te na aan ons hart*, p.236; eindnota 1.

10. J.D. Kestell: *Met de Boeren-commando's*, p.186.

11. Ibid.

12. Genl. Wessel Jacobus Wessels (1866-1945) was 'n rebel in 1914 en later senator van die Unieparlement. Sien J. Malan: *Die Boere-offisiere van die Tweede Vryheidsoorlog 1899-1902*, p.58.

13. J.D. Kestell, p.186. Die geveg by Tafelkop, oos van Frankfort, het op 20 Desember 1901 plaasgevind. Skermutselings het dit sedert 17 Desember voorafgegaan. Sien L.S. Amery (red.): *The Times History of the War in South Africa, 1899-1902*, Vol. V, pp.423-428.

14. Mondelinge mededeling van Janet Lourens.

15. J.D. Kestell, p.186.

16. VAB MHG 0 L1113 Boedel De Lange, F.W.H., 1901.

17. Mondelinge mededeling van Coenraad (Coenie) Jacobus Hendrik Wilkinson van Douglas op 13 Maart 2008 aan die skrywer.

18. VAB MHG 0 L1113 Boedel De Lange, F.W.H., 1901.

19. Mededeling van Janet Lourens.

20. C.R. de Wet, p.348. De Wet en sy burgers het die Britse kamp op Groenkop op die plaas Tweefontein tussen Bethlehem en Harrismith die nag van 24 Desember 1901

aangeval en die Britte vroeg die volgende oggend aansienlike verliese toegedien en groot hoeveelhede buit verower.

21. Stephanus Gerhardus Vilonel (1865-1918). J. Malan, p.146.

22. Waarskynlik kmdt. Jacobus Johannes Petrus Vermaak van Brandfort. Ibid., p.145.

23. TAB WO 32/881/8918 Mikrofilmreeksnommer A381, "Staff Diary Orange River Colony", 18 April 1902 (M670 File 8918); VAB Renier-versameling A119. 1099, herinneringe van G.J.S. van den Heever 1944, pp.62-64; VAB Renier-versameling 119. 52, Aanwins No. 8612, skrywe van Tewie Wessels van Ventersdorp gedateer 26 Junie 1949.

24. VAB MHG o A381 Boedel Allison, J.S., 1902, sterfkennis; VAB MHG o A382 Boedel Allison, J.F., 1902, sterfkennis; VAB MHG o M2479 Meyer, S.G., 1902, sterfkennis.

25. VAB Renier-versameling A119. 1099, pp. 62-64.

26. VAB Renier-versameling A119.52, Aanwins No 8612, skrywe van Tewie Wessels gedateer 26 Junie 1949. Hy moet nie verwar word met die Tewie Wessels oor wie daar in hoofstuk 15 geskryf word nie.

27. Van den Heever vertel in sy herinneringe hy en 'n vdkt. C. Froneman het amper daarin geslaag om Tromp weer vas te trek. Herinneringe van G.J.S. van den Heever, p.63; Sien ook Tewie Wessels se skrywe aan Renier. 'n Soeke na inligting oor Tromp se besonderhede het die volgende oor die Tromps van die Suid-Vrystaat opgelewer: J.C. Tromp van Bethulie het diens as 'n joiner by die Britte gedoen. Sien VAB "List of Ex-Burghers of the late OVS who served the British Army (List of Orange River Colony Volunteers with addresses)"; Jacobus Johan Tromp van Twyfelhoek, Fauresmith, het as gids by die Britse magte diens gedoen. Sien TAB CJC 566 CJC 63; Bastiaan Tromp van Trompsburg het ses seuns gehad wat gedurende die oorlog uiteenlopende lojaliteite geopenbaar het. Op 27 Maart 1902 meld hy in 'n verklaring aan die Britte dat sy oudste seun vroeër aan Vilonel se kommando verbonde was toe hy self nog deel van die republikeinse magte was, maar dat hy nie meer weet wat van sy seun geword het nie. Sien VAB CJC 1397. Daar kon nie vasgestel word of enige verbintenis tussen dié mense en die ontsnapte Tromp bestaan nie.

28. Skrywe van Tewie Wessels aan Renier gedateer 26 Junie 1949.

29. Herinneringe van G.J.S. van den Heever p. 63.

30. Ibid.

31. VAB MHG o A381 en MHG o A382.

32. TAB CJC 658 CJC 20, eedsverklaring van Christina Maria Wilhelmina Allison gedateer 5 Mei 1903.

33. VAB MHG o M2479 Boedel Meyer, S.G., 1902.

34. Herinneringe van G.J.S. van den Heever, pp.62-63.

35. Ibid., pp.60-62.

36. L. Scholtz: Generaal Christiaan de Wet as veldheer, p.283. Talle verwysings na Olaf Bergh se wandade is in oudstryders se herinneringe in die Renier-versameling in die Vrystaatse Argief te vind. Sien ook M.C.E. van Schoor: Die stryd tussen Boer en Brit, p.263, voetnoot 17; A. Grundlingh, pp.216-217.

37. TAB CJC 658 CJC 20. Sien die verskillende verklarings van sy vrou, Christina Maria

Wilhelmina Allison, gedateer 24 Junie 1902 en 5 Mei 1903 asook dié van Jan Daniel Venter gedateer 5 Mei 1903 in dieselfde kompensasieleêr.

38. A. Grundlingh, pp.307-314.

39. A.P.J. van Rensburg: "Die skandkol wat nie wou toegroei nie", *Huisgenoot*, 8 Augustus 1969, pp.18 en 20. Genl. Marthinus Prinsloo is in 1838 gebore en in 1903 oorlede. Sien J. Malan, pp.11-12 en 50.

40. Herinneringe van G.J.S. van den Heever, pp.62-63.

41. TAB CJC 658 CJC 20, beëdigde verklaring van Christina Maria Wilhelmina Allison gedateer 5 Mei 1903. Sien ook die ander verklarings in die leêr. Op die sterfkennis van sy sewejarige seun word gemeld dat Johannes Allison lid van 'n Britse afdeling genaamd Hamilton's Column was. Sien VAB MHG 0 A326 Allison, Francis Johannes. 1901.

42. TAB CJC 658 CJC 21, beëdigde verklaring van Maria Catharina Allison gedateer 8 Mei 1903; VAB MHG 0 A382 Boedel Allison, J.F., 1902, sterfkennis en VAB MHG 0 A381.

43. Ibid.

44. Ibid.; TAB CJC 658 CJC 20 en 21.

45. A.W.G. Raath en R.M. Louw: *Die konsentrasiekamp-gedenkreeks(2): Springfontein*, p.37.

46. VAB MHG 0 A287 Boedel Allison, Annie Marie, 1901. In 'n aanhangsel in A.W.G. Raath en R.M. Louw, p.199 word haar name as Emmie Maria Ellison aangedui. Sy is in graf no. 414 in die Springfonteinse kampkerkhof begrawe.

47. VAB MHG 0 A326 Allison, Francis Johannes, 1901. In 'n aanhangsel in A.W. Raath en R.M. Louw, p.203 word sy name as Johannes Francois Allison aangedui. Hy is in graf no. 544 in die Springfonteinse kampkerkhof begrawe.

48. TAB CJC 658 CJC 20 en 21.

49. VAB MHG 0 A382 Boedel Allison, J.F., 1902.

50. VAB MHG 0 M2479 Boedel Meyer, S.G., 1902. Dit is opvallend dat die verraaier Olaf Bergh na die oorlog as waardeerder in die boedel optree.

51. VAB Renier-versameling 119.15, Aanwins 8573, skrywe van N.H. (Tewie) Wessels· gedateer 18 Maart 1949; Renier-versameling 119.12, Aanwins 2570, skrywe van W. Pieterse gedateer Februarie 1949; Herinneringe van Jan Petrus Fourie in die VAB Renier-versameling; Versameling herinneringe saamgestel deur F. Venter van Mara gedateer 10/8/1970 in besit van ds. Mossie Mostert van Fouriesburg, wat afskrifte aan die skrywer verskaf het. Sommige van die herinneringe verwys verkeerdelik na die tereggestelde as "Grobbelaar".

52. Ibid.

53. Ibid. Sien ook *Die Volksblad* 15 Oktober 1948; en *Huisgenoot* 30 Januarie 1953, "Hierdie koeël hou ek vir die moordenaar", p.12 e.v. Nie een van hierdie twee bronne maak melding van Grobler se teregstelling nie, dalk weens sensitiwiteit teenoor die familie.

54. Kmdt. Sarel F. Haasbroek het op die plaas Bethal by Biddulpsberg naby Senekal gesneuwel. J. Malan, p.9.

55. Daar is redelike verwarring in die geskiedskrywing oor wanneer die aanval op die Klaasbende plaasgevind het. Albert Grundlingh plaas die datum op p.217 eers in Desember 1901, waarskynlik na aanleiding van G.J.S. van den Heever se herinneringe, VAB Renier-

versameling 119.15. Tewie Wessels het sy herinneringe juis aan Renier van die *Die Volksblad* gestuur om die feite, onder andere oor die datum, van ander oudstryders wie se herinneringe gepubliseer is, reg te stel. Die aanval het in September 1900 plaasgevind. Sien VAB Renier-versameling 119.15, Aanwins 8573. Sien ook M.J. Grobler: *Met die Vrystaters onder die wapen*, pp.69-69.

56. Sien die bronne in eindnotas 51 en 53.

57. VAB Renier-versameling 119.15, Aanwins 8573.

58. M.J. Grobler, p.69.

59. VAB Renier-versameling 119.15, Aanwins 8573.

60. In die gemelde versameling van F. Venter is dit die herinneringe van Jan Welding van Reitz en 'n Pretorius van Tweeling. Die opgetekende ervaringe van 'n hele aantal burgers rondom die gebeure met die Klaasbende is in die Renier-versameling te vind. Die meeste daarvan is nooit gepubliseer nie en is byna vyf dekades of langer na die gebeure neergeskryf, met die gevolg dat die oudstryders se geheues hulle soms oor sekere aspekte in die steek gelaat het. Wat tot en met Grobler se teregstelling met hom gebeur het, kon gevolglik nie met sekerheid bepaal word nie.

61. Ibid.; VAB Renier-versameling 119.15, Aanwins 8573.

62. Sien die bronne in eindnotas 51 en 53.

63. Ibid.

64. Sien die herinneringe van Jan Petrus Fourie in die Renier-versameling.

65. Kmdt. Frederik Reinardt (Frikkie) Cronjé (1875-1933) was 'n bittereinder en is twee keer gedurende die oorlog gewond. Hy was 'n afgevaardigde by Vereeniging in Mei 1902. Hy was later Volksraadslid. Hoewel hy met die Rebellie van 1914 bevel oor regeringstroepe gevoer het, het hy hom saam met Tobias Smuts vir die vrylating van die rebelle beywer. Sien J. Malan, p.71.

66. Sien die herinneringe van Jan Petrus Fourie in die Renier-versameling.

67. Sien die bronne in eindnota 51.

68. Ibid. Sien Grobler se sterfkennis in VAB MHG 0 G856 Boedel Grobler, G.H., 1900. Al die gebeure moes kort op mekaar gevolg het, want die laaste twee burgers, Heymans en McCarthy, is op 22 September 1900, enkele dae voor Grobler se teregstelling, te Kromspruit in die distrik Bethlehem vermoor. Sien die lys van gesneuwelde burgers in M.J. Grobler, in die bylae agter in die boek.

69. Sien die herinneringe van Jan Petrus Fourie in die Renier-versameling.

70. VAB MHG 0 G856 Boedel Grobler, G.H., 1900.

71. Ibid.

72. VAB MHG 02 23732 Boedel Prinsloo, A.M., 1931 en die verwysing daarin oor sy vrou se boedel en dieselfde by VAB MHG 0 G856 Boedel Grobler G.H., 1900.

73. Sien die herinneringe van Jan Petrus Fourie in die Renier-versameling.

74. M.J. Grobler gee die adres in die boek aan as Kaallaagte, naby Honingkop. Vir die verwantskap tussen die Prinsloo- en Grobler-families sien VAB MHG 02 23732 Boedel Prinsloo, A.M., 1931.

75. Rundle was bevelvoerder van die Britse 8ste Divisie in die Oos-Vrystaat. Na De Wet

se sukses met die geveg by Groenkop op 25 Desember 1901 is hy as bevelvoerder vervang. Sien L.S. Amery (red.), Vol. IV, pp.239; 240 en Vol. V, pp.444 en 486.

76. Soos aangehaal in M.J. Grobler, pp.69-70.

77. Mededeling van 'n familielid van die tereggestelde aan F. Venter in dié se versameling.

HOOFSTUK 14

1. TAB Saamwerk-Unie-aanwins A230, no. 3, Herinneringe van C.J. Potgieter opgestel deur P.P.R. van Coller.

2. Kragtens die Haagse Konvensie was die gebruik van dum-dum-koeëls ongeoorloof. Al was die Boererepublieke nie 'n ondertekenaar daarvan nie, is gevange Boere wat met dum-dum-koeëls betrap is, nogtans deur die Britte tereggestel.

3. E. Lee: *To the Bitter End*, p.172.

4. R.W. Schikkerling: *Hoe ry die Boere*, pp.378-379.

5. J.Y.F. Blake: *A West Pointer with the Boers*, pp.390-391.

6. V.E. Solomon: "The Hands-Uppers" in die *Krygshistoriese Tydskrif*, 3(1), Junie 1974, p.19.

7. *Rand Daily Mail*, 5 Februarie 1903 en *Land en Volk*, 13 Februarie 1903. Nietemin is gevalle gevind van joiners wat vermis geraak het. In 1902 doen F.C. de Bruin van Senekal byvoorbeeld by die Britse militêre owerhede navraag oor sy seun wat hy nie kon opspoor nie. Die antwoord lui: "The only de Bruin of Reenen Senekal is Tobiaz Hendrik de Bruin aged 20 captured at Paardekraal and joined National Scouts on 23-02-1902." Hulle kon nie sê wat van sy seun geword het nie. Sien TAB SOPOW 64 PR A 6139 03.

8. M. Jos Venter: *Joop gaan op kommando*, pp.92-93.

9. E.F. Knight: *South Africa after the War*, p.210.

10. VAB MGB 5, skrywe van kapt. R.J. Ross aan die militêre goewerneur gedateer 12 Oktober 1900.

11. TAB PMO 82 MC 54. Die beweringe in die Britse dokumente is meestal op hoorsê-getuienis gebaseer.

12. C.C.J. Badenhorst: *Uit den Boeren-Oorlog*, p.55.

13. *The Bloemfontein Post*, 26 Augustus 1902.

14. Ibid., Die berigte oor die saak het op 2, 5, 15, 19, 26 en 29 Augustus 1902 in die koerant verskyn.

15. Ibid., 15 Augustus 1902.

16. M.C.E. van Schoor: *De Wet en sy verkenners*, pp.18-19; Dieselfde outeur noem in *Christiaan Rudolph de Wet*, p.159 dat De Wet verklaar het hy hou vyf koeëls vir vyf verraaiers in sy Mauser.

17. TAB PMO 30/2055, skrywe gedateer 7 September 1901 van kapt. Morley aan die "provost marshall".

18. R.W. Schikkerling, p.222.

19. Willem Diederik Fouché (1874-1939) het hom as gedugte krygsman veral in die Kaapkolonie onderskei. Gedurende die Eerste Wêreldoorlog was hy teen die Rebellie gekant. Hy het tot die rang van kolonel in die Uniemagte gevorder en onder andere in

Duits-Suidwes-Afrika diens gedoen. J. Malan: *Die Boere-offisiere van die Tweede Vryheids-oorlog 1899-1902*, p.86.

20. TAB PMO 82 66, skrywe van die "provost marshall" gedateer 16 Augustus 1902.

21. Theuns Botha, 'n joiner wat in Morant en Handcock se verhoor getuig het, is helder oordag in 'n sluipmoordaanval voor die gevangenis in Pretoria doodgeskiet. Wat die motief vir die aanval was, is nie duidelik nie – moontlik was dit weerwraak. Sien G. Jooste & A. Oosthuizen: *So het hulle gesterf*, p.227. Sien ook N. Bleszynski: *Shoot Straight you Bastards!* en A. Davey (red): *Breaker Morant and the Bushveldt Carbineers.*

22. TAB Aanwins A787, no.62, Preller-versameling, herinneringe van C.G.C. Rocher.

23. J.C. Lombard: *Worsteljare vir vryheid en reg*, p.53.

24. H.F. Wichmann: *Wichmann se oorlogsavonture*, pp.56-57. Hy meld dat die verraaier daar naby aan die Boesmanspruit begrawe is en dat die graf na vyf dekades nog uitkenbaar was nadat 'n weerligstraal die grafsteen vernietig het.

25. In sy sterfkennis word sy van as "Neumeyer" aangedui. VAB MHG 0 N504 Boedel Neumeyer, Leopold Henry, 1900. In ander amptelike dokumente word na hom as "Nieumeyer" verwys. Sien byvoorbeeld VAB PMP 15 C106 en VAB CO 69 1418/02.

26. Tensy anders vermeld is die inligting oor die gebeure verkry uit A. Prinsloo: *Smithfield 1819-1952*, pp.442-446; G. Jordaan: *Hoe zij stierven*, pp.168-175; G.S. Preller: *Scheepers se dagboek*, p.81. Sien ook G. Jooste en A. Oosthuizen, pp.131-140; G. Jooste en R. Webster: *Innocent Blood Executions during the Anglo-Boer War*, pp.121-128.

27. Ibid.; VAB MHG 0 N504 Boedel Neumeyer, Leopold Henry, 1900.

28. Stolzkraal is sowat 8 km van Rouxville op die pad na Aliwal-Noord.

29. VAB PMP 15 C106.

30. G.S. Preller, p.81.

31. VAB PMP 15 C106.

32. VAB MHG 0 N504 Boedel Neumeyer, Leopold Henry, 1900.

33. H.W. Wilson: *After Pretoria: The Guerilla War*, p.239.

34. A. Prinsloo, pp.442-446.

35. G. Jordaan, pp.167-175.

36. VAB MHG 0 K674 Boedel Krynauw, J.A., 1900, sien die sterfkennis.

37. TAB CJC 426 CJC 269 en 270.

38. TAB PMO 17/1229, beëdigde verklaring gedateer 18 Maart 1901 van L.F. Krynauw; Sien ook VAB CO 8 539/01.

39. TAB PMO 17/1229, verklaring gedateer 17 Oktober 1900 van maj. F. White onder die opskrif "Secret Service", aanhangsel tot die skrywe van L.F. Krynauw gedateer 11 Maart 1901.

40. Ibid., skrywe gedateer 5 April 1901 van maj. F. White aan genl. Knox.

41. Ibid., beëdigde verklaring gedateer 18 Maart 1901 van L.F. Krynauw.

42. Ibid., skrywe gedateer Maart 1901 van A.J. Brand as aanhangsel tot die skrywe gedateer 10 April 1901 van H.F. Wilson.

43. Ibid., skrywe gedateer 5 April 1901 van maj. F. White aan genl. Knox.

44. Ibid., beëdigde verklaring gedateer 18 Maart 1901 van L.F. Krynauw; Sien ook VAB CO 8 539/01.

45. VAB MHG o K681 Boedel Krynauw, A.C., 1900.

46. TAB PMO 17/1229, beëdigde verklaring van L.F. Krynauw gedateer 18 Maart 1901; sien ook VAB CO 8 539/01.

47. TAB PMO 17/1229, skrywe van A. de Bruyn gedateer 6 Maart 1901 en skrywe van maj. Poore gedateer 25 April 1901; VAB MHG o K681.

48. Berigte oor die skietvoorval het in *The Natal Mercury* van Maandag 18 Februarie 1901, "The Murder of John Rademan" en *The Bloemfontein Post* van 26 Februarie, "Shooting Neutrals" en 7 Mei 1901 verskyn.

49. Die Rademan-verklarings is vervat in TAB CJC 594 CJC 145 en CJC 592 CJC 117.

50. *The Natal Mercury*, 18 Februarie 1901; TAB CJC 594 CJC 145 en CJC 592 CJC 117.

51. *The Natal Mercury*, 18 Februarie 1901.

52. Cornelius Johannes Rademan verklaar na die oorlog hy het 'n mediese sertifikaat van ongeskiktheid om militêre diens te verrig van ene dr. Bentley ontvang. Sien TAB CJC 594 CJC 145.

53. TAB CJC 592 CJC 117, 'n bevinding van die kompensasieraad oor 'n eis van C.J. Rademan. In die lys van joiners in "*Return of Ex-burghers, Field Intelligence Department, O.R. Colony District*" verskyn die naam C.J.H. Rademan van Harrismith, waarskynlik dieselfde persoon. Sien VAB CO394/02 en 2796.

54. *The Natal Mercury*, 18 Februarie 1901.

55. VAB Renier-versameling, Groep no. 119.28, Aanwins 8586, skrywe van P.J. (Flip) Fourie van Bloemfontein aan Renier gedateer 2 Mei 1949.

56. Dit is moontlik vdkt. Charles Frederick Hammersley Meintjies, gebore in 1856 en van die Vrede-kommando. In 1910 het hy 'n senator in die Unieparlement geword. J. Malan: *Die Boere-offisiere van die Tweede Vryheidsoorlog 1899-1902*, p.159.

57. J.D. Kestell en D.E. van Velden: *De vredesonderhandelingen tusschen Boer en Brit*, p. 146. In hierdie bron word op pp. 145-146 melding gemaak van "zekere Muller voor den beweer-den moord van zekeren Rademeyer in het distr. Vrede". Die verwysing na "Rademeyer" in plaas van Rademan is 'n ooglopende vergissing, soos in een van die ander gevalle die verwysing na "Van Aswegen" pleks van (Salmon) Van As. 'n Verdere bevestiging dat dit een van die drie uitsonderingsgevalle was, is gevind in 'n skrywe van die "provost mar-shall" gedateer 16 Augustus 1902 in TAB PMO 82 66. Dit kan as afdoende bewys beskou word van die weergawe wat in die teks gegee is.

58. TAB CJC 579 371, beëdigde verklaring van Petronella Johanna Knipschild in haar kom-pensasieleêr gedateer 1903.

59. Ibid., verklaring van die eisekommissaris te Ficksburg gedateer 1903.

60. W.H. de la Harpe: *Fouriesburg Eeufees 1893-1993*, p.80.

61. VAB Renier-versameling, Groep no. 119.231, Aanwins no. 8952, skrywe van P.J. Fourie gedateer 17 Julie 1950.

62. W.H. de la Harpe, p.80.

63. Sien die skrywe van P.J. Fourie.

64. H. Taylor: *Doctor to Basuto: Boer & Briton 1877-1906*, p.187.

65. W.H. de la Harpe, p.80.

66. Sien die skrywe van P.J. Fourie.
67. W.H. de la Harpe, pp.80-81.
68. VAB Renier-versameling, Groep no. 119.231, Aanwins no. 8952.
69. H. Taylor, p.187.
70. W.H. de la Harpe, p.80.
71. TAB CJC 579 371.
72. VAB MHG 0 K972 sterfkennis Knipschild, H.J., 1901. Die tereggestelde Knipschild se adres word op sy seun se sterfkennis as Waterval, distrik Ficksburg, aangedui.
73. VAB MHG 0 K1010 sterfkennis Knipschild, P.S.P.J., 1901.
74. TAB CJC 579 371.
75. VAB MHG 0 K302 Knipschild, H.J., 1882.
76. Die grafsteen is nog in 'n goeie toestand waar dit in die dorp se ou begraafplaas besigtig kan word.
77. Sien die waardes wat die oorlewende Mousley-broers ten opsigte van hul vooroorlogse boerderybelange gee in TAB CJC 195 CJC 1122 en 1123.
78. Die lys is as volg gepubliseer: "Gedrukt ten Kantore van den O.V.S. Nieuwsblad Maatschappij. C. Borckenhagen." Een van die Mousley-broers het in sy getuienis tydens die vervolging van die republikeinse krygshoflede in 1902 erken die broers was met die uitbreek van die oorlog Vrystaatse burgers. Sien *The Bloemfontein Post*, 5 Augustus 1902 oor Sampson Copestake Mousley se getuienis.
79. TAB CJC 195 CJC 1124, verklaring van Charles Mousley in die kompensasie-eis van S.M. Mousley.
80. Volgens J.H. Breytenbach: *Die geskiedenis van die Tweede Vryheidsoorlog*, Deel 1, pp.150-151 en 153 is sowat 1 000 burgers destyds op die Basoetolandse grens ontplooi.
81. Volgens Charles Mousley is hy en sy broer George om 'n onbekende rede tydens hul republikeinse kommandodiens as gevangenes na Fouriesburg geneem. Daar is hulle meegedeel dat hulle na die oorlog aangekla gaan word, waarna hulle na die Basoetolandgrens teruggestuur is. TAB CJC 195 CJC 1124, verklaring van C.E. Mousley. Sien ook TAB CJC 195 CJC 1122 en CJC 1123.
82. Ibid.; VAB MHG 0 M908 Boedel Mousley, G.B., 1898 en VAB MHG 0 M2204 Boedel Mousley, E., 1904 en TAB MHG 0 M908.
83. Minstens 32 Kaapse rebelle is op soortgelyke aanklagte van hoogverraad deur die Britte in die Kaapkolonie tereggestel. G. Jooste en A. Oosthuizen: *So het hulle gesterf*, p.251.
84. Inligting oor dié gebeure is verkry uit TAB CJC 195 CJC 1122 en 1123, die boedels en die berigte in *The Bloemfontein Post* soos vermeld. Daar kon nie vasgestel word of beweer is dat George Mousley hom ook daaraan skuldig gemaak het nadat kmdt. Rooi Magiel Prinsloo hom vrygelaat het nie.
85. H. Taylor, p.187.
86. Sien die berig in *The Star*, "Rustic Ficksburg had a stormy past", 9 Desember 1966, p.40 en in 'n boekie deur E.S. Read: *Early Settlers in the Eastern Free State and the Origin of Sunnyside Farm*, p.10.
87. Sien byvoorbeeld TAB CJC 195 CJC 1122 en CJC 1123.

88. *The Bloemfontein Post*, 5 Augustus 1902, sien die beriggewing oor Sampson Mousley se getuienis.

89. Die berigte het op 2,5,15,19, 26 en 29 Augustus 1902 in die koerant verskyn. Oor *The Bloemfontein Post* se partydigheid sien A. Grundlingh: *Die "Hendsoppers" en "Joiners"*, pp.54, 152, 186-187 en S.B. Spies: *Methods of Barbarism?*, pp.84-85.

90. Waarskynlik Jacobus J. van Niekerk (1860-1930) wat tydens die Rebellie van 1914 as rebellegeneraal oor die kommando's van Virginia en Senekal aangestel is. Na sy gevangeneming is hy met £500 beboet en twee jaar tronkstraf opgelê. J. Malan, p.141.

91. *The Bloemfontein Post*, 2 en 26 Augustus 1902.

92. Ibid., 29 Augustus 1902.

93. Ibid., 2, 19, 26 en 29 Augustus 1902.

94. VAB Renier-versameling, Groep no. 119.231, Aanwins no. 8952, skrywe van P.J. Fourie.

95. VAB MHG 0 M1843 Boedel Mousley, G.B. 1900; Sien ook TAB CJC 195 CJC 1124.

96. *The Bloemfontein Post*, 19 Augustus 1902, beriggewing oor die weduwee se getuienis.

97. Ibid. Sien die berigte waarna in die ander eindnotas verwys word. Sien ook TAB CJC 195 CJC 1124. Anna Barry teken in die dagboek wat later as *Ons Japie* (p.102) gepubliseer is, op 13 Julie 1902 aan: "Oom Jan vertel dat kommandant Steyn, veldkornet E. van Niekerk en nog andere gearresteer is en in die tronk op Ficksburg is omdat hulle 'n mak Engelsman, Mousley, weens sy spioenasie tot die dood gevonnis het net voor vrede verklaar is." Dit toon hoe gerugte nie altyd die volle waarheid weergegee het nie, maar dat die gemeenskap nogtans met die gebeure saamgeleef het.

98. C.R. de Wet: *De strijd tusschen Boer en Brit*, p.468.

99. TAB PMO 82 MC 62/02. Die telegramme wek die indruk dat Schwenn toe nog 'n hoofverdagte was.

100. VAB Renier-versameling, Groep no. 117.231, Aanwins no. 8952, skrywe van P.J. Fourie.

101. *The Bloemfontein Post*, 26 Augustus 1902.

102. Ibid., 26 en 29 Augustus 1902.

103. Ibid., 2 Augustus 1902, beriggewing oor Schwenn se getuienis.

104. Ibid., 29 Augustus 1902.

105. H. Taylor, p.185.

106. VAB Renier-versameling, Groep no. 119.231, Aanwins no. 8952. Sien ook VAB CO 95 3542/02.

107. VAB CO 95 3542/02; *The Bloemfontein Post*, 6 Oktober 1902.

108. *The Bloemfontein Post*, 19 Augustus 1902.

109. *The Bloemfontein Post*, 2 Augustus 1902. Die beriggewing oor Louise Mary Mee se getuienis meld dat George Mousley nog baie jonk was toe sy ouers na die Oos-Vrystaat verhuis het.

110. VAB DLS 2 A174, skrywe van J.A. Snyden, die Britse amptenaar belas met die landnedersetting op Bethlehem, gedateer 17 Augustus 1905 en gerig aan die direkteur van die Landnedersettingsraad.

111. *The Bloemfontein Post*, 28 Augustus 1905, beriggewing onder die opskrif "Important War Case" oor die saak Salomon Johannes Andries Raath v Sampson Copestake Mousley.

As die eis geslaag het, sou dit enorme reperkussies ingehou het vir ander joiners wat in besit van voormalige republikeinse burgers se vee was.

HOOFSTUK 15

1. J.C. Smuts: *Jan Christian Smuts*, p.62 e.v.; C.J.S. Strydom: *Kaapland en die Tweede Vryheidsoorlog*, pp.171-172 en 174 e.v.

2. M. van Bart & L. Scholtz (reds.): *Vir vryheid en reg*, p.280; J.A. Smith: *Ek rebelleer!*, pp.87-89.

3. Barend (Ben) Danie Bouwer (1875-1938) is vier keer gedurende die oorlog gewond en het uiteindelik die rang van generaal beklee. Tydens die Rebellie van 1914 het hy hom aan regeringskant geskaar. P.J. le Riche se verwerking van sy *Memoirs*, wat in 1980 onder redaksie van O.J.O. Ferreira gepubliseer is, bevat waardevolle inligting oor die teregstellings in Wes-Transvaal asook van Colyn.

4. Die aanhef van die stukke in die "Militaire Hof" wat Colyn se verraad ondersoek het, toon dat hy sy adres as die plaas Afgunst in die distrik Piketberg aangee. TAB, De Staat v Lambert Colyn, Regeringsargief vir die Z.A. Republiek (1902), Deel C1, Aantekeningboek C, dokument 41. Daar word algemeen deur skrywers aanvaar dat Colyn 'n bywoner was. Tog meld Okkie de Villiers herhaaldelik in sy oorlogsherinneringe van 1903 dat die plaas Verlorenvlei aan Colyn behoort het. O.T. de Villiers: *Met De Wet en Steyn in het veld*, pp.197, 200 en 202. Volgens O.J.O. Ferreira in *Memoirs of General Ben Bouwer*, p.241, voetnoot 19, is Colyn in 1855 gedoop. Na aanleiding van Deneys Reitz se foutiewe verwysing na hom in sy boek *Commando* as "Lemeul Colaine" is dié spelling in verskeie Engelse beskrywings van die gebeure verkeerdelik nagevolg.

5. O.J.O. Ferreira, p.241; D. Reitz, pp. 277-280 (1990-uitgawe); J.C. Smuts, p.78.

6. D. Reitz, p.290.

7. Bouwer sê in sy *Memoirs* Colyn was etlike weke lank 'n lid van 'n afdeling van sy kommando voordat hy na die Britte uitgewyk het. Sien O.J.O. Ferreira, p.241.

8. Genl. Salmon Gerhardus (Manie) Maritz (1876-1940) was 'n rebel in 1914. Sien sy werk *My lewe en strewe*; Sien ook J. Malan: *Die Boere-offisiere van die Tweede Vryheidsoorlog 1899-1902*, pp.42-43.

9. O.J.O. Ferreira, p.241.

10. O.T. de Villiers, p.198.

11. O.J.O. Ferreira, pp.239-240.

12. E. Nel: *Die Kaapse rebelle van die Hantam-Karoo*, p.402.

13. Bouwer praat van 'n Kotze-boer, maar dié was waarskynlik 'n buurman. O.J.O. Ferreira, p.242. E. Nel meld op pp.402, 406 en 596 dat die eienaar van Kranz Dirk van Rhyn was, wat na die geveg deur Kavanagh gevange geneem en daarvan aangekla is dat hy 'n Boerekommando op sy plaas gehuisves het. Hy is tot 18 maande gevangenisstraf gevonnis, wat later tot ses maande verminder is.

14. O.J.O. Ferreira, p.240.

15. Ibid., p.242-243.

16. J.H. Meyer: *Kommando-jare*, p.312; D. Reitz, p.275.

17. O.J.O. Ferreira, p.247.

18. Ibid., p.244.

19. Ibid., pp.247-248.

20. Deneys Reitz (1882–1944) was 'n seun van F.W. Reitz, die Vrystaatse president en latere staatsekretaris van die Z.A.R. Deneys Reitz het die Rebellie van 1914 teengestaan en was later 'n kabinetsminister in die Smuts-regering en ambassadeur in Londen tydens die Tweede Wêreldoorlog. Hy is die skrywer van die populêre oorlogjoernaal *Commando*, wat etlike herdrukke beleef het. S.B. Spies & G. Nattrass (reds.): *Jan Smuts: Memoirs of the Boer War*, p.29; O.J.O. Ferreira, p.191, voetnoot 22.

21. D. Reitz, p.275.

22. F.S. Crafford: *Jan Smuts*, p.59; P.H.S. van Zyl: *Die helde-album*, p.371 ens.

23. J.H. Meyer, p.312.

24. O.J.O. Ferreira, p.249.

25. Genl. Jacob (Jaap) Louis van Deventer (1874–1922) het die oorlogspoging teen Duitsland gedurende die Eerste Wêreldoorlog gesteun en aktief met die rang van generaal in die geallieerde magte daaraan deelgeneem. O.J.O. Ferreira, p.132, voetnoot 37; J.C. Smuts, pp.157, 172-3.

26. O.J.O. Ferreira, p.249.

27. E. Nel, p.407.

28. Ibid., p.413; O.J.O. Ferreira, p.253.

29. P.H.S. van Zyl, p.373. Bouwer stel die Boere se verliese op ses gesneuwel en 17 gewond. Sien O.J.O. Ferreira, p.253. Ander weergawes stel die Boere se verliese as ietwat minder, maar kan eerder as sekondêre bronne beskou word.

30. O.J.O. Ferreira, p.250.

31. D. Reitz, p.279.

32. O.J.O. Ferreira, p.251.

33. E. Nel, pp.413-414; O.J.O. Ferreira, p.253; P.L. Scholtz: *Die historiese ontwikkeling van die Onder-Olifantsrivier 1660-1902*, p.169.

34. O.T. de Villiers, p.229; E. Nel, p.414.

35. D. Reitz, p.277; O.J.O. Ferreira, p.254.

36. E. Nel., p.413; O.T. de Villiers, p.229.

37. J.H. Meyer, p.316; E. Nel, p.413; D. Reitz, pp.277-279.

38. D. Reitz, p.277.

39. Sien die stukke van die "Militaire Hof" soos in eindnota 4 vermeld.

40. D. Reitz, p.279.

41. Sien J.C. Smuts (die seun van genl. Smuts) se weergawe van die gebeure op p. 79, waar hy meld dat die verrigtinge op "sound military justice" gebaseer was. 'n Ander biograaf van genl. Smuts, Keith Hancock, het in *The Creighton Lecture in History* dieselfde mening gehuldig. Sien E. Nel, p.416.

42. O.J.O. Ferreira, p.109, voetnoot 15.

43. Dit word byvoorbeeld foutiewelik in F.S. Crafford: *Jan Smuts*, p.59 beweer.

44. Sien die stukke van die "Militaire Hof" soos in eindnota 4 vermeld.

45. O.J.O. Ferreira, p.254.

46. Sien S.B. Spies & G. Nattrass (reds.), p.188.

47. 'n Getikte afskrif van 'n skrywe van Krige gerig aan die *Rand Daily Mail* in die laat 1930's onder die opskrif "Reader's points, the shooting of Colaine. Eye-witness gives the facts: proper court martial held", is deur Eben Nel, skrywer van *Die Kaapse rebelle van die Hantam-Karoo*, voorsien. Nel het in besit daarvan gekom nadat sy werk reeds gepubliseer is.

48. Izak Meyer meld in sy gepubliseerde herinneringe dat hy met die verhoor van Colyn teenwoordig was. Sy weergawe is tot so 'n mate verwerk en gedramatiseer dat dit ernstig aan die historiese waarde daarvan afbreuk doen. Daarbenewens bevat dit ooglopend verkeerde feite en steun dit sterk op Reitz se *Commando*. Sien J.H. Meyer, pp.316-317. Sy seun J.H. Meyer het sy vader se herinneringe in boekvorm verwerk.

49. Sien die stukke van die "Militaire Hof" soos in eindnota 4 vermeld.

50. O.J.O. Ferreira, p.254.

51. Ibid.; D. Reitz, p.279-280.

52. P.L. Scholtz: *Die Tweede Anglo-Boereoorlog en Boerekommando's met besondere verwysing na die distrik Van Rhynsdorp*, p.80; J.H. Meyer, p.317.

53. J.D. Kestell, *Abraham Paul Kriel: sy lewe en werk*, p.112.

54. Deneys Reitz meld dat Andries de Wet drie burgers vir die vuurpeloton aangewys het. Ander, soos J.H. Meyer, p.319, beweer daar was ses lede. Volgens Reitz het hy vir morele ondersteuning saam met De Wet gegaan omdat dié ongemaklik gevoel het oor sy taak. Anders as wat soms aanvaar word, meld Reitz nêrens dat hy lid van die vuurpeloton was nie. Sien D. Reitz, p.280.

55. Jan Lombard Theron is gedurende die oorlog op 14 April 1902 aan maagkoors in die distrik Calvinia oorlede. Hy was die beroemde kmdt. Danie Theron se opvolger as leier van die Verkennerskorps. O.J.O. Ferreira, p.222, voetnoot 4.

56. Die meerderheid Kaapse rebelle is na die vredesluiting aangekla en van hul stemreg ontneem. In 1906 het hulle dit deur 'n algemene amnestie teruggekry. Sien E. Nel, pp.419 en 534.

57. Soos aangehaal in T. Jackson: *The Boer War*, p.156. Die skryfster meld nie die bron waaruit sy die inligting verkry nie.

58. Sien byvoorbeeld H. Oost: *Wie is die skuldiges?*, p.16; J.M. de Wet: *Jopie Fourie*, p.158 e.v.

59. J.M. de Wet, p.161.

60. G.D. Scholtz: *Die Rebellie 1914-15*.

61. J.M. de Wet, pp.145 e.v.

62. J.C. Smuts, p.144.

63. J.M. de Wet, p.162.

64. F.S. Crafford (Afrikaanse vertaling), p.216. Sien ook J.M. de Wet, p. 163.

65. S.B. Spies & G. Nattrass (reds.), p.18. Johannes Meintjes wys in *De la Rey Lion of the West* (p. 209) op Smuts en De la Rey se verskillende benaderings tot die teregstelling van verraaiers: "De la Rey often delayed his signature, much to Smuts's impatience. Jannie, as he was called (later Slim Jannie), had no qualms: traitors had to be shot. But

De la Rey was a different kind of man, to take the life of another, no mattter how justly, was abhorrent to him, and he could only bring himself to sign execution notices by thinking how many lives would be saved by eliminating the traitors. It is rumoured that Smuts had many more men shot than De la Rey ever knew of ..."

66. S31.75074° O18.660101°.

67. S31.68139° O18.65055°.

68. S31.68200° O18.65101°.

69. Willem van Niekerk van die plaas Aties het die mededelings en uitwysings in 2008 aan die skrywer gemaak. Die inligting kom deur oorlewering van sy voorouers, wat ook op die plaas gewoon het.

70. P.L. Scholtz, p.80, sien die voetnoot op daardie bladsy.

HOOFSTUK 16

1. Sien J.C. de Wet en H.L. Swanepoel: *Strafreg*, pp.37 en 431.

2. TAB KG 855 en VAB 169 N.C. Havenga-versameling.

3. Arts. 117-119 van die Grondwet van die Z.A.R. en art. 3 van die Krygswet van die Z.A.R. Die historikus Fransjohan Pretorius huldig die mening in *Kommandolewe tydens die Anglo-Boereoorlog* (pp. 279-298) dat dit nie 'n uitgemaakte saak is dat swart en bruin mense selfs na 'n behoorlike verhoor wettiglik in die twee republieke tereggestel kon word nie. Die skrywer steun op 'n juridiese uitleg van die Haagse konvensie, maar die Boererepublieke was nie ondertekenaars daarvan nie. Ondanks S.B. Spies se aanvaarbare bevindinge dat die algemene norme wat in die Haagse konvensie neergelê is vir die strydende partye gegeld het, sou dit nie spesifieke bepalinge van die republikeinse reg nietig kon maak nie. Vir Spies se mening sien sy artikel "Die Haagse Konvensie van 1899 en die Boererepublieke" in F. Pretorius (red.): *Verskroeide aarde*, pp.168 e.v.

4. Art. 28 van die Vrystaatse Krygswet.

5. Toe die vrou van 'n National Scout, ene Briel, met sekere dokumentasie by genl. Beyers se kommando in Noord-Transvaal opgedaag het met die doel om die burgers tot oorgawe te beweeg, het Beyers haar eenvoudig net onder bewaking geplaas sodat sy nie hul posisie kon verraai nie. J.F. Naudé: *Vechten en vluchten van Beyers en Naudé "bôkant" De Wet*, p.313.

6. Arts. 48-49 van die *Krijgsgerig Wet van die Z.A.R.* en art. 3 van die proklamasie van die kommandant-generaal gedateer 10 November 1899.

7. Arts. 57-66 van die Vrystaatse Krygswet. In die Vrystaat moes so 'n krygsraad voor die oorlog uit die mees senior offisiere beskikbaar saamgestel word.

8. Ludwig Emil Krause (1872-1942) was 'n prokureur wat aanvanklik 'n regsadviseur van die republikeinse magte en later die president/voorsitter van die krygshof in Noord-Transvaal op Nylstroom was. J. Taitz (red.): *The War Memoirs of Commandant Ludwig Krause*, pp.xxi-xxvi.

9. A. Grundlingh: *Die "Hendsoppers" en "Joiners"*, pp.95-96 voetnoot 69.

10. TAB KG 855.

11. C.C.J. Badenhorst: *Uit den Boeren-Oorlog*, p.103. Een van die gevalle waarby die voorma-

lige kmdt. Prinsloo betrokke was, word in die volgende hoofstuk bespreek. Die ander geval was die teregstelling van De Bruyn, die twee Kotzee-broers en Wasserman by Hoopstad (sien hoofstuk 11). Die derde geval waarvan Badenhorst praat, is onbekend. Dit wys daar is gevalle waar die doodstraf uitgespreek is wat nie opgespoor kon word nie.

12. Die proklamasie word aangehaal in P. Burke: *The Siege of O'Okiep*, pp.86–87.

13. J. Taitz (red.), p.88. Krause het verklaar die doodstraf "is the only punishment our law allows for High Treason".

14. Ibid. Krause het die verskil so omskryf: "Gekweste [sic] Majesteit ... differs only from High Treason in that the evil intention requisite in the latter crime is absent from the former."

15. Die proklamasie word so afgesluit: "Alle wetten en proclamaties in strijd met deze proclamatie worden mits deze herroepen."

16. Sien byvoorbeeld die opdrag van die griffier in die hoogverraadsake in TAB KG 855, teenoor byvoorbeeld pp.89 en 31.

17. K. Farrington: *History of Punishment and Torture*, p.184.

18. Onderhoud gevoer met onder andere dr. Lucas Potgieter, wapenkenner van Roodepoort.

HOOFSTUK 17

1. TAB Aanwins W2, N.J. de Wet-versameling, *Oorlogsbericht* gedateer 4 September 1901.

2. VAB MG I 575.

3. TAB Aanwins A787, no.62, Preller-versameling, Herinneringe van Charles Guilliaume Corneille Rocher. Daar kon nie in 'n ander bron bevestiging van die geval gevind word nie.

4. Gegewens oor Schoeman en die aanklagte van verraad teen hom is verkry uit J. Schoeman: *Genl. Hendrik Schoeman: was hy 'n verraaier?*, pp.191-216; J.F. Naudé: *Vechten en vluchten van Beyers en Naudé "bôkant" De Wet*, pp.184-185; J. Taitz: *The War Memoirs of Commandant Ludwig Krause 1899-1900*, pp.109-110.

5. Jan Christoffel Greyling Kemp (1872-1946) was later 'n generaal in die republikeinse magte. Tydens die Rebellie van 1914 was hy 'n rebel. Hy was later 'n volksraadslid en minister van landbou. Jan Kempdorp is na hom vernoem. J. Malan: *Die Boere-offisiere van die Tweede Vryheidsoorlog 1899-1902*, p.37.

6. J. Schoeman, p.202.

7. J. Taitz, p.110.

8. Ibid.

9. Sien die bronne in eindnota 4 vermeld.

10. J. Taitz, p.109.

11. Ibid., p.82.

12. J.F. Naudé, p.184. Die outeur was 'n afgevaardigde by die vredesberaad by Vereeniging in Mei 1902 en het teen vrede gestem. Hy het onder andere as veldprediker opgetree, hoewel hy eers na die oorlog as predikant opgelei is. Hy is in 1948 oorlede. H.C. Hopkins: *Maar één soos hy*, p.144.

13. J.F. Naudé, pp.110 en 184 en A. Grundlingh, *Die "Hendsoppers" en "Joiners"*, pp.73-74.

14. TAB Argief Landdros Middelburg, Spesiale Militêre Hof Notule 75, De Staat v W.T. Richards, gedateer 20 Desember 1900.
15. TAB Aanwins A850, Herinneringe van Karl Schulz, pp.2-3.
16. J.Taitz, pp.87-89.
17. O.T. de Villiers: *Met De Wet en Steyn in het veld*, p.51.
18. Ibid., pp.51-54.
19. Ibid., p.54; Sien ook M.C.E. van Schoor: *Christiaan Rudolph de Wet*, pp.159-160 en dieselfde outeur se werk *Marthinus Theunis Steyn*, pp.203-204.
20. C.C.J. Badenhorst, *Uit den Boeren-Oorlog 1899-1902*, p.120.
21. J.F. Naudé, p.245.
22. R.W. Schikkerling: *Hoe ry die Boere*, pp.362-367.
23. C.M. van den Heever: *Generaal J.B.M. Hertzog*, p.107.
24. TAB KG 855 Staat versus W.H. Boshof. Ook dié krygshof het drie lede gehad.
25. TAB CJC 624 CJC 204.
26. G.S. Preller: *Kaptein Hindon*, pp.141-142. Dit mag dieselfde Erasmus wees as waarna Oskar Hintrager in sy dagboekaantekening van 30 Julie 1900 onder die opskrif "In die laer aan die Vaalrivier" verwys. Die gerug in sy dagboek dat Erasmus tereggestel is, is natuurlik verkeerd as dit dieselfde persoon is. Sien *Christiaan de Wet-annale*, No.2, Oktober 1973, p.95.
27. C.H. Muller: *Oorlogsherinneringe*, pp.90-91.
28. R.D. McDonald: *In die skaduwee van die dood*, pp.166-167.

HOOFSTUK 18

1. E. Neethling: *Mag ons vergeet?*, p. xi.
2. P.S. Lombard: *Uit die dagboek van 'n Wildeboer*, p.176. Die werk is oorspronklik in 1939 deur Afrikaanse Pers Beperk gepubliseer en in 2002 deur Bienedell Uitgewers herdruk. Die bladsyverwysing kom uit die herdruk.
3. *Beeld*, 14 Mei 2009, briewekolom, brief onder die opskrif "Mulder is nou net 'n hanskakie".
4. *Beeld*, 16 Mei 2009, briewekolom, brief onder die opskrif "As Mulder hanskakie is, is Theron joiner".
5. A. Grundlingh: *Die "Hendsoppers" en "Joiners"*, p.417.
6. Weens die gebrek aan ondersoekende literatuur oor die nagevolge van verraad gedurende die oorlog het ek die mening van twee kundiges oor die verskynsel van trauma ingewin. Proff. Wilhelm Jordaan en Johan Snyman het albei artikels oor die algemene trauma van die Anglo-Boereoorlog gepubliseer, waarna in die teks verwys word. Tensy anders vermeld, is die aanhalings in die teks uit onderhoude wat ek in 2010 met hulle gevoer het.
7. Onderhoud in 2010 gevoer met Paulina Theart van Lichtenburg. Sy is die kleindogter van die tereggestelde Woite se tweede jongste kind, Paulina. Sekere van Woite se kinders was so verbitterd oor hul vader se teregstelling dat hulle permanent vyandig teenoor die Afrikanersaak geword het en mettertyd verengels het. Ander weer, soos Theart se ouma en haar kinders, het in die konsentrasiekamp beland.

8. Jordaan het daarop gewys dat navorsing in die sielkunde toon 'n klein minderheid van mense wat aan soortgelyke traumas blootgestel is, sal aan PTSS ly en dat daar vir die betrokkenes eerder ander algemene stresgevolge met verreikende gevolge kon gewees het.

9. J.A. Coetzee: *Politieke groepering in die wording van die Afrikanernasie*, p.312.

10. A. Grundlingh, p.427.

11. J. Snyman: "Die politiek van herinnering: spore van trauma" in *Herdenkingslesings aan die RAU* saamgestel deur G. Verhoef, p.26.

12. Sien byvoorbeeld die debat in H.D.J. Bodenstein: *Was Generaal Botha in 1900 'n verrader?*

13. J.C. Steyn: *Trouwe Afrikaners*, p.99 e.v.; Sien ook G.D. Scholtz: *Die ontwikkeling van die politieke denke van die Afrikaner*, Dele VI-VIII en H. Giliomee: *Die Afrikaners*.

14. Steyn was ten tyde van die belastering die voorsitter van die Nasionale Party se tak op Louis Trichardt. Sien A. Grundlingh, p.428 en J.C. Steyn, p.101.

15. J.C. Steyn, p.100.

16. Ibid., pp.99 e.v.

17. Die Verenigde Party het 111 setels gewen teenoor die Nasionale Party se 27. Daar was uiteraard ander faktore wat tot die Verenigde Party se oorwinning bygedra het. M.P. Malan: *Die Nasionale Party van Suid-Afrika* en W.A. Kleynhans: *S.A. algemene verkiesings-manifeste 1910-1981*.

18. Sien Jordaan in *Rapport*, 21 Oktober 2001, "Die trauma duur voort" en Snyman in "Die politiek van herinnering: spore van trauma" in *Herdenkingslesings aan die RAU*. Sien ook die beriggewing in *Die Burger (Woonburger)*, 20 Junie 1998, "Filosoof wys op gevare van ongeheelde trauma".

19. *Rapport*, 21 Oktober 2001.

20. *Die Burger*, 20 Junie 1998, "Filosoof wys op gevare van ongeheelde trauma".

21. Die volgende is enkele verdere verteenwoordigende voorbeelde: *Volksblad*, 14 Mei 2003, "Monument vir hensoppers"; *Volksblad*, 9 Mei 2002, "Joiners: 'n woord wat nie rond-gegooi moet word nie"; *Die Burger*, 11 Februarie 1991, "Aantygings teen rooilussies is verregaande"; *Die Burger*, 28 Mei 2005, "Te lank in ivoortorings"; *Beeld*, 27 September 1996, "Hensopper, hanskakie en lafaard Coetzee haat hy g'n"; *Beeld (By*, briewe*)*, 2 Junie 2007, "Nuwe generasie 'joiners' trap nou op Afrikaner". So onlangs as 1 April 2010 het 'n SMS-skrywer na Van Schalkwyk en Mulder as "joiners" in *Beeld* verwys. Sien ook die regse Afrikaanse koerante soos *Die Afrikaner* van 1970's tot 1990's, asook die *Patriot* van die 1990's. In dié koerante het die gebruik van begrippe uit die verraaierverskynsel van die ABO meer geredelik voorgekom.

22. *Die Burger*, 9 Februarie 2004, "Leon noem Van Schalkwyk 'n joiner en bywoner". Sien ook *Volksblad*, 12 Junie 2002, "Van Schalkwyk is versinnebeelding van 'joiner' – Leon".

23. *Rapport*, 10 Oktober 1999, p.6

24. *Volksblad*, 14 Junie 2000, "Wrewel oor Pik".

25. Sien die mening van F. Pretorius in "Historiese perspektiewe op die Anglo-Boereoorlog" in *Herdenkingslesings aan die RAU*, p.19.

26. *Beeld*, 28 September 2007, "ABO speel nuwe vormingsrol".

27. *Beeld*, 2 Julie 1995, "Swartes, Afrikaner is deur bloed, trane sáám deel van die land".

Bronnelys

A1438, J. Ploeger-versameling

A1498, A.F.C. Stumpf-versameling

A1594, Röscher-versameling

A2029, Ian Uys-versameling

A2055, F.A. van Jaarsveld-versameling

A239, Maj. A.L. la C. Bartrop-versameling

A284, P.R. de Villiers-versameling

A322, Ds. J.M. Louw-versameling

A787, G.S. Preller-versameling

A850, Carolina Historiese Komitee-versameling

A865, F.J. Grobler-versameling

A947, J.D.T. Krynauw-versameling

W125, H.J. Schoeman-versameling

W19, P.H.S. van Zyl-versameling

W2, N.J. de Wet-versameling

W223, H.J. Poutsma-versameling

W38, P.N. van Rensburg-versameling

W81, Viljoen-versameling

2. **VRYSTAATSE PROVINSIALE ARGIEFBEWAARPLEK, BLOEMFONTEIN**

2.1 **Individuele argiewe:**

Archives of the Colonial Secretary, Orange River Colony (CSO)

Archives of the Military Governor, Bloemfontein (MGB)

2.2 **Aanwinste:**

A69, N.C. Havenga-versameling

A119, Renier-versameling

A289, Renier-versameling

2.3 **Boedels:**

Die boedelnommers word in die eindnotas aangedui.

2.4 **Regeringsdokumente:**

Wetgewing en proklamasies 1890-1900.

3. **GEPUBLISEERDE, ONGEPUBLISEERDE BOEKE, WERKE, VERHANDE-LINGE EN PROEFSKRIFTE:**

Aked, C.F. *The Annual Sermon on our Cowardly War*. Tweede Uitgawe. Egerton Smith: Liverpool, 1901.

Amery, L.S. (red.) *The Times History of the War in South Africa, 1899-1902*, Vol. I-VII. Sampson Low, Marston & Co: Londen, 1900-1909.

Anderssen, E.C. *Die verlede herleef*. Voortrekkerpers: Johannesburg, 1943.

Ankiewicz, L. *Blymoedig volhardend*. Ludwig Ankiewicz: Heidelberg, 2007.

Ankiewicz, L. *Vanaf die Suikerbosrante tot by die Vaalrivier*. Ludwig Ankiewicz: Heidelberg, 2010.

Austen, G.F. (met inleiding deur J.H. Breytenbach) *Diary of G.F.Austen*. CUM: Roode-poort, 1981.

Badenhorst, A. *Tant Alie van Transvaal*. Nasionale Pers: Kaapstad, 1939.

Badenhorst, C.C.J. *Uit den Boeren-Oorlog 1899-1902: ervaringen en aanteekeningen*. Höveker & Wormser: Amsterdam, 1903.

Barry, A. *Ons Japie: dagboek gehou gedurende die Driejarige Oorlog*. Afrikaanse Pers-Boekhandel: Johannesburg, 1960.

Bezuidenhout, G.E. *Uit die donker woud*. Afrikaanse Pers-Boekhandel: Johannesburg, 1946.

Birkhead, H. en Groenewald, J. *The Wherewithal of Wolmaransstad: Number 1 of the Anglo-Boer War Centenary Series*. Philatelic Federation of Southern Africa: Johannesburg, 1999.

Blake, J.Y.F. *A West Pointer with the Boers*. Angel Guardian Press: Boston, 1903.

Bleszynski, N. *Shoot Straight you Bastards! The Truth behind the Killing of Breaker Morant*. Random House: Sydney, 2002.

Bodenstein, H.D.J. *Was generaal Botha in 1900 'n verrader?* J.H. de Bussy: Amsterdam, 1916.

Bosman, C. *Slaan en vlug*. Afrikaanse Pers-Boekhandel: Johannesburg, 1946.

Brandt, J. *Die Kappie Kommando of Boerenvrouwen in geheime dienst*. J.H. de Bussy: Amsterdam, 1913.

Brandt-Van Warmelo, J. *Het concentratie-kamp van Iréne*. Hollandsch-Afrikaansche Uitgewers Maatschappij: Amsterdam, 1905.

Breytenbach, J.H. (red.) *Gedenkalbum van die Tweede Vryheidsoorlog*. Nasionale Pers: Kaapstad, 1949.

Breytenbach, J.H. *Die geskiedenis van die Tweede Vryheidsoorlog in Suid-Afrika, 1899-1902*, Vol I-V. Staatsdrukker: Pretoria, 1969-1983.

Breytenbach, J.H. en Ploeger J. *Majuba Gedenkboek*. CUM: Roodepoort, 1980.

Brink, J.N. *Oorlog en ballingskap*. Nasionale Pers: Kaapstad, 1940.

Brits, J.P. (red.) *Diary of a National Scout, P.J. du Toit, 1900-1902*. RGN: Pretoria, 1974.

Brown, H. en Grew, E.S. *War with the Boers*, Vol V. H. Virtue: Londen, s.j.

Burger, A.J.V. *Worsteljare: herinneringe van ds. A.P. Burger, veldprediker by die republikeinse magte tydens die Tweede Vryheidsoorlog*. Nasionale Pers: Kaapstad, 1936.

Burke, P. *The Siege of O'OKiep*. Oorlogsmuseum van die Boererepublieke: Bloemfontein, 1995.

Buurman (skuilnaam vir M.J. Bornman). *Oorlogswolke oor die republieke*. Voortrekkerpers: Johannesburg, 1944.

Cachet, F.L. *De worstelstrijd der Transvalers aan het volk van Nederland verhaald*. Derde druk. Höveker & Wormser: Amsterdam, s.j.

Cameron, T. (red.) *Nuwe geskiedenis van Suid-Afrika*. Hersiene uitgawe. Human & Rousseau: Kaapstad, 1991.

Carter, T.F. *A Narrative of the Boer War: Its Causes and Results*. Pennington: Londen, 1883.

Coetzee, J.A. *Politieke groepering in die wording van die Afrikanernasie*. Voortrekkerpers: Johannesburg, 1941.

Coetzee, J.H. (red.) "H.S. van der Walt: Oorlogsdagboek 1899-1902" in *Christiaan de Wet-annale*, No. 8. SA Akademie vir Wetenskap en Kuns in samewerking met die Oorlogsmuseum: Bloemfontein, November 1990.

Coetzer, J.S. "Die geskiedenis van Wolmaransstad tot met Uniewording in 1910". Ongepubliseerde MA-verhandeling, PU vir CHO, 1986.

Crafford, F.S. (in Afrikaans vertaal deur F.A. Venter) *Jan Smuts: 'n biografie*. Edina Works: Kaapstad, s.j.

Davey, A. (red.) *Breaker Morant and the Bushveldt Carbineers*. Tweede Reeks, No. 18. Van Riebeeck-Vereniging: Kaapstad, 1987.

De Jager, A.H. *Mense en gebeure in die Noordoos-Vrystaat tydens die Anglo-Boereoorlog*. Derde hersiene uitgawe. A.H. de Jager: Frankfort, 2000.

De Jong, C. *Skandinawiërs in die Tweede Anglo-Boere-oorlog*, Deel drie. Nederlands–Zuid-Afrikaanse Vereniging: Amsterdam, 1987.

De la Harpe, W.H. *Fouriesburg Eeufees 1893-1993*.

De la Rey, H. saamgestel deur L. Laubser. *Die ware generaal Koos de la Rey*. Protea Boekhuis: Pretoria, 1998.

De Villiers, O.T. *Met Steyn en De Wet in het veld*. Elsevier: Amsterdam, 1903.

Devitt, N. *The Concentration Camps in South Africa during the Anglo-Boer War of 1899-1902*. Shuter & Shooter: Pietermaritzburg, 1941.

De Wet, C.R. *De strijd tusschen Boer en Brit*. Höveker & Wormser: Amsterdam, 1902.

De Wet, I.J.C. *Met genl. De Wet op kommando*. Afrikaanse Pers-Boekhandel: Johannesburg, 1954.

De Wet, J.C. en Swanepoel, H.L. *Strafreg*. Butterworths: Durban, 1975.

De Wet, J.M. *Jopie Fourie*. Herdruk. Voortrekkerpers: Pretoria, s.j.

Du Plessis, P.J. *Oomblikke van spanning*. Nasionale Pers: Kaapstad, 1938.

Du Preez, M. *Of Warriors, Lovers and Prophets: Unusual Stories from South Africa's Past*. Zebra Press: Kaapstad, 2004.

Eloff, C.C. (red.) *Oorlogsdagboekie van H.S. Oosterhagen*. RGN: Pretoria, 1976.

Engelenburg, F.V. *Genl. Louis Botha*. J.L. van Schaik Beperk: Pretoria, 1928.

Farrington. K. *History of Punishment and Torture*. Chancellor Press: Londen, 2003.

Faul Bosman, A.E. "The Diary of E.S. Leversage during the Siege of Lady Smith, 1899-1900" in *Christiaan de Wet-annale*, No. 10. SA Akademie vir Wetenskap en Kuns in samewerking met die Oorlogsmuseum: Bloemfontein, Oktober 2000.

Ferreira, O.J.O. (red.) *Memoirs of General Ben Bouwer*. RGN: Pretoria, 1980.

Ferreira, O.J.O. *Viva os Boers!* Protea Boekhuis: Pretoria, 2000.

Flippie, Oom (skuilnaam vir P.R. van der Westhuizen). *Wat van ons?* Afrikaanse Pers-Boekhandel: Johannesburg, s.j.

Fouché, F. "Die fusillering van Burgher Police" in *Knapsak*, Desember 2001, 'n tydskrif van die Oorlogsmuseum, Bloemfontein.

Fouché, F. "Verdeeldheid in een familie tydens oorlog" in *Knapsak*, Desember 1998, 'n tydskrif van die Oorlogsmuseum, Bloemfontein.

Fourie, L.P. *Ermelo Kommando 100 jaar*, s.j.

Fuller, J.F.C. *The Last of the Gentlemen's Wars.* Faber & Faber: Londen, 1937.

Giliomee, H. "Die soeke na 'n sinvolle Afrikaanse verlede" in J.W.N. Tempelhoff (red.) *Historical Consciousness and Future of Our Past.* Kleio:Vanderbijlpark, 2003.

Giliomee, H. *Die Afrikaners: 'n biografie.* Tafelberg: Kaapstad, 2004.

Grobbelaar, P.W. (red.) *Die Afrikaner en sy kultuur,* Deel II. Sien die bron onder Strydom, C.J.S. hieronder.

Grobler, F.J. "Die Carolina-kommando in die Tweede Vryheidsoorlog (1899-1902)". Ongepubliseerde MA-verhandeling, PU vir CHO, 1960.

Grobler, J. (red.) *The War Diary of Johanna Brandt.* Protea Boekhuis: Pretoria, 2007.

Grobler, M.J. *Met die Vrystaters onder die wapen: generaal Prinsloo en die Bethlehemkommando.* Nasionale Pers: Bloemfontein, s.j.

Gronum, M.A. *Die bittereinders, Junie 1901 – Mei 1902.* Tafelberg: Kaapstad, 1974.

Grundlingh, A.M. *Die "Hendsoppers" en "Joiners": die rasionaal en verskynsel van verraad.* Protea Boekhuis: Pretoria, 1999.

Hancock, K. *The Smuts Papers: The Creighton Lecture in History, 1955.* Athlone University Press, 1956.

Hancock, W.K. en Van der Poel, J. (reds.) *Selections from the Smuts Papers,* Vol. I. June 1886 - May 1902. University Press: Cambridge, 1966.

Hattingh, J.L. "Die geval van Meyer de Kock en die ontstaan van die konsentrasiekampe tydens die Anglo-Boereoorlog, 1899-1902" in *Historia,* 18(3), September 1973.

Hobhouse, E. *Die smarte van die oorlog en wie dit gely het.* Nasionale Pers: Kaapstad, 1923.

Hopkins, H.C. *Maar één soos hy: die lewe van kommandant C.A. van Niekerk.* Tafelberg: Kaapstad, 1963.

Jackson, T. *The Boer War.* Macmillan: Londen, 1999.

Jooste, G. en Oosthuizen, A. *So het hulle gesterf: gedenkboek van teregstellings van Kaapse rebelle en republikeinse burgers tydens die Anglo-Boereoorlog 1899-1902.* J.P. van der Walt: Pretoria, 1998.

Jooste, G. en Webster, R. *Innocent Blood Executions during the Anglo Boer War.* Spearheart: Claremont, 2002.

Jooste, H.J. "Veldkornet Salmon van As" in *Christiaan de Wet-annale,* No. 6. SA Akademie vir Wetenskap en Kuns in samewerking met die Oorlogsmuseum, Bloemfontein: Oktober 1984.

Jordaan, G. *Hoe zij stierven.* Stem–Drukkery: Burgersdorp, 1904.

Kemp, J.C.G. *Die pad van die veroweraar.* Tweede druk. Nasionale Pers: Kaapstad, 1946.

Kemp, J.C.G. *Vir vryheid en reg.* Nasionale Pers: Kaapstad, 1946.

Kepper, G.L. *De Zuid-Afrikaansche Oorlog: historisch gedenkboek.* A.W. Sijthoff: Leiden, 1901.

Kestell, J.D. *Abraham Paul Kriel: sy lewe en werk.* Nasionale Pers: Kaapstad, 1932.

Kestell, J.D. *Christiaan de Wet: 'n lewensbeskrywing.* Tweede druk. Nasionale Pers: Kaapstad, 1920.

Kestell, J.D. *Met de Boeren-commando's: mijne ervaringen als veldprediker.* Höveker & Wormser: Amsterdam, 1903.

Kestell, J.D. *Through Shot and Flame.* Africana Book Society, Africana Reprint Library Volume 8: Johannesburg, 1976.

Kestell, J.D. en Van Velden, D.E. *De vredesonderhandelingen tusschen de regeeringen der twee Zuid-Afrikaansche republieken en de vertegenwoordigers der Britsche regeering.* J.H. de Bussy: Amsterdam, 1909.

Kilian, J.D. *Laat ons veg.* Perskor: Johannesburg, 1975.

Kleynhans, W.A. (samesteller) *SA algemene verkiesingsmanifeste 1910-1981.* Unisa: Pretoria, 1987.

Knight, E.F. *South Africa after the War: A Narrative of Recent Travel.* Longmans Green: Londen, 1903.

Kritzinger, P.H. en McDonald, R.D. *In the shadow of death.* William Clowes: Londen, 1904.

Kruger, R. *Good-bye Dolly Gray: The Story of the Boer War.* Cassell: Londen, 1964.

Kuit, A. *'n Kommandoprediker.* J.H.B. de Bussy: Pretoria, s.j.

Lategan, F.V. en Potgieter, L. *Die Boer se roer tot vandag.* Tafelberg: Kaapstad, 1982.

Lean, P.S. *Leidsman van sy tyd: 'n geïllustreerde oorsig van die lewe van Jan Christian Smuts.* Die Generaal Smuts-Stigting van Oorlogsveterane: Irene, 1983.

Lee, E. *To the Bitter End.* Protea Boekhuis: Pretoria, 2002.

Lehman, J.H. *The First Boer War.* Jonathan Cape: Londen, 1972.

Le Roux, C.J.P. *Sir Hamilton John Goold-Adams se rol in die Oranjerivierkolonie 1901-1910.* Argiefjaarboek vir Suid-Afrikaanse geskiedenis, Deel II. Staatsdrukker: Pretoria, 1984.

Lombard, J.C. *Worsteljare vir vryheid en reg: herinneringe van Carl en Adriana Lombard uit die Vryheidsoorlog.* Oorlogsmuseum van die Boerepublieke: Bloemfontein, 1999.

Lombard, P.S. (saamgestel deur A.M. Jackson) *Uit die dagboek van 'n Wildeboer.* Herdruk deur Bienedell Uitgewers: Pretoria, 2002.

Lourens, J. en J.A.J. *Te na aan ons hart.* J. en J.A.J. Lourens: Reitz, 2002.

Malan, J. *Die Boere-offisiere van die Tweede Vryheidsoorlog 1899-1902.* J.P. van der Walt: Pretoria, 1990.

Malan, M.P.A. *Die Nasionale Party van Suid-Afrika: sy stryd en sy prestasies 1914-1964.* Nasionale Party: Elsiesrivier, 1964.

Marais, A.H. *Die ontstaan en ontwikkeling van partypolitiek in die Oranjerivier-Kolonie 1902-1912.* Argiefjaarboek vir Suid-Afrikaanse geskiedenis, Deel II. Staatsdrukker: Pretoria, 1970.

Marais, P. *Penkoppe van die Tweede Vryheidsoorlog 1899-1902.* J.P. van der Walt: Pretoria, 1993.

Marais, P. *Die vrou in die Anglo-Boereoorlog.* J.P. van der Walt: Pretoria, 1999.

Maritz, M. *My lewe en strewe.* Manie Maritz: Pretoria, s.j.

Martin, A.C. *The Concentration Camps, 1900-1902.* Howard Timmins: Kaapstad, 1957.

McDonald, R.D. *In die skaduwee van die dood.* Tweede druk. Nasionale Pers: Kaapstad, 1943.

McDonald, R.D. *'n Terugblik op my oorlogsjare.* Oorlogsmuseum van die Boererepublieke: Bloemfontein, 1995.

Meijer, J.W. *Generaal Ben Viljoen 1869-1917.* Protea Boekhuis: Pretoria, 2000.

Meintjes, J. *De la Rey: Lion of the West.* Hugh Keartland: Johannesburg, 1966.

Meintjes, J. *General Louis Botha: a biography.* Cassell: Londen, 1970.

Meintjes, J. *Stormberg: A Lost Opportunity.* Nasionale Boekhandel: Kaapstad, 1969.

Meintjes, J. *Sword in the Sand.* Tafelberg: Kaapstad, 1969.

M.E.R. (skuilnaam vir M.E. Rothmann) *Oorlogsdagboek van 'n Transvaalse burger te velde, 1900-1901.* Nasionale Pers: Kaapstad, 1947.

Meyer, J.H. *Kommandojare: 'n oudstryder se persoonlike relaas van die Tweede Vryheidsoorlog.* Human & Rousseau: Kaapstad, 1971.

Milne, R. *Anecdotes of the Anglo-Boer War.* Covos Day Books: Weltevredenpark, 2000.

Mostert, D. *Slegtkamp van Spioenkop: oorlogsherinneringe van kapt. Slegtkamp.* Tweede druk. Nasionale Pers: Kaapstad, 1938.

Muller, C.F.J. *Die Britse owerheid en die Groot Trek.* Simondium Uitgewers: Johannesburg, 1963.

Muller, C.H. *Oorlogsherinneringe van generaal Chris H. Muller.* Nasionale Pers: Kaapstad, 1936.

Naudé, J.F. *Vechten en vluchten van Beyers en Kemp "bôkant" de Wet.* Nijgh & Van Ditmar: Rotterdam, 1903.

Neethling, E. *Mag ons vergeet?* Nasionale Pers: Kaapstad, 1938.

Nel, E. *Die Kaapse rebelle van die Hantam-Karoo tydens die Anglo-Boereoorlog 1899-1902.* Tweede hersiene druk. Bienedell Uitgewers: Pretoria, 2003.

Norris-Newman, C.L. *With the Boers in the Transvaal and Orange Free State 1880-81.* Africana Book Society, Africana Reprint Library Vol. 6: Johannesburg, 1976.

Oberholster, A.G. (red.) *Oorlogsdagboek van Jan F.E. Celliers 1899-1902.* RGN: Pretoria, 1978.

Oberholster, J.J. (red.) "Dagboek van Oskar Hintrager – saam met Christiaan de Wet, Mei tot September 1900" in *Christiaan de Wet–annale,* No. 2. SA Akademie vir Wetenskap en Kuns in samewerking met die Oorlogsmuseum van die Boererepublieke: Bloemfontein, 1973.

Odendaal, R.F. (red.) *Oorlogsmisdade? 1899-1902.* R. Odendaal: Nylstroom, s.j.

Odendaal, R. *Noord-Transvaal op kommando 1899-1902.* Jotha Drukkers, s.j.

Oost, H. *Wie is die skuldiges?* Derde druk. Afrikaanse Pers-Boekhandel: Johannesburg, 1958.

Oosthuizen, A.V. (samesteller) *'n Gids na die slagvelde, grafte en monumente van die Anglo-Boereoorlog in Noordoos-Kaapland.* Oorlogsmuseum van die Boererepublieke: Bloemfontein, s.j.

Oosthuyzen, J. "Jacobus Hercules de la Rey en die Tweede Vryheidsoorlog". Ongepubliseerde D. Litt.-proefskrif, PU vir CHO, 1949.

Opperman, D.J. *Groot verseboek.* Vierde uitgawe. Tafelberg: Kaapstad, 1973.

Otto, J.C. *Die konsentrasiekampe.* Nasionale Boekhandel: Kaapstad, 1954.

Pakenham, T. *The Boer War.* Jonathan Ball: Johannesburg, 1979.

Penning, L. *De oorlog in Zuid-Afrika,* Vol I-III. D.A. Daamen: Rotterdam, 1899-1903.

Pieterse, H.J.C. *My tweede vryheidstryd: herinneringe van P.C. Joubert.* Nasionale Pers: Kaapstad, 1945.

Pieterse, H.J.C. *Oorlogsavonture van genl. Wynand Malan.* Nasionale Pers: Kaapstad, 1941.

Pohl, V. *Adventures of a Boer Family.* Faber & Faber: Londen, 1944.

Postma, M.M. *Stemme uit die vrouekampe.* Geen uitgewer: Middelburg, 1925.

Preller, G.S. *Daglemier in Suid-Afrika.* Wallacks Bpk., 1937.

Preller, G.S. *Kaptein Hindon: oorlogsavonture van 'n baasverkenner.* Derde druk. Nasionale Pers: Kaapstad, 1942.

Preller, G.S. *Scheepers se dagboek en die stryd in Kaapland.* Nasionale Pers: Kaapstad, 1938.

Pretorius, F. *Die Anglo-Boereoorlog 1899-1902.* Struik: Kaapstad, 1998.

Pretorius, F. *De la Rey: die leeu van Wes-Transvaal.* Protea Boekhuis: Pretoria, 2007.

Pretorius, F. "Historiese perspektiewe op die Anglo-Boereoorlog" in G. Verhoef (red.) *Die Anglo-Boereoorlog-herdenkingslesings aan die RAU.* 1999.

Pretorius, F. *Kommandolewe tydens die Anglo-Boereoorlog 1899-1902.* Human & Rousseau: Kaapstad, 1991.

Pretorius, F. "So wil ons hê dit moet wees! Mites rondom die Anglo-Boereoorlog" in *Knapsak,* Desember 2001, 'n tydskrif van die Oorlogsmuseum, Bloemfontein.

Pretorius, F. (red.) *Verskroeide aarde.* Human & Rousseau: Kaapstad, 2001.

Prinsloo, A. *Geskiedenis van Smithfield en die Caledonrivierdistrik 1819-1952.* Sending Uitgewers: Bloemfontein, 1955.

Prinsloo, W.J. de V. *Potchefstroom 150.* Feeskomitee Potchefstroom: Potchefstroom, 1988.

Raal, S. *Met die Boere in die veld.* Nasionale Pers: Kaapstad, 1937- en 1938-uitgawes.

Raath, A.W.G. *De La Rey: 'n stryd vir vryheid.* Die Erwe van Ons Vaad're. Nr. 3. Kraal Uitgewers: Brandfort, 2007.

Raath, A.W.G. en Louw, R.M. *Die konsentrasiekamp te Springfontein 1899-1902.* Die Konsentrasiekamp-Gedenkreeks 2. Oorlogsmuseum van die Boerepublieke: Bloemfontein, 1991.

Raath, A.W.G. en Louw, R.M. *Vroueleed: die lotgevalle van die vroue en kinders buite die konsentrasiekampe 1899-1902.* Die Konsentrasiekamp-Gedenkreeks 4. Oorlogsmuseum van die Boererepublieke: Bloemfontein, 1993.

Rabie-Van der Merwe, H. *Onthou! In die skaduwee van die galg.* Nasionale Pers: Bloemfontein, 1940.

Read, E.S. "Early Settlers in the Eastern Free State and the Origin of Sunnyside Farm". Ongepubliseerde inligtingstuk oor 'n gastehuis.

Reitz, D. *Commando: a Boer journal of the Boer War.* Faber & Faber: Londen, 1929 en Jonathan Ball: Johannesburg, 1990.

Roodt, A. *Die Kaapse rebel: die oorlogsavonture van kommandant Edwin Conroy tydens die Tweede Vryheidsoorlog.* J.P. van der Walt: Pretoria, 1998.

Rosenthal, E. *General De Wet: a biography.* Tweede Uitgawe. Simondium Publishers: Kaapstad, 1968.

Schikkerling, R.W. *Hoe ry die Boere: 'n kommandodagboek.* Afrikaanse Pers-Boekhandel: Johannesburg, 1964.

Schoeman, J. *Genl. Hendrik Schoeman: was hy 'n verraaier?* Johan Schoeman: Broederstroom, 1950.

Schoeman, K. *Only an Anguish to Live Here: Olive Schreiner and the Anglo-Boer War 1899-1902.* Human & Rousseau: Kaapstad, 1992.

Scholtz, G.D. *Generaal Christiaan Frederik Beyers, 1869-1914.* Voortrekkerpers: Johannesburg, 1941.

Scholtz, G.D. *In doodsgevaar: die oorlogservarings van kapt. J.J. Naudé.* Voortrekkerpers: Johannesburg, 1940.

Scholtz, G.D. *Die ontwikkeling van die politieke denke van die Afrikaner,* Deel V-VIII. Perskor: Johannesburg, 1978.

Scholtz, G.D. *Die Rebellie 1914-15.* Voortrekkerpers: Johannesburg, 1942.

Scholtz, G.D. "Die Tweede Vryheidsoorlog knak die groei van die Afrikaanse volk" in O. Geyser (red.) *Keur uit Handhaaf.* FAK: Johannesburg, 1998.

Scholtz, L. *Generaal Christiaan de Wet as veldheer.* Protea Boekhuis: Pretoria, 2003.

Scholtz, L. *Waarom die Boere die oorlog verloor het.* Protea Boekhuis: Pretoria, 1999.

Scholtz, P.L. *Die historiese ontwikkeling van die Onder-Olifantsrivier (1660-1902): 'n geskiedenis van die distrik Vanrhynsdorp.* Argiefjaarboek vir Suid-Afrikaanse geskiedenis, Deel 2. Staatsdrukker: Pretoria, 1966.

Scholtz, P.L. *Die Tweede Anglo-Boereoorlog en Boere-kommando's in die verre Wes-Kaapland met besondere verwysing na die distrik Vanrhynsdorp 1899-1902.* P.L. Scholtz: Pretoria, 1999.

Smith, J.A. *Ek rebelleer!* Nasionale Pers: Kaapstad, 1939.

Smuts, J.C. *Jan Christian Smuts.* Heineman & Cassell: Kaapstad, 1952.

Snyman, J. "Die politiek van herinnering: spore van trauma" in G. Verhoef (red.) *Die Anglo-Boereoorlog-herdenkingslesings aan die RAU,* 1999.

Snyman, J.H. *Die Afrikaners in Kaapland, 1899-1902.* Argiefjaarboek vir Suid-Afrikaanse geskiedenis, Deel II. Staatsdrukker: Pretoria, 1979.

Solomon, V.E. "The Hands-Uppers" in *Krygshistoriese Tydskrif,* 3(1), Junie 1974.

Spies, S.B. en G. Nattrass (reds.) *Jan Smuts: Memoirs of the Boer War.* Jonathan Ball: Johannesburg, 1994.

Spies, S.B. *Methods of Barbarism? Roberts and Kitchener and Civilians in the Boer Republics, January 1900 – May 1902.* Human & Rousseau: Kaapstad, 1977.

Stegman, D. *Nooit gevang nie.* Voortrekkerpers: Johannesburg, 1940.

Stemmet, J.F. "Die insameling van outobiografiese getuienisse oor die Anglo-Boereoorlog" in *Christiaan de Wet-annale,* No. 3. SA Akademie vir Wetenskap en Kuns in samewerking met die Oorlogsmuseum vir die Boererepublieke: Bloemfontein, Oktober 1975.

Steyn, J.C. *Trouwe Afrikaners: aspekte van Afrikanernasionalisme en Suid-Afrikaanse taalpolitiek, 1875-1938.* Tafelberg: Kaapstad, 1987.

Strydom, C.J.S. *Die Afrikaner en sy kultuur,* Deel II, *Spieëlbeeld Oorlog, 1899-1902.* Tafelberg: Kaapstad, 1974 onder redaksie van P.W. Grobbelaar.

Strydom, C.J.S. *Kaapland en die Tweede Vryheidsoorlog.* Nasionale Pers: Kaapstad, 1937.

Strydom, C.J.S. *Ruitervuur: dramatiese hoogtepunte van die Boereoorlog.* Tafelberg: Kaapstad, 1970.

Taitz, J. (red.) *The War Memoirs of Commandant Ludwig Krause 1899-1900.* Tweede reeks, No. 26, Van Riebeeck-Vereniging: Kaapstad, 1996.

Taylor, H. *Doctor to Basuto, Boer & Briton 1877-1906: Memoirs of Dr. Henry Taylor.* David Philip: Kaapstad, 1972.

Uys, I. *Heidelbergers of the Boer War.* Ian Uys: Heidelberg, 1981.

Van Bart, M. en Scholtz, L. (reds.) *Vir vryheid en vir reg: Anglo-Boereoorlog-gedenkboek.* Tafelberg: Kaapstad, 2003.

Van den Heever, C.M. *Generaal J.B.M. Hertzog.* Afrikaanse Pers-Boekhandel: Johannesburg, 1944.

Van den Heever, J.G. *Op kommando onder kommandant Buys: my ondervindinge tydens die Anglo-Boereoorlog.* Nasionale Pers: Bloemfontein, 1944.

Van der Merwe, N.J. *Marthinus Theunis Steyn: 'n lewensbeskrywing,* Deel I en II. De Nationale Pers: Kaapstad, 1921.

Van der Westhuizen, G. en E. *Gids tot die Anglo-Boereoorlog in die Oos-Transvaal.* G. en E. van der Westhuizen: Volksrust, 2000.

Van Jaarsveld, F.A., Van Rensburg A.P.J. en Stals W.A. (reds.) *Die Eerste Vryheidsoorlog 1880-1881.* HAUM: Pretoria, 1980.

Van Jaarsveld, F.A. *Die ontwaking van die Afrikaanse nasionale bewussyn.* Tweede druk. Voortrekkerpers: Johannesburg, 1959.

Van Rensburg, A.P.J. "Die skandkol wat nie wou toegroei nie" in *Huisgenoot,* 8 Augustus 1969.

Van Schoor, M.C.E. *Die bittereinde vrede.* Die Erwe van Ons Vaad're, Nr. 2. Kraal-Uitgewers: Brandfort, 2007.

Van Schoor, M.C.E. (red.) "Dagboek van Hugo H. van Niekerk" in *Christiaan de Wet-annale,* No. 1. Oorlogsmuseum, Bloemfontein, Oktober 1972.

Van Schoor, M.C.E. *De Wet en sy verkenners.* Kaapstad, 1973.

Van Schoor, M.C.E. *Marthinus Theunis Steyn: regsman, staatsman en volksman.* Protea Boekhuis: Pretoria, 2009.

Van Schoor, M.C.E. *Die stryd tussen Boer en Brit: die herinneringe van die Boere-generaal C.R. de Wet.* Vertaal deur M.C.E. van Schoor. Tafelberg: Kaapstad, 1999.

Van Schoor, M.C.E., Malan, S.I. en Oberholster J.J. *'n Bloemlesing: genl. C.R. de Wet.* Oorlogsmuseum van die Boererepublieke: Bloemfontein, 2000.

Van Warmelo, D.S. *On Commando.* AD Donker: Johannesburg, 1977.

Van Warmelo, D.S. *Mijn commando en guerilla commando-leven.* W. Versluys: Amsterdam, 1901.

Van Wyk, A. " 'n Eeu se bitterheid" in *Beeld,* Vrydag 27 Julie 2001.

Van Wyk, J.F. *Die Mauser knal.* Perskor: Johannesburg, 1971.

Van Zyl, P.H.S. *Die helde-album: verhaal en foto's van aanvoerders en helde uit ons Vryheidstryd.* Afrikaanse Pers-Boekhandel: Johannesburg, 1944.

Veber, J. *De Boeren-kampen.* Amsterdam, 1901.

Venter, M.J. *Joop gaan op kommando*. S.L. van Looy: Amsterdam, 1945.

Verhoef, G. (red.) *Die Anglo-Boereoorlog: herdenkingslesings aan die Randse Afrikaanse Universiteit*. Departement historiese studies, RAU: Johannesburg, 1999.

Verloren van Themaat, H. *Twee jaren in den Boeren-oorlog*. H.D. Tjeenk Willink & Zoon: Haarlem, 1903.

Vermeulen, I. *Man en monument: die lewe en werk van Gerhard Moerdijk*. J.L. van Schaik: Pretoria, 1999.

Viljoen, B.J. *Mijne herinneringen uit den Anglo-Boeren-Oorlog*. W. Versluys: Amsterdam, 1902.

Viljoen, B.J. *My Reminiscences of the Anglo-Boer War*. Hood, Douglas & Howard: Londen, 1902.

Visagie, L.A. *Terug na kommando*. Vierde druk. Nasionale Pers: Kaapstad, 1945.

Warwick, P. *Black People and the South African War, 1899-1902*. Ravan Press: Johannesburg, 1983.

Weeber, E.J. *Op die Transvaalse Front*. Nasionale Pers: Bloemfontein, 1942.

Weilbach, J.D. en Du Plessis, C.N.J. *Geschiedenis van de emigranten-Boeren en van den Vrijheidsoorlog*. Saul Solomon & Co.: Kaapstad, 1882.

Wessels, A. (red.) "Die oorlogsherinneringe van Kommandant Jacob Petrus Neser" in *Christiaan de Wet-annale*, No.7. SA Akademie vir Wetenskap en Kuns in samewerking met die Oorlogsmuseum van die Boererepublieke: Bloemfontein, Maart 1988.

Wessels, A. (red.) *Anglo Boer War Diary of Herbert Gwynne Howell*. RGN: Pretoria, 1986.

Wessels, A., Jacobs, F.J. en Raath, A.W.G. (reds.) *Egodokumente: persoonlike ervaringe uit die Anglo-Boereoorlog 1899-1902*. Oorlogsmuseum van die Boererepublieke: Bloemfontein, 1993.

Wessels, A. *Die militêre rol van swart mense, bruin mense en Indiërs tydens die Anglo-Boereoorlog (1899-1902)*. Oorlogsmuseum van die Boererepublieke: Bloemfontein, 1998.

Wichmann, H.F. *Wichmann se oorlogsavonture*. Herdruk. Bienedell Uitgewers: Pretoria, 2003.

Willan, B. *Sol Plaatje: a biography*. Ravan: Johannesburg, 2001.

Willan, B.P. (red.) *Edward Ross: Diary of the Siege of Mafeking October 1899 to May 1900*. Tweede reeks no. 11. Van Riebeeck-Vereniging: Kaapstad, 1980.

Wilson, H.W. *After Pretoria: The Guerilla War*. The Amalgamated Press: Londen, 1902.

4.　　**KOERANTE EN TYDSKRIFTE**

Die Afrikaner 1976-1996

Beeld 1980-2009

Black and White Budget 1900

The Bloemfontein Post 1900-1905

Die Burger 1926, 1980-2009

De Goede Hoop 1905

Historia 1973
Huisgenoot 1953, 1969
Klerksdorp Mining Record 1903
Knapsak 1989-2009
Krygshistoriese Tydskrif 1974
Land en Volk 1903
The Natal Mercury 1901
The Natal Witness 1901
Patriot 1995
Rand Daily Mail 1903, 1926-29
Rapport 1980-2009
The Star 1966
Die Volksblad 1948, 1980-2009
De Volksstem 1903

5. **FAMILIEREGISTERS**

De Beer. D.W. en J. *Die De Beer-familie: drie eeue in Suid-Afrika.*
De Bruyn, G.F.C. *De Bruyn-geslagsregister.*
Die familie Van der Walt in Suid-Afrika. RGN: Pretoria, 1989.

6. **PRIVATE VERSAMELINGS**

Ds. Mossie Mostert van Ladybrand: Dokumente en herinneringe rakende die tereg-stellings van Grobler, Knipschild en Mousley saamgestel deur F. Venter van Mara. Afskrifte in skrywer se besit.

Frans Fouché van Bloemfontein: Diverse dokumentasie oor die teregstelling van vier *Farmers Guard*-lede by Hoopstad. Afskrifte in skrywer se besit.

Eben Nel van Belville: Afskrif van P.S. Krige se skrywe aan *Rand Daily Mail* oor die Colyn-teregstelling. Afskrif in skrywer se besit.

Gert van der Westhuizen van Volksrust: Afskrif van *"Jan Leendert Moerdijk's Diary of the Second War of Independence (Anglo-Boer-War 1899-1902) translated from high Dutch by his son Pieter Cornelis Moerdijk"*. Afskrif in skrywer se besit.

Janet Lourens van Reitz: Afskrifte van diverse dokumente oor die De Lange-tereg-stelling. Afskrifte in skrywer se besit.

Joan Abrahams van Bloemfontein: Diverse aantekeninge oor die Mousley-teregstel-ling. Afskrifte in skrywer se besit.

Johan Loock van Bloemfontein: Lyste van stemgeregtigdes, *Farm List O.R.C. Pub-lished by F.I.D. Bloemfontein, 1902.* Afskrifte in skrywer se besit.

Pro Scripto Document Examination cc: Forensiese verslag van Pearson se hand-tekening deur Leon Esterhuize. Oorspronklike verslag in skrywer se besit.

7. **MONDELINGE ONDERHOUDE:**

Die besonderhede van mondelinge onderhoude word in die eindnotas vervat.

Indeks

Nota: Waar voorname of voorletters van persone nie vasgestel kon word nie, word dit met 'n ellips (…) aangedui.